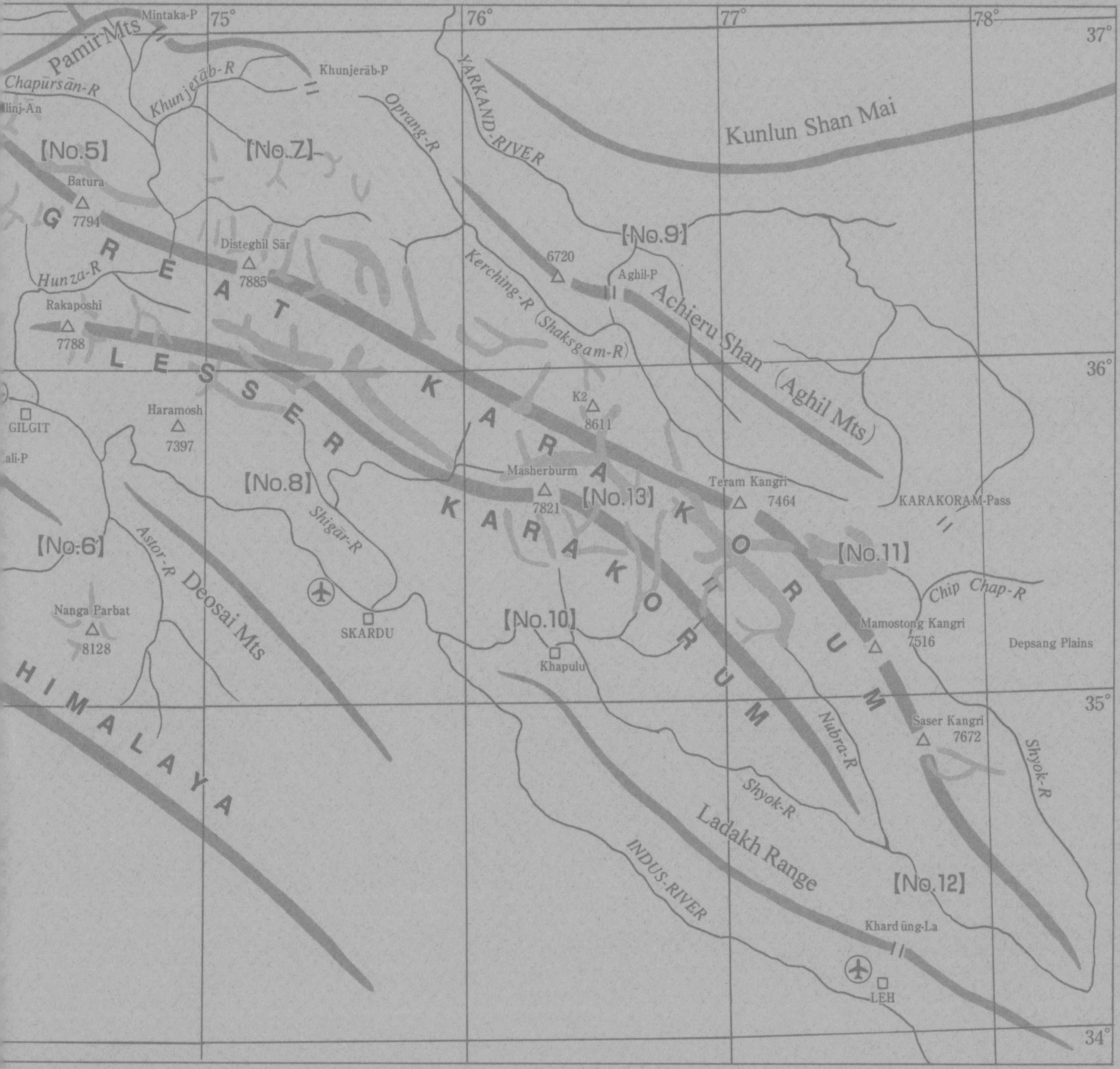

A Study of
KARAKORUM & HINDU-KUSH Mountains

カラコルム・ヒンズークシュ山岳研究

Edited by Tsuneo Miyamori & Sadao Karibe

宮森常雄・雁部貞夫 編著

ナカニシヤ出版

はじめに

かつての私のヒマラヤとは単に憧れでしかなく、当時は手の届くものではなかった。1950年代、母校の東京農業大学では熱帯のジャングル地帯に、あるいは大ヒマラヤの僻地に探検調査隊を派遣していたが、私にはまったく縁のないものと思ってなかばあきらめていた。

第1回目の海外遠征だったネパール農業調査隊、栗田匡一隊長の成果はラプティ農業指導実験農場の設置となって根をおろし、農大の私的援助として農民と直結する開発協力の基盤を築いてきた。最初の農場長、島田輝男氏の話を聞きながら探られざる地域への夢は捨てがたく、可能性のない計画や想像上の探検を試みては楽しんでいたのである。

1966年「ヒンズー・クシュが面白そうだから、行きませんか！」とさりげなく声をかけてくれたのが、向後元彦さんだった。『ひとりぼっちのヒマラヤ』の著者でもある彼は、東京農業大学探検部のOB、私は山岳部のOBだった。

大学では後輩だが、パイオニア精神と未知に対する意欲は私にとっての先輩であり、学術調査という大義名分の名のもとにヒマラヤ学を吹き込んでくれた師匠でもあった。

1967年、「東京農業大学 Hindū Kūsh 学術調査隊」第4次ヒマラヤ地域農業調査隊の隊長を引き受けた私は、6月末ニューデリー集合を決定。向後夫妻はネパールから、門田昭、根本徳彦、石井一郎の3名はマドラスから、私はボンベイ（現在のムンバイ）から、それぞれニューデリーの1泊1ルピーの宿泊所、ビルラ寺院のアシュラムに集まった。ここがスタート地点だったのである。

すべては暗中模索、当時の我々に、ヒンズー・クシュはまったく未知の分野だったが、いくばくかの資料や地図を求めて多くの登山家たちも東奔西走していた時代だった。どうやらこのときから本格的に私の地図病が始まったらしい。

1960年代以前の日本の岳界は、乏しい外貨事情で海外登山は大変に困難だった。わずかに文部省が割り当てるスポーツ外貨も一部の有名大学か団体にかぎられ、一般の登山家たちは涙を呑んで見守るだけだった。当然、これらの報告書や紀行は争うようにして読まれ、ヒマラヤ遠征に関する夢と羨望はますます膨らんでいったのである。

1960年代の後半になると、一般外貨は緩和されたが1人1回の持ちだし額はまだ500ドル限りだった。当時はネパールの登山禁止令と、パキスタンのヒンズー・クシュやカラコルム登山許可の困難さと相俟って、ヒンズー・クシュの東部、特に中部ヒンズー・クシュに登山家たちがどっと集中する。乏しく、制限された遠征費用は船旅となり、ある隊は、カルカッタやボンベイから列車やバスで目的地に向かい、ある隊は貨物船を乗り継ぎ、マルセーユから中古車やバイクで目標の山に辿り着いた隊もあった。高価だった航空運賃は、装備や食料費にせざるを得なかったのである。

これらの人々が寄り集まって、後に「日本ヒンズー・クシュ会議」を発足させることになる。

1936～37年、K. メイスンを中心にイギリスで開かれたカラコルム協議会では、命名法や分類法などカラコルムの諸問題に関してさまざまな討議がなされた。1963年にはミュンヘンで、1964年にはザルツブルクで、ヒンズー・クシュの諸問題についての会議が持たれた。

この会議では、主としてヒンズー・クシュの分類法について、D. ハッセの発表など地理学的な討議がなされたという。J. Wala の分類もこれを基礎として独自の分類法で全域の詳細な分析を行なってきた。アフガニスタン、特にワハン回廊一帯についての調査研究は氏の右にでる者はないだろう。またヨーロッパでは、A. ディームベルガー博士や G. グルーバー博士、A. ボリンダー氏などの先駆者が活躍して基礎を築いてきたのである。

　一歩遅れて 1970 年の春、第 1 回の「日本ヒンズー・クシュ会議」が会津の磐梯高原で開かれた。吉沢一郎、深田久弥、諏訪多栄蔵氏らを囲んで、日本中から多くのヒマラヤ愛好者が集まった。まずは地理学的な問題はさておき、目指す峰がどこにあるのかという切実な探索と、先駆者の報告やアドバイスが主体であった。薬師義美、雁部貞夫両ヒマラヤ研究家の姿もみえて会は盛況だった。遠征予定者も熱心であったし、遠征結果を報告する人も親切だった。打ち上げ後の各部屋には、いつのまにか目標の地域ごとに人が集まり、明け方まで意見をぶつけ合うことも毎年のように続いた。

　1970〜79 年までの 10 年間に『岩と雪』、『岳人』両誌に記録された隊だけでも、なんと 150 隊を超えたのであるから驚く。掲載されなかった個人的なトレッキングも加えたら、おそらく、200 隊は上回っていたであろう。当時としては爆発的な数字であった。

　その後、解禁、中断、再解禁と次々目まぐるしく変化するなかで、ようやく待望の K2 の登山許可を取得する。なかでも事務局の原田達也夫妻、渉外の広島三朗、九州の新貝　勲隊長を囲む副隊長の深田泰三はじめ福岡登高会の苦労は筆舌に尽くせない。資金、食料調達、梱包その他に、隊員たちの動きを常にうわまわる力があったことは言うまでもない。この会が、日本山岳協会主催「日本 K2 登山隊」のお墨付きを戴いて出発できたのが 1977 年だった。

幸いにも第 2、3 登を果たせた。奇しくも同日、K2 隊のスタートまで灯になり蔭になりして協力を下さった愛知学院大学、湯浅道男隊長のブロード・ピーク第 2 登の成功は、大学の遠征隊として日本初の 8000 m 峰登頂となっただけに、隣り合わせのキャンプの我々の喜びは倍加した。

　さて、「日本ヒンズー・クシュ・カラコルム会議」として再出発したのが 1980 年のこと、会議の仲間たちも、自然の流れに沿って次第に目はカラコルムに向いてきたが、そのさなかに主要メンバーが次々と物故し、なかでも 1997 年には思いもかけぬスキルブルム峰で大惨事が起こり、会も一時中断するはめになった。いったん、鳴りをひそめたものの「会議」は目下、平岡誠一郎、亀井正、高橋正治、雁部貞夫氏らによって復活がすすめられている。

　最近、さまざまな登山情報は得られるようになった。だが探検的要素をもつ情報は相変わらず少ない。岳人が高峰を目指すのは当然であろうが新味がないと少々淋しい気もする。「会議」は、未開拓地域のトレッキングやユニークな登山の研究を期待している。

　どこの国でも有名な峰はともかく、知られざる地域などの申請を受ける場合には、目標の山岳には概略の経緯度を添えるのが普通である。以前、パキスタン観光省におられたアワン氏（Naseer Ullah Awan）は、独自の経緯度表をふくめた著書、『The Unique Mountains 1990』をパキスタン山岳会から出版された。大変な労作だが、残念なことにパキスタン国内の峰だけに限られたことが惜しまれる。

　出版後すでに 10 年を経過した。その後、次々と新しい情報も出てきているし、現地の事情も変わりつつある。そこでこのたびは、新たな登山のためのスケッチ・マップと、目標の地域や峰をえらぶ概略の経緯度の一覧を作成した。

　この資料は、あくまでも目標の峰を選びだす索引として利用して

いただくのが目的であるから、すべての経緯度が測量された正しい数字ではないことをおことわりしておく。

ただし、かつてのインド測量局や先駆者によって測量された経緯度の結果は〈　〉内に、測量者名や年代なども合わせて並記することにした。

山脈や山群の分類方法については登山者にもわかりやすく分類したもので、地理学者や、その道の権威者の分類法に異論をとなえるものではない。カラコルムの分類方法については、極力メイスンを中心にしたカラコルム協議会の分類に基づき、新しく編入した山群や細分化した山群は、現代の山域の知識に合わせて編纂したつもりである。

ここに至るまで実に多くの方々のご助力をいただいた。山座同定には不可欠の、各方位からの写真映像類もこころよくご提供いただいたが、私はこれを死蔵する気はなく、次の計画をなさる隊や個人の方があればいつでもご覧いただくつもりでいる。

なお、本文中の余白に、山内源二画伯のスケッチやカットを挿入させていただいたことに厚く御礼申しあげたい。

このたびは、雁部貞夫氏と京都のナカニシヤ出版の中西健夫氏のご尽力で日の目をみることになった。心から厚く御礼申し上げます。

吉沢一郎氏はじめ、原田達也、広島三朗両氏にも最後までアドバイスを受けた。完成を待たずに物故されたことが残念でならない。深く哀悼の意を表したい。

2001年1月

宮森　常雄

もくじ

(M-No. は別刷地図の No. を示す)

はじめに ……………………………………………………………… i
〔凡例〕 山名と位置の一覧について ……………………………… viii
〔初登頂について――高度計による山の高度の変更と弊害〕 ……… x

HINDŪ KŪSH 1

1 HINDŪ RAJ 3

SOUTHERN HINDŪ RAJ —————————————— 4
ANGARBAN GROUP ……………………… (M-No. 2) …… 4
SHISHI KUH GROUP ……………………… (M-No. 2) …… 4
THALŌ ZOM GROUP ……………………… (M-No. 2) …… 5
GOCHOHĀR SĀR GROUP ………………… (M-No. 2·3) …… 6
BŪNI ZOM GROUP ………………………… (M-No. 3) …… 7

CENTRAL HINDŪ RAJ —————————————— 11
BATELI GROUP …………………………… (M-No. 4) …… 11
SHAHAN DOK GROUP …………………… (M-No. 3) …… 11
GAZEN GROUP …………………………… (M-No. 4) …… 12

EASTERN HINDŪ RAJ —————————————— 14
THUI GROUP ……………………………… (M-No. 4) …… 14

GHAMOBĀR ZOM GROUP ………………… (M-No. 4) …… 17
ASAMBĀR GROUP ………………………… (M-No. 4) …… 19
CHIANTĀR GROUP ………………………… (M-No. 4) …… 19

2 HINDU KŪSH 25

EASTERN HINDŪ KŪSH —————————————— 26
MATIK GROUP ……………………………… (M-No. 1) …… 26
TARGŪR GROUP …………………………… (M-No. 1) …… 27
ZEBAK GROUP …………………………… (M-No. 1) …… 27
TIRICH MĪR GROUP ……………………… (M-No. 1) …… 27
NOSHAQ GROUP …………………………… (M-No. 1) …… 32
ISTŌR-O-NĀL GROUP ……………………… (M-No. 1) …… 36
UDREN ZOM GROUP ……………………… (M-No. 1) …… 39
SARAGHRĀR GROUP ……………………… (M-No. 3) …… 43
URGENT GROUP …………………………… (M-No. 3) …… 48
LUNKHO GROUP …………………………… (M-No. 3) …… 50
YARKHUN GROUP ………………………… (M-No. 3) …… 57
BABA TANGI GROUP ……………………… (M-No. 3·4) …… 58
KARAMBĀR GROUP ……………………… (M-No. 4) …… 61

KARAKORUM 63

3 GREAT KARAKORUM 65

BATŪRA MUZTĀGH —— 66
- NALTĀR GROUP (M-No. 5) 66
- PURIAN SĀR GROUP (M-No. 5) 67
- KOZ GROUP (M-No. 5) 68
- YASH KUK GROUP (M-No. 5) 69
- KAMPIRE DIŌR GROUP (M-No. 5) 71
- KUK GROUP (M-No. 5) 73
- BATŪRA GROUP (M-No. 5) 74
- PASŪ GROUP (M-No. 5) 78
- ATABĀD GROUP (M-No. 5) 80

HISPĀR MUZTĀGH —— 85
- MOMHIL SĀR GROUP (M-No. 5·7) 85
- DISTEGHIL GROUP (M-No. 7) 89
- YAZGHIL GROUP (M-No. 7) 91
- KANJUT GROUP (M-No. 7) 94
- KHURDOPIN GROUP (M-No. 7) 96
- VIRJERĀB GROUP (M-No. 7) 98
- CHOT PERT GROUP (M-No. 7) 99
- BRALDU GROUP (M-No. 7) 100

PANMAH MUZTĀGH —— 102
- NOBANDE SOBANDE GROUP (M-No. 7·8) 102
- CHOKTOI GROUP (M-No. 8) 103
- LATOK GROUP (M-No. 8) 104
- DRENMANG GROUP (M-No. 9·10) 107
- CHIRING GROUP (M-No. 9·10) 108

INSGAITI MOUNTAINS —— 111
- WESM GROUP (M-No. 7) 111
- CROWN GROUP (M-No. 9) 113

BALTORO MUZTĀGH —— 119
- PAYŪ GROUP (M-No. 10) 119
- TRANGO GROUP (M-No. 10) 122
- LOBSANG GROUP (M-No. 10) 124
- K2 GROUP (M-No. 10) 127
- BROAD GROUP (M-No. 10) 134
- SKYANG LUNGPA GROUP (M-No. 9·10) 136
- CHONGTĀR GROUP (M-No. 9·10) 137
- GASHERBRUM GROUP (M-No. 10) 140

SIACHEN MUZTĀGH —— 145
- SIA GROUP (M-No. 10) 145
- STAGHAR & SINGHI GROUP (M-No. 10) 147
- TERAM KANGRI GROUP (M-No. 11) 149
- KYAGĀR GROUP (M-No. 11) 152
- TERAM SHEHR · NORTH RIMO GROUP (M-No. 11) 154

RIMO MUZTĀGH — 156
- RIMO & SOUTH RIMO GROUP (M-No. 11) 156
- NORTH TERONG GROUP (M-No. 11) 161
- SOUTH TERONG GROUP (M-No. 11) 163
- KUMDAN GROUP (M-No. 11) 164
- MAMOSTONG GROUP (M-No. 11) 167

SASĒR MUZTĀGH — 170
- SASĒR & SHUKPA KUNCHANG GROUP (M-No. 11·12) 170
- CHHUSHUKU GROUP (M-No. 11) 173
- ARGANGLAS GROUP (M-No. 12) 175
- KUNGZANG GROUP (M-No. 12) 176
- SHYOK GROUP (M-No. 12) 177

4 LESSER KARAKORUM — 179

RAKAPOSHI RANGE — 180
- RAKAPOSHI & BAGROT GROUP (M-No. 5) 180
- PHUPARASH & MALUBITING GROUP (M-No. 5·6) 182

HARAMOSH RANGE — 185
- HARAMOSH GROUP (M-No. 5·8) 185
- PARABER GROUP (M-No. 8) 188
- MARSHĀKĀLA GROUP (M-No. 8) 189

NORTH OF HARAMOSH RANGE — 192
- CHOGO LUNGMA GROUP (M-No. 5·7·8) 192
- HISPĀR WALL (M-No. 7) 195
- SUSBUN GROUP (M-No. 8) 196

MASHERBRUM RANGE — 200
- KHOSER GUNGE GROUP (M-No. 8) 200
- MANGO GUSŌR GROUP (M-No. 8·10) 201
- MASHERBRUM GROUP (M-No. 10) 202
- CHOGOLISA GROUP (M-No. 10) 207

SALTORO RANGE — 212
- KONDUS GROUP (M-No. 10) 212
- SALTORO GROUP (M-No. 10) 215
- DANSAM GROUP (M-No. 10) 217
- CHUMIK GROUP (M-No. 10·11) 218
- CHULUNG GROUP (M-No. 10·11) 220
- PASTAN GROUP (M-No. 11) 221
- PARON GROUP (M-No. 10) 222
- KUBET GROUP (M-No. 11·12) 223
- GROUP WEST OF THALLE VALLEY (M-No. 8·12) 223
- GROUP EAST OF THALLE VALLEY (M-No. 10) 223
- GROUP EAST OF HUSHE VALLEY (M-No. 10) 225

NORTH OF HUNZA MOUNTAINS — 227
- LUPGHAR GROUP (M-No. 5) 227

GHUJERĀB MOUNTAINS —————————— 229
- KHUNJERĀB GROUP ·········· (M-No. 7) ····· 229
- KĀRŪN KHO GROUP ·········· (M-No. 5・7) ····· 231
- SHUIJERĀB GROUP ·········· (M-No. 7) ····· 233

《付》 241

NORTH EAST RIMO MOUNTAINS —— (M-No. 11) — 242

SOUTH OF TAGHDUMBASH PAMIR ———————— 244
- DERDI GROUP ·········· (M-No. 5) ····· 244
- GUL KAWAJA GROUP ·········· (M-No. 5) ····· 246
- BARA KHUN GROUP ·········· (M-No. 7) ····· 247

PANJAB HIMALAYA, NANGA PARBAT RANGE
——————— (M-No. 6) — 248

---《コラム》---
- 〔シルクロードの盗賊——泣く子も黙るグジュルの峠〕 ············ 22
- 〔カラコルムの命名法〕 ············ 82
- 〔Payū への道は塩の道？——先駆者の足跡を追う〕 ············ 117
- 〔地名の聴取と採用に新風——僻地も識字率が向上〕 ············ 189
- 〔BALTORO 氷河、7万5000分の1図に至るまで〕 ············ 236
- 〔5000ｍ級の名峰を探せ〕 ············ 252
- 〔ヒンズー・クシュ、カラコルムにおける7000ｍ級未登峰〕 ··· 255

参 考 資 料　259

① ヒマラヤ地名考——ピェール・ヴィトーズ　著／
　青木正樹、諏訪多栄蔵　訳／雁部貞夫　補注 ············ 260

② チトラール語—語彙集——雁部貞夫　編 ············ 295

③ 東部ヒンドゥ・クシュ地名，山名考——雁部貞夫　著 ··· 311

④ On Hindu-Kush Place-Names and Mountain Names
——Sadao KARIBE／Translated by Nobuo YOSHIDA
············ 323

- 掲載写真一覧 ············ 341
- 参考文献 ············ 344
- 協力者一覧 ············ 348
- 山名索引 ············ 349
- INDEX (Mountains Group & Mountain Names) ············ 362

〔凡例〕 山名と位置の一覧について

あくまでも、登山のために目標の峰を索引する一覧と考えていただきたい。山名について、古名、旧名、別名はできるだけ入れるように心がけたつもりだが、特に古い名称については触れていないものもある。

無名峰については、概略の経緯度と氷河との位置関係の説明でわかりやすくした。特にカラコルム峠周辺については、まったく放牧者も居住者もなく、当然、山名、氷河名がないので概略の経緯度だけに頼らざるを得なかった。

初登頂した登山隊の行動や経緯については多くの文献がみられるので、ここでは触れず、たとえトレッキングといえど、特殊なルートや初期の行動についてはできるかぎり取り上げるようにした。しかし、トレッキングの場合は報告書のない例がほとんどで、耳にする機会も少なく記載もれも多いと思う。その点なにとぞご容赦いただきたい。

『例 その1』

| 「山名」 | | 「高度メートル／フィート」 | 「旧、別高度」 |

ケーツー　　K 2　　　　　8610.60 m／28250 f　　　(8616 m)

「古名、旧名、別名」　　　　　「基準峰、固定点」
(Chogo Ri, Godwin Austin)　　Fixed Point

「別刷地図上の位置」
〈Ⅹ—C—1〉

「ピーク番号／地図番号」　「緯度」　　　「経度」　　　「測量者」　　「年代」
〈Pk 13／52 A、　　35°52′55″ N　76°30′51″ E　　〈　〉内は測量局の数値

「氷河との位置関係」
Qogil GL （K 2—GL）、Savoia GL の源頭で Godwin Austin GL の間。

　　　　　　「年代」　　　　「国名・隊名」　　　「隊長名」
（初登頂）　1954年、　　イタリア隊、　　A. デジオ隊長。

「特殊事情」
A・C・P は個人名である山名の Godwin Austin を削除し、K 2 を正式に採用した。

『例 その2』

「山名」

ノーバイズノン・ゾム　　Nohbaiznon Zom

「別刷地図上の位置」　　　　　「概略の高度」　　　　「旧高度」
〈Ⅲ—A—3〉　　　　　　　　Ca 6600 m／21654 f　(6445 m)

『例 その3』

　　　　　　　　　　　　　「概略の高度」　　　「旧高度」
無名峰　　Un Named Peak　Ca 6950 m／22800 f　(7000 m)

「概略の緯度」　　「概略の経度」
36°16′ N　　　　75°04′ E

『例 その4』

「山名」

チョゴリザ・南西峰　Chogolisa (SW)　7668 m／25157 f　(7554 m)
(Chogorinsa、W、Ⅱ、)
〈Ⅹ—C—2〉

「ピーク番号／地図番号」　「緯度」　　　「経度」　　　「年代」　　「測量者」
　　　　　　　　　　　35°36′33″ N　76°33′55″ E　1977年　　　Jpn
〈Pk 24／52 A、　　　35°36′45″ N　76°34′00″ E　1855〜60年〉

『例 その5』

E・Rimo GL　　　　=　東リモ氷河
Tangmang・E GL　　=　タンマン東氷河

Tangmang・C GL	＝	タンマン中央氷河
U・Tirich GL	＝	上部ティリチ氷河
L・Tirich GL	＝	下部ティリチ氷河
Ice Cap	＝	山頂、尾根上が広く冠状になった氷河

『例　その6』　（-i-の接続詞がつく場合がある。）

Koh-i-Babatangi	＝	山、峰、岳　ババタンギ
Dol-i-Qazhi—Deh	＝	谷、川　カズィデー

「川　河　谷」

Bār、Chu、Dara、Darya、Dōl、Dōr、Dūr、Gol、Gah、Hār、Lung、(Rong) Lungma、Lungpa、Jilga、Jerāb、Nadi、Nala、Nār、Riamso (Rgyamtsho)、Sende、Sind、Sinda、Su、

「峠　乗越」

Ān、Aghost、Dawan、Gali、Kotāl、La、Laggo、Oyum (Uyum)、Pin、Pīr、Uwin、Gri、Kandao、

「山　峰　頭　山脈」

Brakk、Brakka、Brahka、Brum、Char、Chor、Chhish、Chhok、Dhar、Dok、Dong、Go、Kangri、Koh、Kuh、Kho、Parbat、Sār、Ri、Zom、

「湖　沼」

Chhat、Cho、Fpary、Tsho、Tso、Tho、

「場所　所」

Blak、Bluk

「荒地　砂漠のように」

Tang

「白い氷雪の山脈」

Muztāgh

「氷河　雪　雪の場所など」

Ghamū、Ghamok (Gamuk)、Gang (Gans)、Ge、Yaz、Yoz、

「特殊な例」

Khumūl Gri　＝このGriはバルティ語で刃、刃のような。Khumūlは白銀、銀で真白な刃物のような峰となる。

Skyang、Praqpa、Gri など、チベット系の言語で最初の文字を発音しないものもある。　＝キャン、ラクパ、リ、など。

『例　その7』（略称）

カラコルム協議会＝K．C．R	GL＝氷河
パキスタン山岳会＝A．C．P	Pk＝ピーク
日本ヒンドゥクシュ・カラコルム会議＝H．K．T	Pks＝ピーク群
ＰＩＡ＝パキスタン航空	Mt＝山
	Mts＝山脈

　その他、わずかだが特殊な例についてはその都度、項目に記載している。高度については、測量局図に記載されている高度、およびその後に測定された高度については、当然その結果を尊重しているが、明らかに間違いとわかる峰については『例　その2』『例　その3』のように、略号 Ca とともに新高度を、括弧内には旧高度を記入した。この場合のフィート高度も概略の高度である。中国の測量による高度は、中国と記載した。

　個人名、団体名など山名としてふさわしくないとされる名称は、いったん無名峰に戻し（　）内に旧名として記載している。ただし氷河名については、使用されてきた現状のままで記載した。

　このほかに、山についての特徴、特殊な山名の発音、形態、登頂隊の特殊な事情などもあるが、本文を参照されたい。

　マップ（別刷の地図）については、極力写真を駆使して、河岸段丘や氷河上のモレーンの流動方向、サイドモレーンも記入し、知り得る範囲にはセラック（氷塔）の状況も記載した。また、初期の探検者、先駆者の足取りを年代とともにつけ加えた。

〔初登頂について〕
—— 高度計による山の高度の変更と弊害 ——

　主として、6000 m 峰以上をリストアップしてみたが大半は無名峰である。カラコルムに於いては、たとえ山に番号を振っても次々と新しいピークが発見される可能性が多い。それに小さなピークの衛星峰でも初登頂の価値を云々される時代である。そのうち細分化されて No. 558 のⅢ峰の東ピークの初登頂というような事も笑えない時代がくるのだろう。学術的には必要な分類法であるのはわかるが、なんと味気ないことであろうか。
　例えば、Ghent Ⅰ峰とⅡ峰について、ペーターキン測量とインド測量局の測量の2種類の結果があり、呼び名はそれぞれ異なる。測量官はひとつの山と思って「Pk 50」と付けたが、実は二つあったので①と②に分けた。経緯度がしっかり一致しているからまだ混乱もなく同定は容易でわかりやすい例である。

測量番号「ペーターキン」　「インド測量局」「山名」「高度」
　　Siachen No. 8　　= Pk 50 ②／52 A = Ghent Ⅰ = 7401 m
　　Siachen No. 9　　= Pk 50 ①／52 A = Ghent Ⅱ = 7343 m

　次の例はひとつの山で、山名、番号、高度、経緯度が異なる場合である。

　　{ A（旧名、Murghistang）　　　= Pk 12／52 E = 7526 m
　　　　　　　　　　　経緯度＝35°08′54″N 77°34′41″E
　　{ B（'Brack rock on summit'）= Pk 113／52 E = 7516 m
　　　　　　　　　　　経緯度＝35°08′34″N 77°34′45″E

　A は 1860 年以前のインド測量局で、B は Wood 測量だ。さいわい周辺にこれほど高い峰はなく、高度、経緯度とも差はわずかなので、これを同一峰と判断して Mamostong Kangri と呼ぶ事になった。しっかりと測量された山でも、このように面倒なことがおこりやすいものだ。
　さて、近年ほとんどの隊が持ち歩く高度計は、思わぬ混乱を引き起こしている。せっかくの初登頂も確定しかねる場合があるから注意を要する。高度が異なり、山名が変わり、無名の氷河や勝手に命名した氷河なら、それだけで山は判別できなくなる。
　ある隊が初登頂を目指した山に Sia Chhish と命名して、高度を 7100 m と発表した隊があった。これだけでは当然どこの山であるか判別はつかない。Hunza 付近では、これほどの高度の峰は知り尽されているはずである。幸い地域と登攀内容から判断して、すでに登頂された Hachindar Chhish であるとわかった。
　1983 年のある隊は、Toshe と命名した山に初登頂して高度を 6600 m と発表した。パキスタン観光省のアワン氏の記録にあった隊の行動範囲から割り出した地点、北緯 35 度 14 分、東経 74 度 23 分付近には、5178 m 峰があるだけで 6000 m 峰はひとつもない地域であった。
　登った山は高いにこしたことはないが、これでは高度計の誤差の域をはるかに超えるから、案外本人たちの推定、あるいは希望高度なのであるまいか。
　Kārūn Kho の場合は、登山者の研究不足が原因する。1913 年のロシア・インド連結合同測量の際に、K. メイスン、H. ベルなどの手によって、少なくとも複数以上の観測点から観測された高度 6977 m の峰である。初登頂後に 7164 m と公表された。すでにこの

高度はひとり歩きして文献や地図などにも記載されているが、根拠は高度計によるらしく、このような高度は軽々しく取り上げるべきではない。気圧の差によっては、同一高度でも数百メートルの誤差が出ることがある。高度計は、あくまでも補助的な目安と考えるべきだ。勿論、他の峰についても同じような例が多いことはいうまでもない。

　測量局地図に 5995 m の無名峰があった。ある隊が初登頂して現地の氷河名から Matkash Zom と命名し、高度を 6000 m と公表した。このような場合でも旧高度を並記しないと別の峰と誤解される。この 5995 m 峰を未登峰と信じて、私の知るかぎり、その後 2 隊が挑戦した。幸か不幸か 1 隊は敗退し、1 隊は中止して他の山に向かった。仮に登っていたとすれば同一の山で二つの初登頂がでていたかもしれない。今後も起こり得ることであり、現実にはすでに幾つか起きているようだ。5995 m（Ca 6000 m）と並記すれば誤解されずにすんだであろう。

　初登頂した山頂付近の報告と、次の隊が登頂した山頂の様子がまるで異なる場合もある。誤認登頂という例もあるし、初登頂されたという山で、登られた形跡のない例もある。

　以前の測量値が必ずしも正確とはかぎらない、といって不信をなげかけるものでもなく、新しい事実によってのみ修正されるものである。不用意に高度計の数値をうのみにせず、公表の際は必ず、高度計なら「b 5000 m」と明示するか「Ca 5000 m」と「約」表示をするべきであろう。

　このたびの初登頂のリストアップもすべてを把握しているわけではない。記入もれのある際は筆者の浅学と不覚のなせるわざ、なにとぞお許しいただきたい。

測量中の宮森常雄

HINDŪ KŪSH

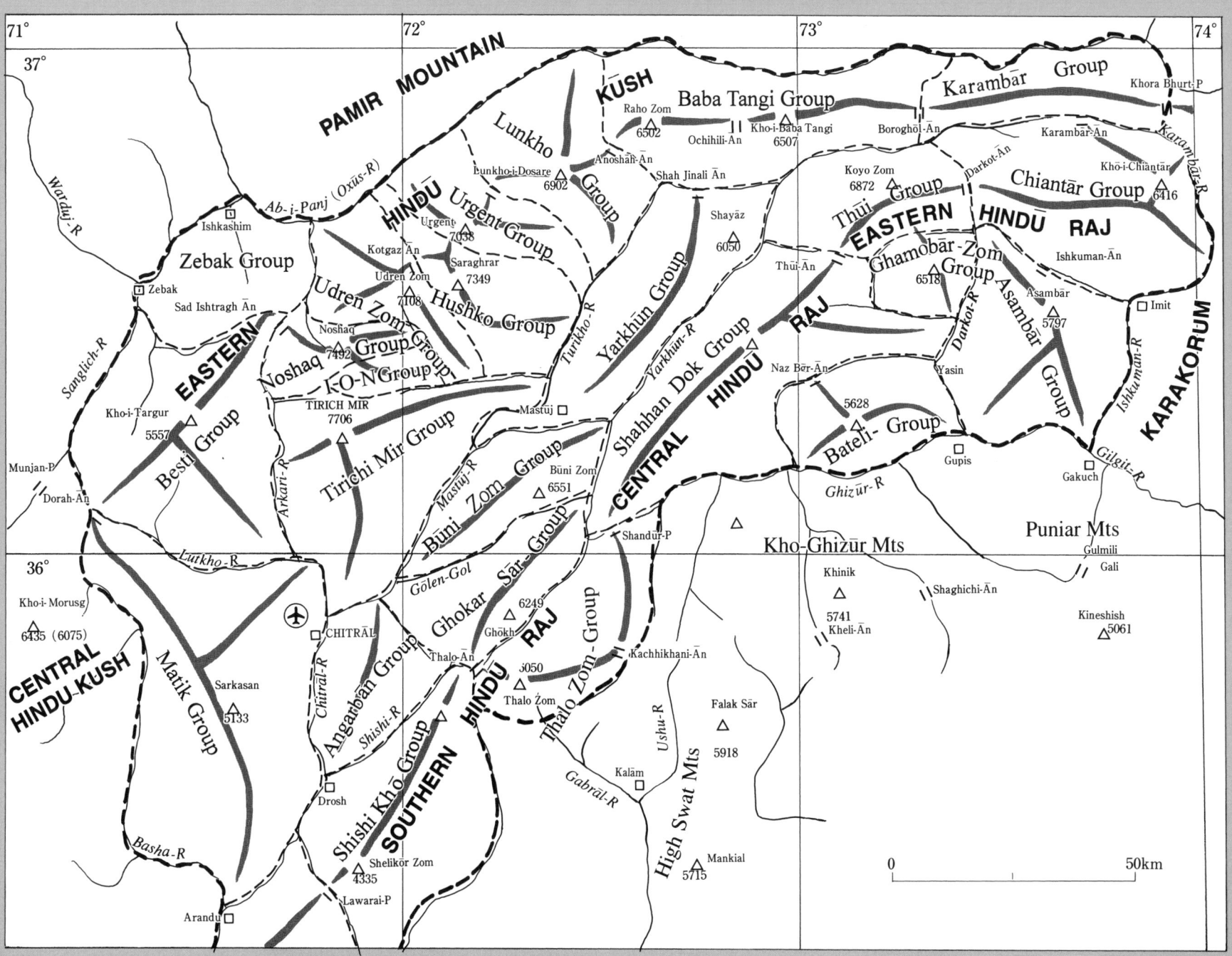

広大な Hindū Kūsh は、東西が東経66度20分付近から東経74度40分まで、北緯34度10分付近から北緯37度10分付近までの厖大な面積を容し、総延長は、約1200km、幅約200km、実に、カラコルム山脈の面積の二倍に達する。大別して西部、中部、東部 Hindū Kūsh の三つに分けられるが、東側はカラコルムに接し、南東側はパンジャブ・ヒマラヤに、北東から西にかけてはパミールに接し、北側は大洋に縁のない大河の Oxus 川と Indus 河の分水嶺になっている。大山脈も西方に向けて次第に高度を下げ、やがて、広漠たる砂漠の中に消えてゆく。

　東部は、さらに東部 Hindū Kūsh と Hindū Raj に分けられる。高峰こそ少ないが Raj の北東部には広義の Hindū Kūsh 最大の氷河、Chiantār 氷河が Yarkhun 川に流入する。下流で Kunār 川と名を変えた後に中部 Hindū Kūsh から流れてくる Kābul 川と合流。やがては Indus 河に注いでパキスタン平原を縦断、アラビア海に至る。中部 Hindū Kūsh にも Koh-i-Bandaka などの高峰はあるが、中央アジア特有の乾燥地帯であるから、さしあたって大きな氷河をみることはない。

　東部 Hindū Kūsh 山脈はさらに小さな山群に分けられる。Hindū Raj は東部山脈、中部山脈、南部山脈の三つに分けられ、それぞれの山脈はさらに小さな山群に分けられる。

　Hindū Kūsh の名称についてはさまざまな説がある。14世紀の、イブン・バトゥータの説は「インドから連れてこられた多くの男女の奴隷がこの山脈を越えるとき、厳しい寒気と激しい雪で倒れた」とあることから、後になってシュラーギントワイトは「ヒンズー人の殺害者」と解釈した。

「Tonyūsh Zom」リンゾー氷河より（宮森常雄）

　1904年の T. H. ホルディックの説は、その著書『インド』では「Hindū Kūsh の名称は、ヒンズーの軍隊がトルキスタンへ横断しようとして、今日 '死せるヒンズー人' という名で知られる峠で、行方不明になったことによる」と記している。

　だが、1793年に、当時、ベンガルの測量長官を務めていた J. レネルのたてた説は「アレクサンダーのインド侵入に際し、ギリシア人、ならびにその史家たちが使っていた 'Indian Caucasus' の転化であろう」というのが信憑性がつよく、1931年、その道の権威の H. ユールも同調している。また、Raj は「王侯」の意でこの山脈がインドの王者であるという意味を表している。

1 HINDŪ RAJ

1-1 「Būni Zom」Chakholi Zom より（東京農業大学隊）

SOUTHERN HINDŪ RAJ

　Kabūl 川と Kunār 川の合流点付近の Gerdi から高度をあげて、Shingara Kandao 付近の Tatao Sār で初めて 4000 m ラインをこえる。山脈は Yarkhun 水系と Swāt 水系の間にはさまれ、延長約 180 km。北東端の Shandūr 峠に至る間の主脈には、さほどの高峰は見られない。むしろ、Thalō Ān から分岐する支脈上に 6000 m 峰がおおく見られ北部に向かうほど高度を増す。

　この一帯は、中央アジアの乾燥地帯とインド大陸のモンスーン地帯の境界にあたるので降雪量が多く、主脈の北面には大きな氷河を発達させて豊富な水量を Mastūj 川に注ぎこむ。

　ペシャワールからチトラールに至る街道上には Lawarai 峠があるが、いまでは冬期間の交通確保のためにトンネルが試掘されている。同峠以南は登山の対象にはされず、峠の北部にある五つの山群が目標となる。

ANGARBAN GROUP　　　（地図　No. 2）

　Shishi 川、Chitrāl 川、Mastūj 川に囲まれ、東縁を Golen Gol 支流の Lohigal Gol とする。高峰こそ見られないが 5179 m 峰のほかにいくつもの未確認 5000 m 峰が見られる。1927～31 年の三角測量網の観測点には、Kesu の東南東の 3413 m 峰と Jahannam Zom/4663 m、Gumbaz の東方約 8 km の 4934 m 峰などがあって、Golen Gol 支流の Rogilli Gol は、源頭の Tore Chhat に至るまでの間には風光明媚なアルプス的景観が続く。最近はこのコースを通って Koghozi Ān に抜け、Chitrāl に至るトレッカーも見られる。

1－2　「Shishi Kuh 山群」Tirich Mīr より　（JAC 石川支部隊）

SHISHI KUH GROUP　　　（地図 No. 2）

　Kunār 川と、Shishi 川に並行する Swāt 境界の主稜線で、北限の Andowir Ān から南限の Lawarai 峠にいたる山群。Pushkari/5748 m 峰、など幾つもの 5000 m 級の峰がある。北部に岩峰が多く、1930 年代にはイギリスの将校たちが登山を楽しんだという。近年この谷に入った隊の報告は見てないが、源頭付近では面白い登攀の対象になる峰が多いという。

　初期の観測点には、Dandio Zom/4322 m、Shelikōr Zom/4335 m などがある。

　1935 年には、R. ションバーグがこの谷を訪れ、多言語が話されていると記録しているが、現在でも支谷の Purit Gol にはワヒ語を話す住民が住み、周囲にはカラーシャ語を話す人も多い。

4－1　HINDŪ RAJ

1-3 「Manali-Ān 周辺」チトラール側より (竹上邦子)

THALŌ ZOM GROUP　　　(地図 No.2)

　北縁の Mandano Gol、Laspūr Gol、Thalō Gol のそれぞれ南側支流の源頭一帯で、Swāt との境界をなす。東限の Shandūr 峠から西限の Thalō Ān の間の山群をいう。境界から南部は通称 Swāt Kohistan (Koh-i-Stān) 山地と呼ぶ。

　Laspūr 谷と Swāt の Ghabrāl 谷を結ぶ Manalī Ān は、古代からの重要な峠であった。氷河に覆われてはいるが、いまでも Swat で購入した種山羊を引いて Manalī Ān 越えをする地元民を見ることがある。

　Chitrāl の奥地に点在する岩に刻まれた仏画は、かつてガンダーラの栄えた Swāt 地方との交流ルートのひとつを想定させよう。

　カラコルムの岩壁仏の線刻もそうだが、河岸にある線書きの仏画は、渡河地点で減水期を待つ間の求法僧の手によるものもあるらしい。

　1967年には京都カラコルムクラブの原田達也らが Swāt 側から Kharakhali Piās の試登を行ない、山頂寸前までせまって惜敗。

　1969年、京都カラコルム辺地教育調査隊の高田直樹らは、Ghabrāl 谷から Manalī Ān を越え、Thalō Ān に至る間の一帯を踏査偵察して記録映画も作成した。また 1970年には富山女性隊の有本朋子らが Būni Zom を試登。竹上邦子、黒田久子の二名は Thalō Ān を往復した後、Manalī Ān を越えて Swāt に出た。

　1971年、東神戸高校OB隊の山内敦人らは、峡壁に狭まれた Thalō Ān を越えて Swāt 側の急傾斜のガレ場を下った。さらに Andowīr Ān からの道と合流する放牧地、Ishgaro に達し、次いで Bandi Ān/4400 m を経て Gabrāl 谷に向かっている。

タロー・ゾム	Thalō Zom　6050 m/19849 f
〈II-D-1〉	35°47′N　72°17′E
	Manalī GL と、Thalō GL の間。
（初登頂）	1971年、オーストリア隊、Z. ヘルデル隊長。
ハラムビット・ゾム	Harambit Zom　5997 m/19676 f（6031 m）
〈II-D-1〉	35°48′40″N　72°17′20″E
	Thalō Gol の無名支流氷河と、Manalī GL の間。
（初登頂）	1971年、オーストリア隊、Z. ヘルデル隊長。

SOUTHERN HINDŪ RAJ — 5

1-4 「Thalō Zom 山群と、Gochohār Sār 山群」Tirich Mīr より （JAC 石川支部隊）

GOCHOHĀR SĀR GROUP　　（地図 No.2・3）

1-5 「誤認登頂△印の似た峰の例」Chakholi Zom 付近より （東京農業大学隊）

　　北縁を Gōlen Gol と Phargām Gol とし、南縁を Mandano Gol、Laspūr Gol、Thalō Gol とする。西縁は Thalō Ān を経て Andowīl 氷河を下り、Lohigal Ān から同名の谷を Logh Jenalī に至る線の内側の山群をいう。
　　山群のほぼ中央の Gōlen Gol と Thalō Gol を結ぶ唯一の峠を Laspūr Ān と称し、Swāt 方面に通じる以前からの間道である。
　　古くは、Rinzho 氷河と Sohnyōan 氷河の間にも峠があったと聞くが、1971 年、西ドイツ隊が Sohnyōan 氷河から Rinzho Ān/5343 m を踏んでおり、おそらく、これが旧 Sohnyō Ān なのであろう。Rinzho 氷河の源頭は、氷河後退のために障壁となって切れ落ち、いまでは行き来の痕跡も見られない。
　　1967 年、Gōlen Gol に入った東京農業大学隊の宮森常雄らは、Rinzho 氷河を踏査して測量も行なった。その際、Ishpel Zom 西峰 5912 m にも初登頂した。
　　1970 年には、船木威志らが西面から Laspūr Ān を越えて、北 Ishpolili 氷河に向かっている。
　　Thalō Zom 山群を含めてこの地域に入るには、Mastuj を経由して Sōr Laspūr まで車を利用するが、Gōlen Gol からは Laspūr Ān を越えて Laspūr 川に出る。後者のほうは高峰の景観を満喫できるが、Laspūr Ān の入口を見違えないことが肝心だ。

ゴチョハール・サール 〈II-D-1〉	Gochohār Sār (Gochhār Sār, Gokhar Sār, Gōkan Sār)　6249 m/20502 f 35°54′30″N　72°17′45″E Ishpolili GL と、Thalō Gol の間で、Shachio Kuh Zom に似たピラミダルな峰。 A・C・P は、Gochhār を、Gochohār に改訂。
（初登頂）	1968 年、オーストリア隊、Z. ヘルデル

6-1　HINDŪ RAJ

隊長。

シャチオ・クー・ゾム　　Shachio Kuh Zom　　6215 m/20390 f
〈II-D-1〉
　　　　　　　　　　　　（6210 m）
　　　　　　　　　　　　35°53′40″N　72°15′10″E
　　　　　　　　　　　　Shachio Kuh GL と、Thalō GL の間。
（初登頂）1967年、イタリア隊、C. A. ピネリー隊長。
当初、ほぼ同高度の Gochohār Sār 登頂と紹介されたが、隣峰との誤認登頂。

ゴチョハール・サール・南峰　　Gochohār Sār（S）　Ca 6150 m/
〈II-D-1〉　　　　　　　　　　20177 f
　　　　　　　　　　　　35°54′N　72°17′E
　　　　　　　　　　　　Thalō Gol 側の南稜上の岩峰。

リンゾー・ゾム・主峰　　Rinzho Zom（M）　Ca 6100 m/20013 f
〈III-B-4〉
　　　　　　　　　　　　36°01′N　72°18′10″E
　　　　　　　　　　　　Sohnyōan GL と、Ishpolili GL の間。

リンゾー・ゾム・東峰　　Rinzho Zom（E）　6080 m/19948 f
〈III-B-4〉
　　　　　　　　　　　　36°01′N　72°18′40″E
　　　　　　　　　　　　Sohnyōan GL と、Ishpolili GL の間。

リンゾー・ゾム・西峰　　Rinzho Zom（W）　6068 m/19908 f
〈III-B-4〉
　　　　　　　　　　　　36°01′N　72°17′20″E
　　　　　　　　　　　　Rinzhō GL、Ishpolili GL、Sohnyōan GL の間。

リンゾー・ゾム・中央峰　　Rinzho Zom（MD）　6050 m/19849 f

1-6 「Būni Zom 山群」Tirich Mīr より（JAC 石川支部隊）

〈III-B-4〉　　　　　　　　　36°01′N　72°17′50″E
　　　　　　　　　　　　Sohnyōan GL と、Ishpolili GL の間。

トニューシュ・ゾム　　Tonyūsh Zom　6023 m/19760 f
〈II-C-1〉
　　　　　　　　　　　　35°59′N　72°14′E
　　　　　　　　　　　　Rinzho GL と、Ishpolili GL の間の鋭峰。

BŪNI ZOM GROUP　　　　　　　　　（地図 No. 3）

北縁を Mastūj 川とし、東縁の Laspūr 川、南縁の Gōlen Gol、Phargām Ān を経て Phargām Gol に囲まれた山群をいう。
1938年、J. フィンチは、Khorabort 氷河に入り、主稜線上の 5700 m 峰から東部 Hindū Kūsh のパノラマ写真を撮ったが、1965年には、オーストリアの G. グルーバーもこの峰に登って「パノラ

SOUTHERN HINDŪ RAJ — 7

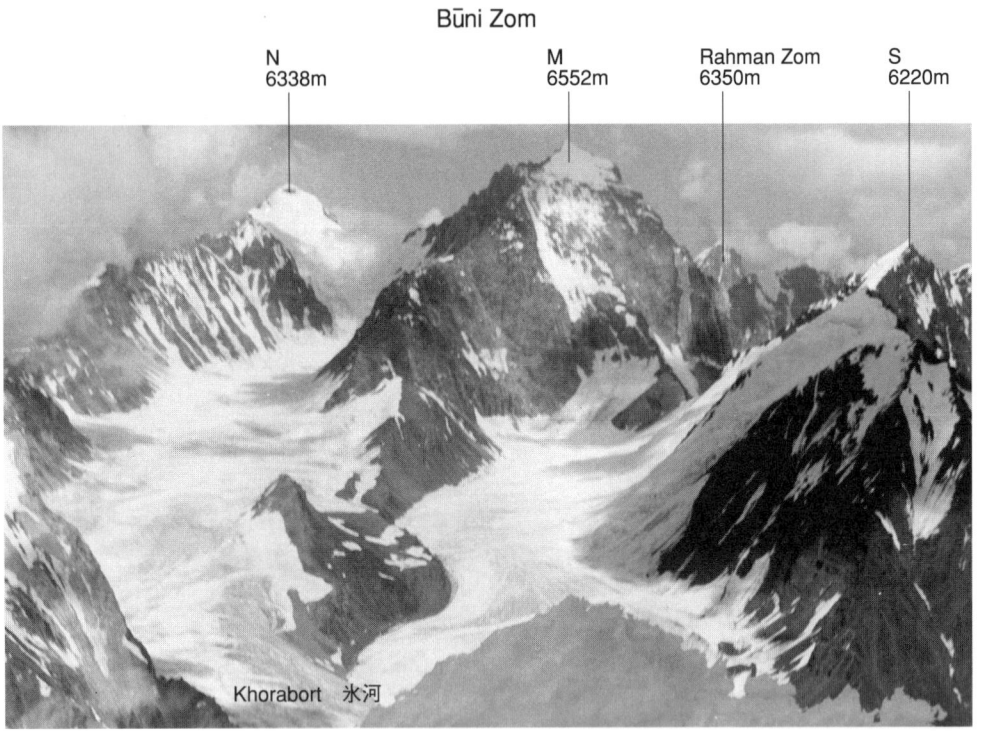

1-7 「Būni Zom」Chakholi Zom より（東京農業大学隊）

1-8 「Panorama Peak」G. グルーバーの観測点、Chakholi Zom 付近より（宮森常雄）

マ・ピーク」と名付け東部ヒンズー・クシュの測量を行なった。1966年、雁部貞夫らは Būni Zom 北面を踏査し、1967年には、東京農業大学の宮森常雄らが Gōlen Gol 本流全域を踏査を行ない、Makho Zom 峰 5274 m に初登頂。Phargām Ān からは周辺の観測を行なった。なお、1970年には同人登努嶺隊の佐藤忠司らが同峠を通過しているが、かつては、Shandūr 峠と Chitrāl を結ぶ最短距離であったこの峠も、ハンターが往来する程度で踏跡は消失している。

1971年になると富山県雄山高OB隊の佐伯裕孝らが、Khorabort 氷河に入り、Chakholi Zom II峰 5954 m の北東稜を登り、初登頂している。

Khorabort は Khora Bhurt と表記することもある。この山群は文献も多いので詳細は割愛したい。

ブニ・ゾム・主峰	Būni Zom（M） 6552 m/21496 f
〈Ⅲ－B－4〉	36°09′30″N 72°19′40″E
	Khorabort GL と、Gōrdghan GL の間
（初登頂）	1957年、ニュージーランド隊、H. K. A. ベリー隊長。
アウィ・ゾム	Awi Zom 6484 m/21273 f
〈Ⅲ－B－4〉	36°11′30″N 72°24′10″E
	Miragram Zom と、Phargām GL の間。
（初登頂）	1971年、西ドイツ隊、R. ワグナー隊長。
ラーマン・ゾム	Rahman Zom 6350 m/20833 f （6300 m）

8-1　HINDŪ RAJ

⟨Ⅲ-B-4⟩　　　　　36°15′N　72°22′E
　　　　　　　　　Gōrdghān GL と、Phargām GL の間。
　　（初登頂）　1967 年オーストリア隊、J. ホッファー隊長。

ブニ・ゾム・北峰　Būni Zom（N）　6338 m/20794 f
⟨Ⅲ-B-4⟩　　　　　36°10′N　72°19′30″E
　　　　　　　　　Būni GL、Khorabort GL と、Gōrdghan GL の間。
　　（初登頂）　1957 年、ニュージーランド隊、W. K. A. ベリー隊長。

ゴールドガーン・ゾム・Ⅰ峰　Gōrdghan Zom（I）　6240 m/
（Gōrdkhan Zom）　　20472 f（6210 m）
⟨Ⅲ-D-4⟩　　　　　36°09′30″N　72°23′E
　　　　　　　　　Gōrdghan GL と、Phargām GL の間。
　　（初登頂）　1965 年、西ドイツ隊、H. シューレル隊長。

ブニ・ゾム・南峰　Būni Zom（S）　6220 m/20407 f
⟨Ⅲ-D-4⟩　　　　　36°08′30″N　72°19′20″E
　　　　　　　　　Khorabort GL と、Gōrdghan GL の間。
　　（初登頂）　1971 年、富山県雄山高校 OB 山岳会隊、佐伯裕孝隊長。

ブニ・ゾム・Ⅱ峰　Būni Zom（II）　6147 m/20167 f
⟨Ⅲ-D-4⟩　　　　　36°11′N　72°20′E
　　　　　　　　　Gōrdghan GL の源頭付近。
　　（初登頂）　1965 年、西ドイツ隊、H. シュレール隊長。

ブニ・ゾム・南南峰　Būni Zom（SS）　6110 m/20046 f
⟨Ⅲ-D-4⟩　　　　　36°07′40″N　72°20′E
　　　　　　　　　Khorabort GL と、Gōrdghan GL の間。

ブニ・ゾム・Ⅲ峰　Būni Zom（III）　6050 m/19849 f
⟨Ⅲ-D-4⟩　　　　　36°11′N　72°21′E
　　　　　　　　　Gōrdghan GL 源頭で、Awi GL の間。
　　（初登頂）　1967 年、オーストリア隊、J. ホッファー隊長。

ゴールドガーン・ゾム・Ⅱ峰　Gōrdghan Zom（II）　6048 m/
⟨Ⅲ-D-4⟩　　　　　19842 f
　　　　　　　　　36°08′40″N　72°23′40″E
　　　　　　　　　Gōrdghan GL と、Phargām GL の間。

チャコーリ・ゾム・Ⅰ峰　Chakholi Zom（I）　6016 m/19738 f
⟨Ⅲ-D-4⟩　　　　　（6020 m）
　　　　　　　　　36°06′50″N　72°15′50″E
　　　　　　　　　Gōlen Gol と、Khorabort GL の間。
　　（初登頂）　1967 年、東京農業大学隊、宮森常雄隊長。

ブニ・ゾム・Ⅳ峰　Būni Zom（IV）　Ca 6000 m/19685 f
⟨Ⅲ-D-4⟩　　　　　36°12′N　72°22′E
　　　　　　　　　Gōrdghan GL の源頭で、Phargām GL の間。

パールガム・ゾム・Ⅰ峰　Phargām Zom（I）　Ca 6000 m/19685
⟨Ⅲ-D-4⟩　　　　　f（6108 m）
　　　　　　　　　36°11′30″N　72°22′E
　　　　　　　　　Phargām GL と、Miragram GL の間。

	（初登頂）	1971年、西ドイツ隊、R.ワグナー隊長。	
パールガム・ゾム・II峰 〈III—D—4〉	Phargām Zom (II)　Ca 6000 m/ 19685 f（6086 m） 36°11′N　72°22′E		
	（初登頂）	1971年、西ドイツ隊、R.ワグナー隊長。	
無名峰	Un Named Peak　Ca 6000 m/19685 f（6020 m） 36°11′N　72°22′E		
	（初登頂）	1971年、西ドイツ隊、R. ワグナー隊長。	

無名峰	Un Named Peak　Ca 6000 m/19685 f（6010 m） 36°11′N　72°22′E
（初登頂）	上記二峰とも、I峰登頂の際に通過した同一稜線上の小ピーク。1971年、西ドイツ隊、R. ワグナー隊長。

10 — 1　HINDŪ RAJ

CENTRAL HINDŪ RAJ

夏の中部 Hindū Raj は、ヒマラヤ的というよりは、むしろアルプス的風貌である。Shahan Dok、Kamarō Zom 以外は、すべて、6200 m 以下の峰であることも一因であろうか、南北に延びる山脈が、そのような風貌を醸し出しているのかもしれない。

南限を 3720 m の Shandūr 峠とし、北限は 4499 m の Thūi Ān とする。西側を南流する Yarkhun 川と、東側を南流する Thui Gol、Yasīn 川、南側を東流する Ghizūr (Ghizār) 川の内側の山脈をさし、三つの山群よりなる。

BATELI GROUP (地図 No. 4)

Dahimāl Gah の源頭一帯の山群は、Bateli と呼ばれておよそ十数峰の 5000 m 級峰が並び、北面に氷河が発達する。

南縁を Ghizūr (Ghizār) 川とし、東縁の Yasīn 川より北縁となる Naz Bār を遡る。さらに同名の峠を経て、西縁となる Bahushtaro 谷などに囲まれる線の内側の山群をいう。トレッカーも極めて少なく、手軽な小登場の穴場といえよう。

SHAHAN DOK GROUP (地図 No. 3)

東縁の Wasam Muli Gol、Mirzhurian Gol と Bahushtaro Gol を結び、西縁の Yarkhun 川、南縁の Gizūr 川に囲まれた広大な山群をいう。

1927～31 年、C. G. ルーウィスの大三角測量時の観測点には、Dodargaz/5372 m、Shandūr 峠北東部の 5479 m 峰などがある。

1957 年、京都大学隊の松下進らは、Yasīn から Naz Bār Ān を越えて Horgojit 氷河に入り、Shahan Dok を試登して一帯の踏査を行なった。その後 Zagār Ān 5008 m を越えて Chitrāl に向かっている。1986 年、広島三朗らが Bahushtaro Gol から偵察に入る。1989 年には、神奈川県高校山岳部顧問団が同谷を訪れ、5000 m 級峰など五つの峰に初登頂した。

かつて Shandūr 峠の車道開通以前に、Mastūj、Ghizūr 間の交通の捷路として利用された Chumārkhan 峠は、いまは遊牧民の往来を見るだけである。

シャーハーン・ドク	Shahan Dok　6320 m/20735 f
(Shah Dok)	36°26′N　72°51′30″E
〈III—D—3〉	Miragram GL と、Horgojit GL の間。
（初登頂）	1988 年、明治大学山岳部 OB 隊、根深誠隊長。

ワッサム・ゾム	Wasam Zom　6135 m/20127 f
〈III—D—3〉	36°27′40″N　72°54′10″E
	Mirzhurian GL と、Miragram GL、Horgojit Gol 源頭の間。
（初登頂）	1965 年、イタリア隊、C. A. ピネリー隊長。

無名峰	Un Named Peak　6073 m/19925 f
(Picco Citta Di Teramo)	36°29′20″N　72°53′10″E
	Miragram GL と、Mirzhurian GL の間。
〈III—D—3〉	
（初登頂）	1965 年、イタリア隊、C. A. ピネリー隊長。A・C・P は、外国の山岳団体名、地域名の山

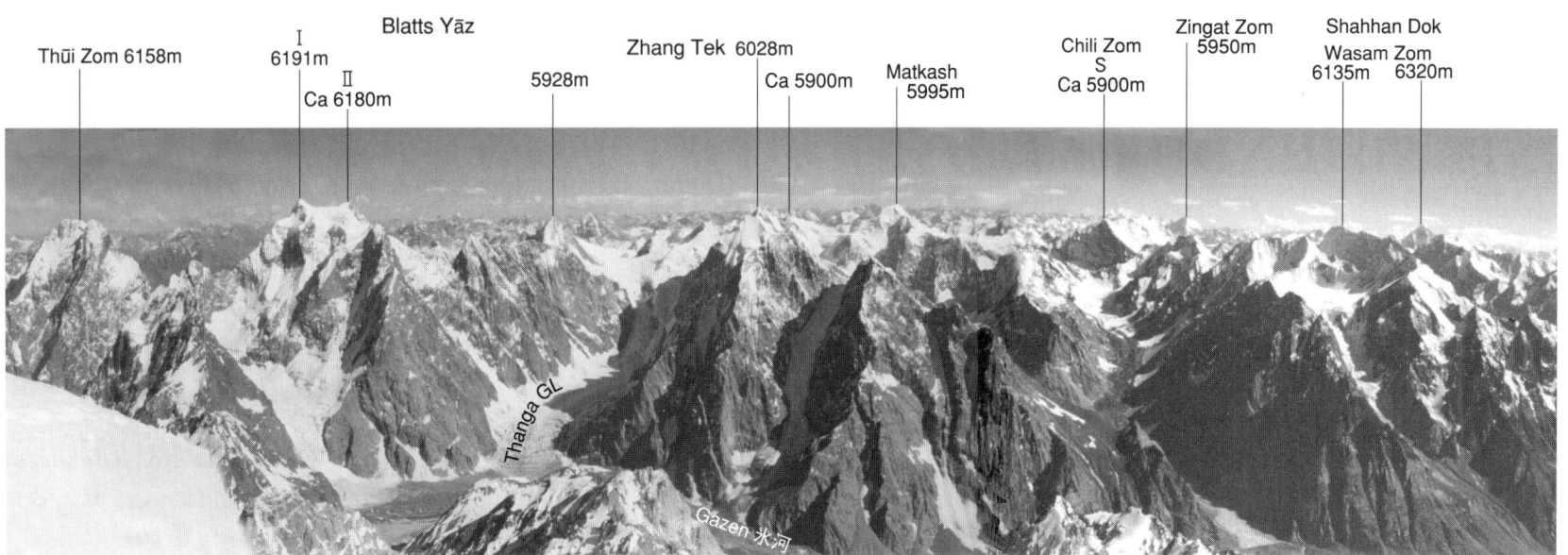

1－9 「Gazen GL 周辺」Gōlash Zom より（贄田統亜）

名に疑問を表す。

マトカシュ　　　　Matkash　5995 m/19669 f（6000 m）
〈Ⅳ－A－2〉　　　 36°32′N　73°02′E
　　　　　　　　Matkesh GL と、Kaimet Bār の間。
（初登頂）　　　　1975 年、イタリア隊、W. メジャク隊長。

GAZEN GROUP （地図 No. 4）

　Gazen Gol から、Thūi Ān を経て Aghostbār 氷河を下り、Thūi Gol、Khaimet Gol 源頭と Wasam Muli Gol、Mirzhurian Gol に挟まれた山群をいう。

　Aghostbār とは「峠の谷」の意だが、Thūi Ān は、Yasīn 谷と Yarkhun 谷を結ぶ峠で現地では Thui Yo Ān ともいう。

　登山者の記録では、1967 年、第Ⅱ次・RCC の高橋善数、海老原道夫が Gazen 谷源頭を踏査して Putit Zom/5473 m に初登頂した。付近一帯は 6000 m 峰の岩壁登攀の宝庫と報告した。1975 年、スイスの H. シブリらは東面から Thūi Zom に挑戦したが、キャンプを落石で失って撤退。北壁はグランド・ジョラスの北壁を彷彿させるものがあるという。1976年には、ACCJ の本図一統らが Gharsapār 氷河に入っている。

12－1　HINDŪ RAJ

その後登山者が途絶え、上記の大岩壁群はそのまま残されている。クライマーにとっては短期間で入山できる地域だ。Yarkhun 街道は、Lasht まで車道が延び、Chitrāl から Gazen 谷まではジープで1日の行程になった。

カマロー・ゾーム	Kamarō Zom　6251 m/20510 f
〈Ⅳ－A－2〉	36°40′30″N　73°02′40″E
	Madit GL と、Thūi GL の間。

ブラッツ・ヨーズ・Ⅰ峰	Blatts Yāz　6191 m/20311 f
〈Ⅳ－A－2〉	36°36′10″N　73°05′30″E
	Ghalsapār GL と、Zhang-i-Tek GL の間。

ブラッツ・ヨーズ・Ⅱ峰	Blatts Yāz (II)　Ca 6180 m/20276 f
〈Ⅳ－A－2〉	36°36′N　73°05′20″E
	Ghalsapār GL と、Zhang Tek GL の間。

トゥイ・ゾム	Thūi Zom　6158 m/20204 f
〈Ⅳ－A－2〉	36°36′40″N　73°07′E
	Aghostbār GL と、Ghalsapār GL の間。

ゴーラッシュ・ゾム	Gōlash Zom　6149 m/20174 f
〈Ⅳ－A－2〉	36°40′20″N　73°02′E
	Madit GL、Thūi GL、Gōlash GL の間。
（初登頂）	1968 年、学習院大学隊、贄田統亜隊長。

無名峰	Un Named Peak　Ca 6100 m/20013 f
	36°40′40″N　73°03′E
	Risht GL と、Madit GL の間。

無名峰	Un Named Peak　Ca 6100 m/20013 f
	36°41′20″N　73°02′50″E
	Risht GL と、Madit GL の間。

ザン・テク・Ⅰ峰	Zhang Tek (I)　6028 m/19776 f
(Zhang-i-Tek)	36°34′30″N　73°03′E
〈Ⅳ－A－2〉	Zhang-i-Tek GL と、Gazen GL の間に、Ⅱ峰、Ⅲ峰が続く。

無名峰	Un Named Peak　Ca 6000 m/19685 f
	36°41′N　73°04′E
	Risht GL、Thūi GL、Garandār Gūm GL の源頭。

トゥイ・ゾム・西峰	Thūi Zom (W)　Ca 6000 m/19685 f
〈Ⅳ－A－2〉	36°36′40″N　73°06′30″E
	Aghostbār GL と、Ghalsapār GL の間。

トゥイ・ゾム・東峰	Thūi Zom (E)　Ca 6000 m/19865 f
〈Ⅳ－A－2〉	36°36′40″N　73°07′30″E
	Aghostbār GL と、Ghalsapār GL の間。

1-10 「Koyo Zom 東面」Pechus GL 源頭より（雁部貞夫）

EASTERN HINDŪ RAJ (New Proposal)

THUI GROUP (地図 No. 4)

　三つの山群からなる Hindū Raj 山脈は、最低鞍部の Thūi Ān を境に東方に屈折し、風貌は一変してヒマラヤ的容貌に変化する。

　とくに山脈の北縁となる Yarkhun 川には、広義の Hindū Kūsh 最大の Chiantār 氷河を源頭に抱え、並行する主脈は豊富な氷雪に覆われる。東縁は、Karambār 川、Ishkuman 川を挟んでカラコルムと対峙し、Ghizūr 川、Yasīn 川、Thūi Gol に囲まれた山脈をいう。

　測量局では、Chillinj Ān をカラコルム、Irshad Wuin をパミールとの境界とする。

　北縁を Yarkhun 川とし、東端は Darkot Ān となる。Gazen Gol から主稜線の西端、Thūi Ān を越えて Aghost Bār 氷河を下降、Thūi Gol、Das Bār、Ghamobār Aghost を越えて Darkot Ān に至る線の内側の山群をいう。

　古くから、中央アジアとインドを結ぶ重要なルートだった Darkot 峠については、文献を挙げれば枚挙にいとまがない。近年になってからの 1967 年、A. リンスバウアーが Yasīn 側から Darkot Ān を経て Zindikharām 氷河に抜け、1968 年には、雁部貞夫らが北面から峠に達し、同年、学習院大学の贅田統亜らも Kotalkash 氷河を偵察した。その後も多くの日本人トレッカーが訪れている。

コヨ・ゾム　　　　Koyo Zom　6872 m/22545 f

14 — 1　HINDŪ RAJ

〈Ⅳ－A－2〉	36°44′10″N　73°14′20″E Kotalkash GL と、Pechus GL の間。		無名峰	Un Named Peak　Ca 6300 m/20670 f 36°42′20″N　73°03′30″E Shetōr GL と、Risht GL の間で、Thūi (II) の北西。
（初登頂）	1968年、オーストリア隊、A. シュタム隊長。			
カロール・ゾム (Thūi I)	Karōl Zom　6660 m/21852 f 36°43′40″N　73°10′20″E		ガインタール・チッシュ	Ghaintār Chhish　6273 m/20580 f
〈Ⅳ－A－2〉	Kotalkash GL と、Ponarillo GL の間。		〈Ⅳ－B－2〉	36°42′N　73°16′E Ghaintār GL と、Chhatiboi GL の間。
（初登頂）	1974年、雲表倶楽部隊、三好捷介隊長。		（初登頂）	1968年、オーストリア隊、H. リンツビヒラー隊長。
トゥイ・Ⅱ峰	Thūi (II)　6523 m/21401 f			
〈Ⅳ－A－2〉	36°42′20″N　73°04′E Risht GL と、Shetōr GL、Galandār GL の源頭付近。		無名峰	Un Named Peak　6203 m/20350 f 36°44′10″N　73°06′30″E Shetōr GL と、Ponarillo GL の間。
（初登頂）	1978年、イギリス隊、N. トリットン隊長。			
ペチュス・ゾム	Pechus Zom　6514 m/21371 f		無名峰 (Fratello Zom)	Un Named Peak　Ca 6200 m/20340 f 36°44′N　73°16′50″E
〈Ⅳ－A－2〉	36°43′N　73°14′E Pechus GL と、Chhatiboi GL の源頭。		〈Ⅳ－B－2〉	Pechus GL と、Chhatiboi GL の間。
（初登頂）	1968年、オーストリア隊、A. シュタム隊長。		（初登頂）	1968年、第Ⅱ次 RCC・フラッテロ隊、雁部貞夫隊長。
無名峰	Un Named Peak　Ca 6400 m/21000 f 36°43′N　73°10′E Karōl Zom の南約 1 km で、Ponarillo GL と Kotalkash GL、Borum Bār GL の源頭。			A・C・P は、山岳団体名の山名に疑問を表す。
			イシュペル・ドーム	Ishpel Dome　Ca 6200 m/20340 f
無名峰	Un Named Peak　Ca 6400 m/21000 f 36°43′40″N　73°14′20″E Kotalkash GL と、Pechus GL の間。		〈Ⅳ－B－2〉	36°43′40″N　73°16′20″E Pechus GL と、Chhatiboi GL の間。
			（初登頂）	1968年、第Ⅱ次 RCC・フラッテロ隊、雁部貞夫隊長。
			無名峰	Un Named Peak　Ca 6200 m/20340 f 36°42′50″N　73°14′10″E

無名峰　　　　　　Un Named Peak　Ca 6200 m/20340 f
　　　　　　　　　36°42′20″N　73°17′E
　　　　　　　　　Kotalkash GL、Chhatiboi GL 源頭付近で、
　　　　　　　　　Ghaintār GL の間の丘陵状の峰。

無名峰　　　　　　Un Named Peak　Ca 6200 m/20340 f
　　　　　　　　　36°42′20″N　73°17′E
　　　　　　　　　Ghaintār GL と、Chhatiboi GL の間。

無名峰　　　　　　Un Named Peak　Ca 6200 m/20340 f
　　　　　　　　　36°43′N　73°11′20″E
　　　　　　　　　Kotalkash GL 源頭で、Karōl Zom の南東
　　　　　　　　　約 1 km。
　　（初登頂）　　1978 年、イギリス隊、N. トリットン隊長。

ショルタリ・ゾム　　Sholtali Zom　6175 m/20260 f
(Thūi III)　　　　　36°42′N　73°07′50″E
〈IV—A—2〉　　　　Galandar GL、Ponarillo GL、Borum Bār
　　　　　　　　　GL、Shetōr GL など四氷河の源頭。
　　（初登頂）　　1975 年、スイス隊、H. スチブリ隊長。

パチャーン・ゾム　　Pachan Zom　6126 m/20098 f（5970 m）
〈IV—A—2〉　　　　36°43′20″N　73°03′E
　　　　　　　　　Risht GL と、Shetōr GL の間。
　　（初登頂）　　1969 年、イギリス隊、R. イシャーウッド隊長。

無名峰　　　　　　Un Named Peak　6111 m/20049 f
　　　　　　　　　36°43′N　73°06′50″E
　　　　　　　　　Ponarillo GL と、Shetōr GL の間。

チカール・ゾム　　　Chikār Zom　6110 m/20045 f
〈IV—B—2〉　　　　36°44′30″N　73°20′30″E
　　　　　　　　　Darkot GL と、Chhatiboi GL の間。
　　（初登頂）　　1968 年、オーストリア隊、A. シュタム隊長。

無名峰　　　　　　Un Named Peak　Ca 6100 m/20013 f
　　　　　　　　　36°41′50″N　73°04′40″E
　　　　　　　　　Galandār GL と、Shetōr GL の間。

ダスバール・ゾム　　Dasbār Zom　6072 m/19921 f（6080 m）
〈IV—B—2〉　　　　36°43′30″N　73°15′30″E
　　　　　　　　　Ghaintār GL の源頭付近。
　　（初登頂）　　1968 年、オーストリア隊、H. リンツビヒラー隊長。

無名峰　　　　　　Un Named Peak　6008 m/19710 f
　　　　　　　　　36°37′N　73°15′E
　　　　　　　　　Kerun Bār GL と、Das Bār River の間。

無名峰　　　　　　Un Named Peak　Ca 6000 m/19685 f
　　　　　　　　　36°42′N　73°11′10″E
　　　　　　　　　Kotalkash GL の源頭付近で、Borum Bār
　　　　　　　　　GL の間。
　　（初登頂）　　1978 年、イギリス隊、N. トリットン隊長。

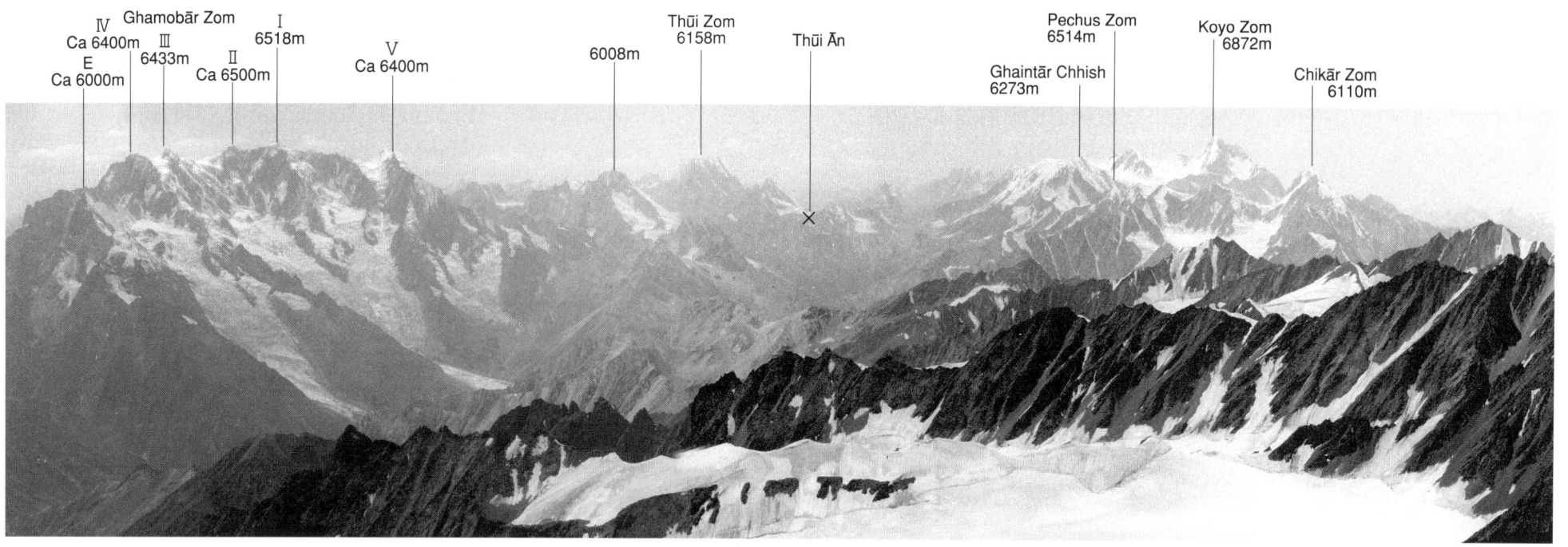

1－11 「Darkot を囲む峰々」 Garmush より （松村隆広）

GHAMOBĀR ZOM GROUP （地図 No. 4）

　北端の、Ghamobār Aghost（峠）から西縁の Das Bār と南縁の Thūi-Gol を下り、東縁の Darkot 川を遡って同名の村に至る。さらに、Ghamobār 氷河から北端の Ghamobār 峠に達する間の内側の山群をいう。

　この山群についての資料は少なく、1933 年のションバーグの記述に一部触れられるにすぎない。

　下記のイタリア隊のほかに、1979 年に愛知県の磯村義宣らが Das Bār 谷に入り、1990 年には福岡登高会の池辺勝利らも、同じ Chharish 氷河に入って主稜線に達した。

　いまでは、Darkot まで車道が延びて所要日程は軽減され、ギルギットからジープを利用する。

ガモバール・ゾム・Ｉ峰 （Ghamubār Zom, Ghamogūl Zom, Gamgāl Zom） 〈Ⅳ－B－2〉　　（初登頂）	Ghamobār Zom（Ⅰ）　6518 m/21384 f 　（6528 m） 36°35′40″N　73°20′40″E Ghamobār GL と、Chharish GL の間。 1973 年、イタリア隊、F. アレットー隊長。
ガモバール・ゾム・Ⅱ峰 〈Ⅳ－B－2〉	Ghamobār　Zom（Ⅱ）　Ca 6500 m/ 21325 f 36°35′N　73°21′E Ghamobār GL と、Chharish GL の間。

EASTERN HINDŪ RAJ — 17

ガモバール・ゾム・III峰 〈Ⅳ—B—2〉	Ghamobār Zom (III)　6433 m/21106 f 　36°35′10″N　73°22′10″E Ghamobār GL と、Hundūr GL の間。	ガモバール・ゾム・V峰 〈Ⅳ—B—2〉	Ghamobār Zom (V)　Ca 6400 m/ 　21000 f 36°36′N　73°19′50″E N・Ghamobār GL と、Chharish GL の間。
ガモバール・ゾム・IV峰 〈Ⅳ—B—2〉	Ghamobār Zom (IV)　Ca 6400 m/ 　21000 f 36°35′N　73°22′30″E Ghamobār GL と、Hundūr GL の間。	ガモバール・東峰 〈Ⅳ—B—2〉	Ghamobār Zom (E)　Ca 6000 m/19685 f 　36°35′N　73°22′E E・Ghamobār GL の源頭付近。

18— 1　HINDŪ RAJ

1 - 12 「Asambār 山群」Garmush 付近より （松村隆広）

ASAMBĀR GROUP （地図 No. 4）

　西縁の Darkot 川、Yasīn 川、南縁の Ghizūr 川に沿う街道は、中央アジアとインドを結ぶ古くから重要な交易ルートとして利用された。北縁となる Darkot から Ishkuman 峠、Baru Gah を経て、東縁の Ishkuman 川に至るルートもこの街道の間道として利用された交易路のひとつである。これらの川に囲まれた範囲を Asambār 山群という。

　Asambār/5798 m、Khatār/5659 m、Gupis 北方の 5551 m 峰は、1927～31 年、C. G. ルーウィスによる初期の大測量時に観測点となった峰である。

　高峰こそないが 5000 m 峰は豊富で、トレッカーが少ないだけに未登の 5000 m 級の峰は多い。

CHIANTĀR GROUP （地図 No. 4）

　西端を Darkot 氷河の舌端付近として、北縁の Yarkhun 川、Ribat Bār、Karambār 川、南縁の Baru Gah、Neo Bār を経て Darkot に至り、西縁の Gakushi Bār から Darkot Ān を越えて同名の氷河に至る線の内側の山群をいう。

　山群の中央部を西流する Chiantār 氷河は、広義の Hindū Kūsh 山脈中最大の氷河で、Tirich Mīr、Darban 両氷河をはるかに凌駕し、上流部の広大な雪原は全長 34～5 km まで成長させている広大な氷河だ。

　1911年、H. ベルは、Darkot Ān にある観測点に入るため、Yasin を訪れたが、その際に Garmush の試登を行なっている。

　現在の Darkot Ān 峠東方の 5244 m 峰は、1927～31 年、C. G. ルーウィス大三角測量時の観測点である。

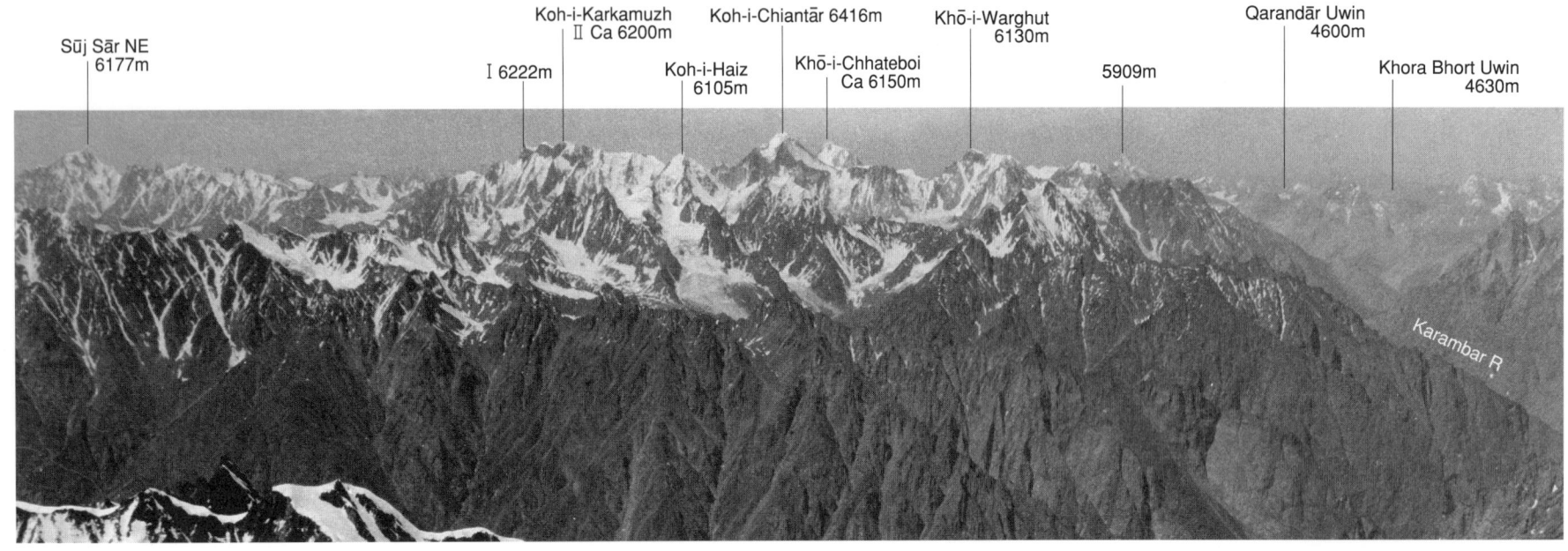

1-13 「Chiantār 山群」Purian Sār より（内田嘉弘）

 1967年、A. リンスバウアーらは Chiantār 氷河の舌端から源頭に至る完全遡行をして、Sohtara Bād 氷河の源頭付近も踏査。1997年には、雁部貞夫らが上流部までを踏査した。ヒンズー・ラジのなかでは数少ない 6000 m の未登峰が残されている山群である。

コー・イ・チアンタール	Koh-i-Chiantār　6416 m/21049 f
〈Ⅳ—D—2〉	36°44′N　73°53′10″E
	Chiantār GL、Peahin GL、Sohtar-abād GL の源頭付近。
（初登頂）	1967年、オーストリア・西ドイツ合同隊、A. リンスバウアー隊長。

ガルムシュ・主峰	Garmush (M)　6244 m/20486 f
〈Ⅳ—C—2〉	36°42′40″N　73°35′20″E
	Garmush GL と、Gasho GL の間。
（初登頂）	1975年、オーストリア隊、P. バウムガルトナー隊長。

コー・イ・カルカムズ・Ⅰ峰	Koh-i-Karkamuzh (I)
〈Ⅳ—D—2〉	6222 m/20415 f
	36°42′20″N　73°51′E
	Chiantār GL と、Karkamuzh GL の間。

コー・イ・カルカムズ・Ⅱ峰	Koh-i-Karkamuzh (II)
〈Ⅳ—D—2〉	Ca 6200 m〜/20431 f〜
	36°42′20″N　73°51′20″E
	Chiantār GL と、Karkamuzh GL の間でⅠ峰より高い。

コー・イ・カルカムズ・Ⅲ峰	Koh-i-Karkamuzh (III)
〈Ⅳ—D—2〉	Ca 6200 m〜/20431 f〜

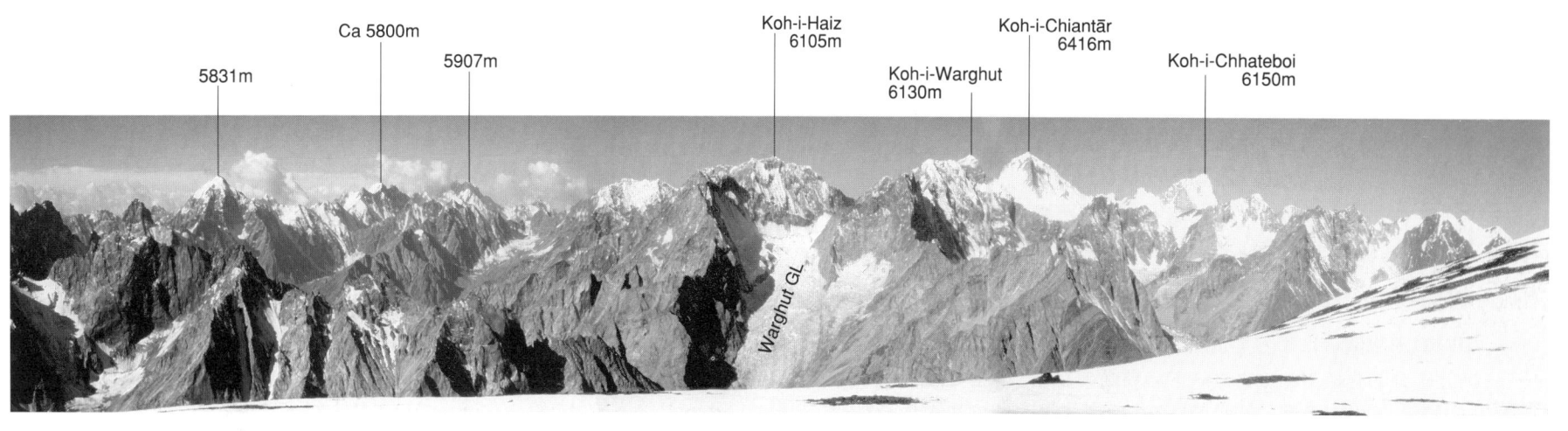

1－14 「Chiantār 山群東面」Chillinji Ān より （仙台一高山の会隊）

    36°42′20″N　73°51′30″E
    Chiantār GL と、Karkamuzh
    GL の間でⅠ峰より高い。

スージ・サール・南西峰　Sūj Sār（SW）　6189 m/20306 f
⟨Ⅳ－C－2⟩
    36°41′30″N　73°41′30″E
    Garmush GL の東源頭と、Sūj GL の間。

スージ・サール・北東峰　Sūj Sār（NE）　6177 m/20267 f
⟨Ⅳ－C－2⟩
    36°43′N　73°42′20″E
    Chiantār Central GL と、Sūj GL の間。

コー・イ・チャティボイ　Koh-i-Chhateboi　Ca 6150 m/20177 f（6217 m）
⟨Ⅳ－D－1⟩
    36°45′20″N　73°53′E
    Chiantār GL と、Sohtarabād GL の間。
 （初登頂）　1967 年、オーストリア・西ドイツ合同隊、A. リンスバウアー隊長。

ガルムシュ・南峰　Garmush（S）　Ca 6150 m/20177 f
⟨Ⅳ－C－2⟩
    36°41′30″N　73°35′30″E
    Neo Bār 支流の Gasho GL と、Garmush GL の南源頭付近。

コー・イ・ワルグート　Koh-i-Warghūt　6130 m/20110 f
⟨Ⅳ－D－2⟩
    36°44′10″N　73°55′30″E
    Sohtarabād GL と、Peahin GL の間。
 （初登頂）　1967 年、オーストリア・西ドイツ合同隊、A. リンスバウアー隊長。

コー・イ・ハイズ　Koh-i-Haiz　6105 m/20030 f
（Peahin Peak）
⟨Ⅳ－D－2⟩
    36°41′10″N　73°54′20″E
    Haiz GL と、Peahin GL の間。

ガルムシュ・北峰　Garmush（N）　Ca 6100 m/20013 f
⟨Ⅳ－C－2⟩
    36°43′40″N　73°35′E
    Chikzār-E GL と、Garmush GL の間。

〔シルクロードの盗賊〕
―― 泣く子も黙るグジュルの峠 ――

　中国の求法僧らによって記録された商弥（Shanmi）は、中央アジアとインドを結ぶシルクロードの要衝のひとつとして名高いヒンズー・クシュ山中の都、Chitrāl のことである。このルートを往来する交易商人や僧侶たちは、これら山岳地帯で盗賊に遭遇することが多かったという。

　私が幼かったころ、シルクロードの盗賊といえばアラビアンナイトだった。アリババと四十人の盗賊はなんと優雅で間抜けな泥棒たちだろうと幼なごころに思いながら絵本を読んだ記憶がある。広大な砂漠、うねる波のような砂丘のかげから、突如馬に乗った盗賊たちが大挙して押し寄せ、大富豪の隊商から姫を奪ってどことなく消えうせる。このような物語にも心をおどらせて耳を傾けたものである。

　いくつになってもシルクロードの盗賊の話は面白い。現地を訪れるごとにさまざまな昔話を聞くのだが、そのようなロマンチックな話は一度も聞いたことがない。むしろ夏村や小さな村落などで、かつて襲われた事があるよという程度の話だった。たとえ問題の噂がある村でも、自分から襲撃した話などを出すわけがないのが当然だから、むしろ、その地域の話題としてではなく、他の地域の出来事として語られる事が多い。さすがに被害を受けたことのある村では、昔話とはいえ、現存する実名で加害者の村の名を語り継がれている。

　植民地時代のインドでは、中央アジアを往復する隊商がしばしば山岳地帯で盗賊に襲われた。中国側のラスカム鉱山では Kanjut 盗賊による村ぐるみの襲撃をうけて、Bazār Dara 一帯が一時無住の廃村と化した事もあり、通商が途絶えたこともあった。

　1889 年、イギリス軍の大尉だった F. ヤングハズバンドは、これら Kanjut 盗賊のルートがどこを通るのか、どのような峠を利用しているかを調査する事と、ロシア軍のインド侵入に備えて、南進ルートを調査する密命を受け、噂に聞く Saltoro 峠を求めて中国大陸を横断。カラコルムの Muztāgh 峠を越えた事は広く知られている。
　　―註1―（『カラコルムを越えて』水口志計夫訳・角川文庫）

　当時、盗賊たちの本拠は Hunza にあって縦横にカラコルムを駈けめぐり、方々を荒らし回っていたことは多くの文献に述べられているので既にご存じであろう。1891 年に、インド政庁と Hunza の間に講和条約が結ばれるまで、相当に組織的で大がかりに掠奪行為が行なわれていた事が知られている。

　だが、Hunza や Shimshal ばかりが盗賊だったわけではない。ヒンズー・クシュでもさまざまな話を聞くことがある。山岳地帯では至る所にこのような問題で悩んだ住民がいたもようだ。平穏な村が、ある日突然盗賊と化して掠奪遠征することもあったらしい。激烈な環境に生活する住民が、いちど凶作に見舞われれば生きぬく為には止むを得ない手段であったという。近年でも、奴隷の売買が隠れて行なわれている風聞もある。山岳民族のなかには定住せずに各地を渡りあるく Hazara のグジュル、あるいは Katīr のグジュルなどは、各地域で女性、子供たちに恐れられてきたという。
　　―註2―

　「昔話に、Zahār か Tangīr からグジュルが荒らしに来た。遊牧中の女、子供もろとも沢山の山羊が盗まれた。村中総出で探しまわり糞と足跡を追ったが、峠から先は危険なのであきらめた。グジュルの仕業に違いないと言われている。なぜなら Mirshohi に売られた山羊の尻が村の山羊のように赤かったそうだ。」― Swāt の Paloga の夏村にて ―
　　―註3―

トルコやイランなどでは、よく焼印や耳輪をつけた山羊を目にするが、ここでは、自分の山羊の表情や特徴をよく記憶しており、ときには首や尻に色付けして見分けをする事が多い。降雨が少ないので色は消えず、隠しても結局は判ってしまう。それが村ぐるみの争いに発展して互いに襲撃を繰り返し、遠くの村の出来事としての話題の筈が、自慢話などでその村の出来事だった事が窺えてくる。また、いくらその村が秘匿していても遠くの村の話題から特定されてしまうことになる。

自慢話といえばこんなこともあった。

「うちの先代の爺さんは、バルトロからインドに行ったことがある。」―シムシャールのポーター談― ―註4―

理由はともあれ、これが事実ならばその行動力は抜群であろう。これ程の行動力の裏側に欲得ずくの問題でもなければ考えられない事だから、それなりの理由は推定できる。問題は彼らのとったルートがどこを通ったものか非常に興味ぶかいが、いまとなっては知る由もないのが残念だ。バルトロという名は古くから知られている。バルトロとは氷河を指すばかりでなくインダス河支流の Thalle 谷にも同名の集落がある。この村落はバルトロ氷河の舌端に近い Ching Kang 谷を遡れば源頭の裏側が Thalle 谷で、バルトロという名の集落に達する。登山隊やトレッカーなどが通過した例はまだ聞いていないが、Thalle 谷のハンターは Ching Kang 谷にも出入りしているから通れない谷ではあるまい。

バルトロ氷河ならば東 Muztāgh 峠を経て中流部に出られるから、Masherbrum 峠を越えて Hūshe に出るか、減水期の Ching Kang 谷を通ればヤングハズバンドが探していた Saltoro 峠は近い。Shimshal からは最も短い盗賊の遠征ルートになり得るだろう。

「グジュルに荒らされたので、村中で Katīr まで探しにいったが、途中まったく形跡がみられなかった。どこから来てどこを通るのか見当がつかない。Katīr からきたグジュルと思う。」― Ishtiwincho にて― ―註5―

やはり遊牧中というから行方不明事件らしい。村では話が筒抜けになるらしくあまり触れたくない様子であった。戦中ならどのような事があっても不思議はないが、国境を越えてくるアフガン民兵ではなかったという。もっとも話が入り乱れるので、通訳は板挟みになり、随分もどかしい思いをしたようだ。

日本人にも被害者がいた。事件はアフガニスタンで起きた。1971年、コーイ・パルシュイに向かった拓殖大学隊、田中弘美隊長らもグジュルらしい盗賊に襲われている。アタック中にベースキャンプが襲われて、留守番の隊員が腕を鉈の背で打たれ、装備、その他合わせて150万円ちかくを強奪されている。かりにポーターたちのしわざならすぐにわかるというが、渡り歩きのグジュルの盗賊なら捕まることはあるまいと言われる。幸い死者はなかったが、このニュースは、「Kurān でジャパニがグジュルにやられて死者がでた。」―註6―というオーバーな噂で流れ、驚くことにあの通信の不便な山奥から、わずか数週間で隣国のパキスタンの Chitrāl に聞こえてきたのだから噂の伝わり方の早さは想像以上と言える。それほどグジュルの動静には神経を尖らせているのである。もっとも山岳地帯の住民は、アフガニスタンとパキスタンの国境など関係なしに往来しているのだから、口こみも素早く伝わるのだ。―註7―

話題は少々それてしまったが、このようにあらゆる角度から利用される峠には、氷河の後退や交通の形態の変化から廃棄されてゆくものも多い。わずかに地名として残った旧峠や、谷の名前や氷河の名に旧峠の語源として残っている例もみられる。

Aghost-Bār は、そのものズバリ「峠の谷」であり、Sohnyōan

氷河、Mashatān-Gol の語尾につく ān は、かつて峠（Ān）があった意味を表すようだ。

　1971 年、Phargām Gol の源頭付近を探ったドイツ隊は、Chakholi の伝説にある Sohnyō Ān の近くまで達しているし、Hunza 北部の Derdi 谷にも旧峠の話がある、いずれは再発見に結びつくであろうが、前述したような事情で、地元民は自分の村の出来事や隠された峠については触れられたくない。他人に知られたくないのは自分の村の自衛の為もあろうが、昔から他人には不用意に話すものではないというのが僻地の村の習慣であるらしい。うっかり彼らの話を鵜呑みにすると間違った情報を聞かされてしまう事もある。

　Rosh Gol 氷河の源頭、Koh-i-Shakawr と Langhuta-i-Balfi の最低鞍部には、旧峠と言われる Kotogaz Ān がある。測量局地図にも明記されているこの峠は完全に使用不能で、これを越えるには岩登りの領域となる。いかに氷河の後退が理由とはいえ、峠となる稜線の北側も南側も壁の高度差があり過ぎるので、本当に峠があったものであろうかと疑問に感じている。Hushko 氷河を挟んだ北東側には Kotogaz 氷河があるが、その源頭にはアフガニスタンに抜けられる無名のコルがあり、1960 年代には北側からの越境登山の例が出たほど容易に通過できるコルである。多少氷河の荒れはあったとしても、アフガニスタン側の Urgent Bara 谷とパキスタン側の Kotogaz 氷河を結ぶこの最低鞍部こそ、真実の Kotogaz Ān と呼ばれた峠なのではなかろうか。

　先駆者は言う。もしも盗賊が目標を襲う場合、思いもかけぬ危険な峠から出現して襲いかかっても、掠奪した戦利品を背負って凱旋するときは、まして奴隷として人を連れ歩くときなどは、軍や警察などのいる人込みを避けて、彼らだけが知る安全で容易に通行できる隠し峠が必ずある筈だと。

　どのような峠でも、住民の生活に密着した従来のあった峠には、歴史、争い、交流、宗教などの物語があるから、興味は尽きない。

―註1― グジュルは Gujur、Gujar とも呼び、アフガニスタンからパキスタンの山地にかけて広い範囲に住む遊牧民。定着せず牧草を求めて常に移動する。近年でも、教育が行き届かず Wakhan 語（Wakhi）を話す者が徘徊するといわれる。普段はおとなしいが、旱魃、凶作時に大挙して遠隔地に移動し盗賊となる。冬期間は都会近郊まで足をのばすこともあり、テント周辺は獰猛な犬で自衛している。

―註2― 写真参照。筆者が出会った Katīr のグジュル。地元民はこの風体を見てすぐにグジュルと判ったが、我々の目には地元民とグジュルの区別はつきにくい。どこで出会ったかを、次々と聞かれたので地元民の気づかいが感じられた。

―註3― インダス河支流の Kandia 川上流の Shinaka から Tangīr 一帯にかけて移動するグジュルは夏村や、遠出して遠隔の村、夜間の車両を襲うことがあるという。Zahār は Kandia 川の最上流。

―註4― 1977 年、日本 K2 登山隊の際の聞き取りで。

―註5― アフガン戦中の話か？ Katīr はアフガニスタン側にある谷の名で Bash 川の上流一帯を指す。

―註6― ブルハン・ウッディン氏談。同年 8 月下旬。Kurān はアフガニスタンでは Munjan といい、事件は Munjan 谷支流の Parshui 谷で起きた。

―註7― チトラールまでは直線距離で約 90 km にすぎないが、中間は高山岳地帯。

筆者の出会った Katīr のグジュル、後方の山は Utak Ān

2 HINDŪ KŪSH

2－1 「Hindū Kūsh の最高峰、Tirich Mīr」南西面より（津田文夫）

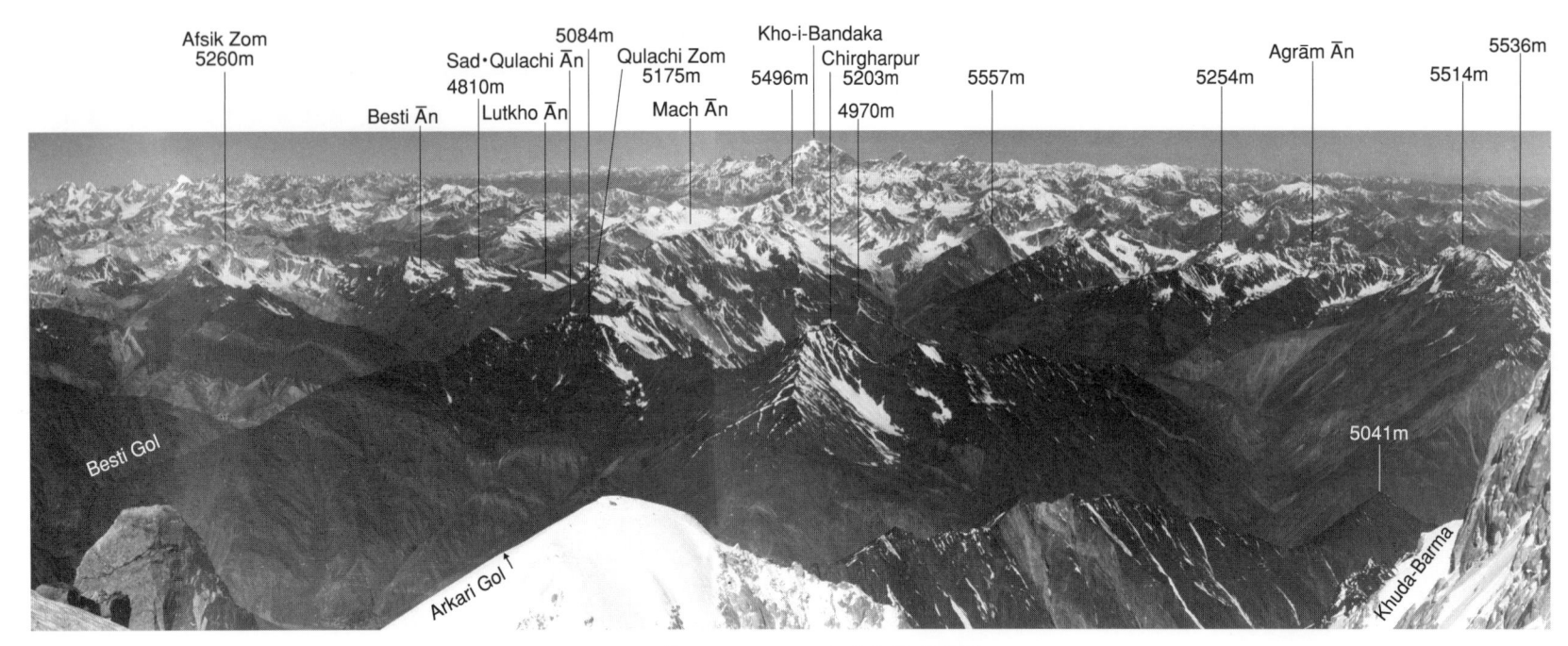

2-2 「Targūr Group」（福岡登高会隊）

EASTERN HINDŪ KŪSH

MATIK GROUP (地図 No. 1)

　西縁は、アフガニスタンの Kunār 川支流 Bash 川を遡って Dorah Ān 付近に至り、Rast Dara、Sanglich 川を下る。さらに Kotāl-i-Sardab を経て、北縁の Oxus 川をパミールとの境界の Irshad Uwin に達する。

　一方、東縁は、Kunār 川を遡行して、Yarkhun 川源頭の Karambār Ān と、同名の川の上流部に囲まれた広大な山脈をいう。

　東部 Hindū Kūsh 最南端の山群である。西縁の Bash 川と、東縁の Kunār 川の上流、Chitrāl 川より Lutkho 川を遡行して Dorah Ān に至る間の線に挟まれた山群をいう。主脈はパキスタンとアフガニスタンの国境になっており、数多くの峠や間道が交錯する。

　1935 年、R. ションバーグは Utak Ān（Ashangār 峠）を越えて Lutkho 川に達し、同年、ドイツの A. Scheibe らは、Bash 谷から Semenek Ān を経て Lutkho 川に入り、Dorah Ān にも立ち寄った。

　ほぼ中央部、カフィーリスタンの三つの谷間に住むカラーシャ族は、マハンデオの神を信仰するが、それぞれの谷で信仰が微妙に異

なるともいわれ、女性は宝貝の頭被と黒一色の貫頭衣をつける。

1966年、日本人として初めて訪れたのは雁部貞夫だが、翌67年には、東京農業大学隊の門田明が1カ月間の定着調査を行なった。

カフィーリスタン周辺については大幅に地名を変更した。Chitralでは「バンボレット、バンボーレ」と呼ばれることもあり、地図上では呼び名が非常に混乱している地域である。Kho Wār で Bomboret あるいは Boombret とする地名「雷」は本来は Kalash の言葉で Munmret と呼ぶ。谷は Kui であるから住民は Munmret Kui で「雷の谷間」と称することになる。丸山純夫妻の永年にわたる地名調査によるもの。

TARGŪR GROUP （地図 No.1）

西縁となるアフガニスタン側の Sanglich 川から、南縁の Dorah Ān を経て、パキスタン側の Lutkho 川に至り、さらに、東縁の Arkari 川上流の Nuqsan Ān を越えて、北縁の Darya-i-Nuqsan に囲まれる山群をいう。

次項の Zebak 山群とともに、かつては南進するロシアと、これを阻むイギリスの角逐の場となったこの山群は、峠道が縦横に交錯して、戦略的、政治的要衝であった。

1893～95年にかけて、Yarkhun 川源頭の峠を踏査し、さらにこの山群一帯を調査したのは G. コッカーリルだが、軍の機密上彼の行動は伏せられていた。当時、北側から大軍の侵攻を受けるならば、Dorah Ān 付近と Darkot 峠が想定されていたようである。

1947年、中国側からワフジール峠を経て Oxus 川に入った H. W. ティルマンは、パスポートなしで捕らえられたが、Ishkasim から Sanglich 川を経由し、国境の Dorah Ān 上で釈放された。

1999年には、広島の平位剛がアフガニスタン側から Dorah Ān に到達している。

ZEBAK GROUP （地図 No.1）

大部分がアフガニスタン側となるが、Ishkasim と Zebak を結ぶ西縁、北縁の Oxus 川、Kadzi Deh 谷を遡行して Sad Ishtragh 峠に至り、パキスタン側の Kurobakho 川から Nuqsan Ān、Mandro 川を下って Zebak に至る間の内側の山群をいう。

1917年、ヨーロッパ人として初めて Nuksan Ān に到達したのがポーランドの Bilkiewicz。1935年には、R. ションバーグも Arkari 谷から同峠に到達している。

TIRICH MĪR GROUP （地図 No.1）

Chitrāl から、Mastūj 川、Turikho 川、Tirich 川を遡行し、上部 Tirich 氷河支流の Ano 氷河を経て下部 Gazikistān 氷河を下降、Kurobakho 川、Arkari 川、Lutkho 川に囲まれる線の内側の広大な山群をいう。

Tirich Mīr が最初に測量されたのは、1879年、東インド会社の武官、S. ターナーが、7750 m と測定した。

また、この峰の姿を紹介したのは、1880年の J. ビッダルフであろうか、著書『Tribes of Hindoo Koosh』の挿し絵には Tirich Mīr の山姿が見られる。

1927～31年、インド測量局の C. G. ルーウィスによる Hindū Kūsh 全域の大測量事業は、さらに詳細な観測が行なわれた。

1935年は、R. ションバーグが Arkari 谷を踏査し、同年、および 1937年にはドイツ隊の学術調査が行なわれた。1939年には、イギリスのスミートン夫妻の Tirich Mīr 試登があり、事実上 Hindū Kūsh 高峰登山の幕が切って落とされたことになる。

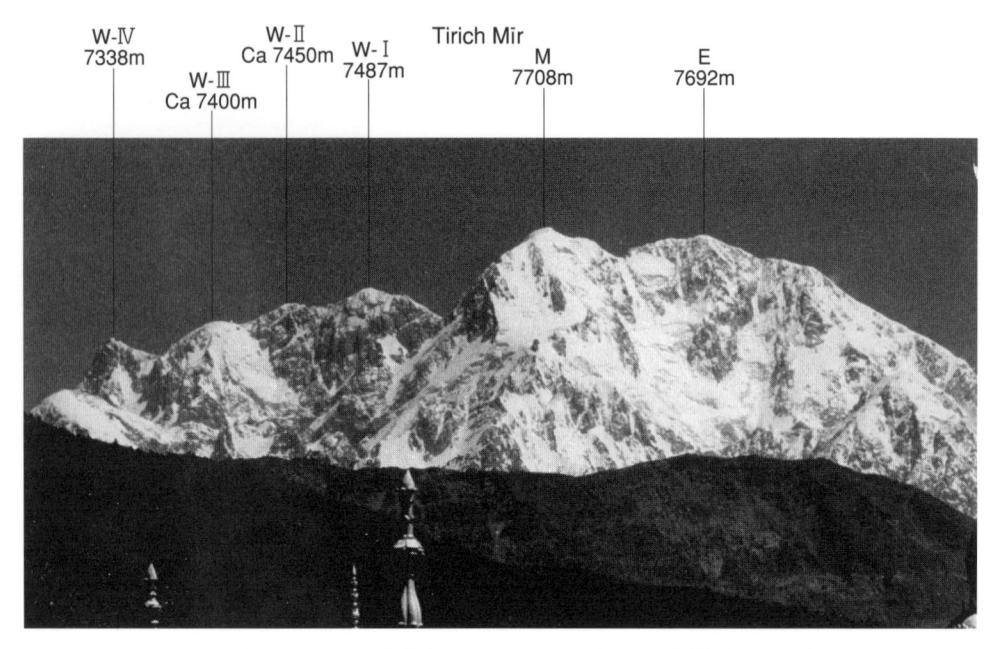

2-3 「Tirich Mīr 南面」チトラールの町から遠望（津田文夫）

ティリチ・ミール・主峰 〈Ⅰ-D-2〉	Tirich Mīr（M） 7708 m/25287 f （7706 m） 36°15′20″N　71°55′20″E South Barum GL、Dir Gol GL、Lower Tirich GL、Upper Tirich GL など4氷河の源頭。
（初登頂）	1950年、ノルウェイ隊、A. ネス隊長。

ティリチ・ミール・東峰 〈Ⅰ-D-2〉	Tirich Mīr（E） 7692 m/25237 f 36°15′30″N　71°51′E South Barum GL と、Lower Tirich GL の間。
（初登頂）	1964年、ノルウェイ隊、A. ネス隊長。

ティリチ・ミール・西Ⅰ峰 〈Ⅰ-D-2〉	Tirich Mīr（W-Ⅰ） 7487 m/24563 f 36°15′30″N　71°49′40″E U・Tirich GL と、L・Tirich GL の間。
（初登頂）	1967年、チェコスロヴァキア隊、V. セドヴィ隊長。

ティリチ・ミール・西Ⅱ峰 〈Ⅰ-D-2〉	Tirich Mīr（W-Ⅱ） Ca 7450 m/24442 f 36°15′40″N　71°49′20″E U・Tirich GL と、L・Tirich GL の間。
（初登頂）	1974年、イタリア隊、G. マチェトゥ隊長。

ティリチ・ミール・西Ⅲ峰 〈Ⅰ-D-2〉	Tirich Mīr（W-Ⅲ） Ca 7400 m/24278 f 36°16′00″N　71°49′00″E U・Tirich GL と、L・Tirich GL の間。
（初登頂）	1974年、フランス隊、S. サルソゥ隊長。

ティリチ・ミール・西Ⅳ峰 〈Ⅰ-D-2〉	Tirich Mīr（W-Ⅳ） 7338 m/24075 f 36°16′20″N　71°48′40″E U・Tirich GL と、L・Tirich GL の間。
（初登頂）	1967年、オーストリア・西ドイツ合同隊、K. ディームベルガー隊長。

ディル・ゴル・ゾム 〈Ⅰ-D-2〉	Dir Gol Zom　6778 m/22237 f 　36°15′10″N　71°48′50″E U・Tirich GL と、Gham GL、Dir Gol GL の間。
（初登頂）	1967 年、チェコスロヴァキア隊、V. セドヴィ隊長。
ティリチ・ミール・北峰 〈Ⅰ-D-2〉	Tirich Mīr（N）6732 m/22086 f 　36°17′30″N　71°49′10″E U・Tirich GL と、L・Tirich GL 源頭付近。
（初登頂）	1965 年、オーストリア・西ドイツ合同隊、K. ディームベルガー隊長。
S型・グレッシャー・ピーク 〈Ⅰ-D-3〉	S-Glacier Peak　Ca 6700 m/ 　21982 f 　35°14′N　71°50′10″E S・Barum GL と、Dir Gol GL の間。
（初登頂）	1939 年、Owir 氷河より、スミートン夫妻。
グール・ラシュト・ゾム・主峰 〈Ⅰ-C-2〉	Ghul Lasht Zom（M） 　6665 m/21867 f 　36°21′N　71°44′E U・Tirich GL 支流、Ano GL の源頭と Lower Gazikistān GL の間。
（初登頂）	1965 年、オーストリア隊、K. ディームベルガー隊長。
無名峰	Un Named Peak　6653 m/21827 f 　36°19′N　71°46′E U・Tirich GL と、Mushtaru Gol の間。
無名峰	Un Named Peak　Ca 6614 m/21700 f 　36°19′N　71°45′40″E 上記 6653 m 峰の西稜上。
グール・ラシュト・ゾム・東峰 〈Ⅰ-D-2〉	Ghul Lasht Zom（E） 　6611 m/21689 f 　36°21′N　71°45′E Ano GL と、U・Tirich GL の間。
（初登頂）	1965 年、オーストリア隊、K. ディームベルガー隊長。
バイパッシュ・ゾム・Ⅰ峰 〈Ⅰ-D-2〉	Baipash Zom（Ⅰ）6593 m/21630 f 　36°17′30″N　71°50′20″E L・Tirich GL の源頭付近。
（初登頂）	1969 年、チェコスロヴァキア隊、T. サルカ隊長。
リトル・ディルゴル・ゾム 〈Ⅰ-D-2〉	Little Dir Gol Zom　Ca 6550 m/ 　21490 f 　36°15′N　71°49′E Dir Gol GL と、U・Tirich GL の間のコル付近にある小ピークというが、正確な位置は不明。氏名不詳。
（初登頂）	1969年、イタリア隊。（A・C・P の N.U. アワン氏の記録による。）

バイパッシュ・ゾム・Ⅱ峰　　　Baipash Zom (Ⅱ)　Ca 6500 m/
〈Ⅰ-D-2〉　　　　　　　　　　21325 f
　　　　　　　　　　　　　　　36°17′30″N　71°51′30″E
　　　　　　　　　　　　　　　L・Tirich GL の左岸で、(Ⅰ) の
　　　　　　　　　　　　　　　東方。

無名峰　　　　　　　　　　　Un Named Peak　Ca 6500 m/21325 f
　　　　　　　　　　　　　　　36°17′N　71°48′40″E
　　　　　　　　　　　　　　　L・Tirich GL 源頭で、U・Tirich GL の間。

無名峰　　　　　　　　　　　Un Name Peak　Ca 6500 m/21325 f
　　　　　　　　　　　　　　　36°16′30″N　71°48′30″E
　　　　　　　　　　　　　　　L・Tirich GL 源頭で、U・Tirich GL の間。

グール・ラシュト・ゾム・南峰　Ghul Lasht Zom (S)
〈Ⅰ-D-2〉　　　　　　　　　　Ca 6400 m/21000 f (6370 m)
　　　　　　　　　　　　　　　36°20′N　71°46′E
　　　　　　　　　　　　　　　U・Tirich GL と、Mushtaru
　　　　　　　　　　　　　　　Gol の間。
　　　(初登頂)　1967年、オーストリア隊、K.
　　　　　　　　ディームベルガー隊長。

グール・ラシュト・ゾム・北東峰　Ghul Lasht Zom (NE)
〈Ⅰ-D-2〉　　　　　　　　　　6361 m/20870 f
　　　　　　　　　　　　　　　36°21′40″N　71°46′E
　　　　　　　　　　　　　　　Ano GL 源頭付近。
　　　(初登頂)　1969年、スペイン隊、J. ア
　　　　　　　　ングラーダ隊長。

リトル・ティリチ・ミール　　　Little Tirich Mīr　6361 m/20870 f

2-4 「Ghul Lasht Zom」Tirich Mīr より (福岡登高会隊)

〈Ⅰ-D-3〉　　　　　　　　　　36°13′10″N　71°51′30″E
　　　　　　　　　　　　　　　Owir GL の源頭と、S・Barum GL
　　　　　　　　　　　　　　　の間。
　　　(初登頂)　1969年、イギリス隊、J. フレミ
　　　　　　　　ング隊長。

ビンドゥ・グル・ゾム・Ⅰ峰　　Bindu Gul Zom　Ca 6340 m/
〈Ⅰ-D-2〉　　　　　　　　　　20800 f
　　　　　　　　　　　　　　　36°16′N　71°54′E
　　　　　　　　　　　　　　　L・Tirich GL と、S・Barum
　　　　　　　　　　　　　　　GL の間。
　　　(初登頂)　1978年、ポーランド・ユーゴス
　　　　　　　　ラヴィア合同隊、S. ルイジンス

30-2　HINDŪ KŪSH

キー、S. シコニヤ隊長。

ラテニ・ゾム 〈Ⅰ—D—2〉	Lateni Zom　6302 m/21676 f 　36°19′N　71°51′E 　U・Tirich GL と、L・Tirich GL の間。
無名峰	Un Name Peak　Ca 6300 m/20670 f 36°16′N　71°46′E U・Tirich GL と、Ghām Gol の間。
無名峰	Un Named Peak　6241 m/20476 f 36°12′50″N　71°50′E Dir Gol GL と、Owil GL の源頭。
アッハー・ゾム 〈Ⅰ—D—2〉	Achar Zom　6230 m/20440 f（6300 m） 　36°15′30″N　71°47′50″E 　U・Tirich GL と、Gham GL の間。
（初登頂）	1967 年、チェコスロヴァキア隊、V. セドヴィ隊長。
ビンドゥ・グル・ゾム・Ⅱ峰 〈Ⅰ—D—2〉	Bindu Gul Zom（Ⅱ）　Ca 6215 m/ 　20390 f 　36°16′N　71°56′E 　L・Tirich GL と、N・Barum GL の間。
（初登頂）	1979 年、スビダーニエ同人隊、坂原忠清隊長。 —註—　N・Barum 氷河が Bindu Gul Zom Ⅰ峰付近から南方に派生する尾根で断たれていることを発見、確認

した。

バラム・グル・ゾム 〈Ⅰ—D—2〉	Baram Gul Zom　6164 m/20223 f 　36°18′N　71°53′E 　U・Tirich GL と、L・Tirich GL の間。
無名峰	Un Named Peak　6143 m/20154 f 36°15′10″N　71°47′10″E Gham GL と、U・Tirich GL の間。
グール・ラシュト・ゾム・南東峰 〈Ⅰ—D—2〉	Ghul Lasht Zom（SE） 　Ca 6100 m/20013 f 　36°20′20″N　71°45′20″E 　U・Tirich GL と、Mushtar-u Gol の間。
（初登頂）	1965 年、オーストリア隊、K. ディームベルガー隊長。
バラム・グル・ゾム・北峰 〈Ⅰ—D—2〉	Baram Gul Zom（N）　6067 m/ 　19905 f 　36°18′30″N　71°53′E 　U・Tirich GL と、L・Tirich GL の間。
ロノ・ゾム・Ⅰ峰 〈Ⅰ—D—2〉	Lono Zom（Ⅰ）　6020 m/19750 f 　36°16′30″N　71°58′E 　Lono GL と、N・Barum GL の間。
アポロ・ⅩⅠ峰 〈Ⅰ—D—2〉	Apollo ⅩⅠ　6010 m/19718 f 　36°22′N　71°47′E

2 — 5 「Noshaq 山群」Tirich Mīr より（福岡登高会隊）

NOSHAQ GROUP (地図 No.1)

（初登頂）　Ano GL の右岸。
　　　　　1969年、スペイン隊、J. アングラーダ隊長。
　　　　　―註―　山名の「アポロ XI」は、この年打ち上げに成功した人工衛星の名にちなむ。

　U・Tirich 氷河の支流、Ano 氷河からコルに至り、L・Gazikistān 氷河、Kurobakho Gol を経て Sad Ishtragh 峠を越し、Wakhan Gol を下る。さらに、Qadzi Deh 氷河舌端付近の対岸の無名の

谷から Darban 氷河を経て、S・Atrak 氷河、Noshaq 氷河に至る線の内側の山群をいう。

1879 年、Noshaq を初めて測量し、Noshau/7500 m として紹介したのは S. ターナー大佐だった。だが、Noshaq の名を世に知らしたのは、1899 年、デンマークの O. オルフセンである。彼は 30 万分の 1 地図を作成し、その記述には Noshau 7460 m と記入している。

Wakhan 回廊を通過した先駆者は多いが、登山隊として入域した隊は、1960 年の京都大学隊とポーランド隊が初めてらしい。

Wakhan 回廊と、Chitrāl 間の峠 Sad Ishtragh は、一時期 Saraghrār 峰の旧名として有名だったが、同峰とはなんら関係はなく、むしろ、南進を画するロシアと、それを阻むイギリスとの角逐の場として地理的要衝であった。

ノシャック〈Ⅰ-D-2〉	Noshaq　7492 m/24580 f 36°26′20″N　71°50′E Noshaq GL と、Darban GL の源頭。
（初登頂）	1960 年、京都大学隊、酒戸弥二郎隊長。
ノシャック・東峰〈Ⅰ-D-2〉	Noshaq (E)　7480 m/24540 f 36°26′N　71°50′30″E Noshaq GL と、Darban GL の源頭。
（初登頂）	1963 年、オーストリア隊、G. グルーバー隊長。
ノシャック・中央峰〈Ⅰ-D-2〉	Noshaq (MD)　Ca 7400 m/24280 f 36°26′10″N　71°49′40″E Noshaq GL と、Darban GL の源頭。
（初登頂）	1963 年、オーストリア隊、G. グルーバー隊長。
シンゲイク・ゾム・主峰〈Ⅰ-D-2〉	Shingeik Zom (M)　7294 m/23930 f (7291 m) 36°26′N　71°52′E Darban GL、S・Atrak GL、Noshaq GL の源頭。
（初登頂）	1966 年、西ドイツ隊、T. トリューブスヴェッター隊長。
ノシャック・西峰〈Ⅰ-D-2〉	Noshaq (W)　7250 m/23786 f 36°26′N　71°49′30″E Qadzi Deh GL、Darban GL、Noshaq GL の源頭。
（初登頂）	1963 年、オーストリア隊、G. グルーバー隊長。
ダルバン・ゾム〈Ⅰ-D-2〉	Darban Zom　7219 m/23684 f 36°27′N　71°51′E Darban GL の源頭付近。
（初登頂）	1965 年、オーストリア・イタリア合同隊、M. シュムック隊長。
シンゲイク・ゾム・Ⅱ峰〈Ⅰ-D-2〉	Shingeik Zom (II)　Ca 7200 m/23622 f 36°26′N　71°51′E Darban GL と、Noshaq GL の間。
（初登頂）	1969 年、オーストリア隊、W. アクスト隊長。　―註―　写真 2 - 5 参照。
シンゲイク・ゾム・Ⅲ峰	Shingeik Zom (III)　Ca 7200 m/23622 f 36°26′N　71°51′E

（初登頂）	Darban GL と、Noshaq GL の源頭。1969 年、オーストリア隊、W. アクスト隊長。 —註— 写真 2 - 5 参照。	アスプ・イ・サフェド・II峰 〈I—D—2〉	Asp-i-Safed (II)　Ca 6400 m/ 21000 f 36°24′N　71°48′E Qadzi Deh GL と、U・Gazikistān GL の間。
グンバズ・イ・サフェド 〈I—D—2〉	Gumbaz-i-Safed　Ca 6800 m/22310 f 36°27′40″N　71°48′50″E Qadzi Deh GL と、Darban GL の間。	（初登頂）	1969 年、オーストリア隊、W. アクスト隊長。
（初登頂）	1963 年、オーストリア隊、H. ピルツ隊長。	無名峰 (Marianne)	Un Named Peak　6390 m/20964 f (6378 m) 36°25′N　71°51′E Darban GL 中流部の大屈曲付近。
シンゲイク・ゾム・東峰 (Dingo Zom) 〈I—D—2〉	Shingeik Zom (E)　6593 m/21631 f 36°26′30″N　71°53′40″E Darban GL と、S・Atrak GL の間。	（初登頂）	1970 年、イタリア隊、R. ゾッチ隊長。A・C・P は、宗教の聖人名、または女性の個人名の山名に疑問を表す。
（初登頂）	1971 年、西ドイツ隊、E. ケレール隊長。 —註— 写真 2 - 7・10 参照。	無名峰	Un Named Peak　Ca 6300 m/20670 f 36°25′N　71°50′E Darban GL 中流部の大屈曲点付近。
アスプ・イ・サフェド (Asp-i-Sofeid) 〈I—D—2〉	Asp-i-Safed　6507 m/21348 f 36°24′N　71°48′30″ Qadzi Deh GL と、U・Gazikistān GL の源頭で、Noshaq GL の間。	アスプ・イ・サフェド・III峰 〈I—D—2〉	Asp-i-Safed (III)　6378 m/ 20925 f 36°24′10″N　71°47′40″E Qadzi Deh GL と、U・Gazikistān GL の間。
（初登頂）	1960 年、ポーランド隊、B. チュワスチンスキー隊長。	（初登頂）	1970 年、オーストリア隊、G. ヴィルト隊長。
アスプ・イ・サフェド・南峰 〈I—D—2〉	Asp-i-Safed (S)　6450 m/21161 f 36°23′30″N　71°48′E U・Gazikistān GL の源頭で、Ano GL と、Noshaq GL の間。	アスプ・イ・サフェド・IV峰 〈I—D—2〉	Asp-i-Safed (IV)　Ca 6140 m/ 20144 f (6004 m) 36°24′20″N　71°47′20″E
（初登頂）	1969 年、スペイン隊、J. M. アングラーダ隊長。		

	Qadzi Deh GL と、U・Gazikistān GL の間。
（初登頂）	1972年、ポーランド隊、J. クルチャプ隊長。
無名峰 (Kataruna Zom)	Un Named Peak　6060 m/19882 f 36°23′20″N　71°46′10″E U・Gazikistan GL と、Ano GL の間の小突起。
（初登頂）	1969年、スペイン隊、J.M. アングラーダ隊長。 A・C・P は外国の地名、山岳団体名の山名に疑問を表す。
シンゲイク・ゾム・東東峰 〈Ⅰ-D-2〉	Shingeik Zom（EE）　6050 m/ 　19849 f 36°27′N　71°55′E Darban GL と、S・Atrak GL の間。
（初登頂）	1966年、オーストリア隊、A. Hagn 隊長。 一註一　写真 2 - 7 参照。
無名峰	Un Named Peak　6013 m/19727 f 36°27′N　71°57′E Darban GL と、S・Atrak GL の間。

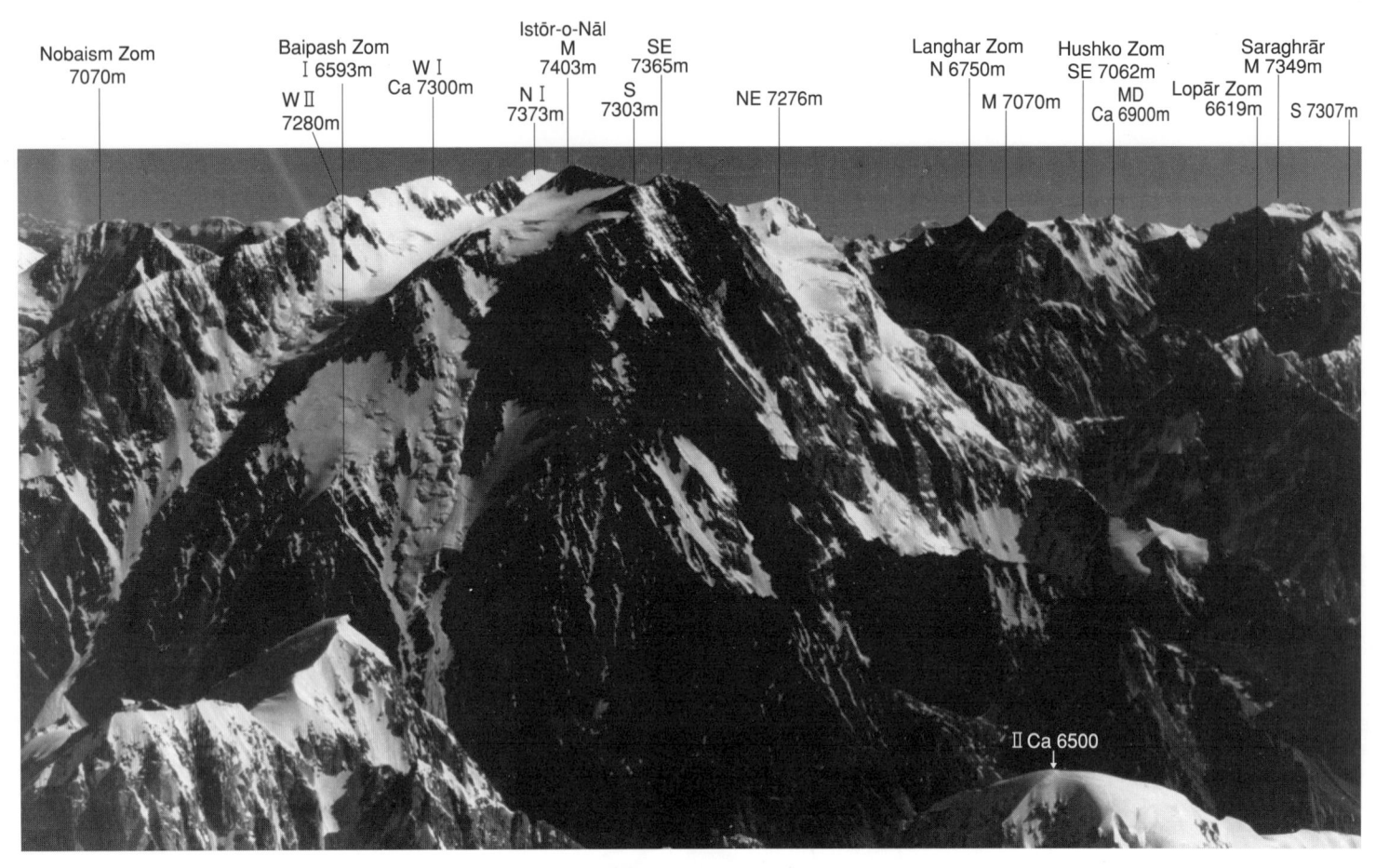

Photo labels (left to right):
- Nobaism Zom 7070m
- Baipash Zom I 6593m
- W II 7280m
- W I Ca 7300m
- Istōr-o-Nāl M 7403m
- N I 7373m
- SE 7365m
- S 7303m
- NE 7276m
- Langhar Zom N 6750m
- M 7070m
- Hushko Zom SE 7062m
- MD Ca 6900m
- Lopār Zom 6619m
- Saraghrār M 7349m
- S 7307m
- II Ca 6500

2-6 「Istōr-o-Nāl 南面」Tirich Mīr より（福岡登高会隊）

ISTŌR-O-NĀL GROUP　　　（地図 No. 1）

　Udren Gol の S・Atrak 氷河の源頭と Noshaq 氷河を結び、U・Tirich 氷河、Tirich Gol に囲まれた山群をいう。
　周囲の山群を含めて、Hindū Kūsh 最大の核心部であるといえよう。一帯は最高峰の Tirich Mīr を盟主に、多くの 7000 m 峰が集中していることから、High Hindū Kūsh の呼称もある。

　Istōr または、Ustōr は「馬」であり、Nāl は「蹄」である。1928 年、C. G. ルーウィスの Hindū Kūsh 大測量事業でこの地に入った M. D. バーンは、頂稜が馬蹄形に並ぶこの峰をみて、Istōr-o-Nāl と命名した。
　頂稜に囲まれる中央部の小氷河は、仮に U・Istōr-o-Nāl 氷河と呼んでいるが、緩やかなカール状は東方に流れ、東峰と南東峰の間から L・Istōr-o-Nāl 氷河にむけて一気に崩落する。
　主峰は 1955 年、アメリカ隊によって初登頂されたものと認められていたが、十数年後になって疑問がだされ、諏訪多栄蔵の分析によって、西 I 峰に初登頂したことが判る。真の主峰初登頂は 1969

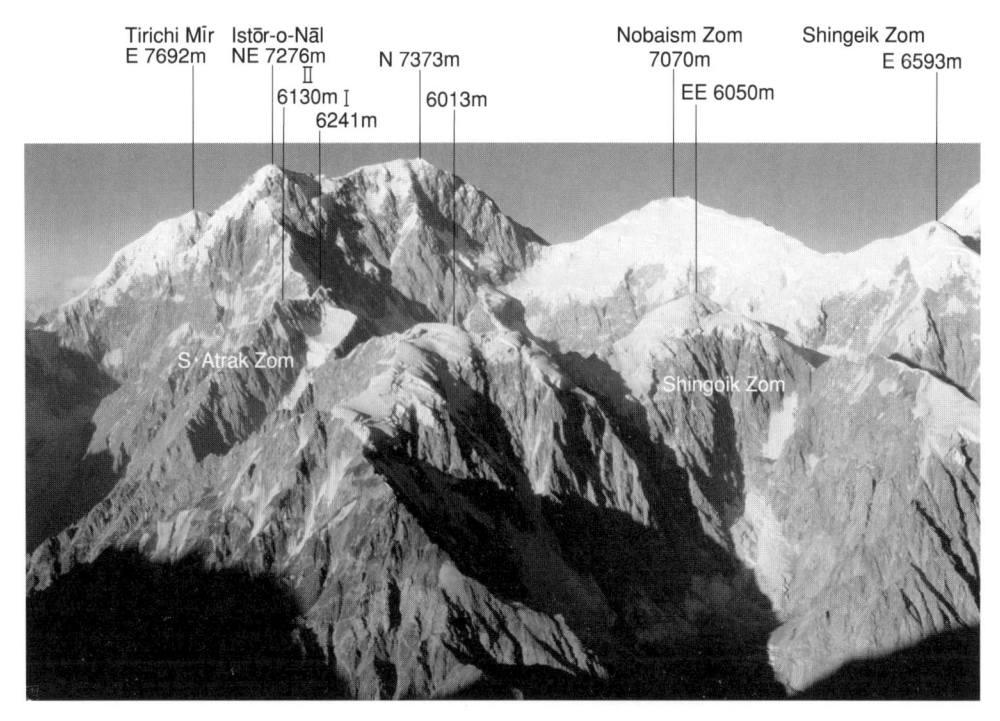

2－7 「Istōr-o-Nāl 北面」Udren Zom 南稜より（平井廣二）

年のスペイン隊であることが確定した。この馬蹄形の頂稜だけでも、8峰に及ぶ拮抗する7000m峰が並ぶことが、頂上となるピークを判りにくくしたものである。

イストール・オ・ナール・主峰 〈Ⅰ－D－2〉	Istōr-o-Nāl（M） 7403 m/ 24288 f（7398 m） 36°22′50″N　71°53′50″E 〈36°22′38″N　71°53′52″E〉 1927〜31 年 U・Tirich GL と、U・Istōr-o-Nāl GL の間。
（初登頂）	1969 年、スペイン隊、J. M. アングラーダ隊長。

イストール・オ・ナール・北Ⅰ峰 〈Ⅰ－D－2〉	Istōr-o-Nāl（N-Ⅰ） 7373 m/24190 f 36°23′50″N　71°54′E U・Istōr-o-Nāl GL と、S・Atrak GL の間。
（初登頂）	1967 年、オーストリア隊、K. ラプッフ隊長。

イストール・オ・ナール・南東峰 〈Ⅰ－D－2〉	Istōr-o-Nāl（SE） 7365 m/ 24163 f 36°22′40″N　71°54′39″E U・Tirich GL と、U・Istōr-o-Nāl GL の間。
（初登頂）	1969 年、スペイン隊、J. M. アングラーダ隊長。

イストール・オ・ナール・北Ⅱ峰 〈Ⅰ－D－2〉	Istōr-o-Nāl（N-Ⅱ）　Ca 7350 m/24114 f 36°23′50″N　71°53′30″E U・Istōr-ō-Nal GL と、S・Atrak GL の間。
（初登頂）	1967 年、オーストリア隊、K. ラプッフ隊長。

イストール・オ・ナール・南峰 〈Ⅰ－D－2〉	Istōr-o-Nāl（S） 7303 m/ 23960 f 36°22′30″N　71°54′10″E U・Istōr-o-Nāl GL と、U・Tirich GL の間。
（初登頂）	1969 年、スペイン隊、J. M. ア

ングラーダ隊長。

イストール・オ・ナール・西Ⅰ峰 〈Ⅰ-D-2〉	Istōr-o-Nāl (W-I) Ca 7300 m/23950 f 36°23′20″N 71°53′30″E Nobaism GL と、U・Istōr-o-Nāl GL の間。		36°23′10″N 71°35′E U・Istōr-o-Nāl GL と、 L・Istōr-o-Nāl GL の間。
（初登頂）	1955 年、アメリカ隊、J. マーフィ隊長。	ノバイズム・ゾム 〈Ⅰ-D-2〉	Nobaism Zom 7070 m/23196 f (6999 m) 36°24′30″N 71°52′20″E Noshaq GL と、S・Atrak GL の間。
		（初登頂）	1967 年、オーストリア隊、K. ディームベルガー隊長。
イストール・オ・ナール・北Ⅲ峰 〈Ⅰ-D-2〉	Istōr-o-Nāl (N-III) Ca 7300 m/23950 f 36°23′50″N 71°53′40″E U・Istōr-o-Nāl GL と、S・Atrak GL の間の小突起。	ロパール・ゾム 〈Ⅰ-D-2〉	Lopār Zom 6619 m/21716 f 1927～31 年 36°23′40″N 71°57′30″E L・Istōr-o-Nāl GL の源頭で、S・Atrak GL の間。
		無名峰 〈Ⅰ-D-2〉	Un Named Peak 6447 m/21152 f 36°24′20″N 71°58′40″E S・Atrak GL と、Shong GL の間。
イストール・オ・ナール・西Ⅱ峰 〈Ⅰ-D-2〉	Istōr-o-Nāl (W-II) 7280 m/23884 f 36°23′30″N 71°53′40″E U・Istōr-o-Nāl GL と、Nobaism GL の間。	南アトラック・ゾム・Ⅰ峰 〈Ⅰ-D-2〉	South Atrak Zom (I) 6241 m/20476 f 36°25′N 71°55′40″E S・Atrak GL 上部。
イストール・オ・ナール・北東峰 〈Ⅰ-D-2〉	Istōr-o-Nāl (NE) 7276 m/23870 f 36°23′40″N 71°55′E U・Istōr-o-Nāl GL と、S・Atrak GL の間。	（初登頂）	1968 年、札幌医科大学隊、松浦正司隊長。
イストール・オ・ナール・東峰 〈Ⅰ-D-2〉	Istōr-o-Nāl (E) Ca 7100 m/23294 f	南アトラック・ゾム・Ⅱ峰 (South Atrak Zom E) 〈Ⅰ-D-2〉	South Atrak Zom (II) 6130 m/20112 f 36°25′N 71°56′E S・Atrak GL 上部。

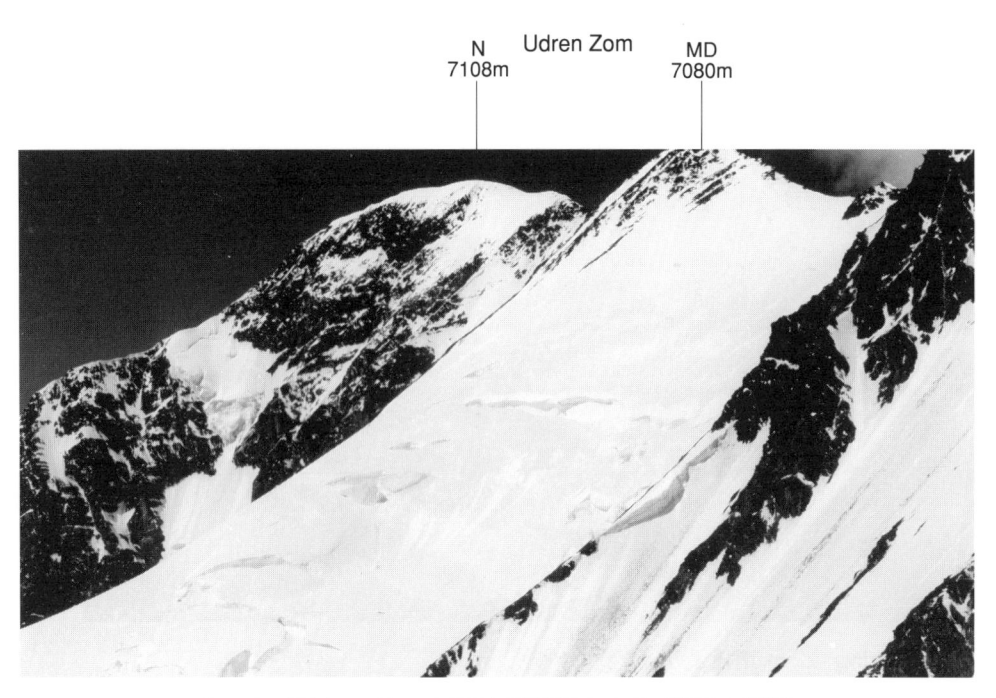

2 – 8 「Udren Zom 西面」南稜線上より（茨城大学隊）

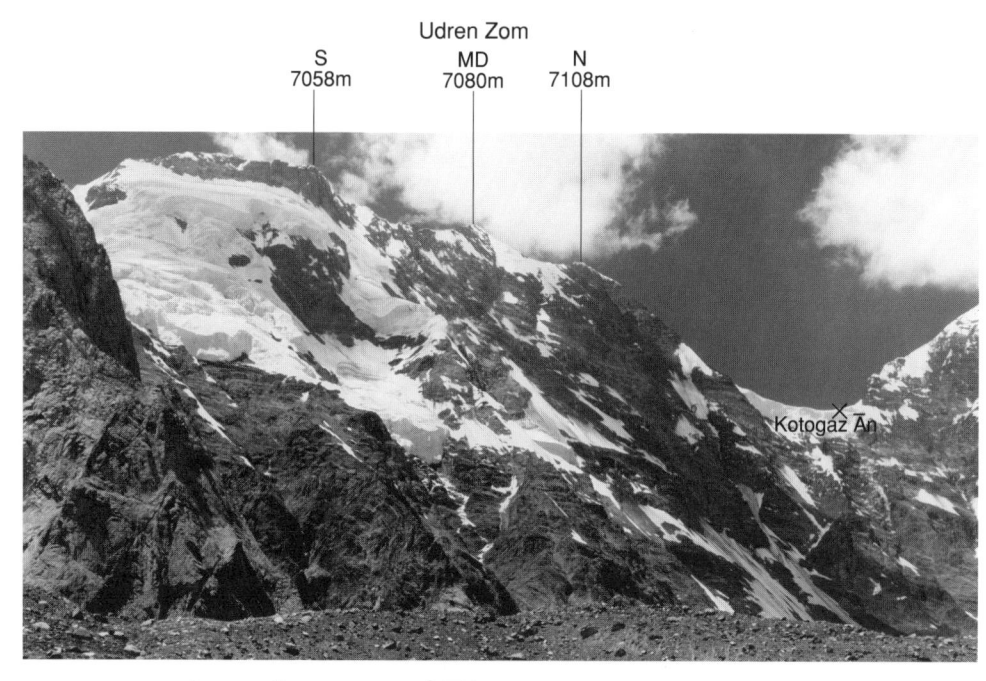

2 – 9 「Udren Zom 東面」Rosh Gol GL より（平井廣二）

（初登頂）　1966 年、オーストリア隊、
　　　　　　A. Hagn 隊長。

ラグ・シュール　　　Ragh Shur　6089 m/19977 f　1927〜31年
〈Ⅲ–A–3〉　　　　　36°20′N　72°01′E
　　　　　　　　　　Udren Gol と、Tirich Gol の間。

UDREN ZOM GROUP　　（地図 No. 1）

　Oxus 川から、西縁の Darya-i-Qadzi Deh を遡り、同名の氷河の舌端右岸の谷の最低鞍部を越えて Darban 氷河にでる。さらに、Udren 氷河、Tirich Gol を経て Rosh Gol、Darya-i-Shakawr 氷河に囲まれた広大な山群をいう。
　この山群の北西部は、1960 年代の前半にあらかた開拓し尽くされた感がある。オーストリア、ポーランド、チェコスロヴァキアなどのヨーロッパ隊がこの時期に進出したのは、Wakhan 道路が Oxus 川に沿って Yozuk の西の Khadud まで、はやくから開通したことによる。
　この計画路線は、Karambār 山群の Khora Bort 峠付近まで開通

2－10 「パノラマ、Noshaq から Kho-i-Nadīr Shah まで」Udren Zom 南稜より（茨城大学隊）

させる予定だったらしいが、アフガニスタンの内紛のため大幅におくれて完成は不明となった。

　現在のパキスタン側の状況だが、Tirich Gol の流域は Shogram まで、Rich Gol の流域は Rich までジープ道が利用できるので、随分便利になった。

　Shakawr の北面は、アフガニスタン側では Hindū Kūsh 最大のビックウォールと言われる。Shakawr 氷河から、約3500 m の高度差で聳え立つ北壁は、紛争以前にヨーロッパ勢数隊が挑んだ。Mandaras 峰の北面は1977年、ポーランド・イギリス合同隊の A. ザワダらにより初登攀されたが、この北壁は約1600 m の高度差がある壁。

ウドレン・ゾム・北峰	Udren Zom（N）　7108 m/23320 f
〈Ⅰ－D－1〉	36°32′10″N　71°59′10″E
	N・Atrak GL と、Rosh Gol GL の間。
（初登頂）	1964年、オーストリア隊、G. グルーバ

一隊長。

シャカウル	Shakawr　7084 m/23241 f
(Shachaur)	36°33′N　71°59′E
〈Ⅰ－D－1〉	Shakawr GL、N・Atrak GL、Rosh Gol GL の源頭。
（初登頂）	1964年、オーストリア隊、G. グルーバー隊長。

ウドレン・ゾム・中央峰	Udren Zom（MD）　Ca 7080 m/23230 f
〈Ⅰ－D－1〉	36°32′N　71°59′E
	N・Atrak GL と、Rosh Gol GL の間。
（初登頂）	1977年、茨城大学山岳部 OB 隊、平井廣二隊長。

ウドレン・ゾム・南峰　　Udren Zom（S）　7058 m/23156 f
〈Ⅲ—A—2〉　　　　　　36°31′20″N　72°00′10″E
　　　　　　　　　　　N・Atrak GL と、Rosh Gol GL の間。
　　（初登頂）　　　　1967 年、一橋大学隊、山本健一郎隊長。

コー・イ・ナディール・シャー　Koh-i-Nadīr Shah　6814 m/
〈Ⅰ—D—1〉　　　　　　22355 f
　　　　　　　　　　　36°33′N　71°56′50″E
　　　　　　　　　　　Mandaras GL、Shakawr GL、
　　　　　　　　　　　N・Atrak GL の源頭。
　　（初登頂）　　　　1962 年、ポーランド・フランス合同隊、S. ツェールホッファー隊長。

コー・イ・ケシュニ・ハーン　Koh-i-Keshni Khan　6755 m/
〈Ⅰ—D—1〉　　　　　　22612 f
　　　　　　　　　　　36°35′N　71°54′E
　　　　　　　　　　　Keshni Khan GL と、Shakawr GL の源頭で、Mandaras GL の間。
　　（初登頂）　　　　1963 年、オーストリア隊、S. クッチャラ隊長。

コー・イ・マンダラス　Koh-i-Mandaras　6628 m/21745 f
(M8)　　　　　　　　36°30′N　71°53′E
〈Ⅰ—D—1〉　　　　　　Darban GL と、Mandaras GL の間。
　　（初登頂）　　　　1962 年、ポーランド・フランス合同隊、S. ツェールホッファー隊長。

ノーバイズノン・ゾム　Nohbaiznon Zom　Ca 6600 m/21654 f

〈Ⅲ—A—3〉　　　　　　(6445 m)
　　　　　　　　　　　36°27′50″N　72°02′40″E
　　　　　　　　　　　N・Atrak GL と、Rosh Gol GL の間。
　　（初登頂）　　　　1967 年、一橋大学隊、山本健一郎隊長。

コー・イ・ナセール・コスラウ　Kho-i-Nasēr Khosraw　6424 m/21076 f
(M2)
〈Ⅰ—D—1〉　　　　　　36°34′N　71°54′E
　　　　　　　　　　　Shakawr GL と、Mandaras GL の間。
　　（初登頂）　　　　1970 年、ユーゴスラヴィア隊、L. シュテブライ隊長。

ムトリ・チリ・ゾム　Mutri Chili Zom　6391 m/20968 f
〈Ⅲ—A—3〉　　　　　　36°24′40″N　72°05′E
　　　　　　　　　　　Mutri Chili GL と、Nurikkho GL の源頭で Udren GL の間。

ブリシャモ・ゾム　Brishamo Zom　6340 m/20800 f (6103 m)
(Bakhtum Bakht M)　36°23′40″N　72°06′E
〈Ⅲ—A—3〉　　　　　　Nurikkho GL と、Udren Gol の間。

エム・4 b　　　　　　M 4 b　6274 m/20584 f
〈Ⅰ—D—1〉　　　　　　36°32′N　71°56′E
　　　　　　　　　　　Mandaras GL と、N・Atrak GL の間。
　　（初登頂）　　　　1962 年、ポーランド・フランス合同隊、S. ツェールホッファー隊長。

ウドレン・ダルバン・ゾム　　Udren Darban Zom　6272 m/
〈Ⅰ−D−1〉　　　　　　　　　　20577 f
　　　　　　　　　　　　　　36°30′N　71°56′E
　　　　　　　　　　　　　　Darban GL と、N・Atrak GL の
　　　　　　　　　　　　　　間。
　　　　（初登頂）　1965 年、オーストリア・イタリア
　　　　　　　　　　合同隊、M. シュムック隊長。

エム・7　　　　　　　　　　M 7　6224 m/20420 f（6284 m）
〈Ⅰ−D−1〉　　　　　　　　36°31′N　71°55′E
　　　　　　　　　　　　　　Mandaras GL、Darban GL、N・Atrak GL
　　　　　　　　　　　　　　の間。
　　　　（初登頂）　1969 年、フランス隊、L. オードゥベルト隊
　　　　　　　　　　長。

コー・イ・アワール　　　　　Koh-i-Auar　6183 m/20285 f（6200 m）
(Koh-i-Hawar)　　　　　　　36°36′N　71°54′E
〈Ⅰ−D−1〉　　　　　　　　Keshni Khan GL と、Shakawr GL の間。
　　　　（初登頂）　1963 年、ポーランド隊、A. ウィルツコウ
　　　　　　　　　　スキー隊長。

無名峰　　　　　　　　　　　Un Named Peak　6172 m/20249 f
　　　　　　　　　　　　　　36°29′N　72°00′40″E
　　　　　　　　　　　　　　Nohbaznon GL と、N・Atrak GL の間。

エム・6　　　　　　　　　　M 6　6138 m/20138 f
〈Ⅰ−D−1〉　　　　　　　　36°31′N　71°55′E
　　　　　　　　　　　　　　Mandaras GL と、N・Atrak GL の間。
　　　　（初登頂）　1972 年、イタリア隊、F. サラディニ隊長。

コー・イ・ワルク・ジュヌビ　Koh-i-Wark Junubi　6136 m/
〈Ⅰ−D−1〉　　　　　　　　　20130 f
　　　　　　　　　　　　　　36°35′N　71°51′E
　　　　　　　　　　　　　　Dor-i-Wark の源頭で、Dor-i-
　　　　　　　　　　　　　　Mandaras GL の間。
　　　　（初登頂）　1963 年、オーストリア隊、S. ク
　　　　　　　　　　ッチェラ隊長。

エム・3　　　　　　　　　　M 3　6109 m/20043 f
〈Ⅰ−D−1〉　　　　　　　　36°33′N　71°55′E
　　　　　　　　　　　　　　Shakawr GL と、Mandaras GL の間。
　　　　（初登頂）　1962 年、ポーランド・フランス合同隊、S.
　　　　　　　　　　ツェールホッファー隊長。

エム・8 a　　　　　　　　　M 8 a　Ca 6100 m/20013 f
〈Ⅰ−D−1〉　　　　　　　　36°30′N　71°51′E
　　　　　　　　　　　　　　Darban GL と、Mandaras GL の間。
　　　　（初登頂）　1970 年、イタリア隊、R. ゾッチ隊長。

エム・5　　　　　　　　　　M 5　6074 m/20256 f
〈Ⅰ−D−1〉　　　　　　　　36°32′N　71°55′E
　　　　　　　　　　　　　　Mandaras GL と、N・Atrak GL の間。
　　　　（初登頂）　1962 年、ポーランド・フランス合同隊、S.
　　　　　　　　　　ツェールホッファー隊長。

エム・9　　　　　　　　　　M 9　6028 m/19777 f
〈Ⅰ−D−1〉　　　　　　　　36°31′N　71°50′E
　　　　　　　　　　　　　　Mandaras GL と、Darban GL の間。
　　　　（初登頂）　1965 年、オーストリア・イタリア合同隊、
　　　　　　　　　　M. シュムック隊長。

クンジ	Kunji　Ca 6000 m/19685 f	
(Q6)	36°30′N　71°48′E	
〈Ⅰ-D-1〉	Dōl-i-Qadzi Deh と、Darban GL の間。	
（初登頂）	1965年、オーストリア・イタリア合同隊、 M. シュムック隊長。	
無名峰	Un Named Peak　Ca 6000 m/19685 f	
	36°28′30″N　72°02′E	
	Nohbiznon GL と、N・Atrak GL の間。	

SARAGHRĀR GROUP　　（地図 No.3）

　Darya-i-Shakawr から Kotogaz Ān を経て Rosh Gol、Tirich Gol を下り、Turikho 川から Ziwār Gol に沿って Hushko 氷河、北縁の Dor-i-Urgent Bara、Oxus 河を結ぶ線の内側の山群をいう。
　この山群の核心部である7000 m 峰の付近、すなわち頂稜一帯は意外に傾斜がゆるく、冠状氷河にちかい感じをうける。Hushko Zom と Langār Zom の間もそうであるし、Saraghrār 主峰と南峰の間にも緩傾斜の氷河がみられる。周囲は圧倒的な壁となって切れ落ち、下方の氷河上に巨大な崩落を見せるのが特徴だ。また、これらの高峰は、すべて国境稜線から南にそれているので、初期の登攀はアフガニスタン側からの越境登山が多かったようである。
　この峰が登場してきたのは、ようやく測量局の測量事業が北西辺境州におよんだ1879年、C. ターナー大佐が、中部 Hindū Raj の路上から測量して7369 m の高度を与えた Sad Ishtragh 峰こそが、後の Saraghrār 峰だった。
　現在、この Sad Ishtragh という名は、Zebak 山群と Noshaq 山群の境界にある峠名として残っている。Saraghrār 峰の高度は、1927～31年、C. G. ルウィスの大測量事業の際に7349 m と算出さ

2-11 「Saraghrār 西壁」Udren Zom 南稜より（船山修）

れた。
　1935年、R. ションバーグは Ziwār Gol と Rosh Gol を踏査し、古くから知られているという Kotogaz Ān が、氷河の後退で峠としての機能を失っていることを発見している。　－註－　写真2-9・13参照。
　Hindū kūsh 全面解禁に先立つ1966年の夏には、フラッテロ踏査隊の雁部貞夫、小田川兵吉の2名が Ziwār Gol、Hushko 氷河の約4300 m までを踏査し、1967年には、新潟大学 OB の横山史郎と梅津晃一郎が、Hushko 氷河から新ルートを辿り、高峰の連続登頂を果たした。
　Saraghrār 西面には巨大な岩稜が切れ落ちる。一般に北西稜、南西稜と呼ばれているが、それぞれの岩稜はむしろビッグウォール

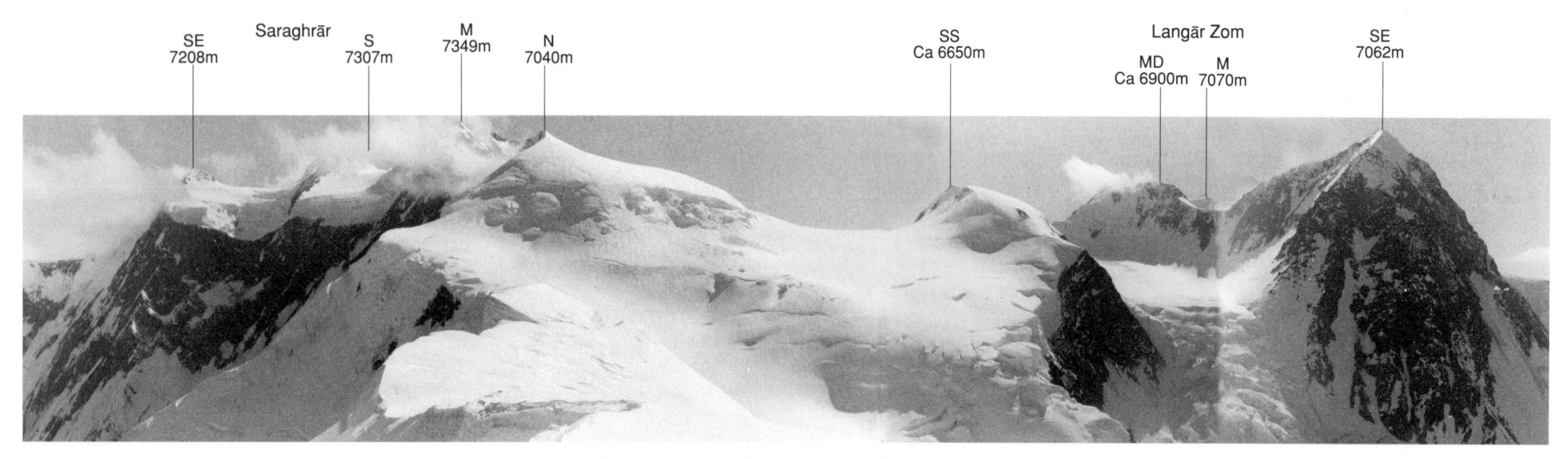

2－12 「Saraghrār 周辺」Saraghrār 北東峰より（横山史郎）

に囲まれた困難な登攀を強いられる。北稜に最初に挑んだのはスペイン隊だが中途で断念、その後、数隊が挑戦しているが、最高到達点はスペイン隊が北西Ⅱ峰と呼ぶ小ピークで、あと約150mの壁を残した北西Ⅰ峰はまだ未登峰である。

南西稜は、1971年、静岡登攀クラブが完登して南西峰に達した。

サラグラール・主峰　Saraghrār（M）　7349 m/24110 f　1927
(Sad Istragh, Sad 　～31年
Ishtragh)
〈Ⅲ－A－2〉　　36°32′56″N　72°06′58″E
　　　　　　　Rosh Gol GL と、Niroghi GL の間。
　（初登頂）　1959年、イタリア隊、F. マライーニ隊長。

サラグラール・中央峰　Saraghrār（MD）　Ca 7330 m/24050 f
〈Ⅲ－A－2〉　　36°32′50″N　72°06′30″E
　　　　　　　Rosh Gol GL と、Niroghi GL の間。

サラグラール・南峰　Saraghrār（S）　7307 m/23973 f
〈Ⅲ－A－2〉　　36°32′00″N　72°06′30″E

　　　　　　　Rosh Gol GL と、Niroghi GL の間。
　（初登頂）　1967年、一橋大学隊、山本健一郎隊長。

サラグラール・北西Ⅰ峰　Saraghrār（NW-Ⅰ）　Ca 7300 m/
〈Ⅲ－A－2〉　　23950 f
　　　　　　　36°32′40″N　72°05′E
　　　　　　　Rosh Gol GL と、Niroghi GL の間で
　　　　　　　北側稜線上。

サラグラール・南西峰　Saraghrār（SW）　Ca 7250 m/23786 f
〈Ⅲ－A－2〉　　36°31′40″N　72°06′20″E
　　　　　　　Rosh Gol GL と、Niroghi GL の間で南
　　　　　　　側稜線上。
　（初登頂）　1971年、静岡登攀クラブ隊、秋山礼祐隊長。

サラグラール・南東峰　Saraghrār（SE）　7208 m/23650 f
〈Ⅲ－A－2〉　　36°32′N　72°07′50″E

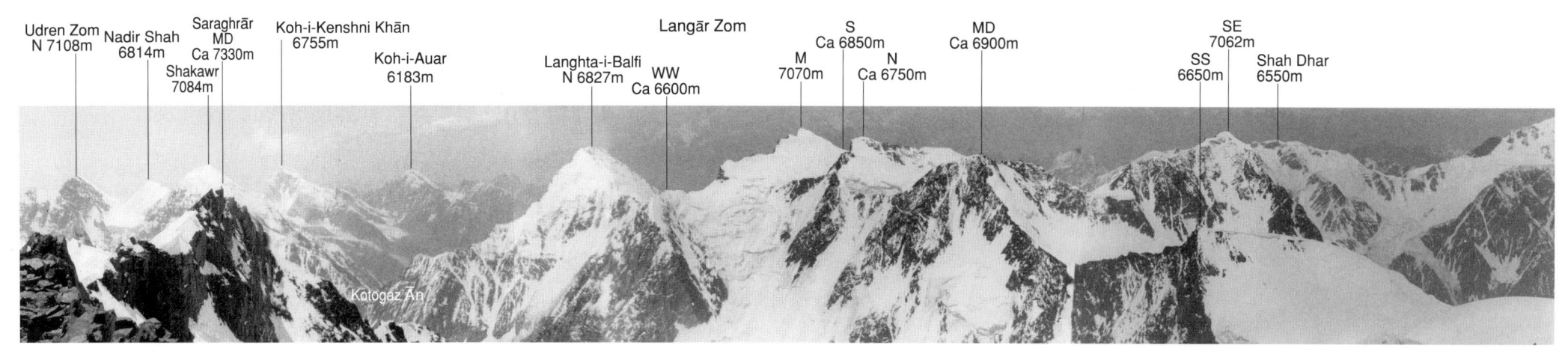

2 - 13 「Langār Zom 周辺」Saraghrār より（横山史郎）

	Rosh Gol GL と、Niroghi GL の間で南側稜線上。		36°35′40″N　72°05′E U・Hushko GL と、Rosh Gol GL の間。
サラグラール・北西Ⅱ峰 〈Ⅲ―A―2〉	Saraghrār (NW-II)　Ca 7150 m/ 23460 f 36°32′20″N　72°05′50″E Rosh Gol GL と、Niroghi GL の間で西壁北西稜上の小突起。	（初登頂） ランガール・ゾム・南東峰 (Hushko Zom, Langar Zom Hind)	1964 年、西ドイツ隊、D. V. ドベネック隊長。 Langār Zom (SE)　7062 m/23169f (7061 m)　1927～31 年 36°35′20″N　72°06′30″E
（初登頂）	1982 年、スペイン隊、J. L. ディアツ隊長。	〈Ⅲ―A―2〉 （初登頂）	Hushko GL の源頭付近。 1967 年、新潟大学隊、横山史郎、梅津晃一郎。
サラグラール・西西峰 〈Ⅲ―A―2〉	Saraghrār (WW)　Ca 7134 m/ 23405 f 36°31′30″N　72°05′50″E Rosh Gol GL 側の、西壁の南稜上。	サラグラール・北峰 〈Ⅲ―A―2〉	Saraghrār (N)　7040 m/23100 f 35°33′30″N　72°07′30″E Hushko GL と、Niroghi GL の間。
（初登頂）	1971 年、静岡登攀クラブ隊、秋山礼祐隊長。	（初登頂）	1959 年、イタリア隊、F. マライーニ隊長。
ランガール・ゾム・主峰 〈Ⅲ―A―2〉	Langār Zom (M)　7070 m/23294 f (7100 m)	ランガール・ゾム・中央峰 〈Ⅲ―A―2〉	Langār Zom (MD)　Ca 6900 m/ 22640 f

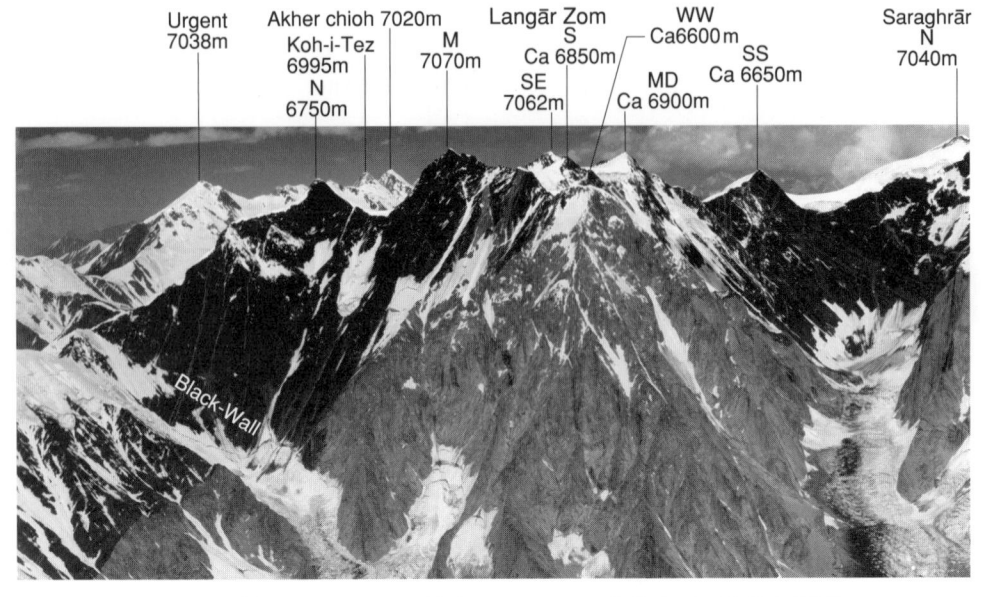

2 - 14 「Langār Zom 西壁」Udlen Zom 南稜より（茨城大学隊）

　　　　　　　　36°34′20″N　72°06′E
　　　　　　　　Rosh Gol Gl と、U・Hushko GL の間。　—註—　写真 2 - 13・14 参照。

—註—　Langhār Zom 中央峰には J. ワラのピーク番号がない。1976 年、ポーランドの R. Koziol が初登頂した 6760 m 峰は中央峰と思われていたが、中央峰は同隊が登った隣峰（Langār Zom 南峰）より明らかに高い。同隊が初登頂して 6760 m と公表した峰は、当時は 6900 m とされていた南峰より低かったと公表されているので、中央峰ではなく WW 峰と思われる。小ピークなので別刷地図では省略した。

ランガール・ゾム・南峰　〈Ⅲ—A—2〉	Langār Zom (S)　Ca 6850 m/22474 f （6900 m） 36°34′30″N　72°05′20″E Rosh Gol GL と、U・Hushko GL の間。
（初登頂）	1964 年、西ドイツ隊、D. V. ドベネック隊長。
ラングータ・イ・バルフィ・北峰　〈Ⅲ—A—2〉	Langhta-i-Balfi (N)　6827 m/22400 f 36°35′40″N　72°02′20″E Sor Shakawr GL、Hoshko GL と、Rosh Gol の源頭にある双耳峰。
（初登頂）	1963 年、ポーランド隊、A. ヴィレツコウスキー隊長。
ラングータ・イ・バルフィ・南峰　〈Ⅲ—A—2〉	Langhta-i-Balfi (S)　Ca 6800 m/22310 f 36°35′30″N　72°02′20″E
（初登頂）	1967 年、西ドイツ隊、S. ハーレル隊長。
ランガール・ゾム・北峰　〈Ⅲ—A—2〉	Langār Zom (N)　Ca 6750 m/22145 f 36°35′40″N　72°05′E Sor Shakawr GL、Rosh Gol GL の源頭で、U・Hushko GL の間。
（初登頂）	1964 年、西ドイツ隊、D. V. ドベネック隊長。
ランガール・ゾム・南南峰　〈Ⅲ—A—2〉	Langār Zom (SS)　Ca 6650 m/21817 f 36°33′50″N　72°06′50″E U・Hushko GL と、Rosh Gol GL の間。
（初登頂）	1974 年、イタリア隊、S. De Infani 隊長。当初、約 7100 m と発表したが、後に SS 峰と判明。

ニロギ・ゾム	Niroghi Zom　Ca 6600 m/21650 f
〈Ⅲ－A－2〉	36°31′30″N　72°08′20″E
	Niroghi GL と、Warsin- L の間。
（初登頂）	1967 年、西ドイツ隊、H. ケブリッヒ隊長。

ランガール・ゾム・西西峰	Langār Zom (WW)　Ca 6600 m/21650 f
〈Ⅲ－A－2〉	36°35′N　72°00′E
	U・Hushko GL と、Rosh GL の間。
（初登頂）	1976 年、ポーランド隊、R. Koziol 隊長。 —註— 写真 2 - 13・14 参照。

サラグラール・北東峰	Saraghrār (NE)　6421 m/21066 f
(Niigata Zom)	36°35′N　72°09′E
〈Ⅲ－A－2〉	Hushko GL と、Niroghi GL の間。
（初登頂）	1967 年、新潟大学隊、横山史郎、梅津晃一郎。隊名の Niigata Zom は、Saraghrār NE 峰に改称された。

ダッティ・ゾム	Dutti Zom　6247 m/20495 f
〈Ⅲ－A－2〉	36°31′N　72°09′E
	Niroghi GL と、Warsin GL の間。
（初登頂）	1967 年、西ドイツ隊、H. ケブリッヒ隊長。

無名峰	Un Named Peak　6170 m/22014 f
	36°36′40″N　72°06′30″E
	Sor Shakawr GL と、Hushko GL の間。
（初登頂）	1964 年、西ドイツ隊、D. V. ドベネック隊長。

2 - 15 「Saraghrār 南面」Buni GL より （雁部貞夫）

バベリアン・タワー	Baverian Tower　Ca 6170 m/20080 f
〈Ⅲ－A－2〉	36°31′N　72°08′E
	Niroghi GL 源頭の小突起。
（初登頂）	1964 年、西ドイツ隊、D. V. ドベネック隊長。

イスピンダール・サール	Ispindār Sār　6089 m/19977 f
〈Ⅲ－A－3〉	1927～31 年
	36°29′30″N　72°11′50″E
	Lun Gol の源頭。
（初登頂）	1967 年、西ドイツ隊、H. ケブリッヒ隊長。

ニロギ・イスピンダール・サール	Niroghi Ispindār Sār
〈Ⅲ－A－3〉	6020 m/19750 f　1927～31 年
	36°29′N　72°11′30″E
	Lun Gol の源頭付近。
（初登頂）	1967 年、西ドイツ隊、H. ケブリッヒ隊長。

URGENT GROUP　　　　（地図 No.3）

　Sōr-Shakaur 氷河と、Hushko氷河を結ぶ最低鞍部を西限とし、Ziwār Gol の南端から Uzhnū Gol を遡行、Kotogaz 氷河源頭の最低鞍部を経て、Dor-i-Urgent Bara、Ab-i-Panj に至る線の内側の山群をいう。

　この山群に限らず、Wakhan 側の開拓におけるポーランドの実績は無視できない。常に科学者を含めた隊が多くの谷に入り、数々の記録を残している。なかでも、Krakow の Jerzy Wala の研究とスケッチマップは、1960 年代に入ってからの Hindū Kūsh 登山黄金時代の導火線となって、基礎を築きあげた。

　一方南面については、1935 年、R. ションバーグが Ziwār Gol を踏査以来、1959 年にイタリアの Saraghrār 隊、1963 年、オーストリアの M. シュムックらによる Shayōz 隊、1966 年、オーストリアの H. シエルらによる Kotogaz Zom 隊など少数の隊で、日本隊は柳島三樹らの Noghor Zom／5939 m 初登頂のみ。

ウルゲント　　　　Urgent　7038 m/23091 f
〈Ⅲ－A－2〉　　　　36°39′38″N　72°09′46″E
　　　　　　　Urgent Payan GL と、Hushko GL の間。
　（初登頂）　1963 年、スイス隊、M. アイゼリン隊長。

アケール・キオー　Akher Chioh　7020 m/23030 f
〈Ⅲ－A－2〉　　　　36°40′10″N　72°13′40″E
　　　　　　　Hushko GL と、Kotogaz GL の間。
　（初登頂）　1966 年、オーストリア隊、H. シェル隊長。

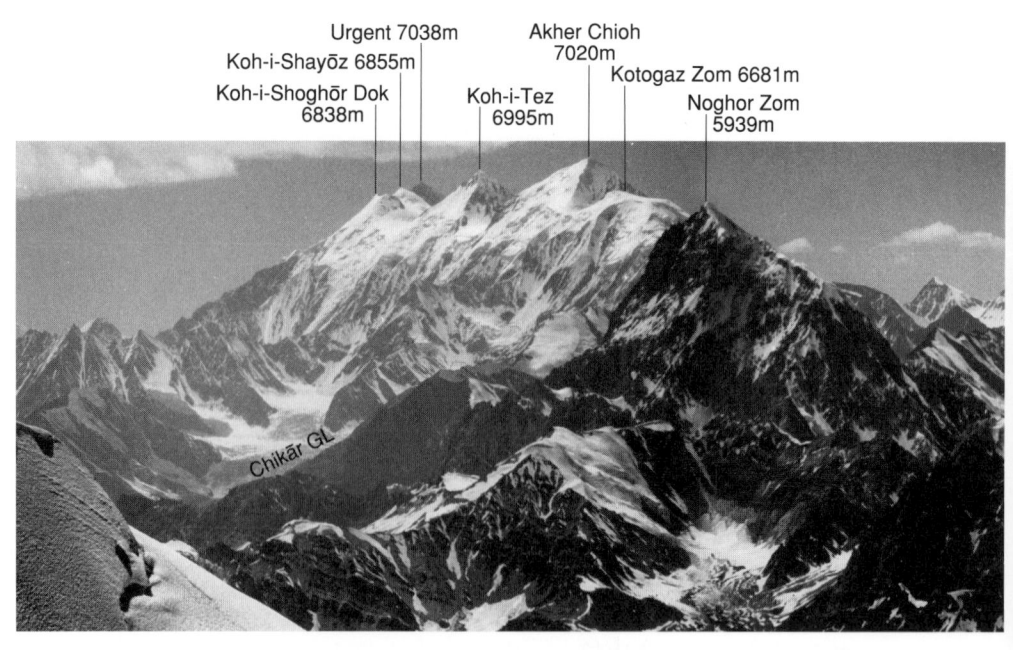

2－16 「Urgent 山群」Shayāz より（平位剛）

コー・イ・テズ　　Koh-i-Tez　6995 m/22949 f
〈Ⅲ－A－2〉　　　　36°39′50″N　72°12′E
　　　　　　　Urgent Bara GL、Kotogaz GL の源頭で Hushko GL の間。
　（初登頂）　1962 年、ポーランド・フランス合同隊、S. ツェールホッファー隊長。

コー・イ・シャー　Koh-i-Shah　6920 m/22703 f
〈Ⅲ－A－2〉　　　　36°39′30″N　72°10′30″E
　　　　　　　Urgent Bara GL と、Hushko GL の間。
　（初登頂）　1977 年、チェコスロヴァキア隊、M. ノイマン隊長。

コー・イ・シャヨーズ　Koh-i-Shayōz　6855 m/22490 f
〈Ⅲ－A－2〉　　　　36°39′40″N　72°11′E
　　　　　　　Urgent Bara GL と、Hushko GL の間。

2 - 17 「Urgent 山群」Saraghrār NE より（横山史郎）

	（初登頂）　1963年、オーストリア隊、M. シュムック隊長。

コー・イ・ショゴール・ドク
〈Ⅲ—A—2〉

Koh-i-Shoghōr Dok　6838 m/22434 f
36°39′20″N　72°11′30″E
Urgent Bara GL と、Hushko GL の間。
（初登頂）　1963年、オーストリア隊、M. シュムック隊長。

コトガズ・ゾム
〈Ⅲ—A—2〉

Kotogaz Zom　6681 m/21920 f
36°40′20″N　72°15′E
Kotogaz GL と、Hushko GL の間。
（初登頂）　1966年、オーストリア隊、H. シエル隊長。

シャー・ダール
〈Ⅲ—A—2〉

Shah Dhar　6550 m/21490 f
36°38′50″N　72°05′50″E
Urgent GL と、Hushko GL の間。
（初登頂）　1963年、スイス隊、M. アイゼリン隊長。

無名峰

Un Named Peak　6122 m/20085 f
36°38′N　72°08′50″E
Hushko GL の中流部で、Urgent の南稜上。

Shohgologh Zom 5839m　Chhutidum Zom 6442m　6039m　Lunkho-i-Dosare W 6902m　E 6868m　Lunkho-i-Hawār 6895m　6084m

Lunkho

Noroghikuh GL

2－18 「Lunkho 山群」Shayāz より（広島大学医学部山岳会隊）

LUNKHO GROUP　　　（地図 No. 3）

　Dōr-i-Urgent Bara 氷河と、Kotogaz 氷河の源頭最低鞍部を西限とし、Uzhnū Gol、Rich Gol を遡り、Anoshah Ān を経て、Uparisina 氷河、Dōr-i-Ishmaragh、Ab-i-Panja に囲まれる山群をいう。

　1898～99 年、デンマークの O. オルフセンが Ab-i-Panj を踏査して、30 万分の 1 の地図を作成したが Lunkho は 6900 m と記載されている。1927～31 年、C. G. ルーウィスによる Hindū Kūsh 測量事業で同峰は 6872 m となり、1965 年、オーストリアの G. グルーバーは Būni Zom 山群から測定して Hawār を 6895 m、Dosare の西峰を 6902 m とした。

　この山群で三角測量された峰は、Sara Rich 峰の南東にある Krangan Ach／5222 m の観測点である。

　1963 年、Ishmurugh 谷に入ったイタリア隊を最初に、ヨーロッパ勢による北面の開拓が急激に進んだ。南面からは 1967 年、東海大学 OB の鈴木政孝と法政大学 OB 田中滋晃のペアによる Lunkho 登攀が最初で、1969 年には広島大学の平位剛らと、岐阜大学の平林芳夫らが、日本人初の Wakhan 側から目標の山に向かった。同年、新潟大学 OB の横山史郎は単独で、14 歳のポーター 1 人と山羊 1 頭というユニークなスタイルで Kotogaz 氷河を源頭まで踏査し、5900 m 級の峰二つの初登頂を含む Pegish Zom など 6 峰を踏んでいる。

ルンコー・イ・ドサレ・西峰　　Lunkho-i-Dosare(W)　6902 m／

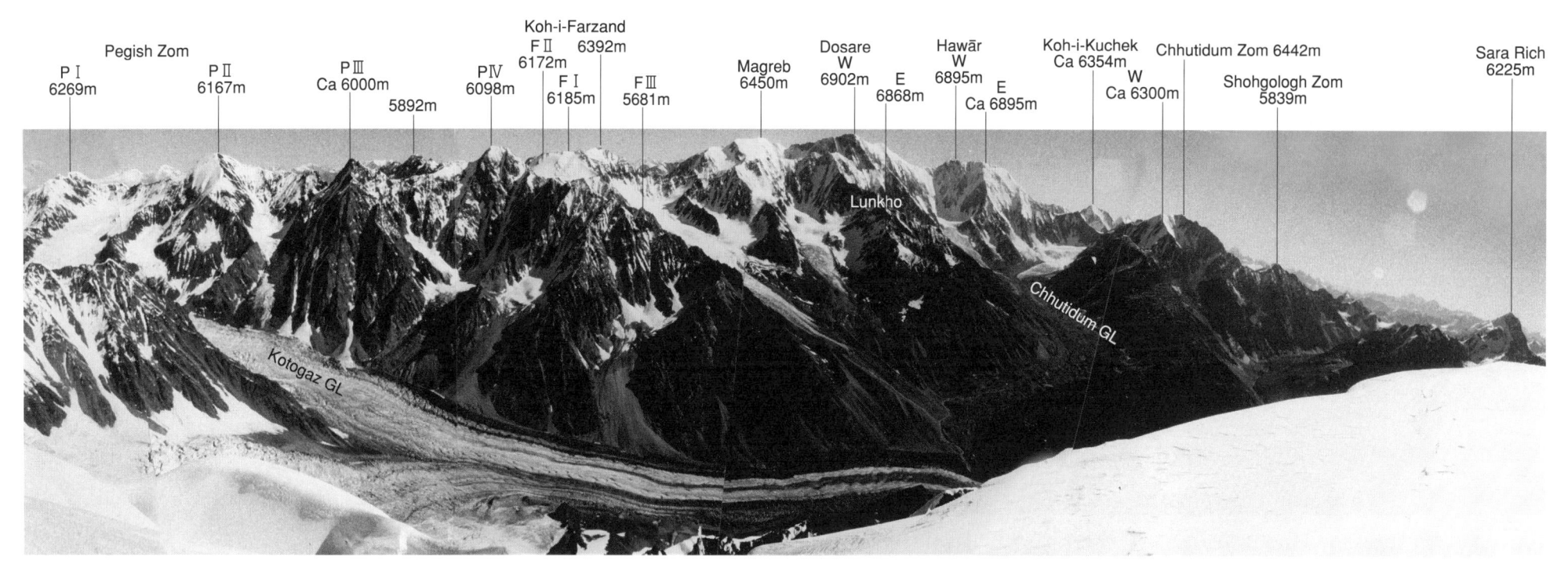

Panorama labels (left to right):
- P I 6269m
- Pegish Zom
- P II 6167m
- P III Ca 6000m
- 5892m
- P IV 6098m
- Koh-i-Farzand F II 6172m
- 6392m
- F I 6185m
- F III 5681m
- Magreb 6450m
- Dosare W 6902m
- E 6868m
- Hawār W 6895m
- E Ca 6895m
- Koh-i-Kuchek Ca 6354m
- W Ca 6300m
- Chhutidum Zom 6442m
- Shohgologh Zom 5839m
- Sara Rich 6225m

(In-photo labels: Kotogaz GL, Lunkho, Chhutidum GL)

2－19 「Lunkho 山群」Noghor Zom より （横浜三稜会隊）

〈Ⅲ－B－1〉	22645 f (6869 m) 36°46′20″N　72°23′20″E Khandud GL と、Chhutidum GL の間。
（初登頂）	1968年、オーストリア・ユーゴスラヴィア合同隊、F. グリムリンガー隊長。

ルンコー・イ・ハワール 〈Ⅲ－B－1〉	Lunkho-i-Hawār　6895 m/22620 f (6872 m) 36°46′30″N　72°26′20″E Lunkho GL と、Chhutidum GL の間。
（初登頂）	1967年、東海大学隊、鈴木政孝、田中滋晃。

ルンコー・イ・ハワール・西峰 〈Ⅲ－B－1〉	Lunkho-i-Hawār (W)　Ca 6895 m/22620 f 36°46′40″N　72°25′30″E Khandud GL と、Chhutidum GL の間。
（初登頂）	1968年、オーストリア・ユーゴスラヴィア合同隊、F. グリムリンガー隊長。

ルンコー・イ・ハワール・中央峰 〈Ⅲ－B－1〉	Lunkho-i-Hawār (MD) Ca 6872 m/22546 f 36°46′40″N　72°25′50″E Khandud GL と、Chhutidum GL の間。
（初登頂）	1968年、オーストリア・ユ

2-20 「Lunkho-i-Hevād」Shayāz より（広島大学医学部山岳会隊）

ルンコー・イ・ドサレ・東峰 〈Ⅲ—B—1〉	Lunkho-i-Dosare（E）　6868 m/22533 f 36°46′40″N　72°23′50″E Khandud GL と、Chhutidum GL の間。
（初登頂）	1968 年、オーストリア・ユーゴスラヴィア合同隊、F. グリムリンガー隊長。
ルンコー・イ・ヘヴァード 〈Ⅲ—B—1〉	Lunkho-i-Hevād　6849 m/22470 f 36°49′N　72°25′E Lunkho GL と Khandud GL の間で、Nale Daruni GL の源頭。

ーゴスラヴィア合同隊、F. グリムリンガー隊長。

（初登頂）	1965 年、チェコスロヴァキア隊、V. セドヴィ隊長。
コー・イ・マグレブ 〈Ⅲ—B—1〉	Koh-i-Magreb　6450 m/21161 f 36°47′N　72°22′30″E Yamit GL と、Khandud GL の間。
（初登頂）	1968 年、ポーランド・イタリア合同隊、W. K. オレッチ隊長。
チュティダム・ゾム 〈Ⅲ—B—2〉	Chhutidum Zom　6442 m/21133 f 36°44′10″N　72°27′20″E Chhutidum GL、Noroghikuh GL、Shohgoolgh GL の源頭。
コー・イ・ドゥスティ 〈Ⅲ—B—1〉	Koh-i-Dusti　6435 m/21112 f 36°50′N　72°26′E Nale Daruni GL と、Lunkho GL の間。
（初登頂）	1970 年、西ドイツ隊、R. A. ズィンク隊長。
無名峰	Un Named Peak　6434 m/21110 f 36°49′N　72°24′E Nale Daruni GL と、Lunkho GL の間。
（初登頂）	1968 年、オーストリア・ユーゴスラヴィア合同隊、F. グリムリンガー隊長。
無名峰	Un Named Peak　6405 m/21014 f 36°45′30″N　72°23′20″E Yamit GL、Chhutidum GL、Khandud GL の源頭。

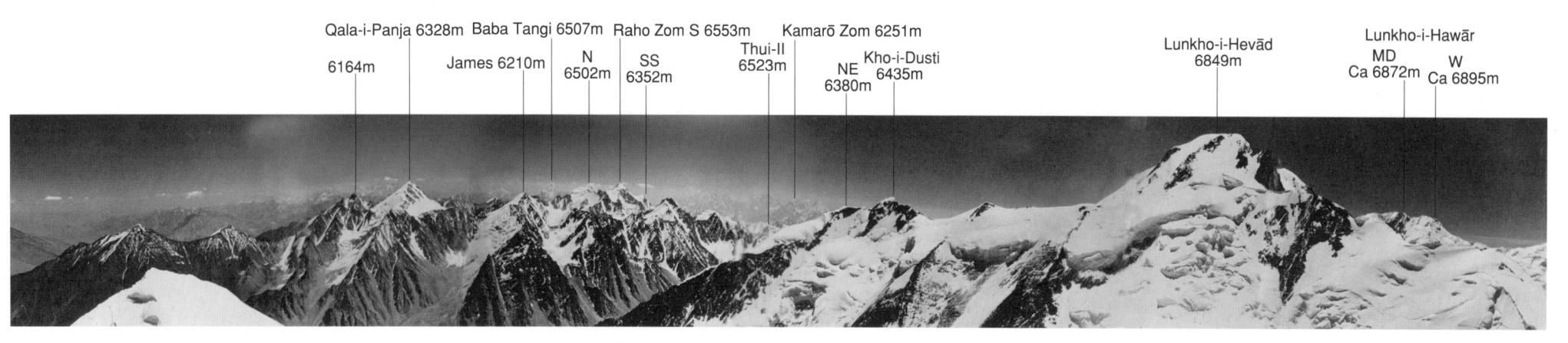

2 - 21 「Shir Koh 6392 m よりのパノラマ(1)」（平位剛）

コー・イ・マグレブ・北東峰　　Koh-i-Magreb (NE)　Ca 6400
〈Ⅲ—B—1〉　　　　　　　　　m/21000 f
　　　　　　　　　　　　　　36°47′N　72°22′E
　　　　　　　　　　　　　　Yamit GL と、Khndud GL の間。
　　（初登頂）　　　　　　　1968 年、オーストリア・ユーゴ
　　　　　　　　　　　　　　スラヴィア合同隊、F. グリムリ
　　　　　　　　　　　　　　ンガー隊長。

シール・コー　　　　　　　　Shir Koh　6392 m/20970 f
(Shir Kuh)　　　　　　　　　36°51′N　72°24′E
〈Ⅲ—B—1〉　　　　　　　　Nale Daruni GL と、Khandud GL の間。
　　（初登頂）　　　　　　　1968 年、オーストリア・ユーゴスラヴィア
　　　　　　　　　　　　　　合同隊、F. グリムリンガー隊長。

コー・イ・ドゥスティ・北東峰　Koh-i-Dusti (NE)　6380 m/
〈Ⅲ—B—1〉　　　　　　　　20932 f
　　　　　　　　　　　　　　36°50′N　72°26′E
　　　　　　　　　　　　　　Nale Daruni GL と、Lunkho
　　　　　　　　　　　　　　GL の間。

シール・コー・Ⅱ峰　　　　　Shir Koh (Ⅱ)　Ca 6370 m/20899 f
(Shir Kuh Ⅱ)　　　　　　　Ⅲ峰／約 6135 m にも初登頂するが、ともに
〈Ⅲ—B—1〉　　　　　　　　経緯度不明の、Shir Koh の北稜上の小ピ
　　　　　　　　　　　　　　ーク。
　　（初登頂）　　　　　　　1970 年、西ドイツ隊、R. A. ズィンク隊長。

コー・イ・クチェック　　　　Koh-i-Kuchek　6354 m/20846 f
（カチェック）　　　　　　　36°46′30″N　72°30′E
〈Ⅲ—C—1〉　　　　　　　　Lunkho GL、Kach GL、Noroghikuh
　　　　　　　　　　　　　　GL の源頭。
　　（初登頂）　　　　　　　1972 年、スイス隊、W. ギゲール隊長。

チュティダム・ゾム・西峰　　Chhutidum Zom (W)　Ca 6300 m/
〈Ⅲ—B—1〉　　　　　　　　20670 f
　　　　　　　　　　　　　　36°44′10″N　72°27′10″E
　　　　　　　　　　　　　　Chhutidum Zom 西稜線上の小突起。
　　（初登頂）　　　　　　　1967 年、西ドイツ隊、P. グレイグ
　　　　　　　　　　　　　　ス隊長。
　　　　　　　　　　　　　　—註—　写真 2 - 19 参照。

EASTERN HINDŪ KŪSH — 53

Panorama labels (left to right):
- Lunkho-i-Dosare E 6868m
- W 6902m
- Kho-i-Magreb 6450m
- Akher Chioh 7020m
- Saraghrār S 7307m
- Kho-i-Tez 6995m
- Urgent 7038m
- Kho-i-Keshni Khan 6755m
- Koh-i-Larissa 6157m
- Pamir Mts

2－22 「Shir Koh 6392 m よりのパノラマ⑵」（平位剛）

ペギッシュ・ゾム・Ⅰ峰 〈Ⅲ－A－1〉	Pegish Zom (I) 6269 m/20566 f 36°45′30″N　72°13′40″E Jurum GL、Pegish GL、Kotogaz GL の間。
（初登頂）	1968年、オーストリア隊、H. ガスナー隊長。
コー・イ・ウパリシナ 〈Ⅲ－C－1〉	Koh-i-Uparisina 6260 m/20538 f 35°48′N　72°31′E Kach GL と、Uparisina GL の間。
（初登頂）	1965年、チェコスロヴァキア隊、V. セドヴィ隊長。
サラ・リッチ 〈Ⅲ－B－2〉	Sara Rich 6225 m/20423 f 36°40′N　72°29′E Shohgologh GL と、Uzhnū Gol の間。
無名峰	Un Named Peak 6211 m/20380 f 36°48′N　72°26′E Khndud GL と、Lunkho GL の間。
無名峰	Un Named Peak Ca 6200 m/20340 f 36°45′20″N　72°21′40″E Yamit GL の源頭で、Chhutidum GL の間。
無名峰	Un Named Peak Ca 6200 m/20340 f 36°45′20″N　72°22′20″E Yamit GL と、Chhutidum GL の間。
コー・イ・ファルザンド・Ⅰ峰 〈Ⅲ－B－1〉	Koh-i-Farzand (I) 6185 m/20291 f 36°45′50″N　72°20′E Pegish GL の源頭で、Yamit GL の間。
（初登頂）	1968年、ポーランド・イタリア合同隊、W. K. Olech 隊長。

54－2　HINDŪ KŪSH

コー・イ・ファルザンド・Ⅱ峰	Koh-i-Farzand (Ⅱ)　6172 m/20243 f
〈Ⅲ—B—1〉	36°45′40″N　72°19′30″E
	Pegish GL の源頭で、Yamit GL の間。
（初登頂）	1969年、岐阜大学隊、平林芳夫隊長。

ペギッシュ・ゾム・Ⅱ峰	Pegish Zom (Ⅱ)　6167 m/20233 f
〈Ⅲ—B—2〉	36°44′50″N　72°15′10″E
	Pegish GL の最源頭。
（初登頂）	1968年、オーストリア隊、H. ガスナー隊長。

コー・イ・ラリッサ	Koh-i-Larissa　6157 m/20200 f (6151 m)
〈Ⅲ—B—1〉	36°51′N　72°23′E
	Ghap Darra と、Khandud GL の間。
（初登頂）	1970年、西ドイツ隊、R. A. ズィンク隊長。

シール・コー・Ⅲ峰	Shir Koh (Ⅲ)　Ca 6135 m/20128 f
〈Ⅲ—B—1〉	Shir Koh の北稜上の小ピーク。
（初登頂）	1970年、西ドイツ隊、R. A. ズィンク隊長。

コー・イ・アルシ・エ・ナレ	Koh-i-Arusi-e-Nale　Ca 6124 m/20092 f
〈Ⅲ—B—1〉	Shir Koh の北稜線上の小ピーク。
（初登頂）	1970年、西ドイツ隊、R. A. ズィング隊長。

無名峰	Un Named Peak　Ca 6100 m/20013 f
	36°45′N　72°21′E
	Koh-i-Farzand の東、約 1 Km。

無名峰	Un Named Peak　Ca 6100 m/20013 f
	36°45′N　72°23′E
	Lunkho-i-Dosare の南西約 3 Km で、Chhutidum GL の支流。

ペギッシュ・ゾム・Ⅳ峰	Pegish Zom (Ⅳ)　6098 m/20007 f
〈Ⅲ—B—1〉	36°45′N　72°18′50″E
	Pegish GL と、Kotogaz GL の間。
（初登頂）	1969年、岐阜大学隊、平林芳夫隊長。

無名峰	Un Named Peak　6084 m/19961 f
	36°46′10″N　72°28′40″E
	Lunkho GL と、Noroghikuh GL の間。

コー・イ・ペギッシュ・ジュルム	Koh-i-Pegish Jurm　Ca 6080 m/19945 f
〈Ⅲ—A—1〉	Pegish Zom (Ⅰ) 付近、位置不明の小突起。
（初登頂）	1973年、イタリア隊、A. ベルガマスキ隊長。

無名峰	Un Named Peak　6074 m/19928 f
	36°46′N　72°31′E
	Kach GL と、Noroghikuh GL の間。

無名峰	Un Named Peak　6051 m/19852 f
	36°45′30″N　72°27′E

	Chhutidum GL と、Noroghikuh GL の源頭付近。
ウパリシナ・西峰 〈III—C—1〉	Uparisina (W)　6050 m/19849 f 36°48′N　72°31′E Uparisina GL と、Lunkho GL の間。
（初登頂）	1965 年、チェコスロヴァキア隊、V. セドヴィ隊長。
無名峰	Un Named Peak　6039 m/19813 f 36°48′N　71°17′E Pegish GL と Yamit GL の間。
無名峰	Un Named Peak　6026 m/19770 f 36°51′N　72°23′E Ghap Darra GL と、Khndud GL の間。
無名峰	Un Named Peak　Ca 6000 m/19685 f 36°46′N　72°32′E Kach GL と、Noroghikuh GL の間。
ペギッシュ・ゾム・III峰 〈III—B—2〉	Pegish Zom (III)　Ca 6000 m/19685 f 36°44′40″N　72°17′40″E Pegish GL 源頭付近と、Kotogaz GL の間。
コー・イ・ジュルム・I峰 〈III—A—2〉	Koh-i-Jurm (I)　Ca 6000 m/19685 f 36°43′N　72°10′E Jurm GL と、Urgent Bara GL の間。
（初登頂）	1969 年、新潟大学 OB、横山史郎。

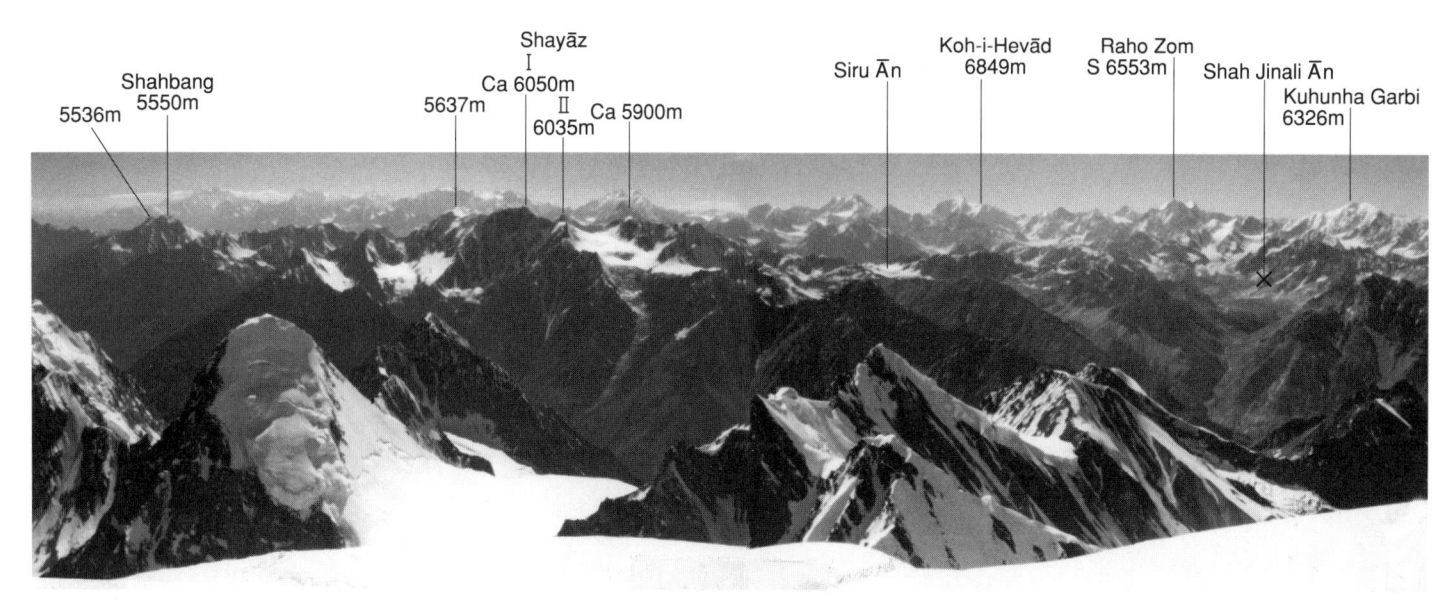

2-23 「Yarkhun 山群」Golash Zom より （学習院大学隊）

YARKHUN GROUP　　　（地図 No. 3）

　北端の Shah Jinali 峠から Rich Gol と、Trikho 川を西縁として、南縁の Mastūj 川、東縁の Yarkhun 川に囲まれた山群。主稜線上よりも Yarkhun 川寄りに突き出た支稜上に高峰がある。

　1927～31 年の三角測量事業時の観測点は Shahbang／5550 m 峰のみである。下記のほかにも 30 峰以上の 5000 m 級の峰がみられる。

　1935 年には、R. ションバーグが Rich Gol を遡行して Shah Jinali 峠を踏査した。1968 年、東京教育大学 OB の吉富亨らは、Rich Gol を遡行して Noroghikuh 氷河に向かっている。同年、雁部貞夫は Koyo Zom からの帰途、Shah Jinali 峠を越えて Rich Gol に下った。

　Yarkhun 川をはさんで、東側に対峙する中部 Hindū Raj とともに、トレッキングには最適の目標となろう。

シャヤーズ Ⅰ峰　　　Shayāz (I)　Ca 6050 m/19849 f
(Parwer Zom, Unacho　36°38′20″N　72°48′20″E
Zom, Unawich Zom)　Unawich Gol と Siru Gol の間。
〈Ⅲ－D－2〉
　　　（初登頂）　1994 年、長崎北稜会、田川義久隊長。

シャヤーズ Ⅱ峰　　　Shayāz (II)　6035 m/19800 f
〈Ⅲ－D－2〉　　　36°38′40″N　72°49′40″E
　　　　　　　Unawich Gol と Siru Gol の間。

2 – 24 「Baba Tangi 山群」Shayāz より（広島大学医学部山岳会隊）

BABA TANGI GROUP　　　（地図 No. 3・4）

　西端は Anoshah 峠、東端は Boroghol (Baloghil) 峠とする。北縁の Ab-i-Panji と、南縁の Rahozom Gol、Shah Jinali 峠、Yarkhun 川に囲まれた山群をいう。

　1927～31 年の三角測量の観測点には、Ghargab／5933 m、Chapakhgār／5896 m、5393 m 峰、Zircho Zom／5543 m 峰などがある。

　現在でも遊牧など、地元民に利用される Boroghol 峠は広大な高原状で縦横に遊牧道が通じるが、もっとも利用されているのが Darwaza 峠と Boroghol 峠の中間に位置する Gharhel 峠である。一帯を総称して Boroghol 峠というが、Wakhan 側では Boroghil と呼ぶ。Kan Khun 峠以西の峠はほとんど利用されていない。

　Ghel や Ghil は野獣から羊を守る石壁や石棚の意であると言い、Gul や Ghol は「野薔薇、花」を表す Gujul の言葉という。発音は、Ghol が喉音でむしろボロールと聞こえるというから、ヘディンの『カラコルム探検史』にある「行方不明のボロール山脈」に結びついたら面白い。この山群については、ほとんどがアフガニスタン側から初登頂されているのが現状。

ラホ・ゾム・南峰　　Raho Zom (S)　6553 m/21500 f (6535 m)
〈III—C—1〉　　　　　36°50′40″N　72°38′E
　　　　　　　　　　Chi Gali GL の源頭で、Phur Nisini GL の間。
　（初登頂）　　　　　1969 年、オーストリア隊、R. リントナー隊長。

2 - 25 「Anoshah Ān 周辺」Shayāz より（広島大学医学部山岳会隊）

コー・イ・ババタンギ 〈Ⅲ—D—1〉	Koh-i-Baba Tangi　6507 m/21348 f （6513 m） 36°52′N　72°57′E Khushrao-East GL と、Wakhan Darya の間。
（初登頂）	1963 年、イタリア隊、C. A. ピネリー隊長。

ラホ・ゾム　北峰 〈Ⅲ—C—1〉	Raho Zom（N）　6502 m/21332 f 36°51′N　72°38′E Chi Gali GL、Qalai Panja GL、Eshon GL、Phur Nisini GL の源頭。
（初登頂）	1969 年、オーストリア隊、R. リントナー隊長。

ラホ・ゾム・南南峰 〈Ⅲ—C—1〉	Raho Zom（SS）　6352 m/20840 f 36°50′20″N　72°38′E Chi Gali GL と、Phur Nisini GL の間で主峰の南稜上にある。

コー・イ・カラ・イ・パンジャ 〈Ⅲ—C—1〉	Koh-i-Qala-i-Panja　6328 m/20760 f 36°52′N　72°31′E Lunkho GL と、Qala-i-Panja GL の間。
（初登頂）	1965 年、チェコスロヴァキア隊、V. セドヴィ隊。

クーアンハ・ガルビ (Qala-i-Ust M) 〈Ⅲ—C—1〉	Kuhunha Garbi　6326 m/20755 f 36°51′N　72°44′40″E Shah Jinali GL と、Eshan GL の間。

クーアンハ・サキ (Qala-i-Ust E) 〈Ⅲ—D—1〉	Kuhunha Sakhi　6317 m/20725 f（6309 m） 36°51′N　72°45′E Shah Jinali GL と、Sust Chap GL の間。
（初登頂）	1974 年、ポーランド隊、T. レワジ隊長。

コー・イ・ヤーメス 〈Ⅲ—C—1〉	Koh-i-James　6210 m/20374 f 36°51′N　72°31′50″E

EASTERN HINDŪ KŪSH—59

2－26 「Kuhunha 周辺」Shayāz より（広島大学医学部山岳会隊）

	Uparisina GL と、Qala-i-Panja GL の間。
（初登頂）	1965 年、チェコスロヴァキア隊、V. セドヴィ隊長。
無名峰	Un Named Peak　6164 m/20223 f 36°53′N　72°32′E Koh-i-Qala-i-Panja の北東約 2 Km。
無名峰	Un Named Peak　6150 m/20177 f 35°50′N　72°33′E Uparisina GL と、Qala-i-Panja GL の間。
無名峰	Un Named Peak　6100 m/20013 f 36°50′N　72°32′E Uparisina GL と、Qala-i-Panja GL の間。
コー・イ・バルフィ 〈Ⅲ－C－1〉	Koh-i-Balfi　6030 m/19783 f 36°51′N　72°31′E Lunkho GL と、Qala-i-Panja GL の間。
（初登頂）	1965 年、チェコスロヴァキア隊、V. セドヴィ隊長。
コー・イ・セタラ 〈Ⅲ－C－1〉	Koh-i-Setara　6020 m/19750 f 36°49′N　72°33′E Anoshah GL と、Qala-i-Panja GL の間。
（初登頂）	1968 年、フランス隊、H. アグレスティ隊長。
無名峰	Un Named Peak　6007 m/19708 f 36°52′N　72°38′E Eshon Chap GL と、Qala-i-Panja GL の間。
（初登頂）	1976 年、ポーランド隊、ダブロウスキー隊長。
無名峰	Un Named Peak　6007 m/19708 f 36°51′N　72°31′E Uparisina GL と、Qala-i-Panja GL の間。
無名峰	Un Named Peak　Ca 6000 m/19685 f 36°50′N　72°37′E Chi Gali GL と、Qala-i-Panja GL の間。
無名峰	Un Named Peak　Ca 6000 m/19685 f 36°51′N　72°56′E Baba Tangi GL と、Khushrao・E GL の間。
無名峰	Un Named Peak　Ca 6000 m/19685 f

36°51′N　73°00′E
Baba Tangi の東約 6 Km。

無名峰　　Un Named Peak　Ca 6000 m/19685 f
36°51′N　73°01′E
Baba Tangi の東南東約 7 Km。

無名峰　　Un Named Peak　Ca 6000 m/19685 f
36°51′N　72°59′E
Baba Tangi の南東約 6 Km。

KARAMBĀR GROUP　　　（地図 No. 4）

　Hindū Kūsh 山脈の主稜線の東限は、Karambār Ān を限度とする説、Khora Bhort 峠とする説など、文献によってさまざまな意見がある。K・C・R や測量局の見解では東に延びて、Irshad Uwin（峠）を Pamir との境界とし、Chillinji 峠をカラコルムの境界としている。
　西限は、Boroghol (Baroghil) 峠で、北縁の Ab-i-Wakhan および支流の Lupsuq Jilga と、南縁の Yarkhun 川、Ribat 川、Karambār Ān を経て同名の川を下り、さらに、Chapursān 川上流部に囲まれる山群をいう。
　古くから、中央アジアとインドを結ぶ重要な交通路が集中したこの一帯には、歴史的にも高名な七つの峠をはじめ、幾つかの隠れた峠道があるという。6000 m 以上の高峰はなく、1927～31 年の測量の際の観測点には、Lupusuk／5748 m、5909 m 峰、5226 m 峰などがある。
　1891 年、ロシアの Yonoff 大佐は、Khora Bort 峠から南面に入り、Karambār Ān 峠を経て Darkot Ān を往復した後、Bhoroghol 峠付近の別の峠から Wakhan 谷に戻った。
　1993 年、広島三朗らは Boroghol より同名の峠を往復し、Karambār Ān を経て、Chillinji Ān に向かった。
　Khora Bhort は Khora Bhurt と表記することもある。現地では Khozurg Worth と呼び、水車の石臼の意がある。

Karambār山群

2 - 27 「Karambār Ān より東方を望む」（石井修一）

KARAKORUM

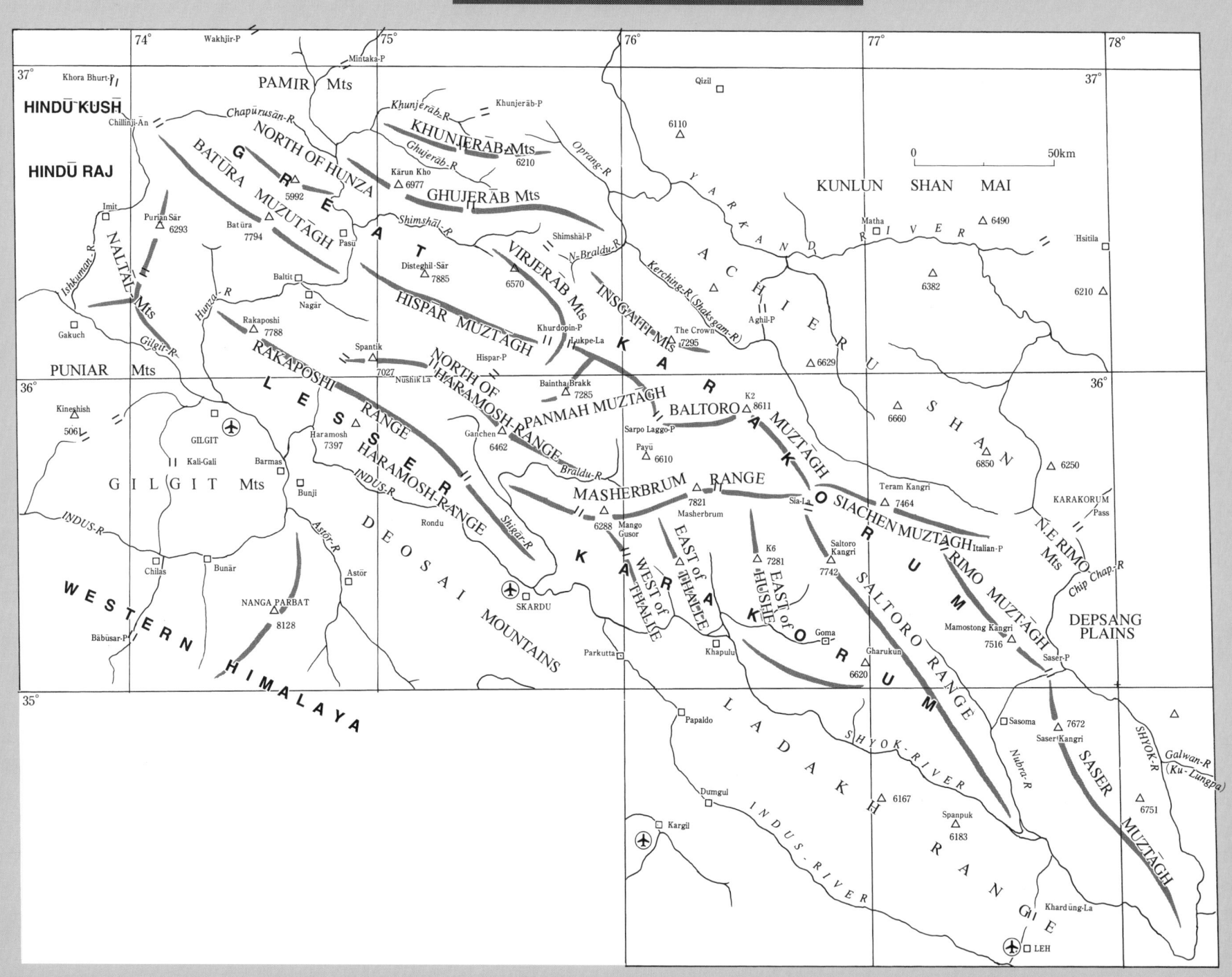

カラコルム山脈は、中央部のグレート・カラコルムと南側を並行するレッサー・カラコルム、および北側に並行するいくつかの小山脈より成り立つ。その東西は東経74度50分付近より78度20分付近まで、南北は北緯34度10分付近から36度50分付近までの範囲で、Hindū Kūshとカラコルムの境界となるChillinj峠からラダックとの境となるShyok川の大屈曲点にいたる間をいう。

　すべての水系がインド洋かアラビア海にそそぐグレート・ヒマラヤとは異なり、北西から南東にむかって延びるカラコルム山脈の分水嶺から北流するヤルカンド川は、中央アジアの大砂漠を流れくだりながら次第に砂に吸い込まれて消え去り、決して海にそそぐことはないのが特徴である。

　グレート・カラコルムとレッサー・カラコルムの間、および北西側にあるLupghar山脈の間には、両極を除く最大級の氷河といわれるカラコルム五大氷河がIndus河をうるおし、Hindū Kūshから流れくるKunār川とKābul川を合わせてIndus河に合流し、やがてはアラビア海に注ぐ。

　グレート・カラコルムは七つのMuztāghから成り立ち、さらにMuztāghは小さな山群に分けられる。Muztāghとは氷雪を抱く山脈をさすが、それぞれの山脈より流れくだる巨大氷河を抱えているのが特徴である。

　レッサー・カラコルムはHunzaの北側の二つの山脈を含めた八つの山脈から成り立ち、さらに小さな山群に分けられる。だが、このたびのスケッチマップについての分類は新しい情報にもとづいて山脈の分割また、山群を分割、あるいは併合させた区域もある。

　1820年、初めてカラコルムという名称を地理学にもたらしたW. ムーアクロフトは、訪ねることこそできなかったが、そこの住民が山脈をカラコルムと呼んでいることを初めて知った。

　1846年には、A. カニンガムがカラコルムという名称は主として南側の住民が使用していることを発見した。

　1855年、K2の発見者 T.G. モンゴメリーは、国境付近ではMuztaghと呼ぶことを知り、カラコルムという名称は同じように南側で呼ばれていることに注目した。

　13世紀、チンギス・ハーン帝国の首都は蒙古のカラコルムにあった。大軍の移動は北京からワルシャワに及び、それぞれ出先の地で居住するのが常であった。彼らの子孫はインドにも足をのばしてムガール帝国を築きあげる。長い滞在のあとカシミールを経て故郷蒙古のカラコルムに戻ろうとしたが、あまりにも大軍すぎ、また馬も多かったために、大山脈を越えるには道が険しく通過することができなかったという。

　シドニー・バラードは「チンギス・ハーンの軍隊が、彼らにとっては世界の中心地でもあったカラコルムの名称を、この西チベットに移植したと想像することは不可能であろうか。」と述べている。

　カラ (Kara) は「黒」の意であり、コルム (Korum) は「礫」の意で、「黒い礫におおわれた大地」のことである。なぜ、白い氷雪の山脈に「黒い大地」という名称がついたか、という以前からの多くの疑問もこれが最終的結論とみてよいだろう。

　一方、北側の住民に呼ばれるムズターグ (Muztāgh) については「雪、氷雪の山」の意味をあらわすが、歴史的にも重要な意義をもつこの名称は、グレート・カラコルムの二次的分類の山脈名に採用されることになった。

　また「KARAKORUM」は「KARAKORAM」と呼ばれることもあるが、この呼称はイギリス人が採用して、今日に至っている。

3 GREAT KARAKORUM

3 - 1 「Karakorum の最高峰、K 2」東面より　（広島三朗）

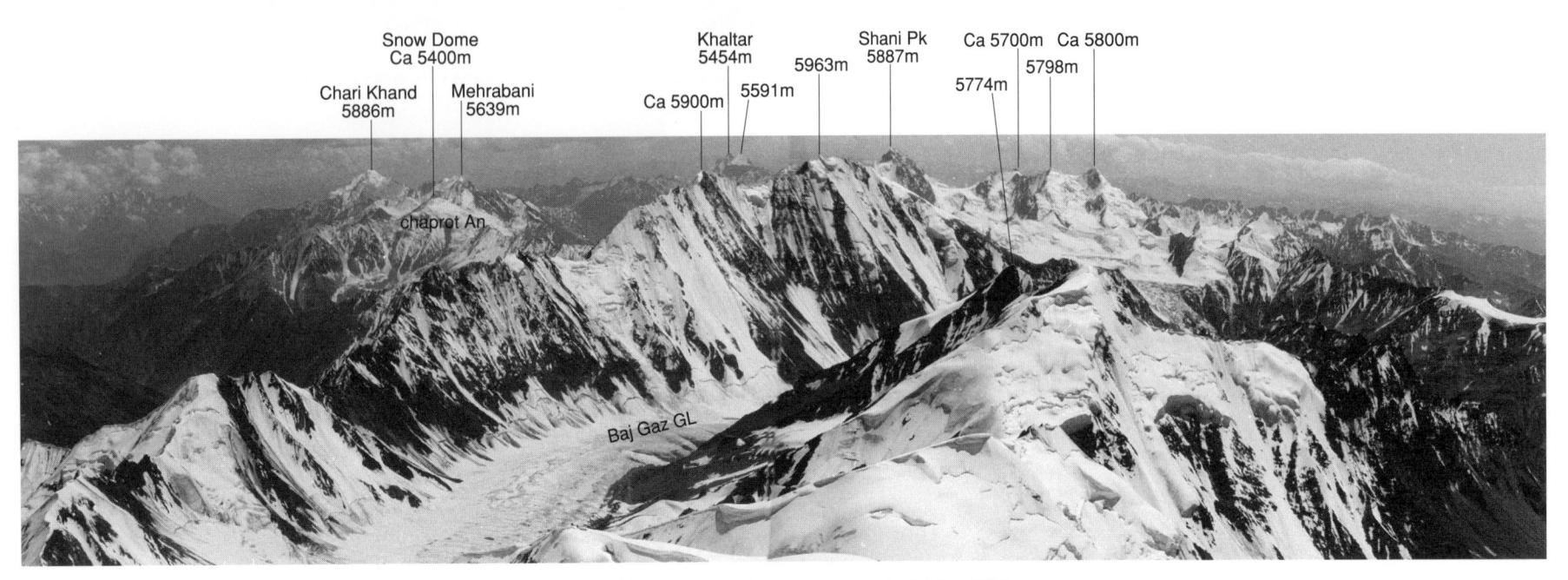

Snow Dome Ca 5400m　Khaltar 5454m　Shani Pk 5887m　Ca 5700m　Ca 5800m
Chari Khand 5886m　Mehrabani 5639m　Ca 5900m　5591m　5963m　5774m　5798m

chaprot An

Baj Gaz GL

3-2 「Naltār 周辺」Purian Sār より（内田嘉弘）

BATŪRA MUZTĀGH

　西縁の Karambār 川、Ishkuman 川、南縁の Gilgit 川から Hunza 川に沿って東縁に至る。さらに、Batūra 氷河支流の Yoksgos 氷河源頭から、Yash Kuk Yaz 氷河を下って、北縁の Chapursān 川を遡行し、Chillinji 峠を越えて再び Karambār 川に至る線の内側にある山脈をいう。
　北縁を東方に流れ下る Batūra 氷河は、カラコルム五大氷河のひとつで全長約 56 km に及ぶ。
　また、Batūra Muztagh の南部を Naltār Mts とする文献もあるが同一山脈内なので、これを二分して Naltār Group と、Purian Sār Group を新設した。

NALTĀR GROUP （New Proposal）　　（地図 No. 5）

　Hunza 川から、Daintār Nala を遡行し、Baj Gaz 峠を経て同名の川を下り、カラコルムの最西縁となる Ishkuman 川、Gilgit 川に囲まれた山群をいう。
　Shani Peak／5887 m を最高峰として、Chari Khand／5886 m、5798 m 峰など、十数峰以上の 5000 m 峰がある。Gilgit から近く、トレッキングには好適な山地である。
　Barkot Chhish／4480 m 峰は、1913 年の、ロシア・インド連結三角測量網の観測点であり、その後、1915 年には Sasār Khand／5001 m、Naltār／4678 m 峰も三角点の仲間入りをした。
　1956 年には、京都大学・パンジャブ大学合同隊の藤田和夫らは、Naltar Ān を越えて Bad Swāt に向かっているが、当時、同行した本多勝一の刊行書『知られざるヒマラヤ』は、日本の岳界に強い刺激を与えた。

66-3　GREAT KARAKORUM

PURIAN SĀR GROUP （New Proposal）（地図 No. 5）

　Daintār 川、Baj Gaz 川を南縁として、Karambār 川から同名の氷河に入り、南支流の源頭から Kukuār 氷河を経て Bola Das 川に至る線の内側の山群をいう。

　1909〜13 年、インド測量局の J. ハンターの測量はここまで延び、南北にはしる主稜の西面は、1931 年に、E. O. ウィーラーの指揮によって地図が出来上がった。東面の Swāt Marao（Sato Maro）氷河については、近年までまったく手付かずのままで、その後測量されたという話も聞くが詳細は何も知らされていない。

　1933 年には、R. C. F. ションバーグが南東面の Daintār 川から Kerengi 氷河までを踏査している。1947 年には、H. W. ティルマンが Kukuār 氷河を遡って Batūra の主稜線に達し、1954 年にはケンブリッジ大学の A. ティシエールらも、Kerengi 氷河の源頭を調査した。

　1954 年および 59 年には西ドイツ隊によって詳細な測量が行なわれた。その結果は 1995 年に 10 万分の 1 図として公表された。

　1961 年には、東京大学の島澄夫らが Bola Das 川に入り、Kukuār 氷河や Toltār 氷河一帯を踏査している。

　6000 m 級の峰はわずか 5 峰に過ぎないが、5979 m、5963 m など、5500 m を超える無名峰は 20 数峰に及ぶ。

3 - 3 「Purian Sār」バドスワート氷河上部のプラトーより（内田嘉弘）

プリアン・サール・主峰 〈V−A−3〉	Purian Sār（M）　6293 m/20646 f 36°27′N　74°05′E Bad Swāt GL と、Bajgaz GL の源頭。 （初登頂）1975 年、京都カラコルム・クラブ隊、堀田真一隊長。
カラムバール・サール 〈V−A−2〉	Karambār Sār　6273 m/20580 f（6258 m） 36°36′N　74°10′E Karambar GL 中流部の左岸の独立峰。山名は A・C・P の命名による。
プリアン・サール・II 峰 〈V−A−3〉	Purian Sār（II）　Ca 6200 m/20350 f （6247 m） 36°28′N　74°06′E Bad Swāt GL、Bajgaz GL、Swāt Marao GL（Sato Maro GL）の源頭。
プリアン・サール・III 峰 〈V−A−3〉	Purian Sār（III）　Ca 6100 m/20013 f 36°28′15″N　74°06′30″E Bad Swāt GL と Swāt Marao GL の間。

BATŪRA MUZTĀGH — 67

3－4 「Koz Sār 北面」Chillinji Ān より（仙台一高山の会隊）

3－5 「Koz Sār 周辺」Purian Sār より（内田嘉弘）

無名峰　　　　Un Named Peak　Ca 6000 m/19730 f (5979 m)
　　　　　　　　36°28′N　74°08′E
　　　　　　　　Swāt Marao GL と Bad Swāt GL の間。

KOZ GROUP　　　　　　　　（地図 No. 5）

　カラコルムの最北西端にあたる山群で、Karambār 氷河支流の、S・Koz Yaz 氷河、北側の Koz Yaz 氷河、Chapursān 川、Chillinji Ān を経て Karambār 川に囲まれる範囲をいう。
　この Chillinji Ān こそ、カラコルム山脈のスタート地点であり、Hindū Kūsh 山脈との境界でもある。はやくから、多くの先駆者が立ち入って踏査、測量が行なわれた。
　当時、インド政府に非協力的だった Hunza との戦役の講和後、G. K. コッカーリルは Shimshal から Chapursān 谷やこの Chillinji Ān を越えて、Hindū Kūsh にいたる大踏査を行なった。1893 年のことである。
　1916 年には、T. G. ロングスタッフが Karambār 氷河の源頭に達した。それ以後、H. G. ベル、K. メイスン、フィッサー夫妻など高名な探検家が次々と姿をみせる。これらについては文献や記録も多いので詳細は割愛させていただく。
　なお、1993 年には広島三朗らが日本人としては、初めて Chillinji Ān を越えて Chapursān 谷に下った。

コズ・サール・Ⅰ峰　　Koz Sār (I)　6677 m/21907 f
〈PK　2/42 L、　　　　36°43′10″N　74°05′19″E〉
〈Ⅴ－A－2〉　　　　　Karambār River と、Koz GL との間。
　（初登頂）　　　　　1999 年、仙台一高山の会隊、山形一朗隊長。

68 — 3　GREAT KARAKORUM

3－6 「Yash Kuk 山群」Karambār Sār 北東稜より （原田達也）

コズ・サール・II峰　　Koz Sār（II）　6628 m/21745 f（6610 m）
〈Pk　1/42 L、　　　　36°43′24″N　74°06′55″E〉
〈V－A－2〉　　　　　S・Koz Yaz GL と、Koz GL の間。

コズ・サール・III峰　Koz Sār（III）　Ca 6450 m/21161f（6477 m）
〈V－A－2〉　　　　　36°43′50″N　74°06′E
　　　　　　　　　　Chillinji GL と、Koz Yaz GL の源頭。

無名峰　　　　　　　Un Named Peak　6201 m/20345 f
　　　　　　　　　　36°44′N　74°06′E
　　　　　　　　　　Chillinji GL と、Koz Yaz GL の源頭。

無名峰　　　　　　　Un Named Peak　6074 m/19928 f
　　　　　　　　　　36°46′N　74°06′E
　　　　　　　　　　Chillinji GL と、Koz Yaz GL の間。

YASH KUK GROUP　　（地図 No.5）

　西縁を南北 Koz Yaz 氷河とし、東縁を Yash Kuk Yaz 氷河として、Chapursān 川と Karambār 氷河にかこまれた山群をいう。
　1928 年に、C. J. モーリスとトラバス・カーンが北面の Koz Yaz、Yash Kuk Yaz、Kuk Ki Jerāb など三氷河を測量している。
　南面の Karambār 氷河には、1934 年に R. C. F. ションバーグが源頭に達して黒い尖峰を見ているが、多分、Batūra 山群の Seiri Dorkūsh／6771 m 峰を見たものであろう。痩せ尾根のこの峰は東西からは尖峰に見える。
　Yash Kuk 東峰は 6680 m の高度が与えられていたが、明らかに低くロシア測量の 6244 m を採用した。

BATŪRA MUZTĀGH — 69

ヤシュ・クック 〈V—A—2〉	Yash Kuk　6568 m/21548 f　Morris 36°40′50″N　74°12′30″E Karambār GL と、Yash Kuk Yaz GL の間。	無名峰	Un Named Peak　Ca 6000 m/19730 f (6114 m) 36°38′N　74°17′E Karambār GL と、Yash Kuk Yaz GL の間。
ヤシュ・クック・東峰 〈V—A—2〉	Yash Kuk（E）　Ca 6244 m/20485 f 36°40′40″N　74°14′?～16′E Karambār GLと、Yash Kuk Yaz GL の間。	無名峰	Un Named Peak　Ca 6000 m/19730 f 36°39′N　74°18′E Yash Kuk Yaz GL の南源頭付近。
無名峰	Un Named Peak　6211 m/20378 f 36°45′N　74°13′E Koz Yaz GL と、Yash Kuk Yaz GL の間。		
無名峰	Un Named Peak　Ca 6100 m/20013 f (6074 m) 36°39′N　74°11′E Karambār GL と、Yash Kuk Yaz GL の間。		
クシュ・クリン・サール 〈V—A—2〉	Kush Kulin Sār　Ca 6100 m/20013 f 36°43′N　74°11′E S・Koz Yaz GL と、Yash Kuk Yaz GL の間。 （初登頂）　1998年、ドイツ隊（隊長の氏名不詳）。		
無名峰	Un Named Peak　6084 m/20007 f 36°42′N　74°14′E Yash Kuk Yaz GL の源頭付近。		

ナルタールの無名峰

3 - 7 「Kampire Diōr」Karambār Sār 北東稜より （原田達也）

KAMPIRE DIŌR GROUP　　（地図 No. 5）

　Yash Kuk Yaz、Karambār、Batūra、Kukuār など四氷河の源頭にまたがる小さな山群である。
　北面からは C. G. モーリスが、西面はロングスタッフやションバーグが、また、東面の Batūra 氷河では、1925年にフィッサー夫妻らが測量を行なっている。
　軍事的に、あるいは行政的にも複雑な問題を抱えていたこの一帯は、永らく入域が制限されたために Kampire Diōr は「幻の山」といわれて、存在までを疑問視された時期もあった。1925年にBatūra 氷河に入ったフィッサー夫妻の測量の結果では、源頭にあるはずのこの峰が記載されなかったからである。
　1956年、藤田和夫らが夏村の Karambār Jiāq で源頭の山々をスケッチして世に知らしめ、1974年には京都カラコルム・クラブの原田達也と土森譲が Karambār 氷河源頭を踏査した。

カンピレ・ディオール・主峰　　Kampire Diōr (M)
　　　　　　　　　　　　　　　7168 m/23517 f　中国
〈Pk 24/42 L、　　　　　　　　36°37′32″N　74°19′10″E　7143
〈V－B－2〉　　　　　　　　　m〉
　　　　　　　　　　　　　　　Karambār GL、Yash Kuk Yaz
　　　　　　　　　　　　　　　GL、Batūra GL の源頭。

BATŪRA MUZTĀGH—71

Panorama labels (left to right):
- Pasu M 7478m
- Kuk Sar II 6925m
- Kuk Sar I 6943m
- Batura IV 7594m
- 6339m
- 6294m
- Pamri Sar 7016m
- 6928m / Caboom
- 6572m
- Kampire Diōr (雲の中)
- 6000m
- Ca 6000m
- E 6244m
- Ca 6000m
- 6084m
- 6211m
- Yash Kuk M 6568m

3 − 8 「Kampire Diōr 周辺北面」Sakar Sār より（横須賀山岳会隊）

パムリ・サール　　　　Pamri Sār　7016 m/23018 f　中国
〈Pk 23/42 L、　　　　36°38′24″N　74°21′33″E　6931 m〉
〈V−B−2〉　　　　　Yash Kuk Yaz GL と、Batūra GL の間。
　（初登頂）　　1986 年、イタリア隊、L. バルブスチア隊長。

パムリ・サール・北峰　Pamri Sār (N)　6928 m/22730 f
〈V−B−2〉　　　　　36°39′N　74°21′E
　　　　　　　　　　Yash Kuk Yaz GL と、Batūra GL の間。

カンピレ・ディオール・II 峰　Kampire Diōr (II)
(Kampire Diōr N)　　6572 m/21562 f　中国
〈V−B−2〉　　　　　36°38′N　74°20′E
　　　　　　　　　　Yash Kuk Yaz GL と、Batūra GL の間。

　（初登頂）　　1975 年、広島山の会隊、圓田慶爾隊長。

　（初登頂）　　1986 年、イタリア隊、L. バルブスチア隊長。

無名峰　　Un Named Peak　6339 m/20797 f (6281 m)
　　　　　36°40′N　74°23′E
　　　　　Kuk-ki-Jerāb GL と、Batūra GL の間。

無名峰　　Un Named Peak　6294 m/20650 f
　　　　　36°40′N　74°22′E
　　　　　Yash Kuk Yaz GL、Batūra GL、Kuk-ki-Jerāb GL の間。

無名峰　　Un Named Peak　Ca 6000 m/19685 f (6186 m)
　　　　　36°41′N　74°20′E
　　　　　Yash Kuk Yaz GL と、Kuk-ki-Jerāb GL の間。

KUK GROUP　　　　　　　　　　　（地図 No.5）

　Kuk-ki-Jerāb 氷河の源頭一帯と、Batūra 氷河支流の北氷河、Yoksugoz 氷河に囲まれた小さな山群である。高峰は、Rupūr 氷河を中心に馬蹄形にならぶ。

　北面の Kuk-Ki-Jerāb 氷河はモーリス隊が、南面は、1925 年に北氷河と Yoksugoz 氷河をフィッサー夫妻らが測量して Lupghār 山群の稜線に達している。

　1974～75 年には、中国の測量で Kuk Sār Pk 22 と Pk 21 の高度が逆転して Pk 22 が高くなった。

クック・サール・I峰　　Kuk Sār (I)　6943 m/22779 f　中国
〈V－B－2〉　　　　　　（6926 m）
〈Pk 22/42 L、　　　　　36°39′06″N　74°25′23″E〉
　　　　　　　　　　　Batūra GL と、Rupūr GL の間。

クック・サール・II峰　 Kuk Sār (II)　6925 m/22720 f　中国
〈V－B－2〉　　　　　　（6935 m）
〈Pk 21/42 L、　　　　　36°40′08″N　74°25′18″E〉
　　　　　　　　　　　Kuk-ki-Jerāb GL、Rupūr GL、Batūra GL の間。
　　（初登頂）1982 年、イギリス隊、T. ハーレル隊長。

クック・サール・III峰　Kuk Sār (III)　6790 m/22277 f　中国
〈V－B－2〉　　　　　　36°38′N　74°25′E
　　　　　　　　　　　Batūra GL と、Rupūr GL の間。

クック・サール・IV峰　 Kuk Sār (IV)　6620 m/21719 f　中国
〈V－B－2〉　　　　　　36°38′N　74°26′E
　　　　　　　　　　　Batūra GL と、Rupūr GL の間。

クック・サール・V峰　 Kuk Sār (V)　6566 m/21542 f　中国
〈V－B－2〉　　　　　　（6467 m、6401 m）
　　　　　　　　　　　36°40′N　74°26′E
　　　　　　　　　　　Kuk-ki-Jerāb GL の源頭で、Batūra GL の間。

無名峰　　　　　　　　Un Named Peak　6156 m/20197 f　中国
　　　　　　　　　　　（6121 m）
　　　　　　　　　　　36°42′N　74°27′E
　　　　　　　　　　　Yokshgoz GL と、Kuk-ki-Jerāb GL の間。

3 － 9　「Kuk 山群」Patundus より　（斎藤修一）

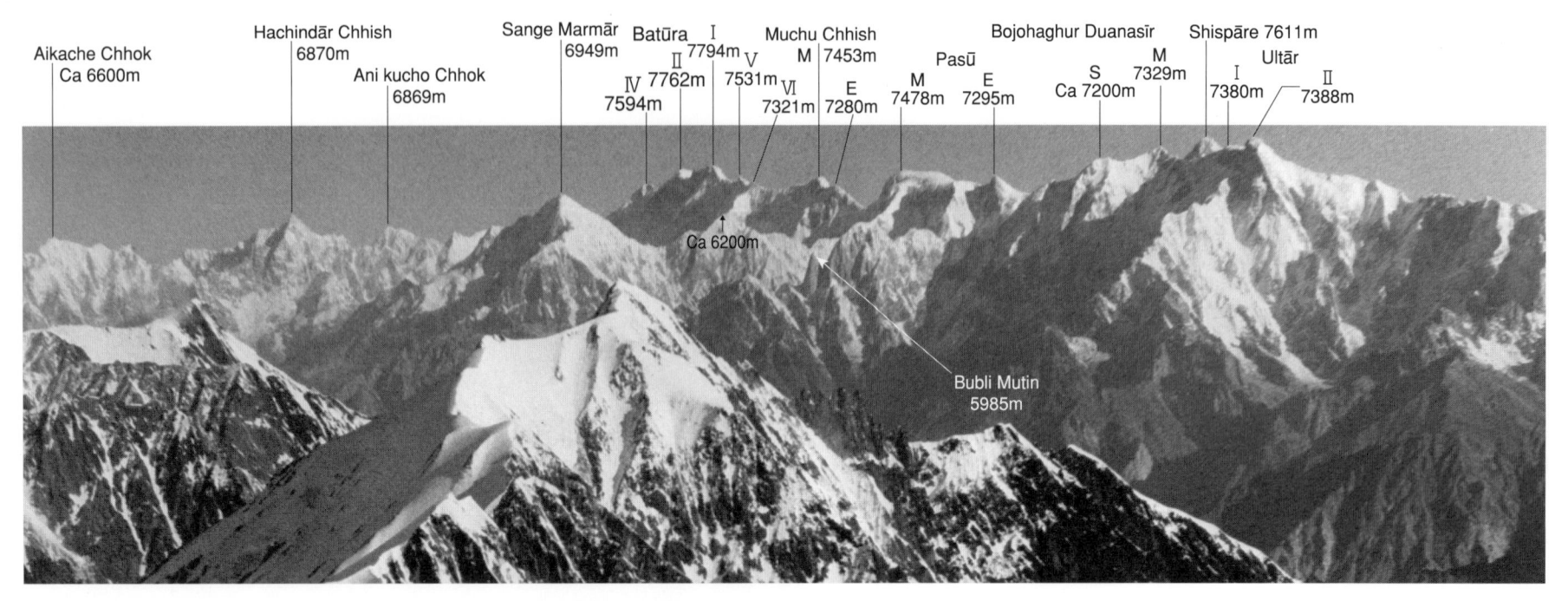

3 - 10 「Batūra 山群」Chogo Lungma Suddle より（小野寺正英）

BATŪRA GROUP (地図 No.5)

　西端は Batūra 氷河源頭のコル／約 5762 m。東縁は、Muchuhār 氷河支流の Shendār 氷河と Batūra 第一氷河で、南縁の Hunza 川と西縁の Bola Das 川、Kukuār 氷河、北縁の Batūra 氷河に囲まれる広大な山群をいう。

　1974～75 年にかけて、中国科学院氷河砂漠凍土研究所によって Batūra 氷河の全域にわたる測量が行なわれ、高度が全面的に改訂された。

　1913 年のインド・ロシア連結三角測量時の観測点 Shanoz／4172 m が、中国測量では 3922 m と 250 m も低くなったが、これは同名異峰であろうか、同一峰とすれば Shanoz 峰と連結する国境上の観測点はもとより、メイスンらが測量した Disteghil Sār や、Kanjut Sār などのカラコルム西部の高峰の高度はそれぞれ低くなるという影響がでるはずである。

　また、中国地図の Batūra III峰は、インド測量局地図のII峰にあたる。

バトゥーラ・I峰	Batūra (I) 7794 m/25570 f
(Hunza Kunji I)	中国
〈Pk 32/42 L、	36°30′39″N　74°31′26″E　7785 m〉
〈V−C−2〉	Batūra First GL と、Batoksh GL の間。
（初登頂）	1976 年、西ドイツ隊、A. シュレー隊長。

バトゥーラ・II峰	Batūra (II) 7762 m/25466 f 中国
(Batūra MD)	(7748 m、Ca 7700 m)
〈V−C−2〉	36°31′00″N　74°30′50″E
	Batūra 1st GL と、Baltār GL の間。

バトゥーラ・III峰　　　　Batūra（III）
(Batūra II, Hunza　　　7720 m/25328 f
Kunji II)　　　　　　　中国
〈Pk 31/42 L、　　　　36°31′54″N　74°30′01″E　7710 m〉
〈V−C−2〉　　　　　Batūra 1st & 2nd GL と、Baltār GL の源頭
　　　　　　　　　　　で肩状の峰。
　　（初登頂）　　1978年、日本ヒマラヤ協会隊、西郡光昭隊
　　　　　　　　長。

バトゥーラ・IV峰　　　　Batūra（IV）7594 m/24915 f　中国（7505 m）
〈V−B−2〉　　　　　36°32′N　74°28′E
　　　　　　　　　　　Batūra 2nd GL と、Baltār GL の間。

バトゥーラ・V峰　　　　Batūra（V）7531 m/24708 f　中国（7462 m）
〈V−C−2〉　　　　　36°30′N　74°32′20″E
　　　　　　　　　　　Batūra 1st GL と、Batoksh GL の間。

ムチュ・チッシュ・主峰　Muchu Chhish（M）　7453 m/24452 f
〈V−C−2〉　　　　　中国　（7500 m）
　　　　　　　　　　　36°30′N　74°33′E
　　　　　　　　　　　Batūra 1st GL と、Shendār GL の間。

バトゥーラ・VI峰　　　　Batūra（VI）7321 m/24019 f　中国（7400 m）
〈V−C−2〉　　　　　36°30′N　74°32′55″E
　　　　　　　　　　　Batūra 1st GL と、Shendār GL の間。
　　（初登頂）　　1983年、ポーランド隊、W. ヴィシュ隊長。
　　　　　　　－註－　IV峰に登頂と報道されたが、実はVI峰登
　　　　　　　　頂の誤りであった。

ムチュ・チッシュ・東峰　Muchu Chhish（E）　7280 m/23885 f

3−11 「Batūra 主峰周辺」Yash Pirt より（鈴木茂）

〈V−C−3〉　　　　　中国
　　　　　　　　　　　36°29′N　74°34′E
　　　　　　　　　　　Batūra 1st GL と、Shendār GL の間。

サニ・パククシュ　　　　Sani Pākkūsh　6952 m/22808 f
（サニ・ポククシュ）　　中国
〈Pk 25/42 L、　　　　36°34′08″N　74°22′51″E　6885 m〉
〈V−B−2〉　　　　　Kukuār GL と Toltār GL の源頭で、Batūr-
　　　　　　　　　　　a GL の間。
　　（初登頂）　　1991年、西ドイツ隊、H. ブライヒャー隊長。

ベカ・ブラカイ・チョック　Beka Brakai Chhok
〈V−B−2〉　　　　　6882 m/22579 f　中国
〈Pk 48/42 L、　　　　36°33′20″N　74°25′50″E　6830 m〉

BATŪRA MUZTĀGH—75

6114m　Kampire Diōr 7168m　Kuk Sār II 6925m　Kuk Sār I 6943m　Seiri Dorkūsh 6771m　Tilman Col　Beka Brakai Chhok 6882m
Pamri Sār 7016m　5842m　Purian Sār II 6200m　Sani Pākkūsh 6952m　6315m

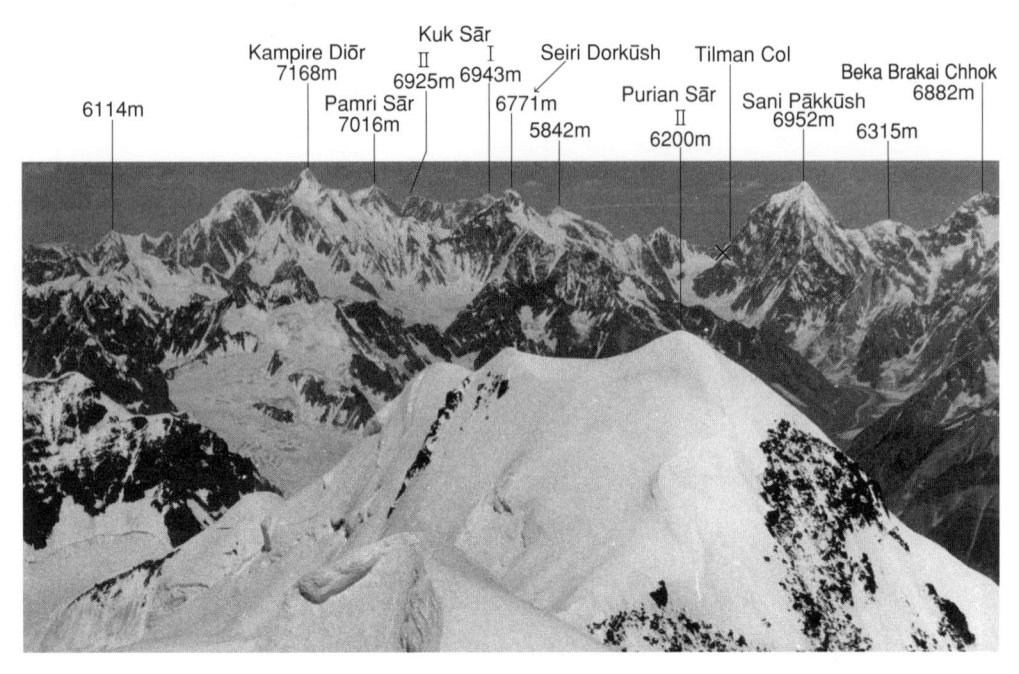

3－12 「Sani Pokkūsh 周辺」Purian Sār より（内田嘉弘）

Baltār GL の源頭で、Batūra GL
の間。

ハチンダール・チッシュ・主峰　　Hachindār Chhish（M）
（East Peak）　　　　　　　　　　 6870 m/22540 f（7163 m）
〈Ⅴ－Ｂ－3〉　　　　　　　　　　　36°27′35″N　74°28′35″E
　　　　　　　　　　　　　　　　 Baltār GL と、Muchuhār GL
　　　　　　　　　　　　　　　　 の間。
　　（初登頂）　　　　　　　　　　1982 年、金沢大学隊、東保幸隊
　　　　　　　　　　　　　　　　 長。

アニ・クチョ・チョック　　　　Ani Kucho Chhok　6869 m/22536 f
〈Ⅴ－Ｂ－2〉　　　　　　　　　　 中国
　　　　　　　　　　　　　　　　 36°33′N　74°27′E　（6725 m）
　　　　　　　　　　　　　　　　 Baltār GL の源頭付近で、Batūra GL

の間。

ハチンダール・チッシュ・北峰　Hachindār Chhish（N）
（West Peak）　　　　　　　　　　6860 m/23458 f（7150 m）
〈Ⅴ－Ｂ－3〉　　　　　　　　　　36°27′30″N　74°28′30″E
　　　　　　　　　　　　　　　　Baltār GL と、Muchuhār GL
　　　　　　　　　　　　　　　　の間。

ベカ・ブラカイ・チョック・東峰　Beka Brakai Chhok（E）
〈Ⅴ－Ｂ－2〉　　　　　　　　　　6845 m/22457 f　中国
　　　　　　　　　　　　　　　　36°33′30″N　74°26′40″E
　　　　　　　　　　　　　　　　Baltār GL の源頭で、Batūr-
　　　　　　　　　　　　　　　　a GL の間。

無名峰　　　　　　　　　　　　Un Named Peak　6784 m/22257 f　中国
　　　　　　　　　　　　　　　　36°32′N　74°32′E　（6845 m）
　　　　　　　　　　　　　　　　Batūra 1st GL と、2nd GL の間。
　　（初登頂）　　　　　　　　　　1954 年、西ドイツ・オーストリア合同隊、
　　　　　　　　　　　　　　　　M. レビッチ隊長。

セイリ・ドルクシュ　　　　　　Seiri Dorkūsh　6771 m/22215 f　中国
〈Ⅴ－Ｂ－2〉　　　　　　　　　　36°35′N　74°19′E　（6872 m）
　　　　　　　　　　　　　　　　N・Kukuār GL と E・Kukuār GL の源頭
　　　　　　　　　　　　　　　　で、Batūra GL の間。
　　（初登頂）　　　　　　　　　　1984 年、イギリス隊、S. ロバート隊長。

無名峰　　　　　　　　　　　　Un Named Peak　Ca 6700 m/21980 f
　　　　　　　　　　　　　　　　36°32′N　74°25′E　　　（6780 m）
　　　　　　　　　　　　　　　　Toltār GL と、Baltār GL の源頭付近。

76 — 3　GREAT KARAKORUM

3 - 13 「Baltār 氷河源頭の未登峰」Batokusu Col より（東京都庁登山隊）

無名峰	Un Named Peak　Ca 6700 m/21980 f 36°33′N　74°25′E（6569 m） Toltār GL と、Baltār GL の源頭。 ―註―　写真 3 - 13 参照。
アイカチェ・チョック (Thaime Chhish) 〈Ⅴ－B－3〉	Aikache Chhok　Ca 6600 m/21654 f 36°26′N　74°26′E Baltār GL と、Yain Hisk GL の間。
ビリール・ガイ・チョック (Dariyo Sār) 〈Ⅴ－B－2〉	Biril Gai Chhok Ca 6500 m/21300 f（6350 m） 36°31′N　74°25′E Toltār GL と、Baltār GL の間。
無名峰	Un Named Peak　6325 m/20751 f　中国 36°32′N　74°35′E Batūra 1st GL と、Sarbzea GL の間。
無名峰	Un Named Peak　6315 m/20719 f　中国 36°34′N　74°24′E Batūra GL と Toltār GL の源頭の間。
無名峰	Un Named Peak　6092 m/19987 f 36°24′N　74°24′E Shillinbār GL と、Bola Das R の間。
無名峰	Un Named Peak　6037 m/19806 f　中国 36°33′N　74°32′E Batūra 2nd GL と、Sarbzea GL の間。
無名峰	Un Named Peak　6017 m/19741 f 36°33′N　74°35′E Batūra 1st GL と、Sarbzea GL の間。

3 - 14 「Shispāre 周辺」Patundus より（斎藤修一）

PASŪ GROUP (地図 No. 5)

　Batūra 氷河と支流の第一氷河、南面の Shendār 氷河を結び、Hasanabād 氷河、東面の Ghulkin 氷河源頭、Gulmit 氷河、Hunza 川に囲まれた山群をいう。
　カラコルム・ハイウエイ工事で、立ち入り禁止だった Hunza 一帯は、工事の遅れた Indus 河流域を除き1974年に解禁された。それに先立つ1968年には石井宇一郎らが南面の Hasanabād、Muchuhār 両氷河を踏査。
　1973年、京都大学の松沢哲郎、高木真一が Pasū 氷河右岸の4745 m に立ち、同年、秀峰登高会の広島三朗も Pasū 氷河を踏んだ。この氷河は支流が少なく中央モレーンがない。付近一帯でもっとも白い氷河として定評がある。他図に Pasū Sār と記載する例があるが、この地域では Sār を使用しない。
　—註—　82～84 ページ「カラコルムの命名法」参照。

シスパーレ　　　　　Shispāre　7611 m/24970 f
(Hunza Kunji III, Shispar)
〈Pk 33/42 L、　　　　36°26′30″N　74°40′52″E〉
〈V−C−3〉　　　　　Hasanabād GL、Pasū GL、Ghurkin GL の源頭。
　　（初登頂）　　　　1974年、西ドイツ・ポーランド合同隊、J. クルチャブ隊長。

パスー・主峰　　　　Pasū (M)　7478 m/24534 f　中国(7530 m)
〈V−C−3〉　　　　　36°29′N　74°35′E
　　　　　　　　　　Shendār GL と、Batūra 1st GL の間。

(初登頂)　　1994年、ドイツ隊、M. ヴァルナー隊長。

パスー・東峰　　Pasū (E)　7295 m/23934 f　中国
〈Pk 55/42 L、　　36°28′51″N　74°36′53″E　7284 m〉
〈V－C－3〉　　Pasū GL の源頭で、Hasanabād GL の間。
　(初登頂)　　1978年、防衛大学・パキスタン陸軍合同隊、
　　　　　　　　安藤千年隊長。

ゲンタ・ピーク　　Ghenta Peak　Ca 7090 m/23260 f
〈V－C－3〉　　36°25′N　74°41′E
　　　　　　　Hasanabād GL と、Ghulkin GL の間。
　(初登頂)　　1974年、西ドイツ・ポーランド合同隊、J.
　　　　　　　クルチャブ隊長。

サンゲ・マルマール　　Sange Marmār　Ca 6949 m/22800 f
〈V－C－3〉　　(7050 m)
　　　　　　　36°25′N　74°33′E
　　　　　　　Muchuhār GL と、Hasanabād GL の間。
　(初登頂)　　1984年、大阪大学隊、松尾敬司隊長。

パスー・北峰　　Pasū (N)　6884 m/22585 f
〈V－C－3〉　　36°29′N　74°38′E
　　　　　　　Pasū GL と、Batūra 1st GL の間。

パスー・東東峰　　Pasū (EE)　6842 m/22448 f
〈V－C－3〉　　36°28′N　74°39′E
　　　　　　　Pasū GL の源頭付近。
　(初登頂)　　1985年、福岡登高会隊、新貝勲隊長

リスニ・チョテイ　　Risni Choti　6766 m/22198 f
(Rishi Choti)　　36°27′N　74°39′E
〈V－C－3〉　　Pasū GL の源頭で、Hasanabād GL の間。

無名峰　　Un Named Peak　6674 m/21896 f
　　　　　　36°27′N　74°38′E
　　　　　　Pasū GL の源頭で、Hasanabād GL の間。

ノウ・カルシチ　　Nou Karsich　6498 m/21319 f
〈V－C－3〉　　36°29′N　74°39′E
　　　　　　Batūra GL と、Pasū GL の間。

無名峰　　Un Named Peak　Ca 6200 m/20341 f
　　　　　　36°27′N　74°34′E
　　　　　　Hasanabād GL と、Muchuhār GL の間。

ダルムヤニ　　Darmyani　6090 m/19980 f (6085 m)
〈V－C－3〉　　36°29′N　74°42′E
　　　　　　Pasū GL と、Batūra GL の間。

パスー

3 - 15 「Ultār 南面」Bojohaghūr Duanasīr 主峰と南峰のコルより（広島山の会隊）

3 - 16 「Ultār 北面」Patundus より（関英男）

ATABĀD GROUP　　　　　（地図 No. 5）

　Hasanabād 氷河と Gulmit 氷河を結び、Hunza 川に囲まれた山群である。
　この山群ほど山名の混乱した所はない。もともと Ultār という峰はなかったのだが、谷の名が Ultār Hār なので自然呼称が Ultār となったらしい。地元民が、山の名を聞かれて谷の名を答えるのはよくあること。フンザ駐在のポリティカル・エージェント、D. L. R. ロリマーが 1934～5 年に Hunza を訪れた際には、地方の山名はなかったので最適な山名として、「Ultar Chhish」を推薦した。だがすでに 1892 年、C. G. ブルースと M. コンウェイが Hunza の人々に聞いた山名が「Bojohaghul Duanasīr」だったので、K. C. R と測量局は Pk 34 にこの名を命名し、Pk 35 は無名峰のまま残した。
　筆者は 1977 年の地図に、便宜上 Bojohaghur Duanasīr「II峰」としたが、今では Ultār II峰として山名が定着している。当時の I峰とは Pk 34 の Bojohaghur Duanasīr を指すものであって、もともと Ultār「I峰」という名称はなかったのである。
　Ultār Sār や Pasū Sār とする説もあるが、Sār は Hunza のブルシャスキー語では「野兎、または糸」の意味であり、この地方の山名としてはロリマーらも不適当としている。川名も正しくは、Hār、または Bār でなければいけないという。
　広島山の会が、Ultār II峰の北西約 1.5 Km に、ほぼ同高度の雪のピラミッドを発見している。したがって、この峰を仮称「Ultār I峰」と呼ぶことにした。（写真 3 - 15・16 参照）
　なお、Atabād／5185 m 峰は、1913 年、インド・ロシア連結三角測量事業の際に観測点になった峰である。

3 - 17 「Atabād 山群」Borūt 付近より（大須賀廉）

　6000 m にわずかに足りないが、山群の西端には Bubli Mutin／5985 m の見事な岩塔がある。1995 年、山野井泰史、長尾妙子、中垣大作の三名は、取り付きからの 23 ピッチを 10 日間のビバーグを重ねて南壁の初登攀を遂げている。―註―　写真 3 - 10 参照。

ウルタール・II峰　　Ultār (II)
(Bojohagur Duanasīr II, Hunza Kunji V)
〈V−C−3〉　　　7388 m/24239 f（7350 m、7468 m）
〈Pk 35/42 L、　　36°23′32″N　74°42′57″E〉
　　　　　　Ghulkin GL と、Ultār GL の間。
　（初登頂）　1996年、JAC 東海支部隊、山崎彰人・松岡清司。

ウルタール・I峰　　Ultār (I)　Ca 7380 m/23245f
(Ultār N)　　　36°23′50″N　74°42′30″E
〈V−C−3〉　　　Ghulkin GL と、Ultār GL の間の尖った雪頂。

ボョハグル・ドアナシール・主峰　　Bojohaghur Duanasīr (M)
(Bojohaghul Duanasīr I)　　7329 m/24044f（7318 m）
〈Pk34/42L、　　36°24′10″N　74°41′43″E〉
〈V−C−3〉　　　Ghulkin GL と Ultār GLの源頭で、Hasanabād GLの間。
　（初登頂）　1984 年、広島山の会隊、三好忠行隊長。

ボョハグル・ドアナシール・南峰　　Bojohaghur Duanasīr (S)
〈V—C—3〉　　　　　　　　　　Ca 7200 m/23622 f
　　　　　　　　　　　　　　　36°23′30″N　74°40′50″E
　　　　　　　　　　　　　　　Hasanabād GL と、Ultār GL の間。

　　　　　　　（初登頂）　　　1984年、広島山の会隊、三好忠行隊長。

サルチット・サール　　　　　　Saruchit Sār　6576 m/21574 f (6200 m)
〈V—D—3〉　　　　　　　　　　36°23′N　74°45′E
　　　　　　　　　　　　　　　Gulmit GL と、Ahmad Ahad GL の間。

フンザ・ピーク　　　　　　　　Hunza Peak　6270 m/20570 f
〈V—C—3〉　　　　　　　　　　36°23′N　74°46′E
　　　　　　　　　　　　　　　Hasanabād GL と、Ultār GL の間。

無名峰　　　　　　　　　　　　Un Named Peak　Ca 6100 m/20013 f
　　　　　　　　　　　　　　　36°23′N　74°46′E
　　　　　　　　　　　　　　　Ahmad Ahad GL と、Gulkin GL の間。

フンザ

〔カラコルムの命名法〕

　カラコルムも中央部に近づくにつれて無名峰がふえてくるのにお気づきだろう。ヒンズー・クシュとカラコルムあわせて、6000 m 以上の未登峰はおよそ 600 峰におよび、うち約 550 峰が無名峰である。

　日本にも無名の山があるが、大抵は、小さくてもロバの耳とか、小槍とかの名称があるようだ。かりに海外から登山隊がやってきて、名前のない日本の山に隊長夫人の名をつけたり、所属団体の名を山に付けたら、恐らく、ほとんどの日本人は腹を立てるだろう。アフガニスタンには「アクロバット峠」なる不真面目な峠名があり、隣のパキスタンにも「マリアン／6390 m」という女性名の山名が出現した。聖人の名であるなら宗教が問題と指摘された。ここは回教国なのである。トラブルは避けたいものだ。

　登山許可の必要な 6000 m 以上の峰にはまだ少ないが、5000 m 級峰には、さまざまな命名が実際におきているとは最近よく耳にする。このようなことが、当事国の感情を逆撫でしていることにはやく気づくべきであろう。

　1894年、W. M. コンウェイは、彼の遠征中の覚えとして次のように述べている。

「山名の命名については、アルプスとコーカサスで行なわれた方法に従っておいた。現地名のあるピークにはそれを採用し、誰でもが認めている名前をもつ牧地や谷からぬきんでている山には、その牧地や谷の名前を与えた。現地名がすべてに優先し、他のものはいっさい排除した。この本と地図のために、自ら山名を付け

た場合もある。描写的なものは与えたが、人名は一つも採用しなかった。この意味で、ゴドウィン゠オースティンの功業は認めておりながら K2 は K2 としておいた。」

偉大な先駆者の心得は我々にも良き教訓を残している。
1936～37 年にイギリスで行なわれたカラコルム協議会の報告の前文には、当時のインド測量局のサー・ハロルド・コウチマンの山脈、山名の決定に関する基本原則が述べられているから概略を述べてみよう。

「山名についての適当性ということは、極めて困難な問題であるが、興味本位や不真面目なものは採用しない。

人名、個人的な付与は抑えるべきであり、山名の主の名声下落により山名が変更されることがある。（後年の例だがスターリン峰、インドネシアのスカルノ峰などがある。近年ではエヴェレストは世界最高峰であって、語調によい響きがあるために特殊な扱いを一般から認められてきたが、地方名が尊重されて中国はチョモルンマ、ネパールではサガルマータに変更し、K2 もゴドウィン゠オースティンと記載された地図が多いが、パキスタンでは測量番号の K2 をとりあげ、中国ではチョゴリを採用した。）
以上のような事情にもとづき、測量局では、次の事項を考慮した名称なら、これを採用するにやぶさかでない。
1）　近傍に地方名の存在しない場合。
2）　名称の適当な場合。
3）　すでに登山者、探検者の間で通用してきた度合い。
4）　個人名は不可。
未知の地域では、その地方の案内者、あるいはクリー'ポーター'との相談のうえに自由な名称を提案されたい。峡谷、鞍部、氷河、頂峰名などは、付近に存在する牧場、その他の名称に従って付与されてもよいし、それらと関連した事柄、たとえば形状、色彩、またはほかの顕著な特徴によって名付けられても差し支えないと思う。このような名前は、通常その他の地方語によって与えられ、またそれをその地方人に示し、なるべくすみやかに一般に通用するようにしなければならない。英語名の提案は、登山的見地から、あまり重要でない地域にきわめて控えめに与えられるのがよい。

最後に探検者は、その名称の提案をするとき、同時にスケッチ（写真）や注釈をつけた測量局発行の地図を（現在は入手不能なので他の地図）送ってほしい。また報告書中の提案される名称について、詳細な説明と理由、英語での意味と採用される地方語を付記してもらいたいと思う。

地方の、あるいは固有の名称がない場合は一定の表徴あるいは数字記号によってこれに代えたのが、過去における方策であった。しかし、この方法もおそらく世界第二の高峰である K2 を除いては、全く廃棄されている。（K2 のほかにも、K6、K7、K12 などがあり、一般的に使用されている峰もある。）K2 の保有の理由は、エヴェレストの場合と同様である。」
　　─註─（　）内の註記は筆者─

無名峰はまだまだ多い。命名には充分に留意すべきと思う。本書のリストにしても、パキスタン側の意向を取り入れて、個人名、団体名はひとまず無名峰とした。もちろん（旧名）は並記表示している。今後は初登頂された峰の地方名を調査し、ない場合は所定の手続きのうえ申請されることをお薦めする。
R. F. ションバーグは次のように述べている。

「最近インド測量部のバーン中尉はティリチ・ミール付近のピークをイストロ・ナル即ち馬の蹄鉄と呼んだ。この二つのチトラ

ル語は人々にわかりやすく、しかも山容を示している。この将校がいつも山名をこの名で呼んでいるのを聞いているので、チトラル人はこの名称を用い始めている。」(『異教徒と氷河』雁部貞夫訳)

この例は普段の会話から自然に風土に馴染んだ例であろう。

命名には、次のような問題も発生するから困ることがある。南部 Hindū Raj に、Bashkargolo Chhat という大変美しい、魅力的な湖水がある。

1968年、オーストリアの H. バドゥラ隊長らは、Shachio Kuh Zom 登攀の際に、Ishporili 氷河源頭にある小さな針峰に初登頂して 5400 m とし、湖水の名を採りあげて Bashkargolo Zom と命名した。2年後の1970年、慶応大学山の会隊の船木威志隊長らも同地域に入り、北 Ishporili 氷河の源頭の峰、約 5500 m に初登頂して、同じ湖水名を命名した。偶然とはいえ、より良き山名をと考えてみれば行き着くところは同じなのだろう。ともに善意であり、ほぼ同時期で、同じ主稜線上の登頂だったところに難しさがあるようだ。この同名異峰の Bashkargolo Zom は、Shachio Kuh 氷河の右岸にある Laspūr 峠を挟んで南北に対峙している。

ときには羨ましく知恵をしぼった山名も出現する。ヒマラヤやカラコルムでは渡り鳥の群れが大挙して山を越える。古くから中央アジアとインドを往来したのは貿易の隊商ばかりではなく、それ以前より鶴や雁、白鳥もこのルートを利用していたのである。

1937年、シプトンとスペンダーは、測量のためにスカムリ氷河を西に向かう途中目撃したある一件を次のように述べる。—註1—

「いくつかの氷河上で、私たちは数百羽にのぼる死んだ白鳥が氷の上に散らばり、なかには氷のなかに閉じこめられたものも見付けた。おそらく中央アジアとインド間の旅行中に倒れたのであろう。渡り鳥の遺骸がさまざまであったのは、例年起こっていることなのであろう。」(『地図の空白部』諏訪多栄蔵訳)

カラコルムの真南にあたるインド北部、カシミールの湖沼に見る沢山の鴨や草原の鶴は、案外、彼らの仲間たちなのであろう。

さて羨ましい山名とは、1978年、初の Gayung La —註2— 越えに成功した大沢宣彦らが、Gayung 氷河の右岸に美しいピラミッド、約 6300 m を発見して Crane Peak と命名した。命名法をふりかえると、さすがに未踏の地である。

近傍に地方名がない。唯一の地名ミルザ・カファールは人名。発見した山は無名峰である。カラコルムを越える渡り鳥の Crane '鶴' は自然描写的にふさわしい名称であると思う。

残念ながら、現地語の『バルティ語辞典』には「鶴」に該当する項目がなかったので、とりあえずは英語の Crane Peak に落ち着いた。この幸運なパーティが、なんと「鶴城」という山岳会だったのだ。命名は難しいがうれしい苦労、目下申請中である。

「山名や地名がないと文章は困るね!」とはヒマラヤ研究家の深田久弥氏の言葉だったが、「地図も同じですなあ!」とつぶやかれた諏訪多栄蔵氏、第一回ヒンズー・クーシュ会議での言葉が心に残る。

—註1— 今の Insgaiti 氷河。
—註2— Gayung-La はロングスタッフが Gyong-La と呼んだ Col。

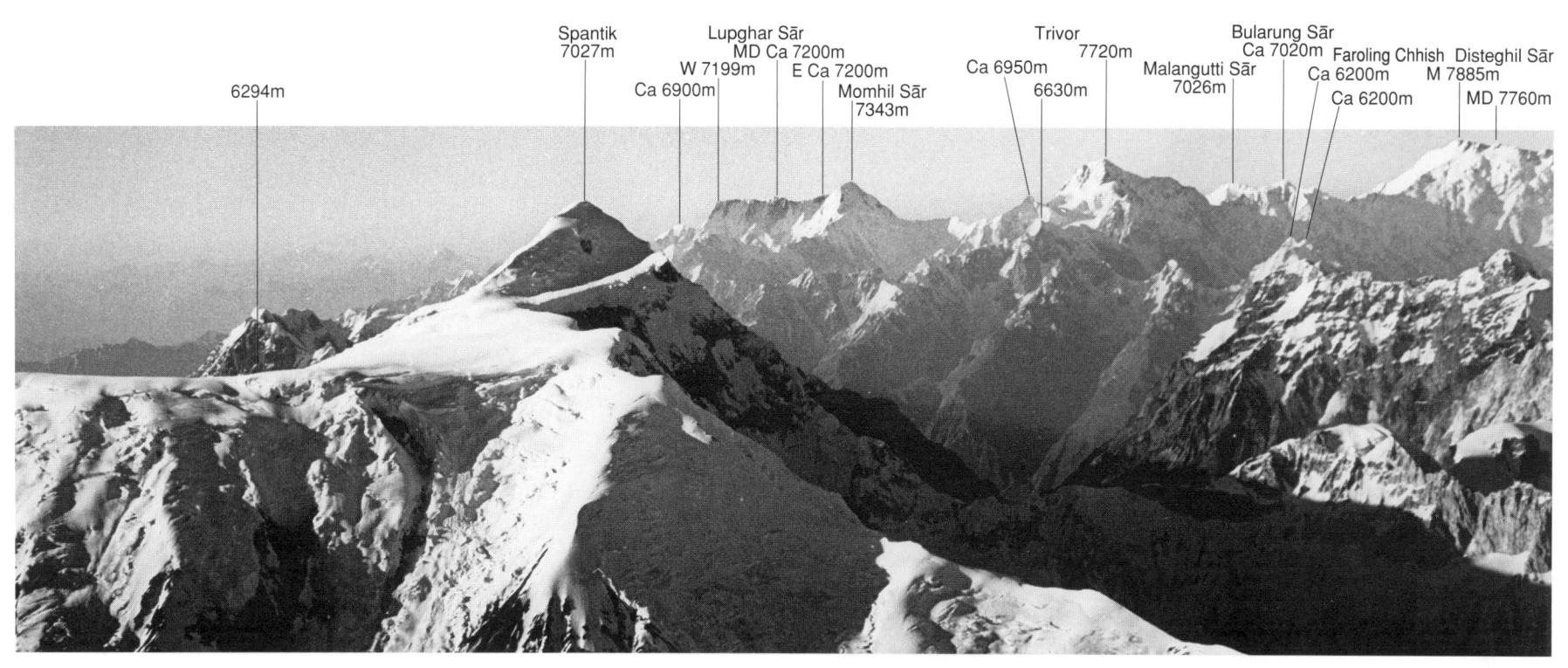

[photo labels, left to right: 6294m; Spantik 7027m, Ca 6900m; Lupghar Sār MD Ca 7200m, W 7199m, E Ca 7200m; Momhil Sār 7343m; Trivor Ca 6950m, 7720m, 6630m; Bularung Sār Ca 7020m, Malangutti Sār 7026m, Ca 6200m; Faroling Chhish Ca 6200m; Disteghil Sār M 7885m, MD 7760m]

3 - 18 「Momhil Sār 山群」Laila より（碧稜山岳会隊）

HISPĀR MUZTĀGH

　西縁の Hunza 川、北縁の Shimshal 川を同名の峠を経て N・Braldu 川に至り、東限となる源頭の Lukpe La、Biafo 氷河の Sim Gang から Hispār Hār に至る線の内側の山脈をいう。
　南縁を西方に流れ下る Hispār 氷河は、カラコルム五大氷河のひとつに数えられ、全長は約 49 km におよぶ。
　この一帯は、1855 年～60 年に行なわれた第一次三角測量の際にはパンジャブ地方の暴動、カシミールに侵入してくる盗賊団（メイスンは掠奪暴徒隊とする）による混乱もあって測量から漏れ、1913 年にインド・ロシア連結合同三角測量の際、国境上にある Kilik 峠の両側の観測点からメイスンらの測定で高度が決定された。

MOMHIL SĀR GROUP （地図 No. 5・7）

　Kunyang 氷河、Momhil 氷河を東縁として、Shimshal 川、Hunza 川、Hispār Hār に囲まれた山群をいい、多くの先駆者たちが訪れている。
　1955 年、京都大学の今西錦司らの Hispār 氷河の下降や、1965 年、東京大学の Kunyang Chhish 試登の後は、政治的にも、印パ問題の余波などもあり、ハイウェイ建設もかさなって長いあいだ入域の禁止状態が続いた。

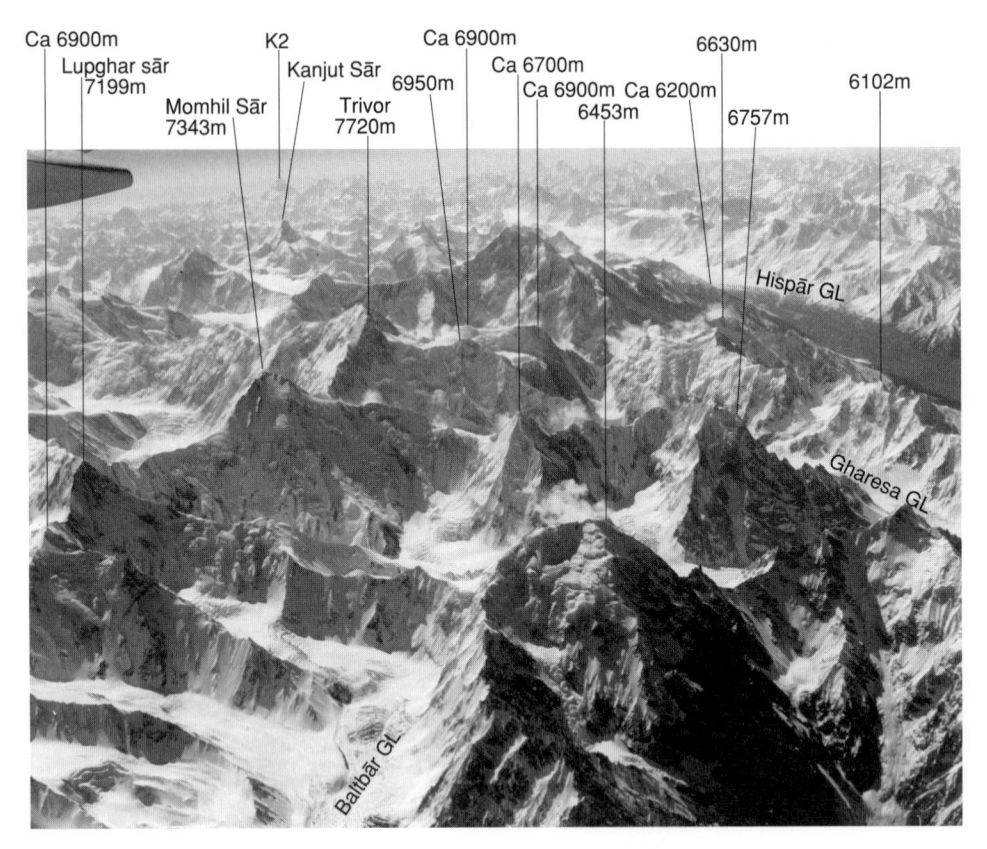

3 – 19 「Momhil Sār 周辺」PIA より空撮（吉沢一郎）

　1968 年、南面は西山会の真壁功英らが Hunza から Hispār 峠を往復し、1974 年には、秀峰登高会の広島三朗らが Trivor 氷河を踏査するなど南面は賑わいをみせたが、北面に日本人の姿を現したのは 1980 年代に入ってからのことになる。

　ひところまで Shimshal に入るためには大変な迂回路の Kārūn Pīr を通るのが普通であったが、現在では川沿いに道が開かれて Dut までジープが入る。

　Hispār 側一帯では、川の名に Nala ではなく、ブルシャスキー語の Bār か Hār を使用するようだが、Shimshal 側での川名には「Dūr、Tang（荒れた河原）」を使用している。

トリヴォル　　　　Trivor　7720 m/25328 f
〈Ⅶ-A-3〉　　　　　36°17′40″N　75°05′10″E
〈Pk 8/42 P、　　　　36°17′19″N　75°04′48″E　7577 m〉
　　　　　　　　　Momhil GL、Gharesa GL、Kunyang GL の源頭。山頂は双耳峰で東峰が西峰よりわずかに高いという。
　（初登頂）　　　（西峰）1960 年、イギリス・アメリカ合同隊、W. ノイス隊長。
　　　　　　　　（東峰）1991 年、早稲田大学隊、大貫敏史隊長。

モムヒル・サール　Momhil Sār　7343 m/24090 f
〈Pk 7/42 P、　　　　36°19′03″N　75°02′10″E〉
〈Ⅶ-A-3〉　　　　　1913 年
　　　　　　　　　Momhil GL と、Gharesa GL の間。
　（初登頂）　　　1964 年、オーストリア隊、H. シェル隊長。

ルプガール・サール・西峰　Lupghar Sār(W)　7199 m/23620 f
〈Ⅶ-A-3〉　　　　　(7163 m)
〈Pk 3/42 P、　　　　36°20′56″N　75°01′30″E〉
〈Pk 3/42 P、　　　　36°20′56″N　75°00′51″E　1913 年〉
　　　　　　　　　Lupghar Yaz GL と、Baltbār GL の間。
　（初登頂）　　　1979 年、西ドイツ隊、J. グロックナー隊長。

Dut Sār
6858m
E
6820m
Lupghar Sār
E Ca 7200m
M Ca 7200m
W 7199m
Momhil Sār
7343m

3 − 20 「Lupghar Sār 西面」Patundus より（斎藤修一）

ルプガール・サール・中央峰
〈Ⅶ—A—3〉

Lupghar Sār (M)　Ca 7200 m/23620 f
36°20′55″N　75°01′30″E
Lupghar GL と、S・Lupghar GL の源頭。
（初登頂）1979 年、法政大学隊、土肥正勝隊長。

ルプガール・サール・東峰
〈Ⅶ—A—3〉

Lupghar Sār (E)　Ca 7200 m/23620 f
36°21′N　75°01′E
Lupghar Yaz GL と、Momhil GL の間。
（初登頂）1987 年、スイス隊、S. ヘス隊長。

ブラルン・サール
〈Ⅶ—A—3〉

Bularung Sār　Ca 7020 m/23030 f
36°18′N　75°08′E（7200 m）
Momhil GL と、Kunyang GL の間。
（初登頂）1990 年、スイス隊、A. ヴォーシェ隊長。

無名峰	Un Named Peak　Ca 6950 m/22800 f 36°16′N　75°04′E Gharesa GL の源頭で、Trivor の南西約 3 Km。
無名峰	Un Named Peak　Ca 6900 m/22640 f 36°16′N　75°05′E Gharesa GL と Kunyang GL の間で、Trivor の南約 3 Km。
無名峰	Un Named Peak　Ca 6900 m/22640 f 36°16′N　75°04′E Gharesa GL と Kunyang GL の間で、Trivor の南約 4 Km。
無名峰	Un Named Peak　Ca 6900 m/22640 f （7010 m） 36°21′N　74°59′E Lupghar Yaz GL と、Baltbār GL の間。
ドット・サール 〈Ⅶ-A-3〉 〈Pk 2/42 P、	Dut Sār　6858 m/22500 f 36°22′30″N　75°03′10″E 36°22′43″N　75°02′47″E〉 Lupghar Yaz GL と、Momhil GL の間。
無名峰	Un Named Peak　Ca 6850 m/22474 f 36°21′N　75°00′E Baltbār GL と、Lupghar Yaz GL の源頭。
ドット・サール・東峰 〈Ⅶ-A-3〉 （初登頂）	Dut Sār（E）　Ca 6820 m/22375 f （6858 m と双耳峰） 36°22′30″N　75°03′10″E Lupghar GL と、Momhil GL の間。 1993 年、イタリア隊、G. スカッカバロッツィ隊長。
無名峰	Un Named Peak　6757 m/22170 f 36°16′N　75°00′E S・Lupghar GL と、Trivor GL の間。
無名峰	Un Named Peak　Ca 6700 m/21980 f 36°22′N　74°59′E Abdigar Dūr GL と、Baltbār GL の間。
無名峰	Un Named Peak　Ca 6700 m/21980 f 36°18′N　75°01′E S・Lupghar GL と、Trivor GL の間。
無名峰	Un Named Peak　Ca 6700 m/21980 f 36°17′N　75°01′E S・Lupghar GL と、Trivor GL の間。
無名峰	Un Named Peak　6630 m/21752 f 36°14′N　75°03′E Gharesa GL、Kunyang GL、Hispār GL の間。
無名峰	Un Named Peak　6453 m/21170 f 36°16′N　74°58′E Borond Bār と、S・Lupghar GL の間。

ファロリン・チッシュ・北峰 〈Ⅶ—A—4〉	Faroling Chhish(N)	Ca 6200 m/ 20340 f 36°12′N　75°06′E Kunyang GL の西岸と、Hispār GL の間。
ファロリン・チッシュ・南峰 〈Ⅶ—A—4〉	Faroling Chhish(S)	Ca 6200 m/ 20340 f 36°12′N　75°06′E Kunyang GL の西岸と、Hispār GL の間。
無名峰	Un Named Peak	6134 m/20124 f 36°16′N　74°58′E Borond Bar と、S・Lupghar GL の間。
無名峰	Un Named Peak	6102 m/20020 f 36°13′N　75°01′E Gharesa GL と、Hispār Hār の間。
チッコリン・サール 〈Ⅶ—A—4〉	Chikkorin Sār	ca 6000 m/19685 f (6200 m) 36°25′N　75°04′E Lupghar Yaz GL と、Momhil GL の間。
（初登頂）		1993 年、イタリア隊、G. スカッカバロッツィ隊長。

DISTEGHIL GROUP　　　（地図 No.7）

　Momhil 氷河と Yazghil 氷河の間で、主稜線から、中央を流下する Marangutti 氷河を囲む山群をいう。

　1891 年、Hunza との戦役講和後、1892 年から 1895 年にかけて、G. コッカーリルが Shimshal から Hindū Kūsh に至る大踏査を行なった。1892 年の冬には K2 以西の最高峰 Disteghil Sār を発見。大体の位置を確認して記録にとどめた。

　1908 年、F. H. ブリッジスも一帯の踏査を行なっている。1913 年には K. メイスンらが、インド・ロシア連結三角測量網の Kilik 峠付近から西部、中西部カラコルムの高峰を測定しているが、この際に Disteghil Sār や他の峰の高度も決定された。

　1925 年には、フィッサー夫妻も Shimshal に入り踏査測量した。1934 年には、R. F. ションバーグもこの一帯の踏査活動を行なっている。

ディスティギール・サール・主峰 (Distaghil Sār, Dastoghil Sār) 〈Pk 20/42 P、 Ⅶ—A—3〉	Disteghil Sār (M)	7885 m/25868 f 36°19′35″N　75°11′20″E〉 Momhil GL、Malangutti Yaz GL、Kunyang GL の源頭。
（初登頂）		1960 年、オーストリア隊、W. ステファン隊長。

Malangutti Sār 7026m
Bularung Sār Ca 7020m
Men Chhish M N 5814m 6407m
Disteghil Sār M 7885m
MD 7760m
E 7696m
Yazghil Dome M 7324m
N Ca 7300m
Kunyang Chhish S 7620m
M 7852m
W Ca 7350m
Pumari Chhish M 7492m
Ca 6400m
E Ca 7400m
Makyong Chhish 6608m
S 7350m
Yukshin Gardan Sār 7530m
Yutmaru Sār S 7330m
Kanjut Sār 7760m
Ca 6700m

3 - 21 「Disteghil、Yazghil、Kanjut 山群」Laila より （碧稜山岳会隊）

ディスティギール・サール・中央峰 Disteghil Sār (MD)
〈Ⅶ－A－3〉 7760 m/25459 f
 36°19′N 75°12′E
 Malangutti Yaz GL と、
 Kungyang GL の間。

ディスティギール・サール・東峰 Disteghil Sār (E) 7696 m/
〈Ⅶ－A－3〉 25250 f (7700 m)
 36°19′37″N 75°12′50″E
〈Pk 5/42 P、 36°19′09″N 75°13′10″E〉
 Malangutti Yaz GL、
 Kunyang GL、U - W・

Yazghil GLの源頭。
（初登頂） 1980 年、ポーランド隊、R. コヴァレスキー隊長。

ヤズギール・ドーム・主峰 Yazghil Dome(M) 7324 m/24029 f
〈Ⅶ－A－3〉 36°19′N 75°13′E
 Malangutti Yaz GL の源頭と、
 Yazghil GL の間。
（初登頂） 1980 年、ポーランド隊、R. コヴァレスキー隊長。

90 — 3 GREAT KARAKORUM

ヤズギール・ドーム・北峰 〈Ⅶ—A—3〉	Yazghil Dome (N) Ca 7300 m/ 　23950 f 　36°19′N　75°14′E 　Malangutti Yaz GL と、Yazghil 　GL の間。	
（初登頂）	1983年、イタリア隊、C. カソラリ隊長。	
マラングッティ・サール 〈Ⅶ—A—3〉	Malangutti Sār　7026 m/23050 f 　36°21′N　75°09′E 　Momhil GL と、Malangutti Yaz GL の間。	
（初登頂）	1985年、東京志岳会隊、杉本忠男隊長。	
無名峰	Un Named Peak　Ca 6600 m/21650 f 　36°23′N　75°08′E 　Momhil GL と、Malangutti Yaz GL の間。	
無名峰	Un Named Peak　Ca 6550 m/21490 f 　36°24′N　75°08′E 　Momhil GL と、Malangutti Yaz GL の間。	
無名峰	Un Named Peak　Ca 6500 m/21325 f 　36°25′N　75°09′E 　Momhil GL と、Malangutti Yaz GL の間。	
アンバリン・サール 〈Ⅶ—A—3〉	Ambarin Sār　Ca 6300 m/20670f (6171 m) 　36°26′N　75°07′E 　Momhil GL と Shimshal R の支流、Ziarat GL の間。	

YAZGHIL GROUP　　　（地図 No. 7）

　Yazghil 氷河の源頭にあって、Kunyang 氷河、Hispar 氷河、Yutmaru 氷河に囲まれた山群をいう。

　インド・ロシア連結三角測量時に測定された峰は Pumari Chhish である。Kunyang Chhish は 1937 年になってから、E. シプトンによって測量された。

　かつては Shimshal に生まれ育って、最近ようやく Pasū に移転してきたカマール・ジョンの昔話だが、村では「Dastoghil の氷河から、イスカルド（Skardu の古名）に行ける道があった」と祖父（旧ランバダール）に聞かせられていたという。

　似たような問題についてだが、ションバーグは次のように述べている。

　「一世紀も前に、氷河がもっと小さかったとき、ナギル（Nagir）のヒスパル渓谷からシングシャールに至る道があった。この道は、ビッテルマル、クーンヤン渓谷、ラク氷河（Yazghil 氷河）を経由するものに相違なく、—中略— 明白な又は自然的理由で否定しているが、」—原文のまま—

　で、カマール・ジョンの祖父のいう話と一致するようだ。

　多くの旧峠は、氷河の減退あるいは荒廃などで利用できなくなった峠が大部分だが、1979 年、北海道山岳連盟隊の佐々木孝雄らは、Kunyang 氷河から氷河の後退でむき出しになった旧峠の西壁を越えて上部 Yazghil 氷河に入り、Pumari Chhish に向かっている。これこそ、ションバーグやカマール・ジョンの祖父が指摘した旧峠なのである。　—註—　写真 3 - 22 の×印の位置。

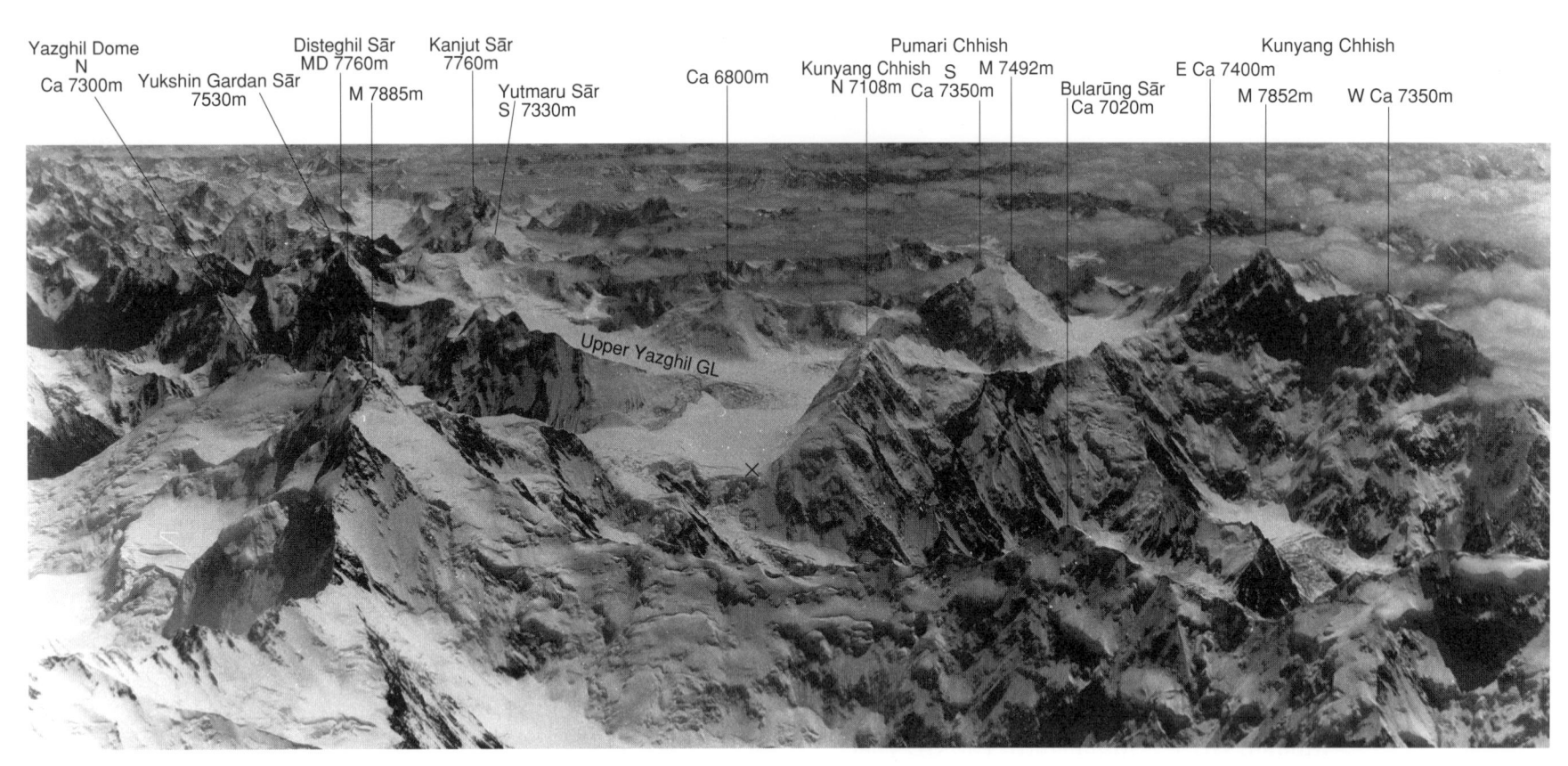

3 – 22 「Yazghil 山群」PIA より空撮（小山貢）

歴史に残る峠はともかくとして、前述した盗賊団などが間道として利用できそうな峠に該当する Pass や Col は、他の山群でもいたる所に見受けられるようだ。

クンヤン・チッシュ・主峰	Kunyang Chhish（M） 7852 m/
(Kinyang Kish)	26760 f
〈Ⅶ—A—4〉	36°12′50″N　75°12′40″E
	Yazghil GL と、Kunyang GL の間。
（初登頂）	1971 年、ポーランド隊、A. ザワダ隊長。

クンヤン・チッシュ・南峰	Kunyang Chhish（S）　Ca 7620 m/
〈Ⅶ—A—4〉	25000 f
	36°12′N　75°12′E
	Pumari Chhish GL の源頭で、Kunyang GL の間。

プマリ・チッシュ・主峰	Pumari Chhish（M）　7492 m/24580 f
〈Pk 11/42 P、	36°12′45″N　75°15′12″E〉
(Kanjut No2)	W・Yutmaru GL と、Yazghil GL の源頭。
〈Ⅶ—B—4〉	
（初登頂）	1979 年、北海道山岳連盟隊、佐々木

92 — 3　GREAT KARAKORUM

	孝雄隊長。	クンヤン・チッシュ・北峰 〈Ⅶ－A－3〉	Kunyang Chhish（N） 7108 m/ 23320 f
クンヤン・チッシュ・東峰 〈Ⅶ－A－4〉	Kunyang Chhish（E） Ca 7400 m/ 24280 f 36°12′N　75°13′E Pumari Chhish GL、Yazghil GL、 W・Yutmalu GL の源頭。		36°15′N　75°13′E Kunyang GL と、U・Yazghil GL の間。
		（初登頂）	1989 年、北海道大学隊、越前谷幸 平隊長。
クンヤン・チッシュ・西峰 〈Ⅶ－A－4〉	Kunyang Chhish（W） Ca 7350 m/ 24115 f 36°12′N　75°11′E 主峰の西、約 1 Km。	無名峰	Un Named Peak　Ca 6800 m/22310 f 36°13′N　75°18′E N・Yutmaru GL と、U・Yazghil GL の間。
プマリ・チッシュ・南峰 〈Ⅶ－B－4〉	Pumari Chhish（S） Ca 7350 m/ 24115 f 36°12′N　75°16′E W・Yutmaru GL と、Yazghil GL の 源頭。	無名峰	Un Named Peak　6239 m/20469 f 36°08′N　75°16′E Pumari Chhish GL と Yutmaru GL の間。

3 – 23 「Kanjut Sār 東面」Tahu Rutam より（大阪登攀倶楽部隊）

KANJUT GROUP　　　　（地図 No. 7）

　Hispār 氷河から、東 Kani Basa 氷河源頭に達し、主稜線の最低鞍部を経て Khurdopin 氷河を下る。次に Shimshal 川に達して、Yazghil 氷河を最源頭まで遡行し、主稜線の南面の Yutmaru 氷河から、Hispār 氷河に囲まれる山群をいう。

　Kanjut とは、古くからの Hunza 民族の呼称で自らも Kanjut 人と称していたことから山名となり、さらに山群名となった。

　フィッサー図にある、Yukshin Sār 6070 m 峰は北緯 36 度 14 分、東経 75 度 23 分に該当する地点には見当らず除外した。

カンジュト・サール	Kanjut Sār　7760 m/25460 f
〈Pk 12/42 P、	36°12′21″N　75°25′03″E〉
(Kanjut No1)	U・Khurdopin GL、Yukshin Gardan GL、
〈Ⅶ－B－4〉	Khani Basa GL、E・Yutmaru GL など、
	4 氷河の源頭。
（初登頂）	1959 年、イタリア隊、G. モンツィーノ隊長。
ユクシン・ガルダン・サール	Yukshin Gardan Sār　7530 m/
〈Ⅶ－B－3〉	24705 f（7641 m）
	36°15′30″N　75°22′40″E
	Yukshin Gardan GL と、Yazghil GL の間。
（初登頂）	1984 年、オーストリア・パキスタン合同隊、R. ヴルツアー隊長。

3-24 「Kanjut Sār II 東面」Tahu Rutum より （桑原信夫）

3-25 「Kanjut Sār 東面」Tahu Rutum より （桑原信夫）

ユトマル・サール・南峰 (Jutmaru Sār) 〈Ⅶ－B－4〉	Yutmaru Sār (S)　7330 m/24050 f 　36°14′N　75°22′E NE・Yutmaru GL、U・Yazghil GL、Yukshin Gardan GL の源頭。
（初登頂）	1980 年、東京志岳会隊、杉本忠男隊長。
ユトマル・サール・北峰 〈Ⅶ－B－4〉	Yutmaru Sār (N)　Ca 7100 m/23294f 　36°14′30″N　75°22′30″E U・Yazghil GL と、Yukshin Gardan GL の間。
カンジュト・サール・Ⅱ峰 〈Ⅶ－B－4〉	Kanjut Sār (Ⅱ)　6831 m/22410 f 　36°08′N　75°27′E
	U・Khurdopin GL と、Kani Basa GL の間。
（初登頂）	1985 年、スイス隊、A. シュピリッヒ隊長。
無名峰	Un Named Peak　Ca 6700 m/22000 f 　36°12′N　75°27′E U・Khurdopin GL と Khurdopin GL の間で、Kanjut Sār の東。
スキリッシュ・サール 〈Ⅶ－B－3〉	Skirish Sār　Ca 6600 m/21654 f 　36°18′N　75°22′E Yazghil GL と、Yukushin Gardan GL の間。

HISPĀR MUZTĀGH—95

(初登頂)　　1984年、オーストラリア隊、隊長不詳。

カニ・バサ 〈Ⅶ—B—4〉	Khani Basa　Ca 6500 m/21325 f 36°10′N　75°23′E Yutmaru GL と、Khani Basa GL の間。	

無名峰
(Hispar Sar)
〈Ⅶ—B—4〉
　　Un Named Peak　Ca 6400 m/21000 f
　　36°10′N　75°23′E
　　Yutmaru GL と、Khani Basa GL の間。

無名峰
　　Un Named Peak　Ca 6400 m/21000 f
　　36°13′50″N　75°26′E
　　Yukshin Gardan GL と、Khurdopin GL の間。

無名峰
　　Un Named Peak　Ca 6400 m/21000 f
　　36°10′30″N　75°29′E
　　U・Khurdopin GL と、Khurdopin GL の間。

無名峰
　　Un Named Peak　Ca 6000 m/19685 f
　　36°10′N　75°23′E
　　Khani Basa GL の右岸。

無名峰
　　Un Named Peak　Ca 6000 m/19685 f
　　36°14′N　75°26′E
　　Yukshin Bardan GL と、E. Khurdopin GL の間。

KHURDOPIN GROUP　　（地図 No. 7）

　西縁の Hispar 氷河支流、東 Khanibasa 氷河源頭の最低鞍部と、東縁の Snow Lake の間で、Khurdopin 氷河源頭に囲まれる山群をいう。

　南面は、コンウェイやワークマンが測量しているし、アフラズ・グル・カーンも平板測量を行なっている。一方北面からは、フィッサーも測量して 7346 m 峰、7010 m 峰やその他の峰の高度をあげているが数字が一致せず、いままでの地図には概略のままが記載されていた。

　その後、H. W. ティルマンらにより、Tahu Rutam 峰、Lukpe Lawo Brakk 峰、その他の峰が同定されて測量局図に取り上げられた。

　Biafo 氷河の源頭にある Lukpe Lawo (Snow Lake) は意外に立ち入る隊が少なく、いまも秘境と言ってよいだろう。1971年、立教大学理岳会隊は Lukpe Lawo および Sim Gang の中央部に達して氷河深部の科学調査を行なった。1977年、Tahu Rutam 登攀に先鞭をつけた桑原信夫ら大阪登攀倶楽部はユニークな着眼。その後 89 年のイギリス隊、91 年のニュージーランド隊など、この地で登攀活動した隊は十指に満たない。

タウ・ルタム
〈Ⅶ—C—4〉
　　Tahu Rutum　6651 m/21820 f
　　36°07′N　75°30′E
　　E・Khani Basa GL と Tahu Rtam GL の源頭で、Khurdopin GL の間。
(初登頂)　　1977年、大阪登攀倶楽部隊、桑原信夫隊長。

3 - 26 「Snow Lake 周辺」Hispār Pass 下部より（土森譲）

ルクペ・ラオ・ブラック 〈Ⅶ—C—4〉	Lukpe Lawo Brakk　6593 m/21630 f 　36°07′N　75°36′E Lukpe Lawo (Snow Lake) と E・ Khurdopin GL の間で、梯形の山頂。	無名峰	Un Named Peak　Ca 6300 m/20670 f 　36°05′N　75°30′E Tahu Rutam GL と、Hispār GL の間。
（初登頂）	1989 年、イギリス隊、G. ブリックス 隊長。（西側の山頂）	無名峰	Un Named Peak　Ca 6100 m/20013 f 　36°05′N　75°27′E E・Khani Basa GL と、Hispār GL の間。
無名峰	Un Named Peak　Ca 6400 m/21000 f 　36°07′N　75°32′E Tahu Rutam GL と、E・Khurdopin GL の間。		
無名峰	Un Named Peak　6305 m/20686 f 　36°05′N　75°29′E Tahu Rutam GL と、Hispār GL の間。		

HISPĀR MUZTĀGH—97

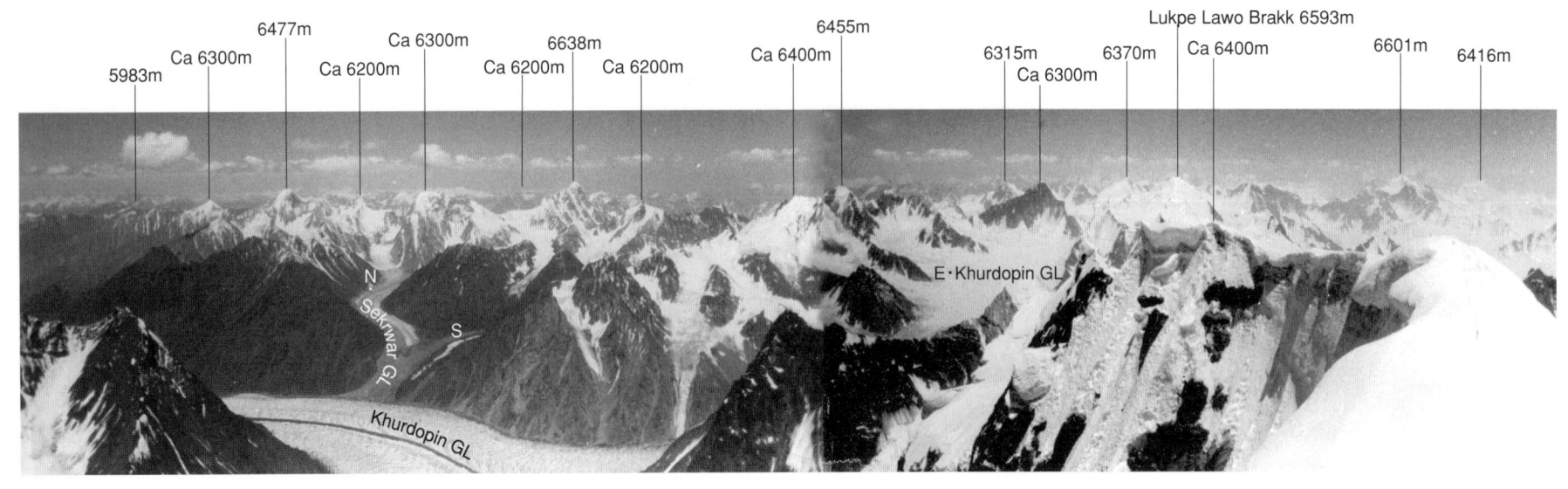

3 - 27 「Virjerāb 山群」Tahu Rutam より（大阪登攀倶楽部隊）

VIRJERĀB GROUP　　　（地図 No. 7）

　Khurdopin 氷河と Virjerāb 氷河に挟まれ、南端は Khurdopin 峠と、Virjerāb 氷河の最源頭の間にある山群をいう。
　1925 年に、フィッサーが両氷河の測量を行なっているが、現在まで登られた峰は 1 峰のみで、今後の開拓が期待される地域であろう。Khurdopin 峠は、古くは Shimshal の住人に利用されたと聞くが、今は氷河が荒れて利用されない。
　1991 年、ニュージーランドの J. ナンカーヴィスらが南面からこの峠を越えて約 6300 m の峰に立った。

無名峰　　　Un Named Peak　6638 m/21780 f
　　　　　　36°13′N　75°38′E
　　　　　　W-I・Virjerāb GL と、W-II・Virjerāb GL の間。

無名峰　　　Un Named Peak　6477 m/21250 f
　　　　　　36°15′N　75°35′E
　　　　　　Khurdopin GL と、W-I・V GL の間。

無名峰　　　Un Named Peak　6456 m/21180 f
　　　　　　36°10′N　75°37′E
　　　　　　E・Khurdopin GL と、W-II・V GL の間。

無名峰　　　Un Named Peak　Ca 6400 m/21000 f
　　　　　　36°10′N　75°36′E
　　　　　　S・Sekrwār GL と、E・Khurdopin GL の間。

無名峰　　　Un Named Peak　Ca 6370 m/20900 f
　　　　　　36°07′N　75°40′E
　　　　　　Lukpe-Lawo と、W-II・V GL の間。

98 — 3　GREAT KARAKORUM

無名峰　　　　　　Un Named Peak　6315 m/20720 f
　　　　　　　　　36°09′N　75°40′E
　　　　　　　　　W-II・V GL と、Virjerāb GL 上流の間。

無名峰　　　　　　Un Named Peak　Ca 6300 m/20670 f（6858 m）
　　　　　　　　　36°08′N　75°39′E
　　　　　　　　　E・Khurdopin GL と、W-II・V GL の間。
（初登頂）　　　　1991 年、ニュージーランド隊、J. ナンカーヴィス隊長。

無名峰　　　　　　Un Named Peak　Ca 6300 m/20670 f
　　　　　　　　　36°16′N　75°33′E
　　　　　　　　　Khurdopin GL と、Virjerāb GL の間。

無名峰　　　　　　Un Named Peak　Ca 6200 m/20340 f
　　　　　　　　　36°12′N　75°37′E
　　　　　　　　　N・Sekrwār GL と、W-I・V GL の間。

無名峰　　　　　　Un Named Peak　Ca 6200 m/20340 f
　　　　　　　　　36°12′N　75°36′E
　　　　　　　　　W-II・V GL と、N・Sekrwār GL の間。

無名峰　　　　　　Un Named Peak　Ca 6200 m/20340 f
　　　　　　　　　36°08′N　75°37′E
　　　　　　　　　W-II・V GL と、S・Sekrwār GL の間。

CHOT PERT GROUP (New Proposal) （地図 No. 7）

　新規に編入したい山群である。Shimshal 地方の呼び名で Gim Gim 峰 5569 m や、Chot Pert 峰が初めて紹介されたのが 1934 年。この峰を Shachi Mirk 峠の頂上付近から眺めて写真記録を残したのが R. F. ショーンバーグだった。ここには 6500 m 以上の峰が幾つも見られるがこの山群に立ち入った探検家や登山者の例は一度も聞いていない。また山の高度も 5000 m 峰だけが登録されていたので、6000 m 以上の峰はないものと思われてきた。

　西端は Virjerāb 谷と Pamir-i-Tang 川との合流点で、東端は Chapachipond 峠となり、両谷に囲まれた山群は今も未知の地域のひとつである。

　Chot Pert 山群と、次項の Braldu 山群を含めて Virjerāb Mts と呼ぶ事もある。

無名峰　　　　　　Un Name Peak　6570 m/21555 f
　　　　　　　　　36°21′N　75°38′E
　　　　　　　　　Virjerāb GL と、Pamir-i-Tang River の間。

フルゼン・ペルト　　Hurzen Pert　6544 m/21470 f
〈VII-C-3〉　　　　36°22′N　75°32′E
　　　　　　　　　Virjerāb GL と、Pamir-i-Tang R の間。

チョト・ペルト　　　Chot Pert　Ca 6500 m/21325 f
〈VII-C-3〉　　　　36°24′N　75°32′E
　　　　　　　　　Virjerāb GL と、Pamir-i-Tang R の間。

HISPĀR MUZTĀGH — 99

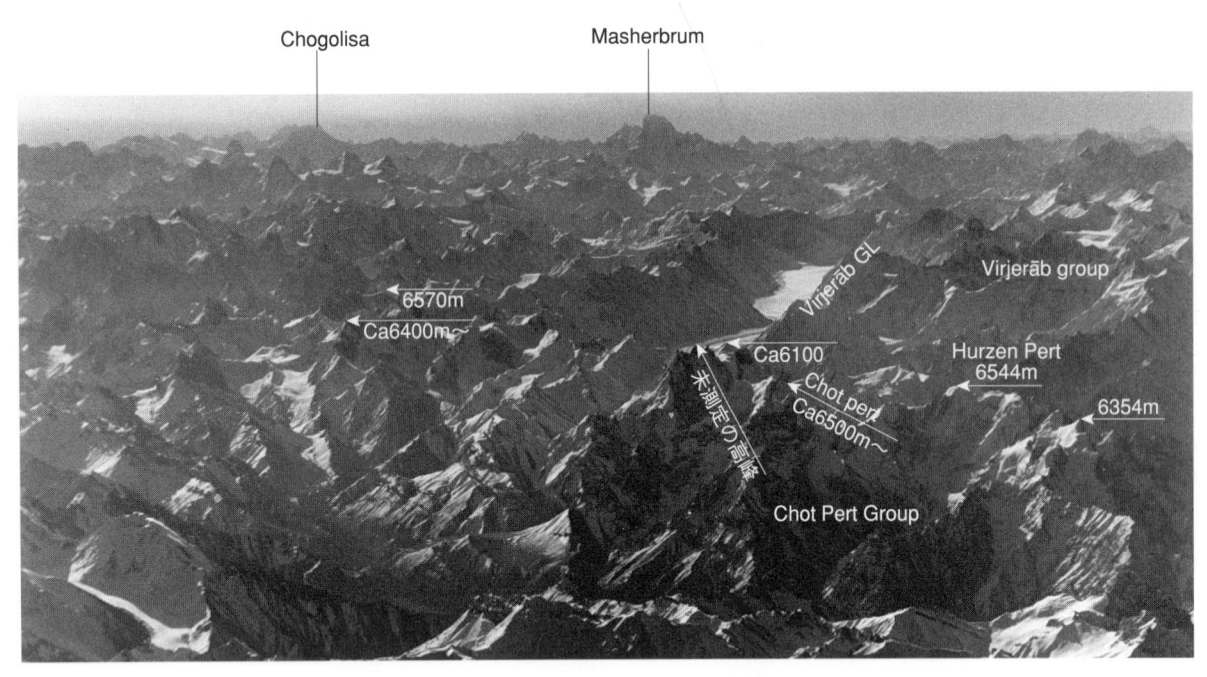

3 – 28 「Chot Pert 周辺」PIA より空撮（井上重治）

無名峰	Un Named Peak　Ca 6400 m/21000 f 36°22′N　75°38′E Virjerāb GL と、Pamir-i-Tang R の間。	

無名峰　　Un Named Peak　6354 m/20846 f
36°23′N　75°29′E
Virjerāb GL と、Pamir-i-Tang R の間。

無名峰　　Un Named Peak　Ca 6000 m/19685 f
36°24′N　75°39′E
Virjerāb GL と、Pamir-i-Tang R の間。

無名峰　　Un Named Peak　Ca 6000 m/19685 f
36°21′N　75°35′E
Virjerāb GL と、Pamir-i-Tang R の間。

BRALDU GROUP (New Proposal)　　（地図 No. 7）

　これも新規に編入したい山群である。北端は Shimshal 峠の南東約 10 Km の Yaktash 付近とし、南端は Sim Gang と、Snow-Lake の間の山塊を含めて、Braldu 氷河と Virjerāb 氷河に囲まれた山群をいう。
　N・Braldu 川一帯は、1937 年に E. シプトンが測量を行なっているが、1925 年、Virjerāb 氷河に入ったフィッサーは中流部に達

したものの東側の稜線についての詳細な記録は残していなかった。

　1984年には、斎藤豊、粕谷俊矩らの山形隊がVirjerāb氷河から、初めてChapachipond峠を越えて北側に抜け、Zarsanik川に立った。さらに、Shimshal峠、Pamir-i-Tangを通過してR. F. ションバーグの辿ったShach Mirk峠、Zart-i-garbin峠（Winsar Pir）を踏査してShimshalに戻った。

無名峰	Un Named Peak　6601 m/21657 f（6636 m） 36°04′N　75°43′E Virjerāb GL、Braldu GL、Sim Gangなど三氷河の源頭。
無名峰 (Skorga W) 〈Ⅶ−D−4〉	Un Named Peak　6460 m/21194 f 36°07′N　75°47′E Skorga GLの源頭で、Braldu GLの間。
無名峰 (Skorga E) 〈Ⅶ−D−4〉	Un Named Peak　6435 m/20817 f 36°07′N　75°48′E Skorga GLの源頭で、Braldu GLの間。
無名峰	Un Named Peak　6335 m/20784 f 36°05′N　75°41′E Lukpe Lawoと、Virjerāb GLの間。
無名峰	Un Named Peak　Ca 6300 m/20670 f 36°03′N　75°45′E Sim Gangと、Braldu GLの間。
無名峰	Un Named Peak　Ca 6200 m/20340 f 36°04′N　75°45′E Braldu GLの西側源頭。
ブラルド・ブラック 〈Ⅶ−D−4〉 （初登頂）	Braldu Brakk　Ca 6200 m/20340 f 36°03′N　75°45′E Braldu GLと、Sim Gangの間。 1956年、イギリス隊、J. ダービン、E. S. ウィリアム。
無名峰	Un Named Peak　Ca 6200 m/20340 f 36°07′N　75°46′E Braldu GLと、Virjerāb GLの間。
無名峰 (Skorga Peak) 〈Ⅶ−D−4〉	Un Named Peak　6185 m/20292 f 36°13′N　75°48′E Skorga GLと、Braldu GLの間。
無名峰	Un Named Peak　6045 m/19832 f 36°10′N　75°50′E Skorga GLと、Braldu GLの間。
無名峰	Un Named Peak　6029 m/19780 f 36°03′N　75°38′E Sim Gangと、Lukpe Lawoの間。

PANMAH MUZTĀGH

東限を Sarpo Laggo 氷河とし、西限は Sim Gang、Braldu 氷河の源頭を結び、北縁は Insgaiti 氷河（Skamri 氷河）上流部。南縁は Biafo 氷河とその舌端から Dumordo 川を遡り、Panmah 氷河、Chiring 氷河に囲まれる複雑な山脈を言い五つの山群からなる。

南縁を、南東に向かって流下する Biafo 氷河はカラコルム五大氷河のひとつで全長約 65 Km に及ぶ。

NOBANDE SOBANDE GROUP　（地図 No. 8）

東端は、北緯 36 度 03 分、東経 75 度 58 分、1937 年に J. B. オーデンが越えた主脈上の峠である。Nobande Sobande 氷河から Skam La を経て Sim Gang に入り、Lukpe La を越えて北縁の Braldu 氷河、Insgaiti 氷河を結ぶ線の内側の山群をいう。

南面は、1861 年にゴドウィン＝オースティンが測量を行なったが、1929 年には、スポレトも南面から測量して山群の最高峰に Bobisghir と命名した。

1937 年のシプトン隊は北面の Insgaiti 氷河、および Braldu 氷河側から測量を進めてきたが、H. W. ティルマンは Lukpe La から Sim Gang へ Snow Lake を探しに、オーデンは Insgaiti 氷河と Nobande Sobande 氷河を結ぶ峠から、Panmah 氷河に向かっている。　—註—　写真 3 - 29・30・32・33・38 参照。

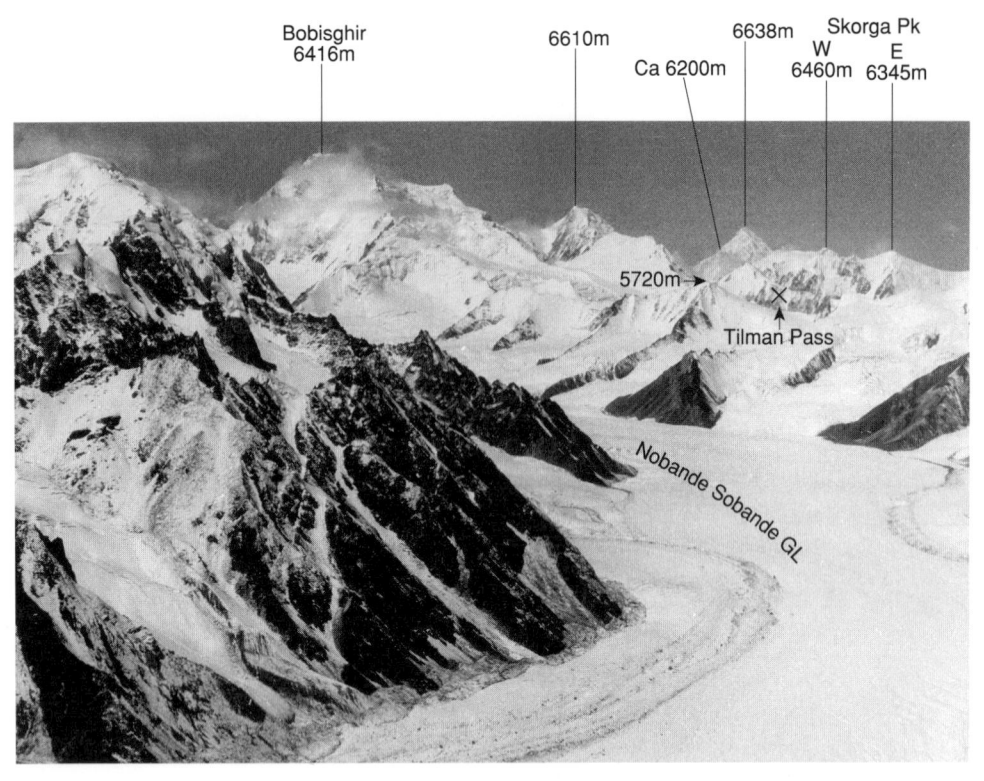

3 - 29 「Bobisghir 周辺」（亀井正）

ボビスギール・主峰 〈Ⅶ−D−4〉	Bobisghir（M）　6416 m/21050 f（6640 m） 36°01′N　75°49′E Braldu GL の源頭で、Nobande Sobande GL の間。
（初登頂）	1985 年、日本大学理工学部山稜会隊、谷川幸利隊長。
ボビスギール・北峰 〈Ⅶ−D−4〉	Bobisghir（N）　ca 6300 m/20670 f 36°02′N　75°49′E Braldu GL の源頭で、Nobande Sobande GL の間。

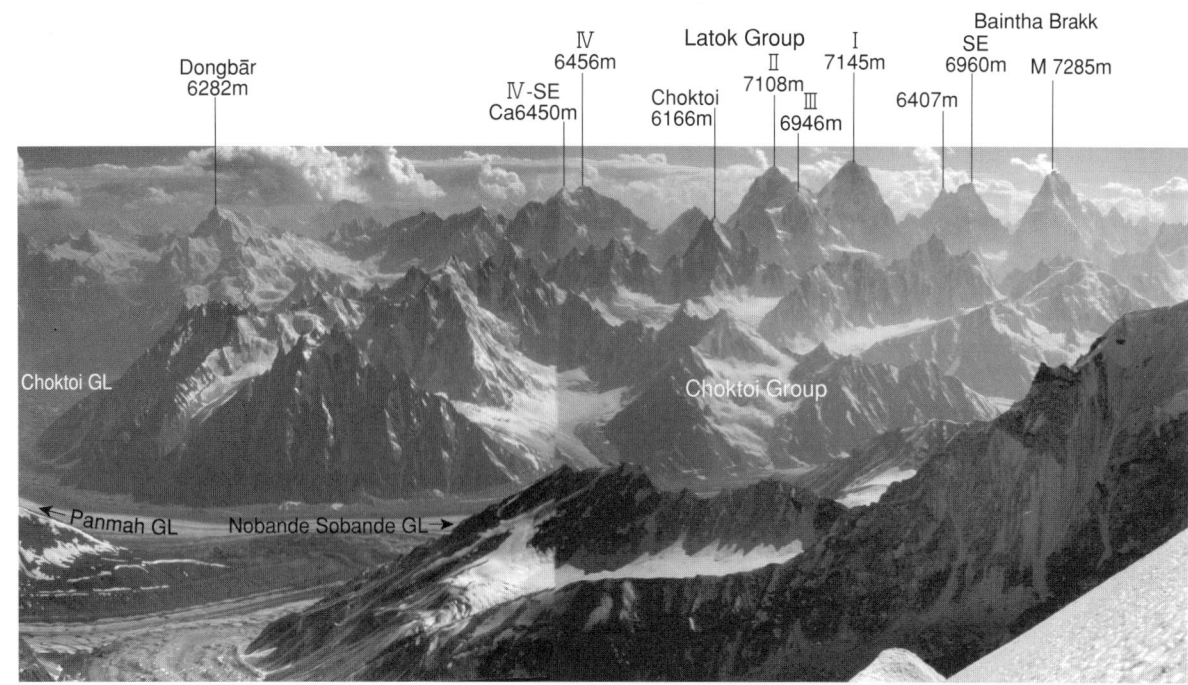

3 – 30 「Choktoi、Latok 山群」Skamri 付近より （横浜山岳会隊）

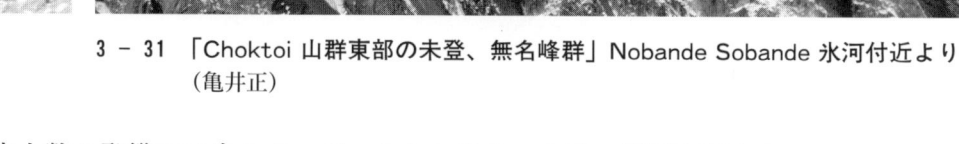

3 – 31 「Choktoi 山群東部の未登、無名峰群」Nobande Sobande 氷河付近より
（亀井正）

ルクペ・ブラック	Lukpe Brakk　6029 m/19780 f
〈Ⅶ—D—4〉	36°01′N　75°46′E
	Braldu GL と、Sim Gang の間。
（初登頂）	1956 年、イギリス隊、J. タービン、E. S. ウィリアム。

CHOKTOI GROUP　　　　（地図 No. 8）

　Nobande Sobande 氷河と Choktoi 氷河の間にあって、西端は Sim Gang に囲まれる線の内側の山群をいう。
　この山群には測量局によって三角測量された峰はない。Sim La の西方には未確認の 6000 m 級峰が数峰みられる。北側から回りこむ内院には高度差こそ少ないが、圧倒的な岸壁や針峰が林立する。少人数の登攀には良きターゲットとなろう。今後の開拓が待たれる山群だ。

チョクトイ	Choktoi　6166 m/20230 f　Shipton
〈Ⅶ—D—1〉	35°58′30″N　75°56′E
	Choktoi GL と、Nobande Sobande GL の間。

無名峰	Un Named Peak　6046 m/19836 f Shipton
	35°58′N　75°54′E
	Choktoi GL と、Nobande Sobande GL の間。

PANMAH MUZTĀGH —103

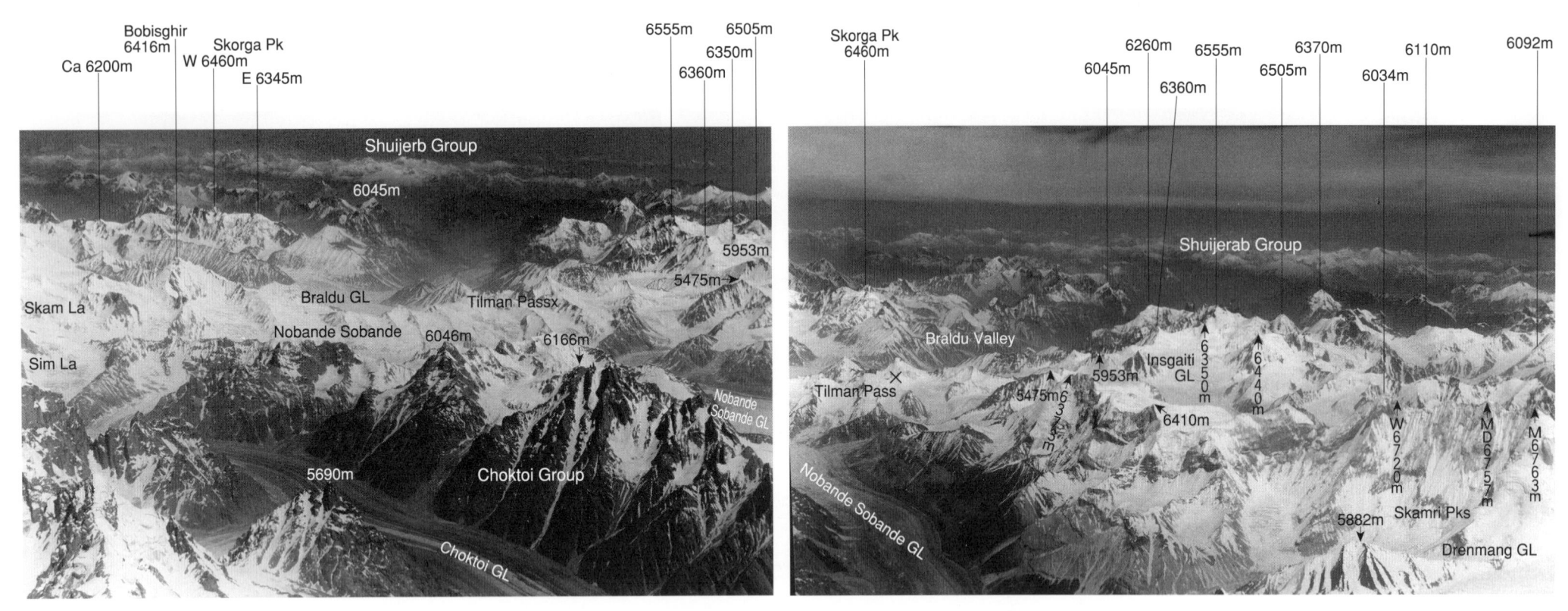

3-32 「Choktoi Group と遠くに Shuijerab Group」 PIA より空撮 （井上重治）

LATOK GROUP　　　　（地図 No.8）

　東縁の Dumordo 川から Choktoi 氷河を遡り、源頭の Sim La を経て Sim Gang を下り、南縁の Biafo 氷河に至る線に囲まれた山群をいう。
　カラコルム中西部の核心とも言われる Latok 山群は、W. M. コンウェイの挿絵の 'The Ogre' で、一躍名をあげた。ワークマン夫人はこれを別の峰と解釈して 'Kailasa' と命名するなど、探検家、登山家にとっては非常に興味ぶかい地域であった。

　1971年、立教大学理岳会隊の高橋正治らは Biafo 氷河に入って Latok に I 峰、II 峰と名付け、「岩と雪」誌上でその豪快な山容を海外にも紹介してから一挙に登山隊が集中した。7000m 以上の高峰は大部分が陥されてしまい、いまは I 峰の西峰を残すのみ。
　現在では、ヴァリエーション時代であるが 6000m 級のピークにはまだまだ困難な未登峰が残されている。

バインター・ブラック・主峰	Baintha Brakk (M)
(The Ogre, Bentha Brakk)	7285 m/23900 f
〈Pk 18/43 M、	35°56′54″N　75°45′11″E〉
〈Ⅷ－D－1〉	Sim Gang と、Choktoi GL、Uzun Brakk GL の源頭の間。

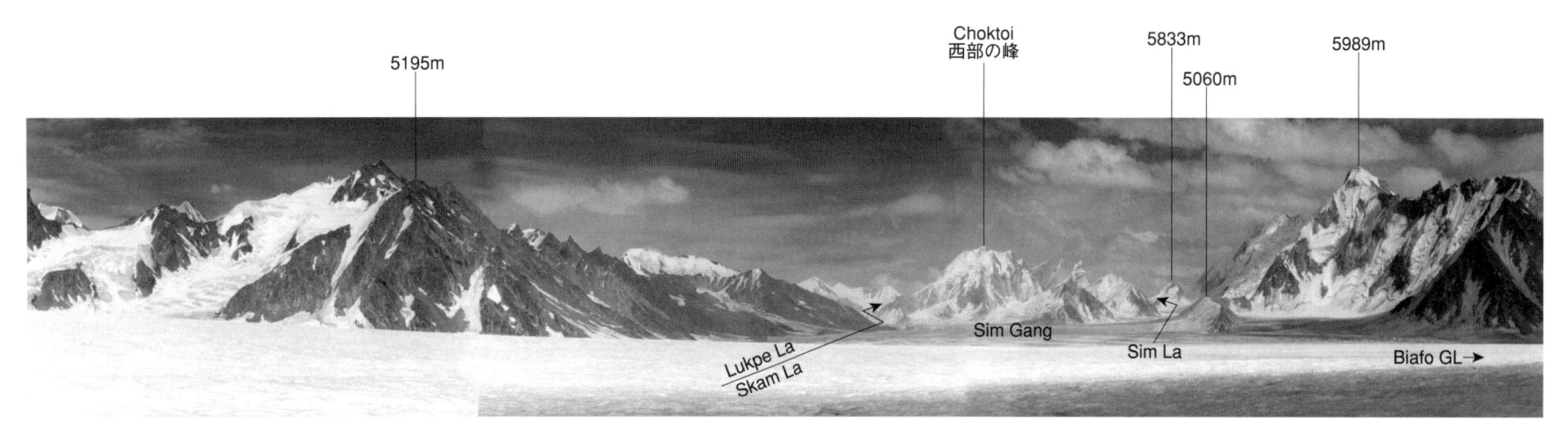

3 – 33 「Sim Gang」Hispār Pass 下部より（土森譲）

ラトック・Ⅰ峰　　　　　Latok (I)　7145 m/23900 f
〈Pk 19/43 M、　　　　 35°55′43″N　75°49′24″E〉
〈Ⅷ—D—1〉　　　　　　Choktoi GL と、Baintha Lukpār GL の間。
　（初登頂）　　　　　1979 年、ビアフォ・カラコルム登攀隊、高田直樹隊長。

ラトック・Ⅱ峰　　　　　Latok (II)　7108 m/23440 f
〈Ⅷ—D—1〉　　　　　　〈35°55′05″N　75°48′05″E〉
　　　　　　　　　　　Choktoi GL と、Baintha Lukpār GL の間。
　（初登頂）　　　　　1977 年、イタリア隊、A. ベルガマスキ隊長。

ラトック・Ⅰ-西峰　　　 Latok (I-W)　Ca 7100 m/23294 f
〈Ⅷ—D—1〉　　　　　　35°55′50″N　75°49′10″E
　　　　　　　　　　　Latok 主峰の西約 0.5 Km。

　（初登頂）　　　　　1977 年、イギリス隊、C. ボニントン隊長。

バインター・ブラック・南東峰　Baintha Brakk (SE)　6960 m/22835 f
〈Ⅷ—D—1〉　　　　　　35°55′50″N　75°45′50″E
　　　　　　　　　　　Uzun Brakk GL と、Choktoi GL の間。
　（初登頂）　　　　　1983 年、韓国岳友会隊、Y. ダゥピョ隊長。

ラトック・Ⅲ峰　　　　　Latok (III)　6946 m/22790 f
〈Pk 20/43 M、　　　　 35°55′14″N　75°50′21″E〉
〈Ⅷ—D—1〉　　　　　　Choktoi GL と、Baintha Lukpār GL の間。
　（初登頂）　　　　　1979 年、広島山の会隊、寺西洋治隊長。

バインター・ブラック・Ⅱ峰　Baintha Brakk (II)　Ca 6600 m/21654 f
〈Ⅷ—C—1〉　　　　　　35°57′05″N　75°44′58″E
　　　　　　　　　　　Sim Gang と、Uzun Brakk GL の間。

バインター・ブラック・Ⅲ峰　　Baintha Brakk(Ⅲ)　Ca 6500
〈Ⅷ—C—1〉　　　　　　　　m/21325 f
　　　　　　　　　　　　　35°57′25″N　75°43′00″E
　　　　　　　　　　　　　Sim Gang と、Uzun Brakk GL
　　　　　　　　　　　　　の間。

ラトック・Ⅳ峰　　　　　　Latok (Ⅳ)　6456 m/21180 f
〈Ⅷ—D—1〉　　　　　　　　35°53′N　75°51′E
　　　　　　　　　　　　　Baintha Lukpār GL と、Choktoi GL の間。
　　（初登頂）　　　　　　1981 年、山学同志会隊、大宮求隊長。

ラトック・Ⅳ・南東峰　　　Latok (Ⅳ-SE)　Ca 6450 m/21180 f
〈Ⅷ—D—1〉　　　　　　　　35°53′N　75°52′E
　　　　　　　　　　　　　Dumultēr GL と、Choktoi GL の間。
　　（初登頂）　　　　　　1981 年、山学同志会隊、大宮求隊長。

ウズン・ブラック　　　　　Uzun Brakk　6422 m/21070 f
〈Ⅷ—C—1〉　　　　　　　　35°56′N　75°41′E
　　　　　　　　　　　　　Uzun Brakk GL と、Biafo GL の間。
　　（初登頂）　　　　　　1987 年、アメリカ隊、フィル・ピーポ隊長。
　　　　　　　　　　　　　1980 年、イギリス隊の T. ソンダーズらが初
　　　　　　　　　　　　　登頂したとされていたが、直下 50 m の雪庇
　　　　　　　　　　　　　で撤退していた。

ボラー　　　　　　　　　　Bullah　6294 m/20650 f
〈Ⅷ—D—2〉　　　　　　　　35°44′N　75°56′E
　　　　　　　　　　　　　Dumordo River と、Biafo GL の間。

3 - 34 「Latok 東面」Mango Gusōr より （須藤建志）

ドンバール・主峰　　　　　Dongbār (M)　6282 m/20610 f
〈Ⅷ—D—1〉　　　　　　　　35°49′N　75°52′E
　　　　　　　　　　　　　Dumultēr GL と、Biafo GL の間。

ドンバール・南峰　　　　　Dongbār (S)　Ca 6200 m/20013 f
〈Ⅷ—D—1〉　　　　　　　　35°49′N　75°52′E
　　　　　　　　　　　　　Dongbār 主峰の南西約 0.5 Km。

3 - 35 「Skamri」(亀井正)

う。
　Skamri 西峰の西側にある 6410 m 峰の山頂付近一帯はアイスキャップが発達して全長は数 Km におよぶ。　一註ー　写真 3 - 32 右参照。

スカムリ・主峰	Skamri (M)　6763 m/22188 f　中国
(Fangs)	36°01′N　76°04′E (6745 m)
〈IX－A－2〉	Insgaiti GL (Skamri GL) と、Drenmang GL の間。
（初登頂）	1979 年、横浜山岳会隊、亀井　正隊長。

スカムリ・中央峰	Skamri (MD)　6751 m/22144 f　中国
〈IX－A－2〉	36°01′N　76°03′E (6730 m)
	Insgaiti GL と、Drenmang GL の間。

スカムリ・西峰	Skamri (W)　6720 m/22047 f　中国
〈IX－A－2〉	36°01′N　76°02′E (6710 m)
	Insgaiti GL と、Drenmang GL の間。

無名峰	Un Named Peak　6425 m/21080 f　中国
	36°00′N　76°05′E
	Drenmang GL の東源頭で、S・Insgaiti GL の間。

無名峰	Un Named Peak　6410 m/21030 f
	36°02′05″N　75°59′59″E
	Insgaiti GL と、Nobande Sobande GL の間。

| 無名峰 | Un Named Peak　6373 m/20910 f |

DRENMANG GROUP　　(地図 No. 9・10)

　東端を、Insgaiti 氷河の南支流と主流の分岐点とし、西端は主脈上の北緯 36 度 03 分、東経 75 度 58 分付近で J. B. オーデンが越えた峠 5475 m とする。北縁は Insgaiti 氷河、南縁は Nobande Sobande、Drenmang 両氷河と、南 Insgaiti 氷河を結ぶ線の内側の山群をい

PANMAH MUZTĀGH — 107

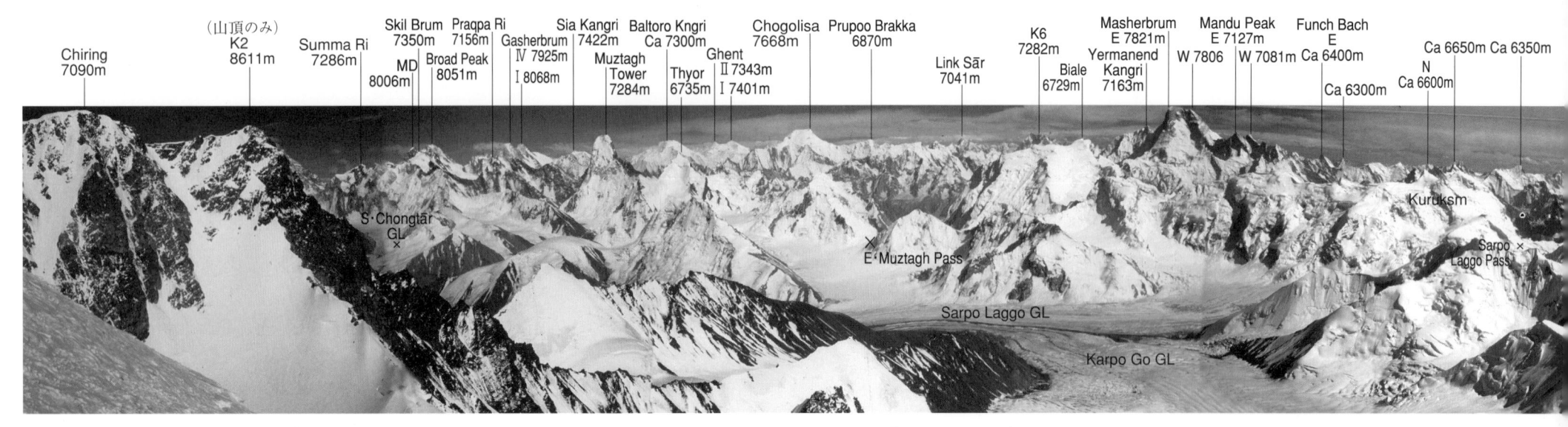

3 – 36 「Karakorum パノラマ」Chiring 南峰より（横浜山岳会隊）〈次ページへつづく〉

36°02′N　75°59′E
Insgaiti GL と、Nobande Sobande GL の間。

無名峰　　Un Named Peak　6187 m/20300 f
35°58′N　76°06′E
Drenmang GL の最源頭で、S・Insgaiti GL の間。

無名峰　　Un Named Peak　6075 m/19930 f　中国
36°01′50″N　76°07′30″E（6045 m）
S・Insgaiti GL と、Insgaiti GL の間。

無名峰　　Un Named Peak　6065 m/19598 f　中国
36°00′50″N　76°08′E
S・Insgaiti GL と、Insgaiti GL の間。

CHIRING GROUP（New Proposal）（地図 No. 9・10）

　以前は Chiring 氷河の源頭で Drenmang 山群の南側から、西 Muztāgh 峠までの範囲とされていた。

　いまでは Chiring の主峰は、東側の Karpo Go 氷河と南 Insgaiti 氷河の源頭にあることが判明している。したがって、西 Muztāgh 峠付近の 6225 m 峰を南限として Sarpo Laggo 氷河を下り、北縁の Insgaiti 氷河、南 Insgaiti 氷河を遡って主脈の最低鞍部から、Chiring 氷河に至る線の内側の山群をいう。

　1856 年、A. シュラーギントワイトは Chiring 氷河を遡って、西 Muztāgh 峠付近に達した。日本人では、1977 年、亀井正が単独で Panmah、Drenmang 氷河の合流点付近を踏査し、86～88 年には横浜山岳会隊を編成して Chiring 氷河を遡行して、西 Muztāgh 峠付近から Chiring 西峰に向かった。

　1990 年には、フランスの C. パストルらは同峠を越えて、Sarpo

108 — 3　GREAT KARAKORUM

〈前ページよりつづく〉

Laggo 氷河に下り、さらに東 Muztāgh 峠を経て Baltoro 氷河に出ている。一般に西 Muztāgh 峠と呼ばれる地点の数 km 北方の Karpo Go GL の西源頭付近にも、通過可能の鞍部がみられるようだ。

Chiring 氷河の左岸、すなわち S・Chiring 氷河周辺は複雑に尾根が入り組み、5500 m 台から 6340 m の Nera Peak にいたるまで、数十峰の威圧的な針峰群が並ぶ。　―註― 写真3-36右 (p.109) 参照

チリン　　　　　　　Chiring　7090 m/23260 f
(麒麟峰 Karpo Go)　　35°56′N　76°10′E
〈X-A-1〉　　　　　Sarpo Laggo GL と、S・Insgaiti GL の間。
　（初登頂）　　　　1994 年、岐阜大学麒麟峰学術登山隊、藤井洋隊長。

チャン・トク　　　　Chang Tok　7045 m/23114 f
〈X-A-1〉　　　　　35°56′N　76°11′E
　　　　　　　　　　Sarpo Laggo GL と、S・Insgaiti GL の間。
　（初登頂）　　　　1994 年、岐阜大学麒麟峰学術登山隊、藤井洋隊長。

チリン・西峰　　　　Chiring (W)　Ca 7000 m/22965 f (6950 m)
〈X-A-1〉　　　　　35°55′N　76°09′E
　　　　　　　　　　S・Insgaiti GL、Karpo Go GL、Chiring GL など、三つの氷河の源頭。

無名峰　　　　　　　Un Named Peak　6945 m/22875 f
　　　　　　　　　　35°57′N　76°13′E
　　　　　　　　　　Sarpo Laggo GL と、S・Insgaiti GL の間。

無名峰　　　　　　　Un Named Peak　6505 m/21342 f
　　　　　　　　　　35°57′N　76°15′E
　　　　　　　　　　Sarpo Laggo GL と、S・Insgaiti GL の間。

無名峰　　　　　　　Un Named Peak　Ca 6400 m/21000 f
　　　　　　　　　　35°59′N　76°16′E

[写真キャプション上部ラベル]
Sia Kangri 7422m / Chang Tok 7045m / Thyōr 6735m / Chogolisa 7668m / Chiring 7090m / W Ca 7000m / Biale 6729m / Masherbrum 7821m
S・Insgaiti GL / Drenmang GL

3－37 「Chiring 山群」Skamri より （横浜山岳会隊）

Sarpo Laggo GL と、S・Insgaiti GL の間。

ネラ・ピーク   Nera Peak   6340 m/20800 f
〈X－A－1〉   35°53′N   76°05′E
S・Chiring GL と、Chiring GL の間。
K2 山群に同名の峰がある。

無名峰   Un Named Peak   6225 m/20423 f
35°51′N   75°08′50″E
Muztāgh Pass の南南西。

無名峰   Un Named Peak   Ca 6220 m/20406 f
35°51′N   76°08′10″E
Chiring GL の源頭で、西 Muztāgh Pass の南西。

無名峰   Un Named Peak   6111 m/20050 f
35°56′N   76°16′E
Sarpo Laggo GL の、Mone (Moni) Brang-sa 北西約 4 km。

無名峰   Un Named Peak   Ca 6100 m/20013 f
35°51′N   76°06′E
Chiring GL の源頭付近。

無名峰   Un Named Peak   6030 m/19785 f   中国
36°00′N   76°18′E
Insgaiti GL と、S・Insgaiti GL の間。

無名峰   Un Named Peak   6001 m/19690 f   中国
35°00′N   76°14′E
Insgaiti GL と、S・Insgaiti GL の間。

Panorama labels (left to right):
Auden Pass 5475m / 5953m / 6360m / 6440m / 6350m / 6555m / 6505m / 6034m / Ca 6300m / Wesm pass 5770m / 5963m / 6110m / Ca 6300m / 6210m / 6092m / 6520m / 6420m / Ca 6000m / Ca 6300m / 6247m / 6280m / 6319m / 6306m / Ca 6500m / 6570m

To Braldu Pass / Insgaiti GL / N·Insgaiti GL

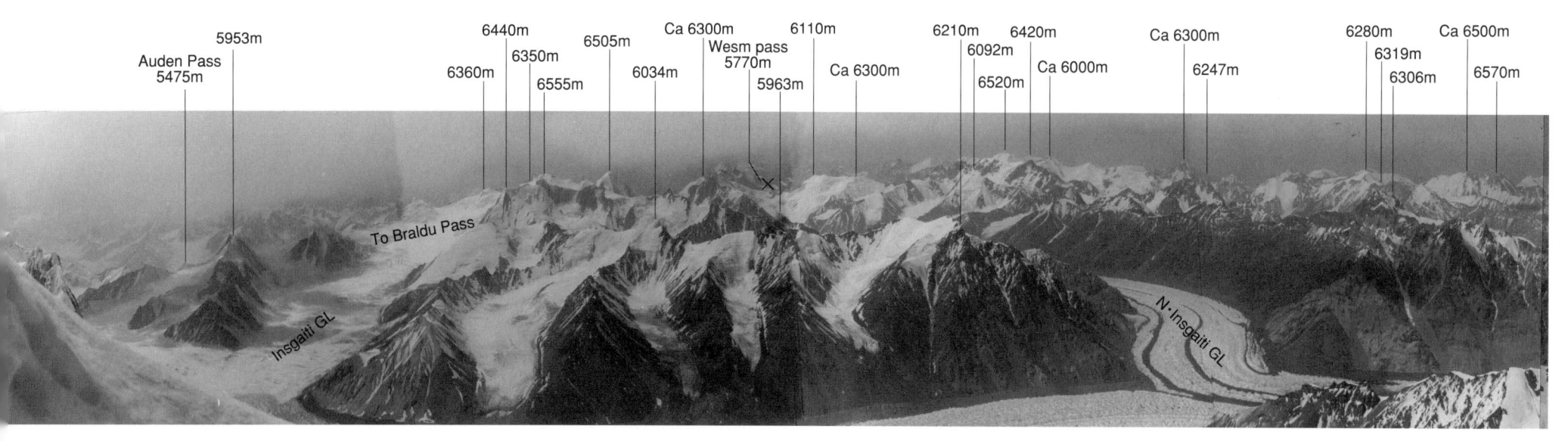

3-38 「Wesm 山群パノラマ」Skamri より（横浜山岳会隊）

INSGAITI MOUNTAINS (New Proposal)

　旧 Skamri 氷河の中国名は、現在は Insgaiti 氷河と呼ばれている。この山脈は、明らかに主脈の北側に並行する山脈であり、二つの氷河により区分けされている。したがって、主脈に従属する山脈の仮称として Insgaiti Mountains と呼ぶことにした。

　北縁は、Shaksgam 川と Braldu 川、西縁は Braldu 氷河の源頭まで遡り、東側の小支流から最低鞍部を越えて南縁の Insgaiti 氷河に入り、さらに同氷河に沿って東端の Shaksgam 合流点に至る線の内側にあたる山脈をいう。

　この山脈を斜めに横切る Shahim-i-Dūr 氷河と Crown 氷河の東方を Crown 山群とし、西方を Wesm 山群とした。

　この Braldu 川という名称の川は、カラコルム主脈から北側に流れて Shaksgam 川に合流する川と、主脈から南側に Askole を経て Shigar 川に合流する二つの Braldu 川がある。

　ともに、まぎらわしく地図製作者は苦労したようだ。北側について言えば、ションバーグ図は Braldu River、Marcel Kurz も同じだが、パキスタン測量局は Braldu Daria とする。

　南側の Braldu 川はさまざまで、マルセル クルツは Braldo R、測量局は Braldu River だが、シプトンは Biaho Lungma として括弧内に（Braldu R）としている。ヒマラヤ研究家の故諏訪多栄蔵氏は、混乱を避けるためになんらかの形で統一例が必要と言われていたが、本書では N·Braldu と S·Braldu 川に分けた。

　この項で述べる Braldu 川は主脈から北方に流れる川を指す。

WESM GROUP (New Proposal)　　　（地図 No.7）

　この山群にはインド測量局によって三角測量された峰はないが、ざっと数えても 20 峰以上の 6000 m 級峰がみられる。

1937年、E. シプトン隊は、Insgaiti 氷河の源頭を踏査測量している。Wesm 峠を北側に抜けて、Wesm-i-Dūr 谷を踏査、その後 H. W. ティルマンは、Snow Lake を探して Braldu 氷河から Sim Gang に向かい、J. B. オーデンは Panmah 氷河に向かっている。

それ以後は登山、あるいはトレッキングを目的に立ち入った例は聞いていない。

無名峰　　Un Named Peak　6555 m/21506 f
　　　　　36°08′N　75°55′E
　　　　　N・Insgaiti GL の源頭で Braldu GL の間。

無名峰　　Un Named Peak　6520 m/21390 f
　　　　　36°14′N　76°00′E
　　　　　Shahim-i-Dūr GL と、Wesm GL の間。

無名峰　　Un Named Peak　6505 m/21342 f
　　　　　36°08′N　75°57′E
　　　　　N・Insgaiti GL の源頭付近。

無名峰　　Un Named Peak　6440 m/21130 f
　　　　　36°06′N　75°57′E
　　　　　Insgaiti GL の源頭付近。

無名峰　　Un Named Peak　6420 m/21063 f
　　　　　36°12′N　76°01′E
　　　　　Wesm GL と、Crown GL の間。

無名峰　　Un Named Peak　6370 m/19416 f
　　　　　36°13′N　75°55′E
　　　　　Wesm GL と、Braldu GL の間。

無名峰　　Un Named Peak　6360 m/20866 f
　　　　　36°06′N　75°56′E
　　　　　Insgaiti GL の源頭で、Braldu GL の間。

無名峰　　Un Named Peak　Ca 6350 m/20834 f
　　　　　36°06′N　75°57′E
　　　　　N・Insgaiti GL と、Insgaiti GL の間。

無名峰　　Un Named Peak　6306 m/20690 f　中国
　　　　　36°07′N　76°06′E
　　　　　N・Insgaiti GL と、Crown GL の間。

無名峰　　Un Named Peak　6300 m/20670 f
　　　　　36°09′N　75°57′E
　　　　　N・Insgaiti GL の源頭。

無名峰　　Un Named Peak　Ca 6300 m/20670 f
　　　　　36°14′N　76°01′E
　　　　　Crown GL の源頭で、Shahim-i-Dūr GL の間。

無名峰　　Un Named Peak　6260 m/20538 f
　　　　　36°08′N　75°54′E
　　　　　Braldu GL と、Wesm GL の間。

無名峰　　Un Named Peak　6247 m/20495 f　中国
　　　　　36°10′N　76°04′E
　　　　　N・Insgaiti GL と、Crown GL の間。

無名峰　　Un Named Peak　6210 m/20374 f　中国

36°10′N　76°00′E
N・Insgaiti GL と、Crown GL の間。

無名峰　　Un Named Peak　6110 m/20046 f
　　　　　36°10′N　75°58′E
　　　　　N・Insgaiti GL の源頭で、Wesm Pass の北東約 1 km。

無名峰　　Un Named Peak　Ca 6100 m/20013 f
　　　　　36°10′N　75°57′E
　　　　　Wesm GL の源頭で、Braldu GL の間。

無名峰　　Un Named Peak　6092 m/19987 f　中国
　　　　　36°05′N　76°02′E
　　　　　N・Insgaiti GL と、Insgaiti GL の間。

無名峰　　Un Named Peak　6080 m/19948 f
　　　　　36°11′N　75°53′E
　　　　　Wesm GL と、Braldu GL の間。

無名峰　　Un Named Peak　6034 m/19797 f　中国
　　　　　36°04′N　76°00′E
　　　　　N・Insgaiti GL と、Insgaiti GL の間。

無名峰　　Un Named Peak　Ca 6000 m/19685 f
　　　　　36°10′N　75°59′E
　　　　　Wesm GL の源頭で、N・Insgaiti GL の間。

3 - 39 「Crown」Insgaiti 氷河より（中込清次郎）

CROWN GROUP（New Proposal）　　（地図 No. 9）

　Shaksgam 川から Insgaiti GL（Skamri GL）、Crown GL を遡行して Shahim-i-Dūr 氷河を下降し、N・Braldu 川を経て Shaksgam 川に至る線の内側の山群をいう。近年、中国による精密な三角測量がなされており、多くの峰の高度はかなり明らかになった。
　この Braldu 川という名称は、カラコルム主脈の南北両側にあって非常にまぎらわしい。この項で述べる Braldu 川は、北側をタリム盆地に流出するもので、便宜上、N・Braldu 川とした。また南側の Askole 付近を流下する同名の川は、S・Braldu 川とした。
　1889 年、Skamri 氷河を発見したのはヤングハズバンドである。その後、Shaksgam 川を下り、N・Braldu 川に向かった。1937 年

INSGAITI MOUNTAINS —113

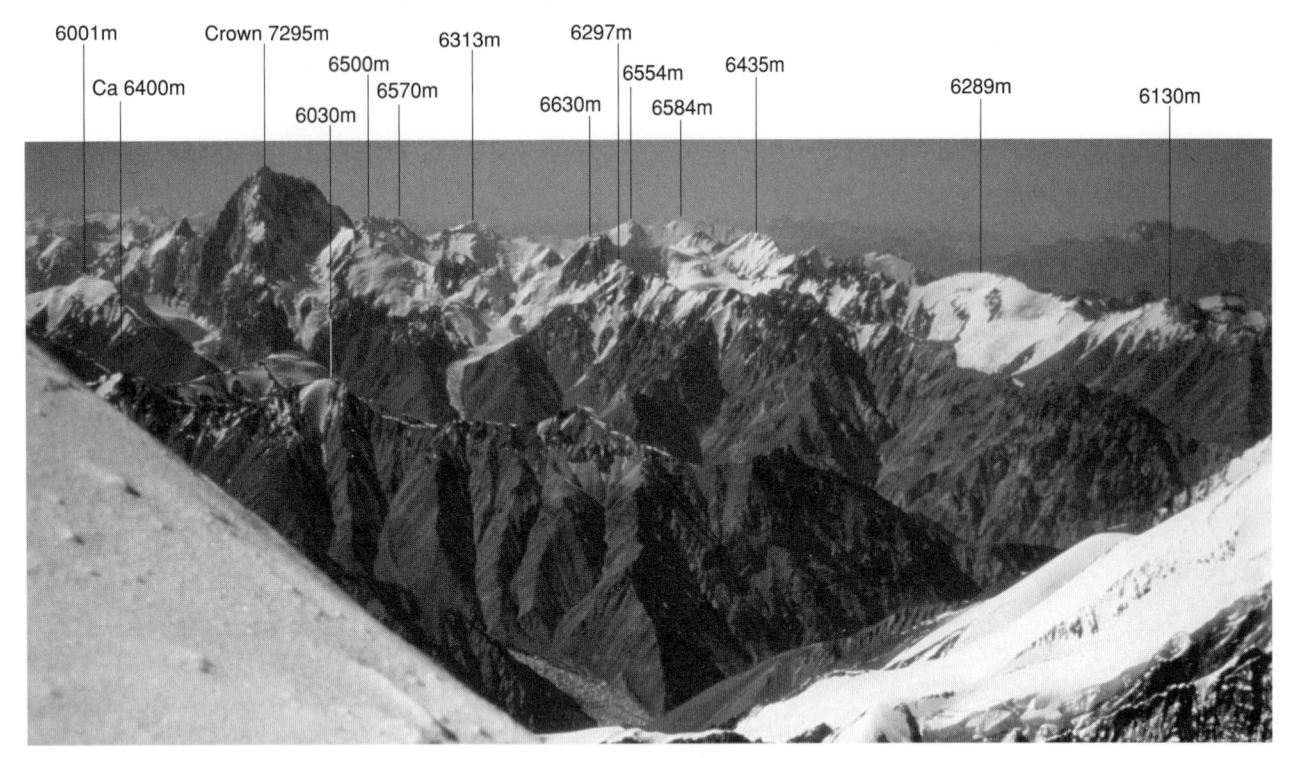

3 - 40 「Crown 山群」Skil Brum より（広島三朗）

には、E. シプトンが Crown 氷河の中途までを踏査、測量して、さらに、Skamri 氷河（Insgaiti 氷河）の源頭に向かい、Wesm 峠を北側に越えた。

　下記以外にも、Shaksgam 川左岸に沿った山群の北西部には、未確認の 6000 m 以上の峰が多い。高度は中国科学院氷河砂漠凍土研究所の測量高度である。

クラウン　　　　　Crown　7295 m/23934 f　中国
（皇冠峰）　　　　　36°06′N　76°12′E（7265 m）
〈IX−A−2〉　　　　Insgaiti GL と、N・Crown GL の間。
　　（初登頂）　　　1993 年、日中友好皇冠峰登山隊、湯浅道男隊長。

無名峰　　　　　Un Named Peak　6853 m/22484 f
　　　　　　　　36°07′N　76°11′E
　　　　　　　　Crown GL と、N・Crown GL の間。

無名峰　　　　　Un Named Peak　6654 m/21831 f
　　　　　　　　36°08′N　76°10′E
　　　　　　　　Crown GL と、N・Crown GL の間。

無名峰　　　　　Un Named Peak　6630 m/21752 f
　　　　　　　　36°06′N　76°16′E
　　　　　　　　Insgaiti GL と、Shaksgam R の間。

無名峰　　　　　Un Named Peak　6584 m/21601 f

36°08′N　76°15′E
Insgaiti GL と、Shaksgam R の間。

無名峰　　Un Named Peak　6570 m/21555 f
36°12′N　76°09′E
Crown GL と、Shaksgam R の間。

無名峰　　Un Named Peak　6554 m/21503 f
36°09′N　76°14′E
N・Crown GL と、Shaksgam R の間。

無名峰　　Un Named Peak　Ca 6500 m/21325 f
36°12′N　76°09′E
Crown GL と、Shaksgam R の間。

無名峰　　Un Named Peak　6495 m/21310 f
36°06′N　76°15′E
Insgaiti GL と、Shaksgam R の間。

無名峰　　Un Named Peak　6451 m/21165 f
36°07′N　76°11′E
N・Crown GL と、Crown GL の間。

無名峰　　Un Named Peak　6435 m/21112 f
36°08′N　76°16′E
Insgaiti GL と、Shaksgam R の間。

無名峰　　Un Named Peak　6386 m/20950 f
36°10′N　76°10′E
N・Crown GL と、N・Crown GL 西支流の間。

無名峰　　Un Named Peak　6319 m/20730 f
36°10′N　76°07′E
N・Crown GL 西支流と、Crown GL の間。

無名峰　　Un Named Peak　6313 m/20712 f
36°12′N　76°10′E
Crown GL と、Shaksgam R の間。

無名峰　　Un Named Peak　6300 m/20670 f
36°19′N　75°57′E
Shahim-i-Dūr GL と N・Braldu 川の間。

無名峰　　Un Named Peak　Ca 6300 m/20670 f
36°13′N　76°04′E
Shahim-i-Dūr GL の源頭で、Crown GL と Shaksgam 川の間。

無名峰　　Un Named Peak　6297 m/20660 f
36°05′N　76°17′E
Insgaiti GL と、Shaksgam R の間。

無名峰　　Un Named Peak　6289 m/20633 f
36°06′N　76°18′E
Insgaiti GL と、Shaksgam R の間。

無名峰　　Un Named Peak　6280 m/20604 f
36°12′N　76°08′E
Crown GL と、Shaksgam R の間。

無名峰	Un Named Peak　6258 m/20530 f 36°09′N　76°08′E N・Crown GL と、Crown GL の間。	無名峰	Un Named Peak　6094 m/19993 f 36°05′N　76°10′E Crown GL と、Insgaiti GL 分岐点の左岸。
無名峰	Un Named Peak　Ca 6200 m/20341 f 36°13′N　76°06′E Crown GL 上流部と、Shaksgam R の間。	無名峰	Un Named Peak　6026 m/19770 f 36°05′N　76°20′E Crown Group の東端付近。
無名峰	Un Named Peak　6141 m/20148 f 36°11′N　76°15′E N・Crown GL の東支流と、Shaksgam R の間。	無名峰	Un Named Peak　6018 m/19744 f 36°11′N　76°09′E N・Crown GL の西支流左岸。
無名峰	Un Named Peak　6130 m/20112 f 36°05′N　76°20′E Insgaiti GL と、Shaksgam R の間。		
無名峰	Un Named Peak　6119 m/20075 f 36°05′N　76°11′E Crown の南南西約 1.5 km。		
無名峰	Un Named Peak　6102 m/20020 f 36°07′N　76°20′E Insgaiti GL と、Shaksgam R の間。		
無名峰	Un Named Peak　Ca 6100 m/20013 f 36°12′N　76°11′E N・Crown GL の西支流と、Shaksgam R の間。		

〔Payū への道は塩の道？〕
──先駆者の足跡を追う──

　Payū Brangsa「塩の泊り場」という場所（地名）がある。Baltoro 氷河を行き来する者は、大概このキャンプ地で荷物を解くか大休止をして旅の疲れを癒す。背後のパイプオルガンのようにそそり立つ大岩峰、Payū 峰の山麓にあるオアシスである。どうしてこのキャンプ地が「塩」と呼ばれるのか、いままで全く謎であった。

　昔から、Paiu, Poiu, Paiju, Payū などさまざまな呼び名があるが、どうやら Payū がいちばん正しいらしい。カタカナなら「パィユゥ」か「パユゥ」が最も近い発音で、意味は「塩」であるという。Askōle の人々に他の意味がないかと思い、繰り返し尋ねてみたがいちように「塩」という回答がもどってきた。Brangsa は「石積みの泊り場、または岩小屋」を指すバルティ語である。 ─註１─

　この泊り場が塩の一時的な集積場であったというのは考えられないことではない。トルキスタン側から、峻嶮な氷雪に覆われた Muztagh 峠を越えて来た隊商を、最初に迎える緑の大地が Payū Brangsa だった。ヤクやロバに与える草も多く、それに澄んだ水場もある。荷を下ろして疲れた動物を休息させるには絶好のオアシスといえよう。積み上げた荷物のなかに、岩塩の塊が見えたとすれば、アスコーレのハジマディーンの祖父の話は真実味をおびてくる。

　それでは、これらの塩は一体どこから運ばれてきたのか。

　1934 年、R. C. F. ションバーグは Shimshal 峠を経て N・Blardu 川と Shaksgam 川の合流点に達し、さらに Oprang 川に向かう途中で岩塩坑を目撃している。

　「我々は出発してムズターグ河の左岸をくだった。右手にはブラルドゥ河の古い河床がある。これはブラルドゥ河がもっと東に曲って主流に合したときに放棄せられたものである。3マイルにしてクチンに達した。その上手には岩塩坑があり、良質の塩の大塊が目についた。」 ─註２─

　Hunza のミールは毎年の貢ぎ物として、Shimshal の住民に塩を要求したという、この塩を産出する鉱山が Shaksgam 川と Oprang 川の合流地点の近くの Kuchan にあって、これを採掘して Hunza に運んでいたのだ。

　ションバーグが残した写真を見ると、この一帯は大きく河岸段丘が発達していて、河床の往来は非常に困難であったらしい。彼は、かって貿易隆盛たりし頃の重要な交通があった実証となる注目すべ

中央アジアとインドを結ぶ旧隊商路。想像を絶する断崖に残る街道は、荷を振り分けた驢馬2頭が並んで歩ける道幅であった。Hunza 周辺。（関英男）

き言葉を述べている。

　「丘の横を少しばかりよじ登ったあと、我々は支脈をジグザクに登っている、うまく勾配をゆるく作った隊商路の遺蹟があるのを見て驚いた。道は手入れもよく、注意深くつけられている。その大部分は落石で破壊され、あるいは雨で損傷をうけているが、それはたしかに古い隊商路である。」　ー註3ー

　かつては、トルキスタンとインドを結ぶ重要な交通路だったのであろう。隊商が旅に消費する食料は相当な量になるから、荷物をはこぶ動物の背が空いた分もここで容易に岩塩が積み込める。当時、塩はもっとも利益を生む商品のひとつであるから利にさといシルクロードの商人がここを通過しながら見過ごすことはあるまいと想像できる。
　一説には、氷河が荒廃する以前は、住む人もなく食料や飼料を入手できないカラコルム峠を利用するよりも、Blardu 氷河を経て分水嶺を越えてインドに出たのであろうという。だが、ここには盗賊もいた。

　「この道は　ー中略ー　ダルバンド（ダルワザ）にフンザの掠奪者の見張所のあった理由を示している。ここからは隊商路を容易に統御し得るからだ。しかるに更に後になると、隊商はカラコルム峠の道を通り、掠奪は、獲物が非常に遠のいてしまったために、もっと困難となり、利益は減じたのである。」　ー註4ー

カラコルム峠に向かうにはショール・ブラクからバザールダラ（Matha）を経てヤルカンド川を遡る。ラダックへの道は遠くなるが、途中から、アギール峠を越えれば Shaksgam 川の上流に達するルートがある。少々迂回しても東・西 Muztagh 峠は近く、短期間でバルチスタン側の Payū に達するから「塩の泊り場」Payū Brangsa にも塩が積み上げられる条件は充分整うのである。
　塩の鉱山から、さらに短距離のルートも考えられる。いわゆるヤングハズバンドが Shaksgam 川沿いに下降したルートだが、スゲット・ジャンガルから非常に苦労のすえ北 Blardu 川との合流点に辿りついた。彼らは渡渉を繰り返しながら主として河床を通過してきたのだが、ほとんど隊商の通行は不可能にちかいと言われるこの谷でさえ、途中の小灌木地帯では古い岩小屋の痕跡をいくつか見つけだしている。隊商は、たとえ安全でも燃料や食料の得にくい迂回路より、危険でも短距離のルートをえらぶ習性があるといわれるから、案外旧道の可能性もある。下流の Kuchan で、ションバーグが見た河岸段丘上方の古い隊商路の痕跡は、この二つの川の合流点まで続いていることを確認している。
　1937年、シプトンはこの合流点から玉砂利の河床を1.6キロほど遡ったが、側壁の白い石の巨塊を見て、かつての河岸段丘の大きさを「既往のもっと高かった河床を証拠だてていた。」と記し、さらに側壁を160メートルほど攀じ登って次のように述べている。
　　　　　　　　　　　　　　　　　　　　　　　　ー註5ー

　「そこからオプラン河と合流するまで、見通すことができた。上流のながめはわずか数キロしかなかった。軽装備の登攀パーティなら、真冬を除いて渡河不能のこの流れを渡ることもなく、このゴルジュのルートを強行することができるように思われた。」

シプトンが合流点に達したのが9月上旬、ションバーグは6月下旬でともに最大の増水期であった。ヤングハズバンドは10月上旬、ようやく減水の始まる時期だった。　ー註6ー
　砂漠地帯では猛暑をさけ、山岳では谷の減水期こそキャラバンは容易になる。「盗賊は、農繁期がすぎてから掠奪行にでかける。」と

いうシルクロードの学者の説はもっともだが、水の豊富な農繁期には谷の増水で隊商は動けない。夏期以外の減水期に河床の通行が可能というのは、かつての測量官らが、融氷時期をさけて歩きまわったことにも共通する。Shaksgam 川もこの季節なら、困難ではあっても通行が可能だったのであろう。盗賊も、隊商が集中するシーズンこそが稼ぎどきなのである。

さて、東・西 Muztāgh 峠は、もう目と鼻の先だ。

なにがなんでも Payū に塩を積み上げて、ハジマディーン家の伝説を正当化しようとは思わない。カラコルムのスケッチマップにのめり込んで随分の期間になるが、あれこれと調べがすすむうちに、つい、脱線して塩の道を探したり、盗賊の隠し峠を想像して夢が膨らむのが面白くてたまらないのである。

―註1― Payū――Baltoro 図参照。
―註2― Shimshal 図の鉱山マーク、父印を参照。
―註3― 117 ページの古い隊商路の写真参照。
―註4― Darband、Shimshal 図参照。
―註5― 2つの谷の合流点、Shimshal 図参照。
―註6― Sughet Jangal から N・Braldu 川合流点まで。

BALTORO MUZTĀGH

　Baltoro 氷河の源頭 Abruzzy 氷河と、東縁の Urdok 氷河、Shaksgam 川、Sarpo Laggo 氷河を西 Muztāgh 峠に至り、Chiring 氷河から西縁の Panmah 氷河を下って、Baltoro 氷河に至る線の内側の山脈をいう。

　Baltoro 氷河は全長は約 62 Km におよび、五大氷河のなかで第3位だが面積は第2位を誇る。

PAYŪ GROUP （New Proposal）　　（地図 No. 10）

　西縁の　Panmah 氷河、Dumordo 川から、Biafo 川を経て、Baltoro 氷河に達し、東縁の Trango 氷河と Feriole 氷河に囲まれた山群をいう。北東の境界は、Chiring 氷河に隣接する第2 Feriole 氷河まで拡大することにした。

　1937 年、Sarpo Laggo 峠を越えたシプトンらは、その後、Panmah 氷河側も探っているが、観測器具の故障で山群の北西部の高度は良く知られないまま残された。いわゆる、Feriole 氷河源頭と Trango 氷河の北西支流の空白部といわれる部分である。

　Payū という地名だが、近所に塩分を含んだ水が流れるとか、塩が出る場所があるという説は根拠がない。山が白いから塩に似ているので Payū と呼ぶという説も薄弱だ。Askole のハジマディーン家の話では、かつて「山を越えてきた塩があった」というのが、なるほどと思われる。いわゆる、東 Muztāgh 峠を越えて来た「塩の道」の名残でもあろうか、Payū はバルティ語の「塩」の意。

　―註―

Payū 南面、Uli Biaho 南面、Uli Biaho Tower 東面、北面、南面などのビッグウォールの他に知名度、高度ともに低いが、Haina Brakk Tower は高度差約 1900 m があって上部はすっきりした垂壁となる。

　註　「Payū への道は塩の道？」117〜119 ページ参照。

チョリチョ・主峰 〈Ⅹ－A－2〉	Choricho（M）　6756 m/22165 f 35°43′38″N　76°04′40″E　1977 年 S・Choricho GL と、Hainablak GL の間。
（初登頂）	1979 年、アメリカ・イギリス合同隊、I. ウェード隊長。
チョリチョ・Ⅲ峰 〈Ⅹ－A－2〉	Choricho（Ⅲ）　6643 m/21795 f（6600 m） 35°44′42″N　76°04′15″E　1977 年 N・Choricho GL と、N・Hainablakk GL の間。
チョリチョ・Ⅱ峰 〈Ⅹ－A－2〉	Choricho（Ⅱ）　6631 m/21755 f（6605 m） 35°44′32″N　76°04′29″E　1977 年 N・Choricho GL と、N・Hainablakk GL の間。
パイユー 〈Ⅹ－A－2〉	Payū（Paiju、Poiu、Paiu）　6610 m/21686 f（6599 m） 35°42′06″N　76°06′23″E　1977 年 Snow Peak 〈35°43′00″N　76°07′00″E〉　Rock Peak S・Hainablakk GL と、Uli Biaho GL の源頭で、岩峰の西側の雪頂が頂上。
（初登頂）	1976 年、パキスタン隊、M. フセイン隊長。

3 - 41　「Uli Biaho Tower」Baltoro 氷河上より（宮森常雄）

ウリ・ビアホー・Ⅰの南西峰 〈X−A−2〉	Uli Biaho (I-SW)　6417 m/ 　21053 f（6527 m） 35°44′27″N　76°07′05″E　1977年	ハイナ・ブラック・タワー 〈X−A−1〉	Haina Blak Tower（Haina Blak） Ca 6000 m/19685 f 35°45′30″N　76°08′E S・Hainablakk GL の右岸で、Uli Biaho Tower の北西、約2 km にある岩峰。
ウリ・ビアホー・Ⅰの北東峰 〈X−A−2〉	Uli Biaho (I-NE)　6408 m/ 　21024 f 35°44′29″N　76°07′08″E　1977年 S・Hainablakk GL と、Uli Biaho GL の源頭にある双耳の岩峰。	無名峰	Un Named Peak　Ca 6000 m/19685 f 35°47′N　76°07′E N・Hainablakk GL の左岸で、Trango GL の間。
チョリチョ・Ⅳ峰 〈X−A−2〉	Choricho (Ⅳ)　Ca 6400 m/21000 f 35°44′N　76°03′E N・Choricho GL と、S・Choricho GL の間の指状岩峰。	無名峰	Un Named Peak　Ca 6000 m/19685 f 35°46′N　76°03′E Surgus GL と、Trango GL の間。
ウリ・ビアホー・Ⅱ峰 〈X−A−2〉	Uli Biaho (Ⅱ)　6353 m/20843 f 35°44′39″N　76°07′11″E　1977年 S・Hainablakk GL と、Trango GL 小支流の間の雪頂。		
ウリ・ビアホー・タワー 〈X−A−2〉	Uli Biaho Tower　6109 m/20043 f （6083 m） 35°44′31″N　76°08′58″E　1977年 Uli Biaho GL と、Trango GL の間の衝立状の東・西に幅がある岩塔。 （初登頂）1979年、アメリカ隊、J. ロスケリー隊長。		

[写真ラベル: 5753m / Great Trango II 6273m / I 6286m / III 6231m / Name Less Tower 6239m / I 6452m / Trango Ri II 6545m / Ca 6300m / S 6650m / Kruksum N Ca 6600m / Dunge GL]

3-42 「Trango 山群」Baltoro 氷河上より（吉沢一郎）

TRANGO GROUP　　　　（地図 No. 10）

　狭い廊下状の Dunge 氷河と Trango 氷河に挟まれ、北端の Sarpo Laggo 峠から南端を Baltoro 氷河に向けて垂直に高度を落とす山群である。
　無名の塔と呼ばれながら、いつのまにか正式の山名になった Name Less Tower などの岩塔が林立する山群で、南部については研究し尽くされた感がある。だが Trango Ri 以北は極めて情報が少なく、ほとんど知られていないし入山した登山者の例も聞いていない。
　したがって、1929年のスポレトの地図や1934年のG.O. ディーレンフルトの測定結果も北部は不備で、アブルッツィも測量をしていなかった。南面や東面からは山群の南3分の1しか望めず測量は困難だが、Payū 山群の Trango 氷河北西部に入れば、基準峰のK2や、Masherbrum が望めるから全山の測定は可能と思う。
　Baltoro 氷河沿いのビッグウォール群はカラコルム全域の中でも最大級の壁で、それぞれ困難な大登攀の核心部といわれる。

クルクスム・南峰　　Kruksum（S）　6650 m/21818 f
〈X−A−1〉　　　　35°48′35″N　76°09′56″E　1977年
　　　　　　　　　Trango GL と、Dunge GL の間。

クルクスム・北峰　　Kruksum（N）　Ca 6600 m/21650 f
〈X−A−1〉　　　　35°49′N　76°10′E
　　　　　　　　　Trango GL、Sarpo Laggo GL、Dunge GL など、3氷河の源頭。

トランゴ・リ・II峰　Trango Ri（II）　6545 m/21473 f
〈X−A−1〉　　　　35°47′10″N　76°10′31″E　1977年
　　　　　　　　　Trango GL と、Dunge GL の間の双耳峰。

トランゴ・リ・Ⅰ峰	Trango Ri (I)　6452 m/21168 f
〈X－A－1〉	35°46′39″N　76°10′54″E　1977年
	Trango GL と、Dunge GL の間の双耳峰。

クルクスム・東峰	Kruksum (E)　Ca 6300 m/20670 f (6544 m)
〈X－A－1〉	35°49′N　76°09′E
	Sarpo Laggo GL と、Dunge GL の間。

トランゴ・リ・Ⅲ峰	Trango Ri (III)　Ca 6300 m/20670 f
〈X－A－1〉	35°47′45″N　76°10′21″E
	Trango GL と、Dunge GL の間。

トランゴ・リ・Ⅳ峰	Trango Ri (IV)　Ca 6300 m/20670 f
〈X－A－1〉	35°48′57″N　76°10′21″E
	Trango GL と、Dunge GL の間。

グレート・トランゴ・Ⅰ峰	Great Trango (I)　6286 m/20623 f
〈X－A－1〉	(6294 m)
	35°45′22″N　76°11′58″E　1977年
	Trango GL と、Dunge GL の間。
（初登頂）	1977年、アメリカ隊、D. ヘネック隊長。

ネームレス・タワー	Nameless Tower　6239 m/20469 f (6251 m)
(Trango Tower)	
〈X－A－1〉	35°46′09″N　76°11′44″E　1977年
	Trango GL と Dunge GL の間の大岩塔で、ネームレス・タワー（無名の塔）が山名として定着。
（初登頂）	1976年、イギリス隊、M. ボイスン隊長。

グレート・トランゴ・Ⅱ峰	Great Trango (II)　6237 m/20463 f
〈X－A－2〉	35°45′14″N　76°11′43″E　1977年
	Trango GL と、Dunge GL の間。

グレート・トランゴ・Ⅲ峰	Great Trango (III)　6231 m/20443 f
〈X－A－1〉	35°45′34″N　76°12′02″E　1977年
	Trango GL と、Dunge GL の間。
（初登頂）	1984年、ノルウェイ隊、H. C. ドーセス隊長。

ムンク	Munk　Ca 6150 m/20180 f
〈X－A－1〉	35°46′25″N　76°11′19″E
	Trango GL と、Dunge GL の間の指状岩塔。

3 - 43 「Cathedral 周辺」Baltoro 氷河上より（日本 K 2 登山隊）

LOBSANG GROUP　　（地図 No. 10）

　Dunge 氷河の東側で、北縁の Sarpo Laggo 氷河、Moni 氷河、Younghusband 氷河、東縁の Biange 氷河、Baltoro 氷河に囲まれた山群をいう。

　中央部を流下する Muztagh 氷河中流部の左岸には、1903 年、ドイツのフェルバーが名付けた Seven Pagoda というピーク群がある。その山麓付近にあった古代からの野営場の Lobsang Brangsa がこの山群の名のもとになっている。

　源頭の Muztāgh 峠は東 Muztāgh 峠とも呼ばれ、Sarpo Laggo 氷河と、Chiring 氷河の間にある西 Muztāgh 峠とともに、古くから、中央アジアとインドを結ぶ重要な峠であった。少なくとも、1836 年頃までは交易の隊商らによって利用されていた、というのが S. ヘディンの説である。

　1876 年、G. B. クラークが南側から初めて峠に達し、1892 年には、ヤングハズバンドが中国側からインド側に越えた。また、1929 年にはデジオも中国側に越えて、Shaksgam 川を踏査している。

　1958 年の京都大学、Chogolisa 隊の平井一正と芳賀孝郎は日本人で初めて Younghusband 氷河を踏査し、Praqpa Ri の西面、および Ste Ste Suddle に達した。

　この山群で特筆すべきは、Muztāgh 氷河から直接 Thyor 峰に突き上げる意外な支流があったことで、入口は狭いが奥は扇状に広がりを見せ、いままでの地図とは大きく異なることがわかった。

　フェルバー図の Muztagh Tower を Thyōr に置き換えれば、地形はフェルバー図が正しかったとみてよいだろう。

3 - 44 「Muztāgh Tower 北壁」Skil Brum より（古関正雄）

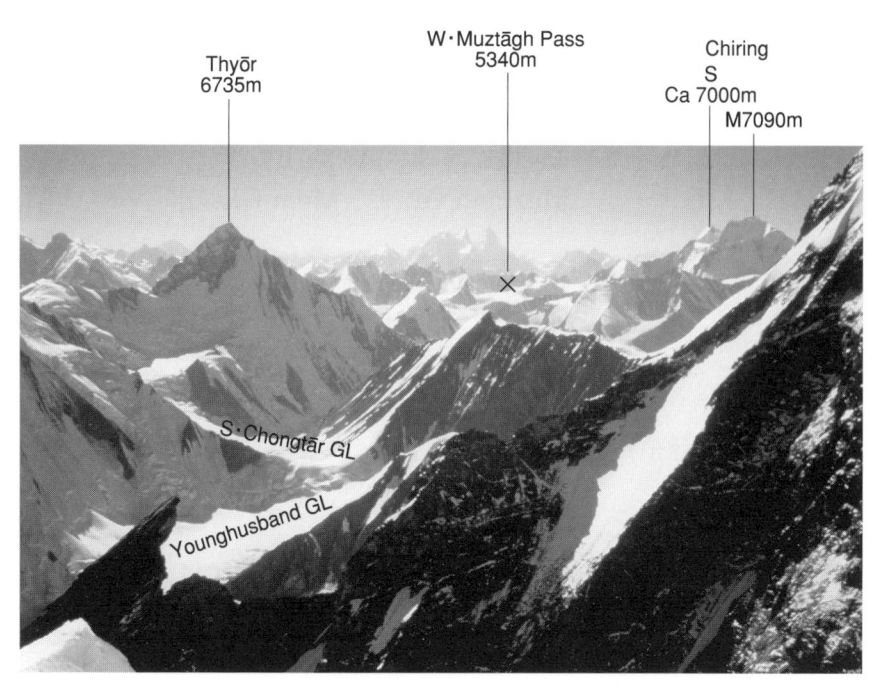

3 - 45 「Thyōr 北面」Skil Brum より（古関正雄）

　前項の山群と同様、Baltoro 氷河沿いにビッグウォールが発達する。Cathedral や Lobsang Spire など、許可不要のトレッキングでビッグクライムができるとあって急激に人気が出た。やはり高所での大登攀になるために成功率は思ったより低いようだ。

　Muztāgh Tower の南東壁および南西壁は、この山群最大のビッグウォールである。1976 年に、第 2 次 RCC 隊の市橋隆二隊長らが南西壁に挑み約 7000 m の上部岩壁に達して断念。その後、挑戦した例は聞いていない。また、北壁は約 2000 m の高度差をもつ氷雪まじりの数段にわたる急峻な壁である。

ムズターグ・タワー〈X－B－1〉	Muztāgh Tower　7284 m/23900 f（7273 m） 35°49′44″N　76°21′31″E　1977 年 〈35°50′N　76°21′E〉　Spoleto Younghusband GL、Dre GL、Moni GL、Chagalan GL など 4 氷河の源頭。
（初登頂）	1956 年、イギリス隊、J. ハートーグ隊長。
ムズターグ・タワー・西峰〈X－B－1〉	Muztāgh Tower（W）　7279 m/23880 f 35°49′43″N　76°21′25″E　1977 年 Chagalan GL と、Dre GL の間。
（初登頂）	1956 年、イギリス隊、J. ハートーグ隊長。
ティオール	Thyōr　6735 m/22096 f

BALTORO MUZTĀGH — 125

〈X－B－2〉　　　　　　35°50′42″N　76°18′36″E
　　　　　　　　　　　Muztagh GL と、Moni GL の間。

ビアレ　　　　　　　　Biale　6729 m/22077 f
〈X－A－1〉　　　　　　35°48′27″N　76°14′16″E　1977 年
　　　　　　　　　　　Dunge GL と Biale GL の源頭で、Muztāgh
　　　　　　　　　　　GL の間。
　　　（初登頂）　　　1977 年、愛媛カラコルム登山隊、青木正樹
　　　　　　　　　　　隊長。

ブラック・トゥース　　Black Tooth　6719 m/22044 f
〈X－B－1〉　　　　　　35°49′09″N　76°21′37″E
　　　　　　　　　　　Younghusband GL と、Dre GL の間。

ビァンゲ　　　　　　　Biange　6431 m/21100 f（6422 m）
〈X－B－1〉　　　　　　35°47′34″N　76°22′27″E　1977 年
　　　　　　　　　　　Dre GL と、Lhungka GL の間。

ルゥンカ・リ　　　　　Lhungka Ri　6307 m/20692 f
〈X－B－1〉　　　　　　35°48′26″N　76°21′30″E
　　　　　　　　　　　Dre GL の源頭で、Chagalan GL の間。

無名峰　　　　　　　　Un Named Peak　Ca 6300 m/20670 f
　　　　　　　　　　　35°49′N　76°13′E
　　　　　　　　　　　Dunge GL と、Muztāgh GL の源頭で、
　　　　　　　　　　　Sarpo Laggo GL の間。

ビアンゲ・ピーク　　　Biange Peak　6271 m/20574 f
〈X－B－1〉　　　　　　35°47′05″N　76°22′49″E　1977 年
　　　　　　　　　　　Lhungka GL と、Biange GL の間。

ロブサン　　　　　　　Lobsang　6225 m/20423 f
〈X－B－1〉　　　　　　35°48′N　76°18′E
　　　　　　　　　　　Chagalan GL と、Muztāgh GL の間。
　　　（初登頂）　　　1975 年、アメリカ隊、D. ヘネック隊長。

無名峰　　　　　　　　Un Named Peak　Ca 6100 m/20013 f
　　　　　　　　　　　35°49′N　76°20′E
　　　　　　　　　　　Chagalan GL と、Moni GL の間。

無名峰　　　　　　　　Un Named Peak　6085 m/19963 f
　　　　　　　　　　　35°50′N　76°16′E
　　　　　　　　　　　Muztāgh GL と、Sarpo Laggo GL の間。

無名峰　　　　　　　　Un Named Peak　Ca 6050 m/19850 f
　　　　　　　　　　　35°50′N　76°12′E
　　　　　　　　　　　Sarpo Laggo GL の東源頭付近。

無名峰　　　　　　　　Un Named Peak　Ca 6050 m/19850 f
　　　　　　　　　　　35°50′N　76°12′E
　　　　　　　　　　　Sarpo Laggo GL の東源頭付近で、上記の峰
　　　　　　　　　　　と並ぶ。

無名峰　　　　　　　　Un Named Peak　Ca 6040 m/19816 f
　　　　　　　　　　　35°47′18″N　76°19′51″E
　　　　　　　　　　　Chagalan GL と、Lhungka GL 間の、指状
　　　　　　　　　　　の岩峰。

無名峰　　　　　　　　Un Named Peak　6024 m/19763 f
　　　　　　　　　　　35°46′24″N　76°14′48″E　1977 年
　　　　　　　　　　　Dunge GL と、Biale GL の間。

無名峰	Un Named Peak　6020 m/19750 f 35°47′20″N　76°20′35″E　1977年 Chagalan GL と、Lhungka GL の間。
無名峰	Un Named Peak　6007 m/19710 f 35°45′50″N　76°15′20″E Biale GL と、Dunge GL の間。
無名峰	Un Named Peak　6001 m/19690 f 35°46′23″N　76°15′03″E Biale GL と、Dunge GL の間。
無名峰	Un Named Peak　Ca 6000 m/19685 f 35°50′N　76°13′E Biale GL と、Dunge GL の間。
無名峰	Un Named Peak　Ca 6000 m/19685 f 35°50′N　76°13′E Muztagh GL の最源頭。

3－46 「K2 北東面」Skyang Kangri より（学習院大学隊）

K2 GROUP　　　（地図 No.10）

　Baltoro 氷河から、Biange、Younghusband 氷河を経て Moni 氷河を下降、南 Chongtar 氷河の源頭を経て Qogil 氷河を下降し、次に北 Skyang Lungpa 氷河源頭の鞍部から支尾根を含めて、Windy Gap、Godwin Austin 氷河に囲まれた広大な山群をいう。カラコルムでは最も良く知られた地域である。

　メイスンが東面から測量した Skyang Kangri の高度には疑問を感ずる。アブルッツィの高度は 7339 m でスポレトもその高度を採用している。メイスンはこのアブルッツィ高度を間違いであろうとしているが、メイスンの測定したピークは I 峰であろうし、アブルッツィやスポレトの測定したピークは明らかに II 峰である。1977年に測定した我々の測量結果では、I 峰と II 峰の高度差はわずか

3－47 「New Cristal Peak と、Cristal Peak」（武蔵大学山岳部・どんぐり山の会隊）

3－48 「K2 西面」PIA より空撮（広島三朗）

12 m で、メイスンの高度とは大きく食い違った。我々の数値はアブルッツィやスポレトの数値にちかい下記の高度を得ている。なお、Ⅰ峰の東の 7017 m は肩状あるいは尾根の張り出しであるから除外した。

　各種の地図にある Cristal Peak/6237 m の山名は正しくない。1983 年、コンウェイが登って Cristal Peak と命名した峰は南支稜上の小さなピーク 5893 m であるから、旧 6237 m（新高度 6252 m）峰は仮に New Cristal Peak として記載した。－註－

　Skyang Kangri の西壁は高度差が約 1600 m で Baltoro 氷河最奥のビッグウォールといわれる。上部はすっきりした岩壁だが下部は傾斜が緩く氷雪まじりの壁。試登例は 1 隊のみである。

　－註－ 写真 3－49 参照。

ケー・ツー	K 2　8610.60 m/28250 f　Fixed Point
(Chogo Ri, Godwin Austin)	
〈Pk 13/52 A、	35°52′55″N　76°30′51′E〉
〈X－C－1〉	Qogil GL（K2 GL）、Savoia GL の源頭で Godwin Austin GL の間。
（初登頂）	1954 年、イタリア隊、A. デジオ隊長。
	A・C・P は個人名である山名の Godwin Austin を削除し、K2 を正式に採用した。

キャン・カンリ・Ⅰ峰 〈X－C－1〉 〈Pk 12/52 A、	Skyang Kangri (I)　Ca 7357 m/25121 f 　　(7544 m) 35°55′31″N　76°34′33″E　Jpn 1977 年 　35°54′40″N　76°33′35″E　Mason 1926 年〉 Godwin Austen GL と、N・Skyang Lungpa GL の間。Skyang は野生の驢馬「キャン」の意であり、S は発音しない。	
（初登頂）	1976 年、学習院大学隊、贅田統亜隊長。	
スキル・ブルム 〈X－B－1〉	Skil Brum　7350 m/24114 f 35°51′21″N　76°25′30″E　1977 年 S・Chongtār GL、Savoia GL、Younghusband GL の間。	
（初登頂）	1957 年、オーストリア隊、M. シュムック隊長。	
キャン・カンリ・Ⅱ峰 (Staircase) 〈X－C－1〉	Skyang Kangri (II)　7345 m/24098 f 35°55′18″N　76°34′06″E　1977 年 　7339 m/24078 f　1909 年　Spoleto Godwin Austin GL と、W・Skyang Lungpa GL の源頭で、西壁上部の雪頂。	
スンマ・リ (Savoia Kangri) 〈X－B－1〉	Summa Ri　7286 m/23904 f（7263 m） 35°51′59″N　76°26′59″E　1977 年 S・Chongtār GL と、Savoia GL の間。 A・C・P は個人名の山名の Savoia に疑問を表す。	

3 – 49 「Skyang Kangri 西壁」Godwin Austin 氷河より（日本 K 2 登山隊）

BALTORO MUZTĀGH—129

3 - 50 「Praqpa Ri と Skil Brum」(尾上弘司)

ラクパ・リ・主峰 〈X—B—1〉	Praqpa Ri（M）　7156 m/23478 f 35°49′50″N　76°25′58″E　1977 年 Younghusband GL と、Praqpa GL の間。 Praqpa Ri の P は発音しない。	無名峰	Un Named Peak　6820 m/22375 f 35°49′00″N　76°25′45″E　1977 年 Younghusband GL と、Khal Khal GL の間で、東から駱駝のコブ状に見える。
ラクパ・リ・北峰 〈X—B—1〉	Praqpa Ri（N）　7096 m/23080 f（7170 m） 35°49′59″N　76°25′32″E　1977 年 Younghusband GL と、Praqpa GL の間。	無名峰	Un Named Peak　Ca 6800 m/22310 f 35°53′N　76°27′50″E S・Chongtār GL、Qogil GL の源頭で、Savoia GL の間。
ラクパ・リ・南峰 〈X—B—1〉	Praqpa Ri（S）　7089 m/23258 f（7103 m） 35°49′17″N　76°26′30″E　1977 年 Younghusband GL と、Praqpa GL の間。	無名峰	Un Named Peak　Ca 6700 m/21980 f 35°55′N　76°33′E Godwin Austin GL と、W・Skyang Lungpa GL の間。
無名峰	Un　Named　Peak　6940 m/22770 f（6970 m） 35°51′14″N　76°24′33″E S・Chongtār GL と、Younghusband GL の間の梯形状の峰。	無名峰	Un Named Peak　6640 m/21785 f 35°57′20″N　76°30′30″E Qogil GL と、W・Skyang Lungpa GL の間。
無名峰 （初登頂）	Un Named Peak　6859 m/22503 f 35°54′14″N　76°32′58″E Godwin Austin GL と、Qogil GL の間。 1976 年、ポーランド隊、Y. クルチャブ隊長。	無名峰	Un Named Peak　6406 m/21017 f 35°55′N　76°33′E Qogil GL と、Godwin Austin GL の間。
エンゼル 〈X—B—1〉 （初登頂）	Angel　6858 m/22500 f（6855 m） 35°51′04″N　76°29′34″E　1977 年 Savoia GL と、Godwin Austin GL の間。 1983 年、フランス・スイス合同隊、C. シュトゥッキ隊長。	ネラ・ピーク 〈X—C—1〉	Nela Peak　6394 m/20978 f 35°50′47″N　76°30′16″E　1977 年 Savoya GL と、Godwin Austin GL の間で、Angel の南東約 1 km。
		無名峰	Un Named Peak　6393 m/20974 f

3 - 51 「Angel、Praqpari 付近」K2 の C3 付近より（渡辺優）

	35°48′41″N　76°28′38″E　1977 年 Khal Khal GL と、Praqpa GL の間。	無名峰	Un Named Peak　Ca 6350 m/20833 f 35°48′47″N　76°25′50″E Biange GL と、Khal Khal GL の間。
（初登頂）	1983 年、オランダ隊、R. ナール、G. スプラング。		
無名峰	Un Named Peak　6379 m/20928 f 35°48′33″N　76°29′41″E　1977 年 Khal Khal GL と、Savoia GL の間。	無名峰	Un Named Peak　Ca 6350 m/20833 f 35°48′46″N　76°25′52″E Biange GL と、Khal Khal GL の間。

無名峰 （初登頂）	Un Named Peak　6350 m/20833 f 36°00′N　76°31′E N・Skyang Lungpa GL と、Qogil GL の間。 1937 年、イギリス隊、E. シプトン隊長。	無名峰 無名峰	Un Named Peak　Ca 6100 m/20013 f 35°59′N　76°31′30″E N・Skyang Lungpa GL と、Qogil GL の間。 Un Named Peak　Ca 6060 m/19882 f
モニ・ピーク 〈X－B－1〉	Moni Peak　Ca 6300 m/20670 f 35°51′N　76°22′E Younghusband GL の源頭で、S・Chongtār GL の間。		35°51′N　75°21′E S・Chongtār GL と、Moni GL の間で、K2 Group の最西端。
マーブル・ピーク 〈X－B－1〉	Marble Peak　6256 m/20525 f（6238 m） 35°46′29″N　76°29′40″E　1977 年 Khal Khal GL と、Baltoro GL の間。	ステステ・ピーク 〈X－B－1〉	Steste Peak　6001 m/19890 f Younghusband GL と S・Chongtār GL の間にあるが、下方からはピーク状に見える主稜の肩という。
ニュー・クリスタル・ピーク (Cristal Peak) 〈X－B－1〉	New Cristal Peak 6252 m/20512 f（6237 m） 35°46′41″N　76°28′17″E　1977 年 Khal・Khal GL と、Baltoro GL の間。 旧 6237 m 峰を Cristal Peak とするのは正しくない。		
【クリスタル・ピーク 〈X－B－1〉 （初登頂）	Cristal Peak】 Ca 5700 m/18700 f（5913 m） 35°46′13″N　76°28′27″E　Jpn 1977 年 35°47′N　76°28′E　Conwey 1893 年 Baltoro GL の右岸、Doksam の北西約 3 km。 1892 年、アメリカ隊、W. M. コンウェイ。		

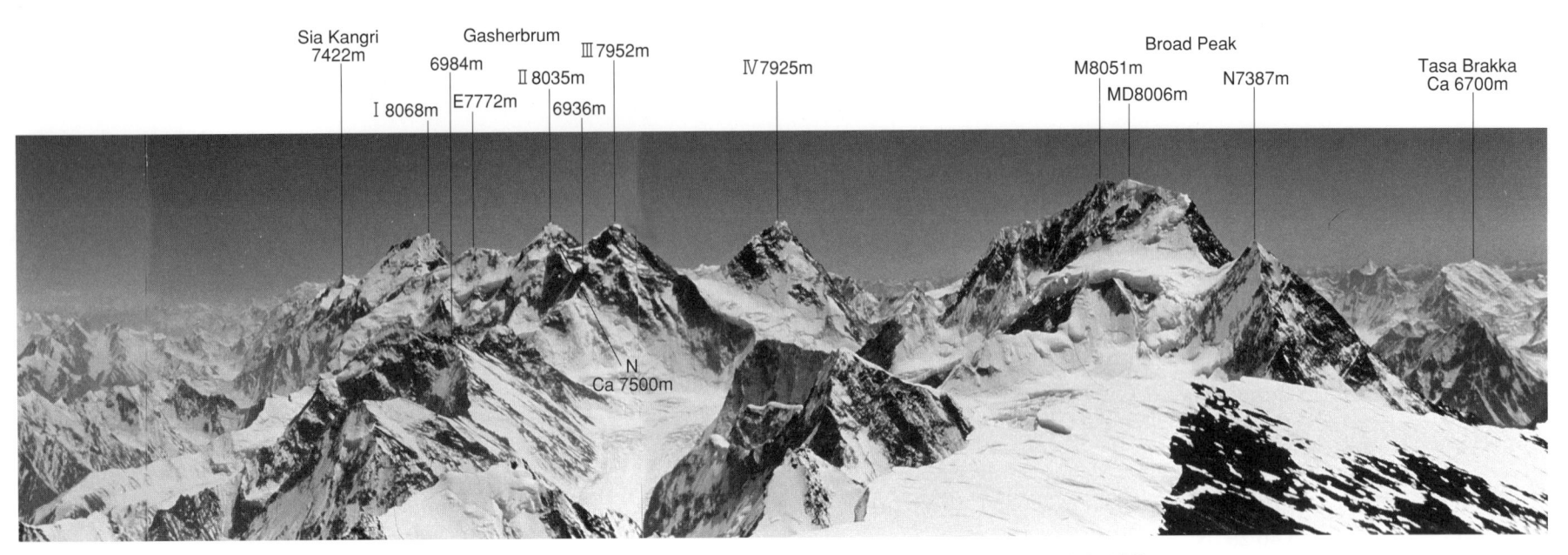

3-52 「Broad Peak と、Gasherbrum」Skyang Kangri より（学習院大学隊）

BROAD GROUP (地図 No. 10)

　北限を Windy Gap とし、南限は Broad 氷河源頭の最低鞍部とする。さらに西縁の Godwin Austen 氷河と、東縁の北 Gasherbrum 氷河に囲まれた範囲の山群をいう。

　Broad とは1893年にコンウェイが命名したもので一時カラコルム協議会で不適とされた。だが、1934年にこの地を踏査したディーレンフルトは Farchan Kangri と名付けたが、やはり響きのよい Broad Peak が定着した。

　Broad Peak 北峰の旧高度は、〈Pk 15/52 A〉7930 m であったが、その後 7536 m に改訂されている。今回の測定ではさらに高度がさがり、7387 m になった。

　1974年、市川山岳会の有岡達郎らが日本人として初めて Godwin Austin 氷河に入り、Sella Saddle 周辺を探り約 6394 m 峰に初登頂した。

　北峰の北壁は高度差約 2100 m、下部は氷雪のまじりあった緩い傾斜だが、上部の急峻な壁面は相当な困難さが強いられよう。

ブロード・ピーク・主峰 〈X−C−1〉 〈Pk 16/52 A、 　　（初登頂）	Broad Peak（M）　8051 m/26414 f 　（8047 m） 35°48′35″N　76°34′25″E〉 1977年　8051 m Godwin Austen GL と、N・Gasherbrum GL の間。 1957年、オーストリア隊、M. シュムック隊長。
ブロード・ピーク・前峰 〈X−C−1〉	Broad Peak Front　8035 m/26360 f 35°48′50″N　76°34′20″E　1977年

134 — 3　GREAT KARAKORUM

3－53 「Broad 山群」K2 南東稜より（日本 K2 登山隊）

	主峰の北方。	（初登頂）	1983 年、イタリア、L. カーザロット。
（初登頂）	1957 年、オーストリア隊、M. シュムック隊長。	無名峰	Un Named Peak　6934 m/22750 f　1977 年 35°50′53″N　76°35′38″E Godwin Austin GL と、N・Gasherbrum GL の支流、Kharūt GL の間。
ブロード・ピーク・中央峰 〈X－C－1〉	Broad Peak（MD）　8006 m/26266 f（8016 m） 35°49′23″N　76°34′15″E　1977 年 Godwin Austin GL と、N・Gasherbrum GL の間。	無名峰	Un Named Peak　6913 m/22680 f 35°53′15″N　76°35′43″E　1977 年 Godwin Austin GL と、Kharūt GL の間。
（初登頂）	1975 年、ポーランド隊、Y. フェレンスキー隊長。	無名峰	Un Named Peak　6806 m/22329 f 35°54′N　76°36′E Godwin Austin GL と、Kharūt GL の源頭。
ブロード・ピーク・北峰 〈X－C－1〉 〈Pk 15/52 A、	Broad Peak（N）　7387 m/26414 f（7536 m） 35°50′01″N　76°33′34″E　1977 年 35°50′25″N　76°33′34″E〉 Godwin Austin GL と、N・Gasherbrum GL の間。	無名峰	Un Named Peak　6805 m/22326 f（6816 m） 35°37′30″N　76°35′10″E　1977 年

BALTORO MUZTĀGH — 135

Godwin Austin GL と、Kharūt GL の間。

無名峰　　　　Un Named Peak　Ca 6700 m/21980 f
　　　　　　　35°52′40″N　76°54′E
　　　　　　　N・Gasherbrum GL と、S・Skyang Lungpa GL の間。

無名峰　　　　Un Named Peak　6450 m/21160 f
　　　　　　　35°37′20″N　76°34′50″E
　　　　　　　Godwin Austin GL と、Kharūt GL の間。

無名峰　　　　Un Named Peak　6444 m/21142 f（6474 m）
　　　　　　　35°36′50″N　76°35′30″E　1977 年
　　　　　　　Godwin Austin GL と、Kharūt GL の間。

無名峰　　　　Un Named Peak　Ca 6394 m/20978 f
　　　　　　　35°37′10″N　76°35′E
　　　　　　　Sella Saddle の西、約 2 km の肩状ピーク。
　　（初登頂）　1974 年、市川山岳会隊、有岡達郎隊長。

SKYANG LUNGPA GROUP（New Proposal）（地図 No. 9・10）

　Shaksgam 川と、南北の両 Skyang Lungpa の間にある山群はほとんど知られていない。

　1926 年のメイスンは、南 Skyang Lungpa の左岸に 6507 m、6739 m 峰を標定しており、1937 年のシプトンは 6180 m 峰を標定したが、地形は依然として不明だった。近年になって、ようやく流域を登降する隊の写真によって少しずつ解明されつつあるのが現状で、新しく取り上げたい山群である。Shaksgam 川流域には著しい河岸段丘の発達がみられる。1983 年、北 Gasherbrum 氷河には写真家の白川義員が、1989 年には宮城山岳連盟の伊達篤郎らが Urdok 氷河まで Shaksgam 流域を通過している。

無名峰　　　　Un Named Peak　6739 m/22110 f（6740 m）
　　　　　　　35°54′N　76°40′E　Mason
　　　　　　　Shaksgam R と、SE・Skyang Lungpa GL の間。

キャンポ・チェ　Skyangpo Che　6543 m/21467 f
〈X−C−1〉　　35°57′N　76°38′E
　　　　　　　Shaksgam GL と、N・Skyang Lungpa GL の間。（S は発音しない）。

無名峰　　　　Un Named Peak　6526 m/21411 f
　　　　　　　35°55′N　76°39′E
　　　　　　　Shaksgam R と、SE・Skyang Lungpa GL の間。

無名峰	Un Named Peak　6507 m/21350 f 35°55′N　76°42′E　Mason Shaksgam R と、SE・Skyang Lungpa GL の間。	
ドルビン・ピーク 〈IX―C―2〉	Durbin Peak　6250 m/20505 f 36°05′N　76°37′E Shaksgam R と、N・Skyang Lungpa GL の間。	
無名峰	Un Named Peak　6180 m/20276 f 36°02′N　76°33′E　Shipton Shaksgam R と、N・Skyang Lungpa GL の間。	
無名峰	Un Named Peak　Ca 6000 m/19685 f 36°03′N　76°34′E Shaksgam R と、N・Skyang Lungpa GL の間。	

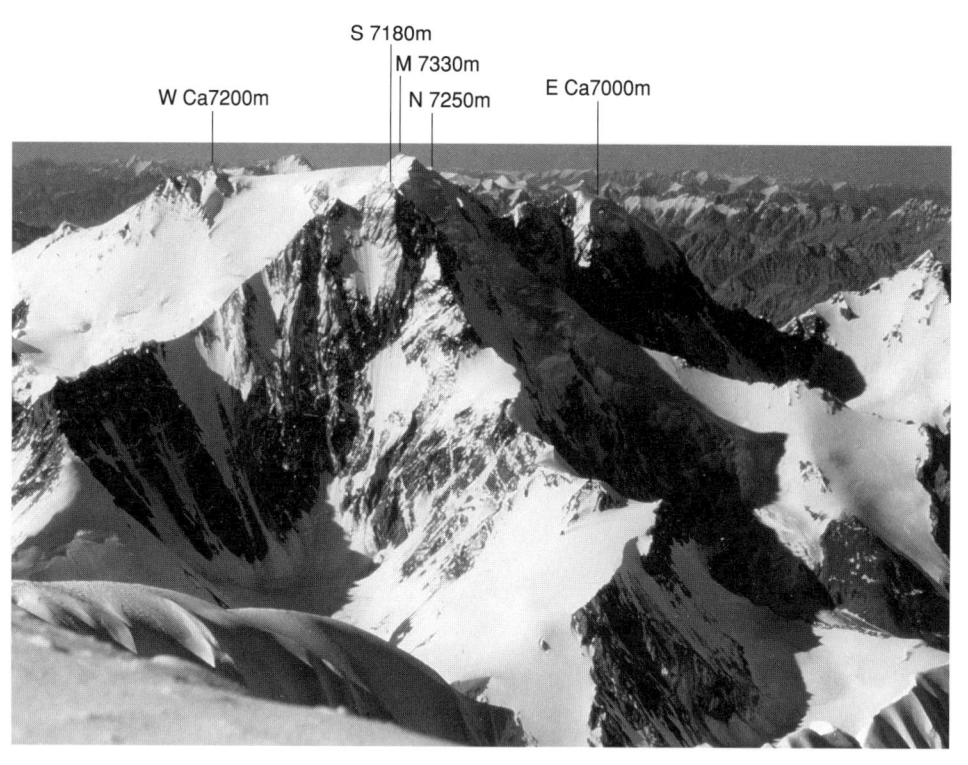

3 - 54　「Chongtār 山群」Skil Brum より　（広島三朗）

CHONGTĀR GROUP （New Proposal）　　（地図 No. 9・10）

　Qogil 氷河（K2 氷河）と Sarpo Laggo 氷河、南 Chongtar 氷河に囲まれ新規に編入した山群である。

　1889 年、西縁の Sarpo Laggo 氷河を踏んだヤングハズバンド以後、1929 年にはデジオも立ち入っている。1937 年には、さらに Qogil 氷河上の一ピークから測量したシプトンなどの活躍がみられるが、近年北側からの写真観察などによって地形図には多少の変更が必要と思われる。

　中国図は詳細に記載されていると聞くが、まだ見ていないので高

BALTORO MUZTĀGH ― 137

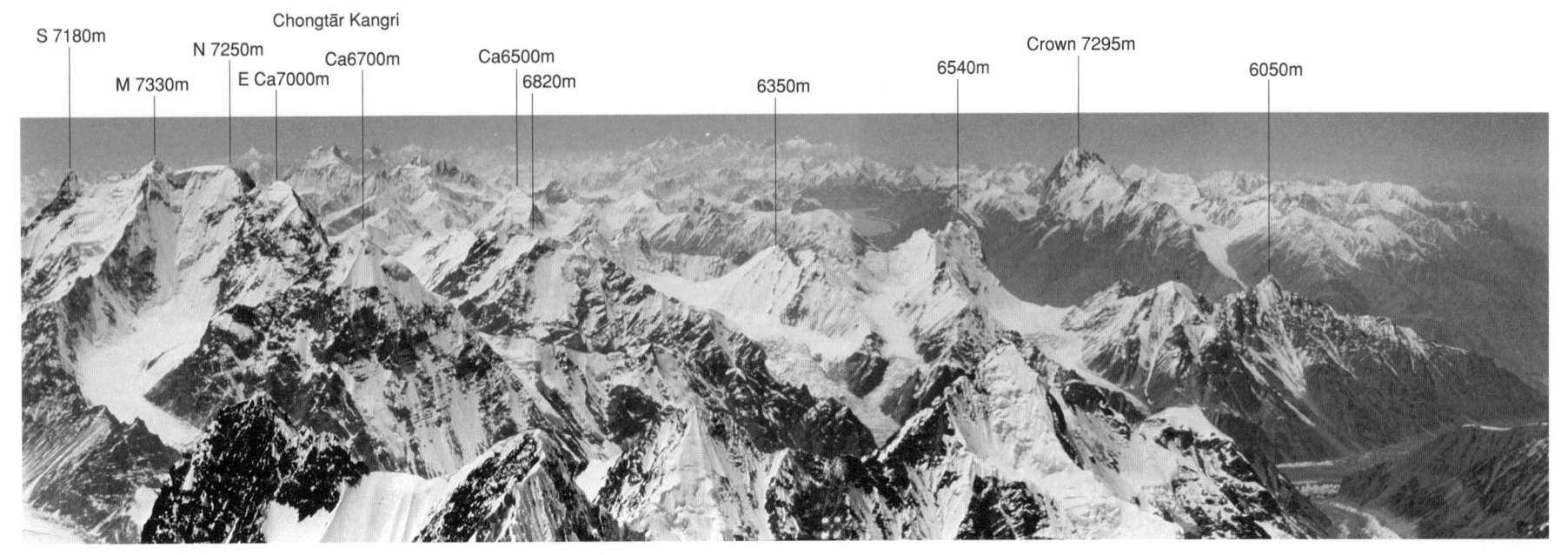

3 - 55 「Chongtār 山群パノラマ」 Skyang Kangri I より（学習院大学隊）

度は旧高度にとどめている。

チョンタール・カンリ・主峰
〈X－B－1〉

Chongtār Kangri (M)　7330 m/
24050 f
35°55′N　76°26′E
Qogil GL と、Chongtār GL の間。

チョンタール・カンリ・北峰
〈X－B－1〉

Chongtār Kangri (N)　7250 m/
23786 f
35°55′N　76°25′E
Qogil GL と、Chongtār GL の間。

チョンタール・カンリ・西峰
〈X－B－1〉

Chongtār Kangri (W)　Ca 7200
m/23622 f
35°55′N　76°25′E
W・Qogil GL と、Chongtār GL

の間。

チョンタール・カンリ・南峰
〈X－B－1〉

Chongtār Kangri (S)　7180 m/
23556 f
35°54′N　76°25′E
Qogil GL と、Chongtār GL の間。

チョンタール・カンリ・東峰
〈X－B－1〉

Chongtār Kangri (E)　Ca 7000
m/22966 f
35°56′N　76°26′E
W・Qogil GL 中流部の右岸。

無名峰

Un Named Peak　6820 m/22375 f
35°57′N　76°25′E
W・Qogil GL 中流部の左岸。

3 - 56 「K2 西正面」Latok III峰より （寺西洋治）

無名峰	Un Named Peak　Ca 6700 m/21982 f 35°56′N　76°27′E W・Qogil GL 下流部の右岸。		35°56′N　76°24′E N・Chongtār GL と、W・Qogil GL の間。
無名峰	Un Named Peak　6540 m/21456 f 35°59′N　76°25′E Sarpo Laggo GL と、Qogil GL の間。	無名峰	Un Named Peak　6050 m/19850 f 36°00′N　76°40′E Sarpo Laggo GL と、Qogil GL の間。
無名峰	Un Named Peak　Ca 6500 m/21325 f 35°57′N　76°24′E Sarpo Laggo GL と、W・Qogil GL の間。	無名峰	Un Named Peak　Ca 6000 m/19685 f 36°59′59″N　76°26′00″E Sarpo Laggo River と、Qogil GL の間。
無名峰	Un Named Peak　6370 m/20900 f		

BALTORO MUZTĀGH — 139

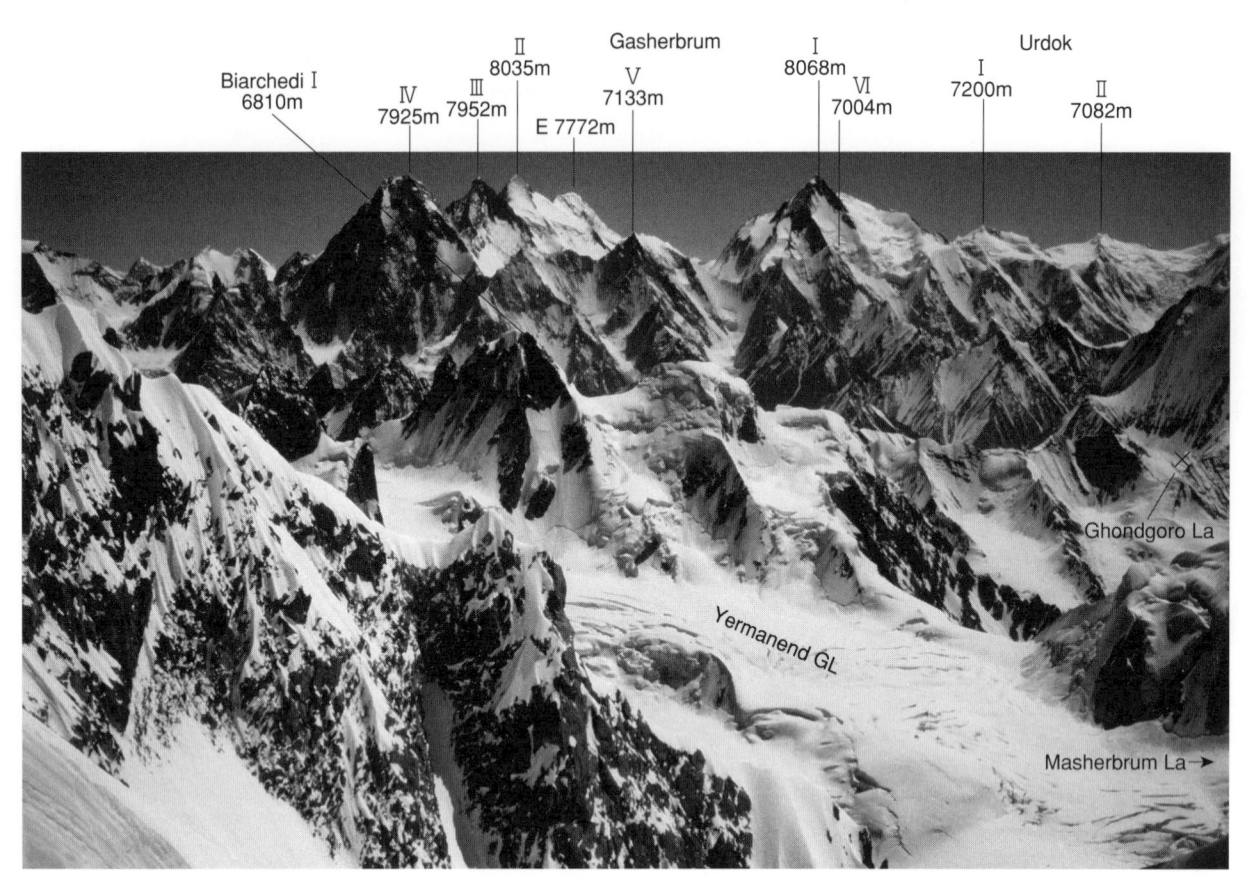

3 - 57 「Gasherbrum 山群」Masherbrum より（須藤建志）

GASHERBRUM GROUP （地図 No. 10）

　北縁が、北 Gasherbrum 氷河、西縁は Baltoro 氷河と Abruzzy 氷河があり、東側の Urdok 氷河、および Shaksgam 川に囲まれる広大な山群をいう。8000 m 級の峰がならびカラコルム山脈における登山の核心部である。

　スポレト図の 7772 m 峰をメイスンはピークではないとしていたが明らかにピークであるから、仮に G-東峰と呼んでもよいだろう。

G-V 峰の 7321 m は 1977 年の測定でずっと低いことが判明した。

　登山隊の人気は Gasherbrum II 峰に集中し、次に I 峰となる。わずかに、8000 m に劣る III 峰と IV 峰はずっと少なくなって、V 峰、VI 峰は、7000 m 級なのにいまだに未登峰というのが面白い。V 峰の衛星峰とはいえ、V-北西峰や V-北峰などもいまとなっては貴重な未登峰であろう。この一帯については多くの文献や記述があるので割愛する。

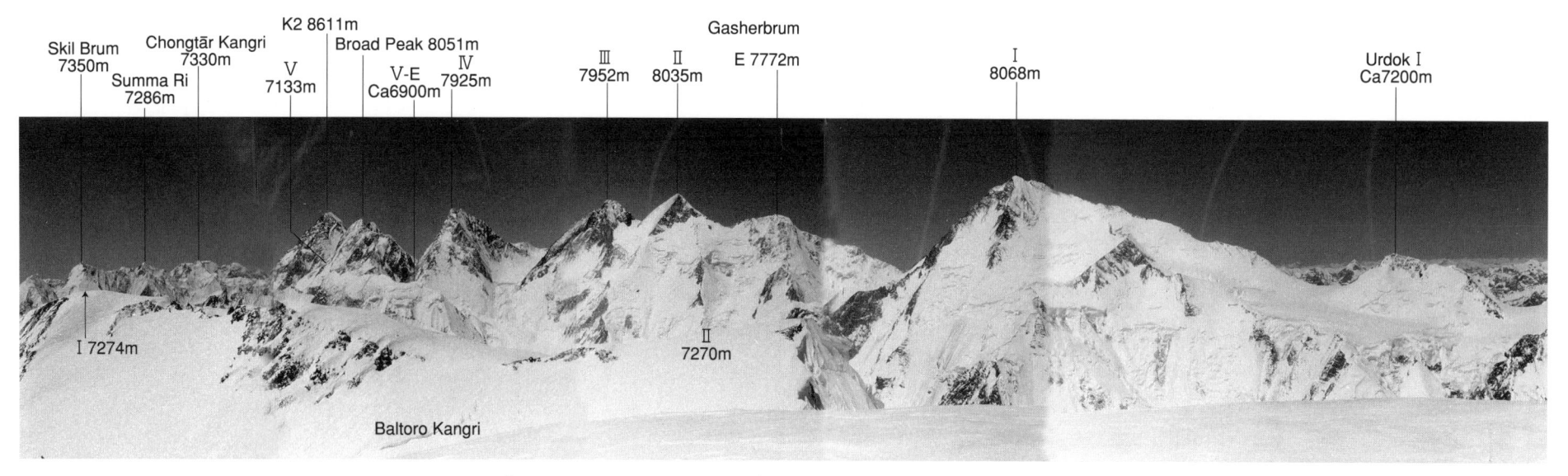

3-58 「Gasherbrum、Urdok 周辺」Baltoro Kangri III峰より（芝浦工業大学隊）

ガッシャーブルム・I峰　　　Gasherbrum（I）
(Hidden Peak, K 5)　　　　　8068 m/26470 f
〈Pk 23/52 A、　　　　　　35°43′40″N　76°41′48″E〉
〈X－C－2〉　　　　　　　Gasherbrum GL と、Urdok GL の間。
　　（初登頂）　　　　　　1958年、アメリカ隊、N. クリンチ隊長。

ガッシャーブルム・II峰　　　Gasherbrum（II）　8034.53 m/26360 f
(K 4)　　　　　　　　　　Fixed Point
〈Pk 21/52 A、　　　　　　35°45′31″N　76°39′15″E〉
〈X－C－1〉　　　　　　　Gasherbrum GL と、E・Naqpo GL の間。
　　（初登頂）　　　　　　1956年、オーストリア隊、F. モラヴェック隊長。

ガッシャーブルム・III峰　　Gasherbrum（III）　7952.23 m/26090 f
(K 3 a)　　　　　　　　　Fixed Point

〈Pk 20/52 A、　　　　　　35°45′36″N　76°38′33″E〉
〈X－C－1〉　　　　　　　Gasherbrum GL と、E・Naqpo GL の間。
　　（初登頂）　　　　　　1975年、ポーランド隊、W. ルトキェヴィチ隊長。

ガッシャーブルム・IV峰　　Gasherbrum（IV）　7924.80 m/26000 f
(K 3)　　　　　　　　　　Fixed Point
〈Pk 19/52 A、　　　　　　35°45′38″N　76°37′02″E〉
〈X－C－1〉　　　　　　　Gasherbrum GL と、W・Gasherbrum GL の間。
　　（初登頂）　　　　　　1958年、イタリア隊、R. カシン隊長。

ガッシャーブルム・東峰　　Gasherbrum（E）　7772 m/25500 f
〈X－C－1〉　　　　　　　35°45′21″N　76°39′56″E　Spoleto
　　　　　　　　　　　　Gasherbrum GL と、E・Naqpo GL の間。

BALTORO MUZTĀGH—141

(初登頂)　　　　1983年、ポーランド隊、W. クルティカ、J. ククチカ。

ガッシャーブルム・北峰　　Gasherbrum (N)　Ca 7500 m/24600 f
〈X−C−1〉　　　　　　　35°46′N　76°39′E
　　　　　　　　　　　　Gasherbrum GL と、E・Naqpo GL の間で GⅢ峰の北東、約 1 km にある肩状峰。　―註―　写真 3 - 52 参照。

無名峰　　　　　　　　　Un Named Peak　Ca 7310 m/23983 f
　　　　　　　　　　　　35°46′17″N　76°38′50″E
　　　　　　　　　　　　U・Gasherbrum GL 内院と、N・Gasherbrum GL の間。

ウルドック・Ⅰ峰　　　　Urdok (I)　Ca 7200 m/23622 f (7300 m)
〈X−C−2〉　　　　　　　35°42′17″N　76°43′01″E
　　　　　　　　　　　　U・Zbwa GL と、Urdok GL の間。
　　(初登頂)　　　　1958年、アメリカ隊、N. クリンチ隊長。

ガッシャーブルム・Ⅴ峰　Gasherbrum (V)　7133 m/23402 f
〈X−C−2〉　　　　　　　　(7321 m)
〈Pk 22/52 A、　　　　　35°43′50″N　76°36′50″E〉　1977年
　　　　　　　　　　　　Gasherbrum GL と、Baltoro GL の間。

ガッシャーブルム・Ⅴ-中央峰　Gasherbrum (V-MD)
〈X−C−2〉　　　　　　　Ca 7120 m/23360 f
　　　　　　　　　　　　35°43′50″E　76°37′00″E
　　　　　　　　　　　　G-Ⅴ峰の東、同一稜線上。

3 - 59　「Gasherbrum 山群」Baltoro 氷河上より　(宮森常雄)

ウルドック・Ⅱ峰　　　　Urdok (II)　7082 m/23235 f
〈X−C−2〉　　　　　　　35°41′18″N　76°44′57″E
　　　　　　　　　　　　U・Zbwa GL と、Urdok GL の間。

ガッシャーブルム・南西ピーク　Gasherbrum SW Peak　7069 m/23192 f
〈X−C−2〉
　　　　　　　　　　　　35°42′20″N　76°41′50″E
　　　　　　　　　　　　北西稜上で、Margang GL の源頭。
　　(初登頂)　　　　1958年、アメリカ隊、N. クリンチ隊長。

ガッシャーブルム・Ⅵ峰　Gasherbrum (VI)　7004 m/22980 f
〈X−C−2〉　　　　　　　35°42′19″N　76°38′08″E　1977年
　　　　　　　　　　　　Gasherbrum GL と、Baltoro GL の間。

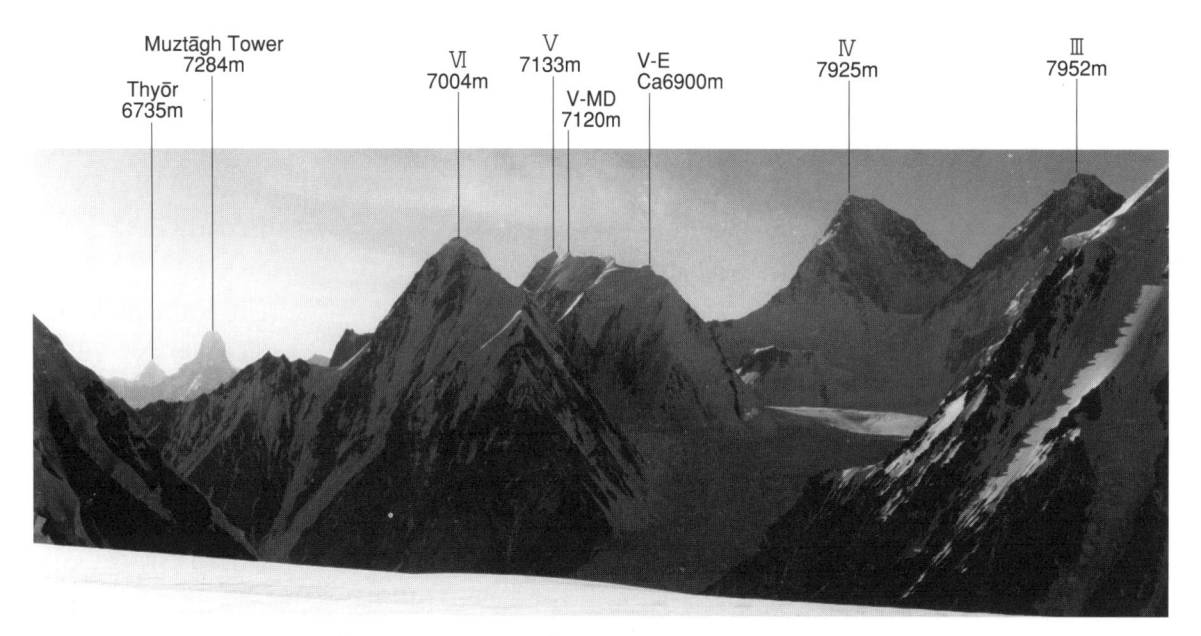

3－60 「Gasherbrum 山群」Conway Suddle 付近より（林原隆二）

無名峰	Un Named Peak　6984 m/22910 f 36°48′N　76°39′E N・Gasherbrum GL と、W・Naqpo GL の間。		Gasherbrumu GL の西支流と、Baltoro GL の間。
ガッシャーブルム・V-北西峰 〈X−C−2〉	Gasherbrum (V-NW)　6980m/22900 f 35°44′13″N　76°36′20″E　1977 年 W・Gasherbrum GL、Gasherbrum GL、Baltoro GL など、3 氷河の間。	ウルドック・Ⅲ峰 〈X−D−2〉	Urdok (Ⅲ)　6950 m/22802 f 35°40′45″N　76°45′26″E Abruzzi GL と、Urdok GL の間。
		無名峰	Un Named Peak　6936 m/22756 f 35°47′N　76°39′E N・Gasherbrum GL と、W・Naqpo GL の間。
ガッシャーブルム・V-北峰 〈X−C−2〉	Gasherbrum (V-N)　6950 m/22802 f　1977 年 35°44′06″N　76°46′36″E	ガッシャーブルム・トゥインズ 〈X−C−2〉	Gasherbrum Twins　6912 m/22677 f 35°44′15″N　76°35′49″E　1977 年

BALTORO MUZTĀGH — 143

	W・Gasherbrum GL の、源頭付近の左岸。	無名峰	Un Named Peak　Ca 6600 m/21653 f 35°46′40″N　76°35′20″E Broad GL と、W・Gasherbrum GL の間。
ガッシャーブルム・V-東峰 〈X—C—2〉	Gasherbrum（V-E）　Ca 6900 m/22640 f 35°43′43″N　76°37′50″E G-V 峰の東、約 1 km。	無名峰	Un Named Peak　Ca 6550 m/21490 f 35°46′00″N　76°34′50″E Broad GL と、W・Gasherbrum GL の間。
（初登頂）	1978 年、碧稜山岳会隊、馬場口隆一隊長。	無名峰	Un Named Peak　6218 m/20400 f 35°45′40″N　76°34′10″E Broad GL と、W・Gasherbrum GL の間。
無名峰	Un Named Peak　6753 m/22156 f 35°47′20″N　76°35′30″E Broad GL と W・Gasherbrum GL の間。		

3 – 61 「Sia Kangri 周辺」Baltoro Kangri III峰より（芝浦工業大学隊）

SIACHEN MUZTĀGH

SIA GROUP　　　　　（地図 No. 10）

　北端は、Shaksgam 川と Urdok 氷河の合流点である。Urdok 氷河から源頭の Sia Kangri を結び、Siachen 氷河が西縁となり、Teram Shehr 氷河、Italian Pass が南縁となる。さらに山稜を東端の Shaksgam 峠に至り同名の川を下る。この線の内側の山脈を Siachen Muztāgh という。

　南方に流れ下る Siachen 氷河は、カラコルム五大氷河中最大の氷河で全長約71 km，総面積約685 km² に及ぶ。

　Abruzzy、Urdok、Siachen、Kondus など四氷河の源頭にあるカラコルムで最も小さな山群である。

　1889年、東限の Indira Col にはヤングハズバンドが北側から E・Col 直下まで迫って後退。1912年にワークワンが南側から W・Col 到達、次いで Sia La を越えて Kondus 氷河に下った。
　－註－　写真 3 - 63 参照。

　1934年、ディーレンフルトが Conway Suddle に達し、1979年には、五大氷河縦断隊の林原隆二らが、初めてこの Suddle を越えて Siachen 氷河に下降し Bilafond 峠に向かった。

シア・カンリ・主峰　　Sia Kangri（M）　7422 m/24350 f
〈Pk 41/52 A、　　　　　35°39′51″N　76°45′43″E〉
〈X－D－2〉　　　　　　 Abruzzi GL の源頭で、Urdok GL の間。

(初登頂)	1934年、国際登山隊、G.O. ディーレンフルト隊長。	無名峰 (Hardinge) 〈Pk 42/52 A、 〈X—D—2〉	Un Named Peak　7093 m/23270 f 35°37′59″N　76°47′29″E〉 Siachen GL の、最源頭付近。 1914年に発表された山名の 'Hardinge' は、当時のインド測量局が不採用とした。
シア・カンリ・II峰 〈X—D—2〉	Sia Kangri (II)　Ca 7325 m/24032 f 35°39′N　76°45′43″E Abruzzi GL の源頭付近。		
(初登頂)	1934年、国際登山隊、G.O. ディーレンフルト隊長。	無名峰	Un Named Peak　Ca 6900 m/22640 f 35°38′40″N　76°47′00″E Urdok GL と、Siachen GL の間。
シア・カンリ・IV峰 〈X—C—2〉	Sia Kangri (IV)　Ca 7315 m/24000 f 35°39′N　76°44′E Abruzzi GL の源頭付近。	無名峰 〈Pk 43/52 A、	Un Named Peak　6535 m/21440 f 35°36′36″N　76°50′08″E〉 Source GL と、Hardinge GL の間。
(初登頂)	1934年、国際登山隊、G.O. ディーレンフルト隊長。	無名峰	Un Named Peak　6232 m/20446 f 35°36′N　76°51′40″E Source GL と、W・Source GL の間。
シア・カンリ・III峰 〈X—C—2〉	Sia Kangri (III)　Ca 7273 m/23860 f 35°39′N　76°45′E Abruzzi GL の源頭付近。		
(初登頂)	1934年、国際登山隊、G.O. ディーレンフルト隊長。		

3-62 「Singhi Kangri 南面」Teram Kangri II峰の下部より（太田欽也）

STAGHAR & SINGHI GROUP (New Proposal)（地図 No. 10）

　西縁の Urdok 氷河、Siachen 氷河と、東縁の Singhi 氷河、Teram 氷河の間にあり、中央を、1926 年にメイスンが発見した Staghar 氷河が流下する山群である。
　一帯は、1912 年のペーターキンが西側から、メイスンやフイッセルは東側から測量を行なっている。1912 年、ワークマンは Turkistān La からこの氷河を俯瞰し、1976 年、佐藤春郎らが日本人初の Staghar 氷河舌端への到達を果たした。

シンギ・カンリ	Singhi Kangri　7202 m/73630 f
〈Pk 44/52 A、	35°35′56″N　76°59′05″E〉
〈X－D－2〉	Peterkin
	Staghar GL と、N・Teram GL の源頭。
（初登頂）	1976 年、東北大学隊、佐藤春郎隊長。
無名峰	Un Named Peak　6815 m/22360 f
〈Pk 45/52 A、	35°35′47″N　76°57′32″E〉
	Peterkin
	Staghar GL と、N・Teram GL の源頭で Siachen GL の間
無名峰	Un Named Peak　Ca 6800 m/22310 f
	35°37′N　76°59′E
	Staghar GL と、Singhi GL の間で、Singhi Kangri の北東約 1.5 km。
無名峰	Un Named Peak　Ca 6800 m/22310 f
	35°37′N　76°58′E
	Teram GL、Staghar GL、Singhi GL の間で、Singhi Kangri の北東、約 1 km。
無名峰	Un Named Peak　6492 m/21300 f　Afraz Gul Khan
	35°46′N　76°47′E
	Staghar GL と、Urdok GL の間。
無名峰	Un Named Peak　6468 m/21220 f
	35°42′N　76°54′E
	Staghar GL と、Singhi GL の間。
無名峰	Un Named Peak　6340 m/20800 f

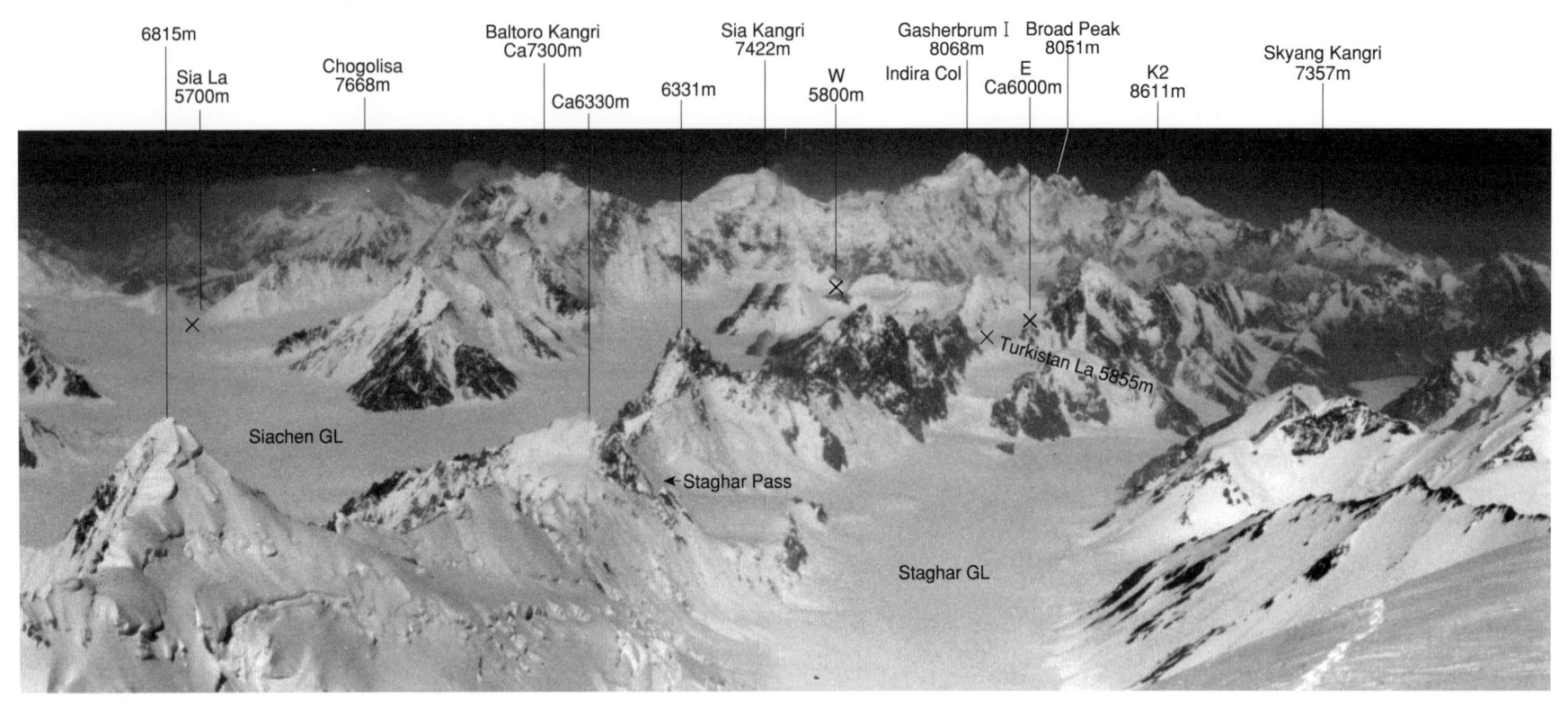

3 - 63 「Sia La、Turkistān La 周辺」Shinghi Kangri より（東北大学隊）

	35°46′″N　76°48′E Staghar GL と、Urdok GL の間。
無名峰	Un Named Peak　Ca 6300 m/20670 f 35°36′50″N　76°55′E Staghar GL と、Siachen GL の間。
無名峰	Un Named Peak　6248 m/20500 f 35°45′N　76°47′E Staghar GL と、Urdok GL の間。
無名峰	Un Named Peak　6187 m/20300 f

〈35°32′36″N　76°59′23″E〉 Peterkin
N・Teram GL と、Siachen GL の間。

無名峰　　Un Named Peak　6172 m/20250 f
　　　　　35°47′N　76°46′E
　　　　　Staghar GL と、Urdok GL の間。

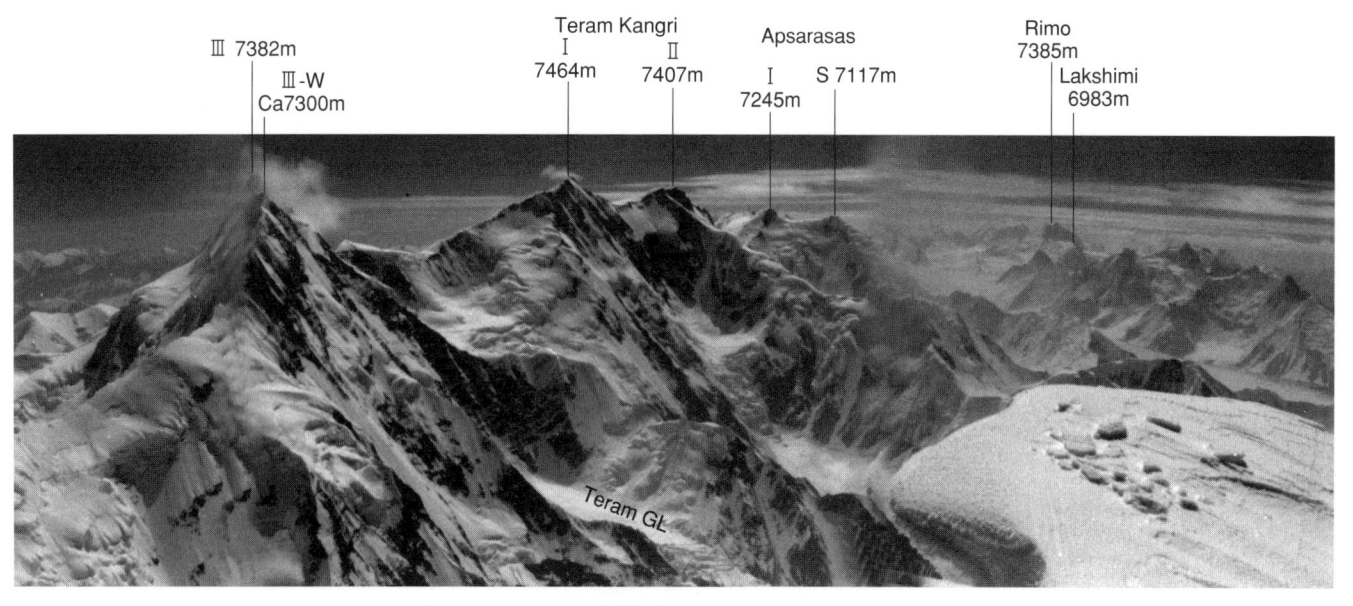

3-64 「Teram Kangri 周辺」Singhi Kangri より（東北大学隊）

3-65 「Apsarasas I、東峰」Teram Kangri より（太田欽也）

TERAM KANGRI GROUP　（地図 No.11）

　西縁は、Teram 氷河と Teram Shehr 氷河、東縁は Singhi 氷河と Kyagār 氷河の間の小さな山群である。

　1909 年、Bilafond 峠から T.G. ロングスタッフにより発見された。1911 年、コリンズは三角測量をしているが測量網との連結が良くなく、1912 年のコリンズの結果を測量局は採用して 1926 年のメイスンの再測量値と一致させた。

　1970 年代の後半わずかな解禁期間であったが、日本隊一色ともいえる活躍が目立った。

テラム・カンリ・I 峰　　Teram Kangri (I)　7464 m/24489 f
〈Pk 15/52 E、　　　　　35°34′38″N　77°05′04″E〉　Mason
〈IX−A−1〉　　　　　　Teram GL と、Singhi GL の間。
　　（初登頂）　　　　1975 年、静岡大学隊、片山一隊長。

テラム・カンリ・II 峰　　Teram Kangri (II)　7407 m/24300 f
(Siachen No 25)　　　　〈35°34′05″N　77°05′30″E〉　Mason
〈XI−A−1〉　　　　　　Teram GL と、Singhi GL の間。
　　（初登頂）　　　　1975 年、静岡大学隊、片山一隊長。

テラム・カンリ・III 峰　　Teram Kangri (III)　7382 m/24218 f
〈Pk 14/52 E、　　　　　35°35′50″N　77°03′11″E〉　Mason
〈XI−A−1〉　　　　　　Teram GL と、Singhi GL の間。
　　（初登頂）　　　　1979 年、弘前大学隊、花田澄人隊長。

テラム・カンリ・III-西峰　Teram Kangri (III-W)　Ca 7300 m/23950 f
〈XI−A−1〉　　　　　　35°35′N　77°03′E
　　　　　　　　　　　Teram GL と、Singhi GL の間。

SIACHEN MUZTĀGH — 149

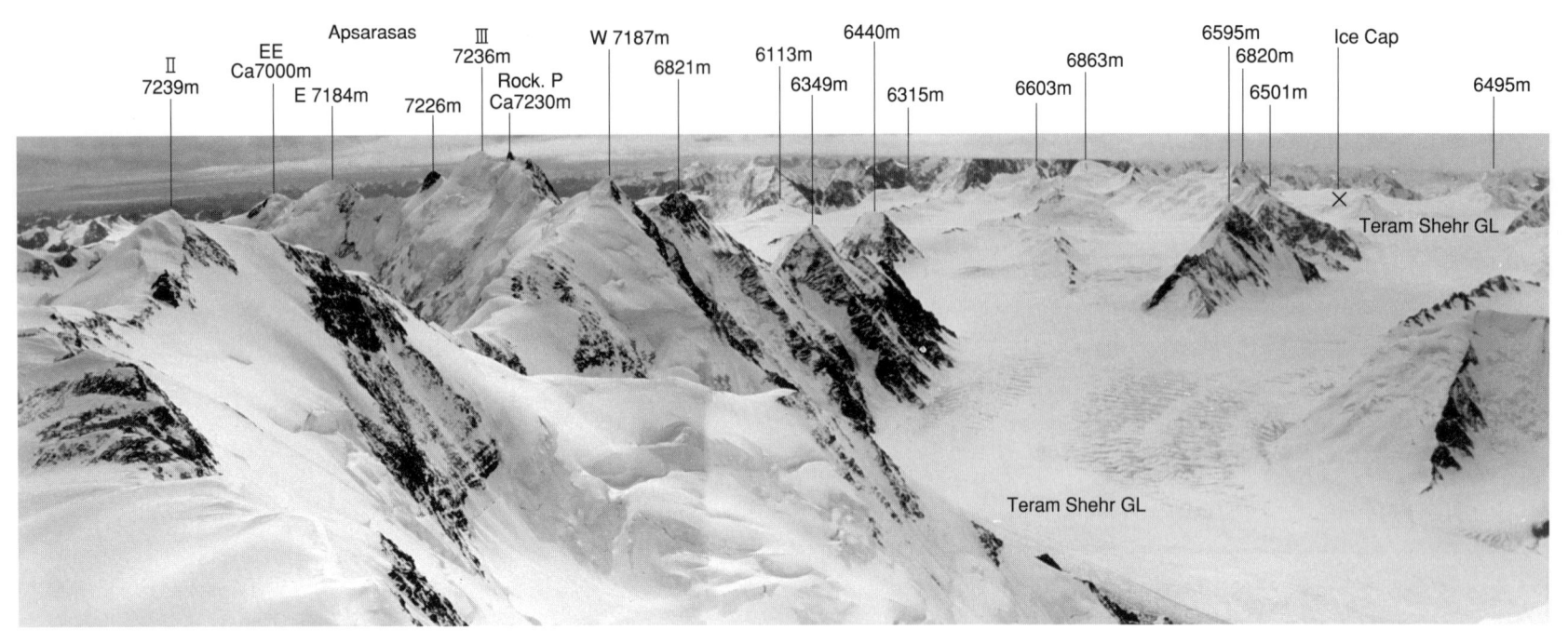

3 - 66 「Apsarasas Ⅱ、Ⅲ〜東東峰」Apsarasas Ⅰ峰より（大阪大学隊）

アプサラサス・Ⅰ峰	Apsarasas (I)　7245 m/23770 f
(Siachen No 27)	〈35°32′23″N　77°09′03″E〉　Mason
〈Ⅺ－A－1〉	Teram Shehr GL と、Kyagār GL の間。
（初登頂）	1976 年、大阪大学隊、三沢日出雄隊長。

アプサラサス・Ⅱ峰　　Apsarasas (II)　7239 m/23750 f
〈Ⅺ－A－1〉　　　　〈35°32′04″N　77°10′18″E〉　Mason
　　　　　　　　　　Teram Shehr GL と、Kyagār GL の間。

アプサラサス・Ⅲ峰　　Apsarasas (III)　7236 m/23740 f
〈Ⅺ－A－1〉　　　　〈35°31′05″N　77°12′30″E〉　Mason
　　　　　　　　　　Teram Shehr GL と、Kyagār GL の間に
　　　　　　　　　　ある雪頂だが、西側約 0.4 km に顕著に尖
　　　　　　　　　　った岩塔があり、高度は Ca 7230 m/23720 f。

アプサラサス・中央峰　Apsarasas (MD)　7227 m/23710 f
〈Pk 16/52 E、　　　35°31′12″N　77°12′47″E〉　Mason
〈Ⅺ－A－1〉　　　　Teram Shehr GL と、Kyagār GL の間
　　　　　　　　　　にある岩峰で、東峰とほぼ同高度でおそ
　　　　　　　　　　らく 7200 m 以下と思われる。

アプサラサス・西峰　　Apsarasas (W)　7187 m/23580 f
〈Ⅺ－A－1〉　　　　〈35°31′12″N　77°11′30″E〉　Mason
　　　　　　　　　　Teram Shehr GL と、Kyagār GL の間。

アプサラサス・東峰　　Apsarasas (E)　7184 m/23570 f
〈Ⅺ－A－1〉　　　　〈35°31′15″N　77°13′11″E〉　Mason
　　　　　　　　　　Teram Shehr GL と、Kyagār GL の間。

アプサラサス・南峰 〈XI―A―1〉 （初登頂）	Apsarasas（S） 7117 m/23350 f 〈35°31′57″N　77°08′40″E〉　Peterkin Apsarasas GL の源頭で、Ⅰ峰の南西稜上。 1976 年、大阪大学隊、三沢日出雄隊長。	無名峰	Un Named Peak　6986 m/22920 f 〈35°33′18″N　77°06′40″E〉　Mason Kyagār GL、Singhi GL、Apsarasas GL など 3 氷河の間。
アプサラサス・東東峰 〈XI―A―1〉	Apsarasas（EE）　Ca 7000 m/22966 f 35°31′N　77°13′E Teram Shehr GL と、Kyagār GL の間。	無名峰 （Siachen No 26） 〈XI―A―1〉	Un Named Peak　6867 m/22530 f 35°33′08″N　77°07′36″E 〈35°33′08″N　77°08′16″E〉　Peterkin Kyagar GL と、Apsarasas GL の間。

SIACHEN MUZTĀGH ― 151

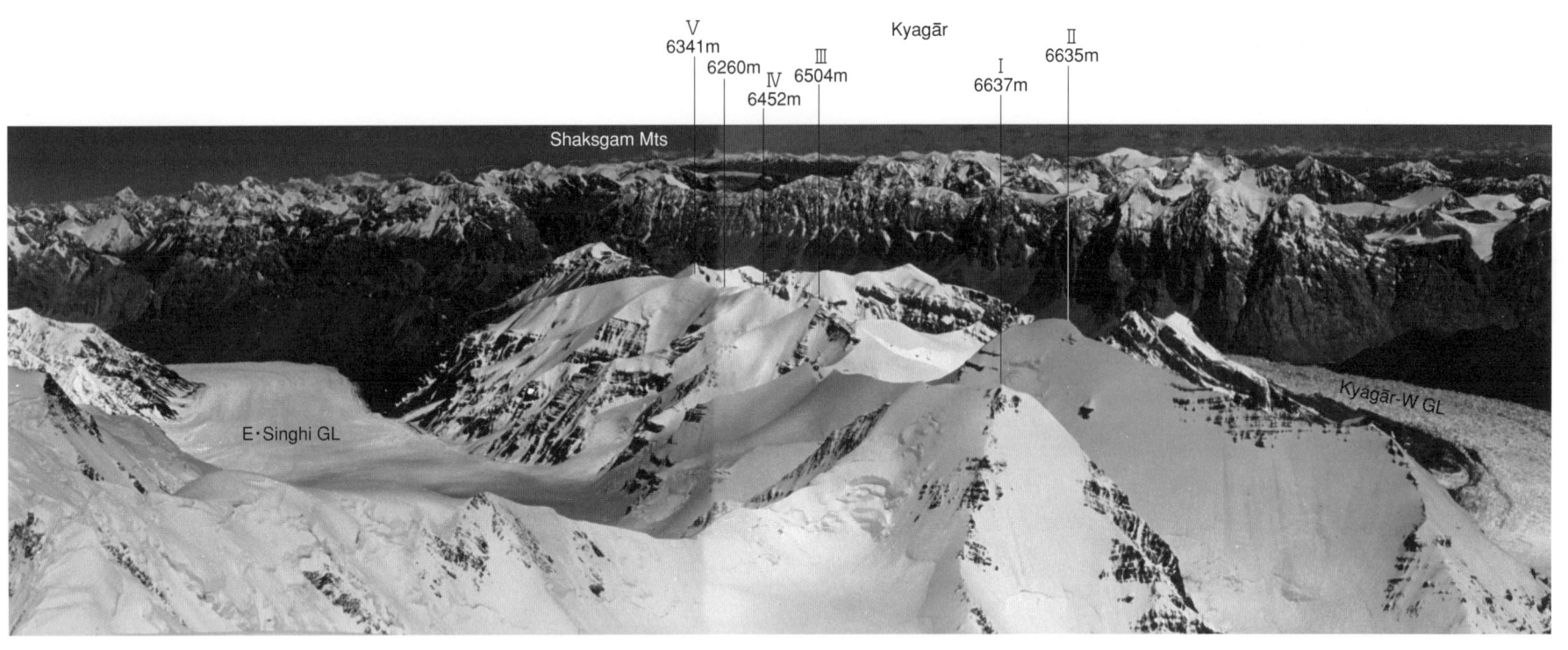

3 – 67 「Kyagār 山群」Apsarasas Ⅰ峰より（大阪大学隊）

KYAGĀR GROUP (地図 No. 11)

Singhi、Kyagār 両川に挟まれた小さな山群。

1926 年には K. メイスンらが Shaksgam 川に入り、発見した両氷河から測量を行なった。メイスンの Ⅰ 峰、Ⅱ 峰の名称が、今ではそれぞれ Ⅱ 峰、Ⅲ 峰に置き換えられている。これはメイスンの Ⅰ 峰の奥にのちに高い峰が発見されて、いつのまにか Ⅰ 峰になったもの。また 1934 年のフィッサーらも一帯を測量している。

キャガール・Ⅰ峰　　Kyagār (I)　6637 m/21774 f
〈XI—A—1〉　　　　35°34′N　77°08′E
Singhi GL と、W・Kyagār GL の間。

キャガール・Ⅱ峰　　Kyagār (II)　6635 m/21770 f
(Kyagār 1)　　　　35°35′N　77°08′E
〈XI—A—1〉　　　☞〈旧Ⅰ峰　35°35′47″N　77°08′48″E〉
Mason　1926
Singhi GL と、W・Kyagār GL の間。

キャガール・Ⅲ峰　　Kyagār (III)　6504 m/21340 f
(Kyagār 2)　　　　35°36′N　77°07′58″E
〈XI—A—1〉　　　☞〈旧Ⅱ峰　35°35′47″N　77°07′45″E〉
Mason　1926
Singhi GL と、Kyagār GL の間。

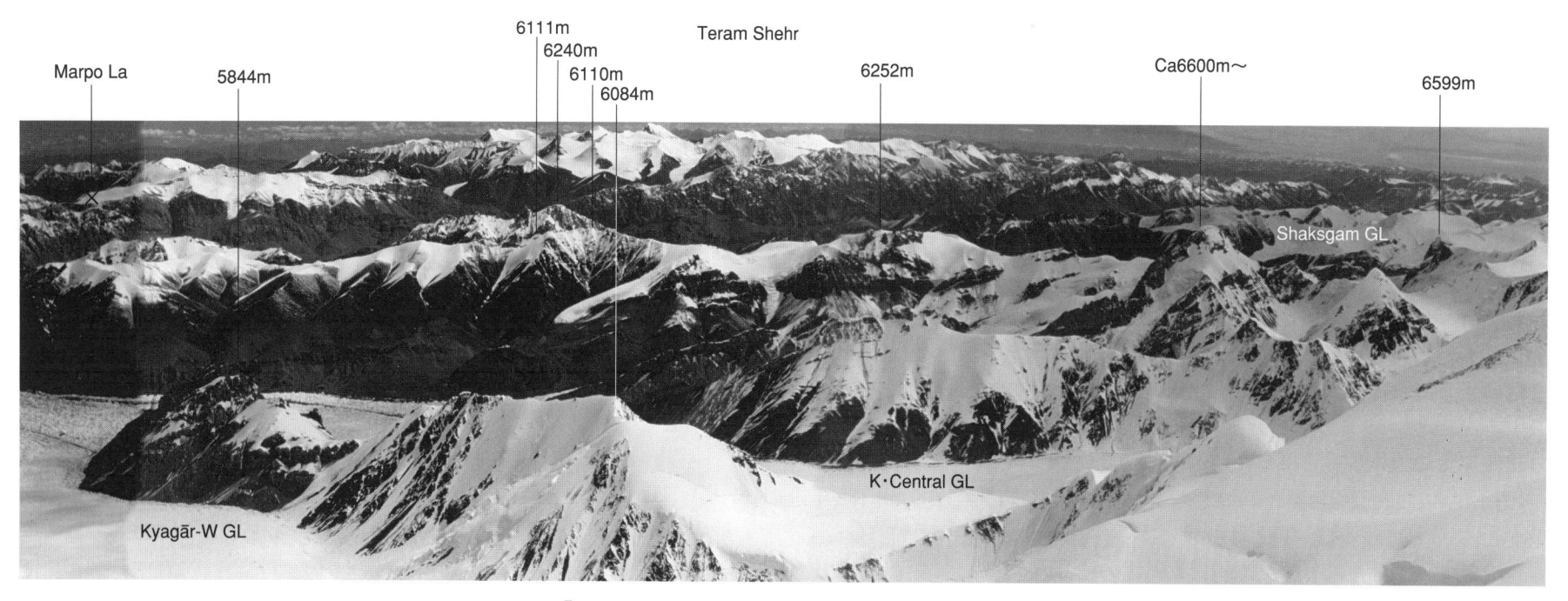

3 - 68 「Teram Shehr 山群」Apsarasas I 峰より（大阪大学隊）

キャガール・IV峰 〈XI—A—1〉	Kyagār（IV）　6452 m/21170 f 35°37′N　77°06′50″E 〈35°36′50″N　77°06′51″E〉 Mason 1926 Singhi GL と、Kyagār GL の間。	
無名峰	Un Named Peak　6434 m/21110 f 〈35°36′25″N　77°07′20″E〉 Mason 1926 Singhi GL と、Kyagār GL の間の小ピーク。	
キャガール・V峰 〈XI—A—1〉	Kyagār（V）　6341 m/20804 f（6354 m） 35°39′N　77°06′E Singhi GL と、Kyagār GL の間。	
無名峰	Un Named Peak　6260 m/20540 f	

35°38′N　77°06′E
Singhi GL と、Kyagār GL の間。

　その他、Singhi 氷河と Kyagār 氷河の間には、6269 m、6251 m、6169 m 峰が、西 Kyagār 氷河と中央 Kyagār 氷河の間には、6166 m、6096 m、6084 m 峰などの小ピークがある。

SIACHEN MUZTĀGH—153

TERAM SHEHR・NORTH RIMO GROUP (New Proposal)
(地図 No. 11)

　Teram Shehr 氷河の源頭右岸の峰から、Kyagār 氷河を下り、Shaksgam 川から Yarkand 河の源頭に達する。さらに、北 Rimo 氷河の下流を横断して、中央 Rimo 氷河の源頭にいたる間の内側の山群をいう。つまり、Teram Shehr、中央 Rimo 氷河を結ぶ線の北側となる。

　1914 年の、De Filippi 隊のウッドやアレッシオによって三角測量が行なわれた。1926 年には、メイスンらが Shaksgam 峠（G-峠）を越えて同名の川を下り、流域周辺の測量を行なっている。

　1930 年には、イタリアの G. ダイネッリが Teram Shehr 氷河から源頭の鞍部に達し、Italian Col と命名して Rimo GL 側に下った。

無名峰 (Peterkin 30) 〈XI—A—1〉	Un Name Peak　6852 m/22480 f 〈35°29′48″N　77°14′39″E〉Peterkin 35°30′N　77°14′E Teram Shehr GL と、Upper・Rimo GL の間。
無名峰 〈XI—B—2〉	Un Named Peak　6821 m/22380 f 〈35°28′52″N　77°14′58″E〉Peterkin 〈35°28′52″N　77°16′36″E〉1914 年 Wood Teram Shehr GL と、U・Rimo GL の間。 フィリッピ図は、6831 m/22410 f である。
ピーク・36	Peak 36　6733 m/22090 f
〈Pk 36/52 E、 〈XI—B—2〉	35°28′17″N　77°22′18″E〉 Wood U・Rimo GL と、N・Rimo GL の間。 ウッドは岩峰としているが、岩峰は見当らないようだ。
ピーク・35 〈Pk 35/52 E、 〈XI—B—2〉	Peak 35　6678 m/21910 f 35°28′18″N　77°23′18″E〉 Wood N・Rimo GL と、C・Rimo GL の間。
無名峰	Un Named Peak　6664 m/21865 f 35°30′N　77°21′E 〈35°29′30″N　77°22′00″E〉Fillipi N・Rimo GL と、C・Rimo GL の間。
無名峰	Un Named Peak　Ca 6600 m/21653 f 35°33′N　77°16′E Kyagāl・E GL と、Shaksgam GL の間。
無名峰 (20 r/52 E) 〈XI—B—1〉	Un Named Peak　6599 m/21650 f 35°32′N　77°19′E 〈35°31′38″N　77°20′31″E〉Alessio U・Rimo GL と、Shaksgam East GL の間。
無名峰	Un Named Peak　6349 m/20830 f (6323 m) 35°28′N　77°16′E Teram Shehr GL と、U・Rimo GL の間。

無名峰	Un Named Peak　6316 m/20722 f 35°28′N　77°26′E N・Rimo GL と、C・Rimo GL の間。		35°30′N　77°27′E N・Rimo GL と、U・Shaksgam GL の間。
無名峰	Un Named Peak　6305 m/20685 f 35°32′N　77°29′E N・Rimo GL と、Yarkand River 最源頭の間。	無名峰	Un Named Peak　6156 m/20200 f 35°34′N　77°23′E Yarkand River と、Shaksgam GL の間。
		無名峰	Un Named Peak　6118 m/20072 f 35°28′N　77°28′E N・Rimo GL と、C・Rimo GL の間。
無名峰	Un Named Peak　6252 m/20512 f 35°35′N　77°16′E Kyagār GL と、Shaksgam GL の間。	無名峰	Un Named Peak　6111 m/20050 f 35°37′N　77°14′E Kyagār GL と、Shaksgam GL の間。
無名峰	Un Named Peak　6240 m/20472 f 35°37′N　77°16′E Kyagār GL と、Shaksgam GL の間。	無名峰	Un Named Peak　6110 m/20046 f 35°36′N　77°14′E Shaksgam GL と、Kyagār GL の間。
無名峰	Un Named Peak　6230 m/20439 f 35°30′N　77°26′E N・Rimo GL と、U・Shaksgam GL の間。	無名峰	Un Named Peak　6109 m/20043 f (6111 m) 35°34′N　77°19′E W・Shaksgam GL と、E・Shaksgam GL の間。
無名峰	Un Named Peak　6229 m/20436 f 35°28′N　77°25′E N・Rimo GL と、C・Rimo GL の間。		
無名峰	Un Named Peak　6224 m/20436 f 35°34′N　77°22′E U・Shaksgam GL と、Shaksgam GL の間。		
無名峰	Un Named Peak　6174 m/20256 f		

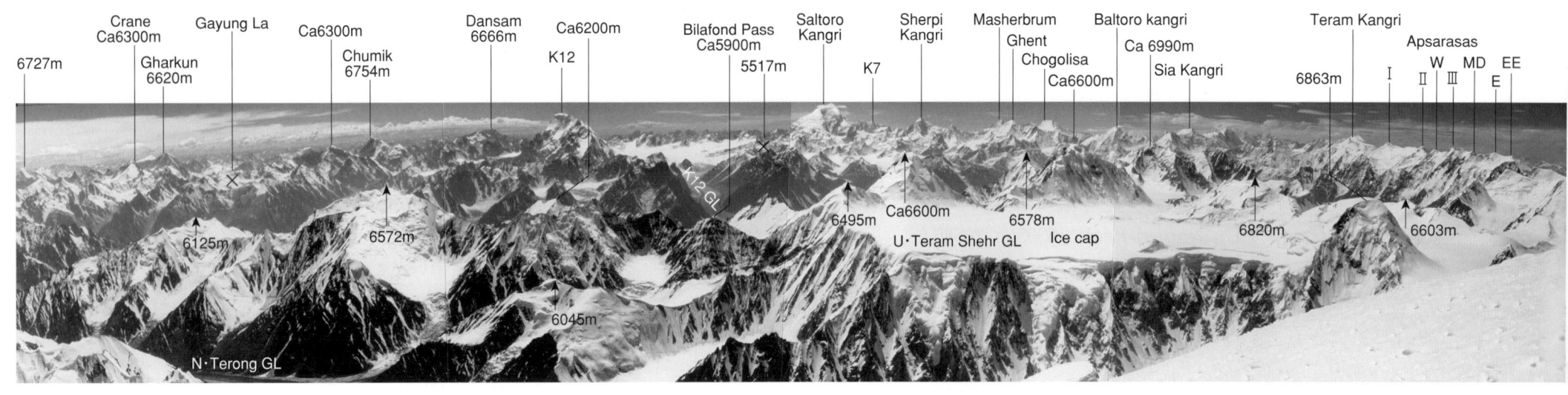

3-69 「North Terong 山群」Rimo I 峰より西望 （日本ヒマラヤ山岳協会）

RIMO MUZTĀGH

RIMO & SOUTH RIMO GROUP (New Proposal)（地図 No. 11）

　Teram Shehr 氷河と Central Rimo 氷河を北縁に、東縁の Shyok 川と西縁の Siachen 氷河、Nubra 川の間で、大カラコルム山脈の最南端の Shyok 川大屈曲点に至る範囲の山脈をいう。
　本来、五つの山群に分けられていたが、ここでは山群に多少の変更を加えた。Shelkār 山群は該当する範囲が狭い。これを廃止して広大な Rimo 山群を、Rimo 山群と、南 Rimo 山群の二つに分け、Shelkaār 山群を南 Rimo 山群に含める。また、広大な Kumdan 山群も二分して Mamostong 山群を新しく設定することにした。
　なお、東縁を南方にむけて流下する中央 Rimo 氷河はカラコルムと広義のチベットの境界である。

　Central Rimo 氷河源頭の南側の支氷河を遡り、北 Terong 氷河を下って南 Terong 氷河に入る。さらに中流部より北東に派生する支氷河の源頭から北 Chong Kumdan 氷河を下り、Shyok 川を経て Rimo 氷河に至る線の内側の山群をいう。
　1914 年、F. De. フィリッピらは Rimo 氷河の全域を測量した。1929〜30 年、C. フィッサーらは南北の両 Terong 氷河と、この際に発見した Shelkār Chorten 氷河の測量を行なっている。

リモ・I 峰　　　　　　Rimo（I）　7385 m/24230 f
〈Pk 51/52 E、　　　　35°21′22″N　77°22′09″E〉　Wood
〈XI−B−2〉　　　　　N・Terong GL と、S・Rimo GL の間。
　（初登頂）　1988 年、インド・日本ヒマラヤ協会合同隊、
　　　　　　H. シン隊長、尾形好雄隊長。

156 — 3　GREAT KARACORUM

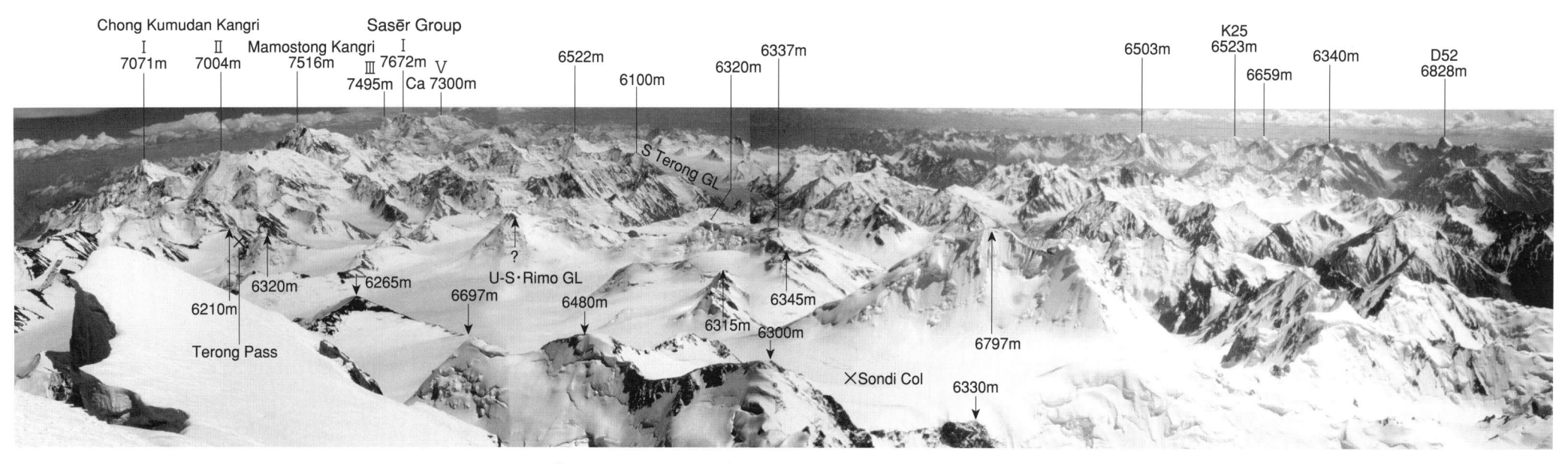

3-70 「North Terong 山群」 Rimo I 峰より南望（日本ヒマラヤ山岳協会）

リモ・II峰	Rimo (II)　7373 m/24188 f	〈XI—B—2〉	C・Rimo GL と、S・Rimo GL の間。
〈Pk 50/52 E、	35°21′24″N　77°22′15″E〉 Collins	（初登頂）	1984 年、インド隊、K. スーチ隊長。
〈XI—B—2〉	N・Terong GL と、S・Rimo GL の間。		
（初登頂）	1990 年、インド・イギリス合同隊、S. パルゾル隊長。	**無名峰**	Un Named Peak　6846 m/22460 f
		〈Pk 47/52 E、	35°23′09″N　77°23′15″E〉 Wood
			C・Rimo GL と、S・Rimo GL の間。
リモ・III峰	Rimo (III)　7233 m/23730 f		
〈Pk 49/52 E、	35°22′32″N　77°21′38″E〉 Wood	**無名峰**	Un Named Peak　6797 m/22300 f
〈XI—B—2〉	C・Rimo GL、N・Terong GL、S・Rimo GL など 3 氷河の間。	〈Pk 53/52 E、	35°18′48″N　77°22′07″E〉 Wood
（初登頂）	1985 年、インド・イギリス合同隊、H. カパディア隊長。		S・Rimo GL 源頭と、Shelkār Chorten GL の間。
リモ・IV峰	Rimo (IV)　7169 m/234520 f	**無名峰**	Un Named Peak　6779 m/22240 f
〈Pk 48/52 E、	35°22′38″N　77°23′04″E〉 Wood	〈Pk 45/52 E、	35°24′52″N　77°22′45″E〉 Wood
			C・Rimo GL と S・Rimo GL の間で、IV峰

RIMO MUZTĀGH—157

　　　　　　　の北方約 3 km。

無名峰　　　　Un Named Peak　6751 m/22150 f
〈Pk 44/52 E、　35°24′57″N　77°23′03″E〉　Wood
　　　　　　　C・Rimo GL と S・Rimo GL の間で、Ⅳ峰
　　　　　　　の北方約 3.5 km。

無名峰　　　　Un Named Peak　6657 m/21840 f
〈Pk 52/52 E、　35°19′46″N　77°23′00″E〉　Wood
　　　　　　　S・Rimo GL の源頭付近で、Ⅰ峰の南南東
　　　　　　　約 3 km。

無名峰　　　　Un Named Peak　6480 m/21260 f
　　　　　　　35°19′N　77°21′E
　　　　　　　N・Terong GL と、S・Rimo GL の間で
　　　　　　　Ibex Col の南。

無名峰　　　　Un Named Peak　6462 m/21200 f
　　　　　　　35°23′N　77°25′E
　　　　　　　C・Rimo GL と、S・Rimo GL の間。

無名峰　　　　Un Named Peak　6345 m/20817 f
　　　　　　　35°17′N　77°35′E
　　　　　　　Shelkār Chorten GL と、S・Rimo GL の間。

無名峰　　　　Un Named Peak　6337 m/20790 f
　　　　　　　35°16′N　77°24′E
　　　　　　　Shelkār Chorten GL と、S・Rimo GL の間。

無名峰　　　　Un Named Peak　6330 m/20767 f
　　　　　　　35°19′N　77°19′E
　　　　　　　N・Terong GL の左岸。

無名峰　　　　Un Named Peak　6330 m/20767 f
　　　　　　　35°18′N　77°20′E
　　　　　　　Shelkār Chorten GL と、N・Terong GL の
　　　　　　　間。

無名峰　　　　Un Named Peak　6320 m/20735 f
　　　　　　　35°17′N　77°24′E
　　　　　　　Shelkār Chorten GL と、S・Rimo GL の間。

無名峰　　　　Un Named Peak　6320 m/20735 f
　　　　　　　35°16′N　77°28′E
　　　　　　　Shelkār Chorten GL と、S・Rimo GL の源
　　　　　　　頭付近で、Terong Col の西約 1 km。

無名峰　　　　Un Named Peak　6319 m/20730 f
　　　　　　　35°21′N　77°25′E
　　　　　　　S・Rimo GL の源頭付近で、C・Rimo GL
　　　　　　　の間。

無名峰　　　　Un Named Peak　6315 m/20720 f
　　　　　　　35°18′N　77°23′E
　　　　　　　Shelkār Chorten GL と、S・Rimo GL の間。

無名峰　　　　Un Named Peak　6312 m/20710 f
　　　　　　　35°22′N　77°27′E
　　　　　　　S・Rimo GL と、C・Rimo GL の間。

無名峰 (Lharimo) 〈XI－B－2〉	Un Named Peak　6309 m/20700 f 　35°19′N　77°25′E S・Rimo GL 源流付近の右岸。	無名峰	Un Named Peak　6200 m/20341 f 35°24′N　77°30′E C・Rimo GL と、S・Rimo GL の間。
無名峰	Un Named Peak　6300 m/20670 f 35°19′N　77°20′E N・Terong GL と、S・Rimo GL の間。	無名峰	Un Named Peak　6168 m/20236 f 35°22′N　77°28′E C・Rimo GL と、S・Rimo GL の間。
無名峰	Un Named Peak　6293 m/20646 f 35°20′N　77°23′E S・Rimo GL 源頭付近で、Rimo (Ⅰ) の東南東約 2 km。	無名峰	Un Named Peak　6167 m/20233 f 35°23′N　77°29′E C・Rimo GL と、S・Rimo GL の間。
無名峰	Un Named Peak　6260 m/20538 f 35°18′N　77°20′E N・Terong GL と、Shelkār Chorten GL の間。	無名峰	Un Named Peak　6145 m/20161 f 35°15′N　77°27′E Shelkār Chorten GL の源頭付近。
無名峰	Un Named Peak　6256 m/20525 f 35°24′N　77°25′E C・Rimo GL と、S・Rimo GL の間。	無名峰	Un Named Peak　6138 m/20138 f 35°23′N　77°16′E C・Rimo GL と、S・Rimo GL の間。
無名峰	Un Named Peak　6230 m/20440 f 35°16′N　77°22′E N・Terong GL と、Shelkār Chorten GL の間。	無名峰	Un Named Peak　6130 m/20112 f 35°22′N　77°21′E N・Terong GL の源頭で、Rimo (Ⅲ) の西。
無名峰	Un Named Peak　6221 m/20410 f 35°22′N　77°27′E C・Rimo GL と、S・Rimo GL の間。	無名峰	Un Named Peak　6123 m/20089 f 35°24′N　77°27′E C・Rimo GL と、S・Rimo GL の間。
		無名峰	Un Named Peak　6100 m/20013 f 35°15′N　77°25′E

	Shelkār Chorten GL の源頭付近。	(Chorten) 〈XI-B-3〉	35°14′N　77°26′E Shelkār Chorten GL の源流の左岸。
無名峰	Un Named Peak　Ca 6100 m/20013 f 35°16′N　77°26′E Shelkār Chorten GL の最源頭。	無名峰	Un Named Peak　6016 m/19738 f 35°23′N　77°32′E C・Rimo GL と、S・Rimo GL の間。
無名峰	Un Named Peak　6092 m/19987 f 35°22′N　77°32′E C・Rimo GL と、S・Rimo GL の間。	無名峰	Un Named Peak　6011 m/19721 f 35°22′N　77°33′E C・Rimo GL と、S・Rimo GL の間。
無名峰	Un Named Peak　6070 m/19915 f 35°19′N　77°25′E S・Rimo GL の源頭付近の右岸。	無名峰	Un Named Peak　6005 m/19701 f 35°15′N　77°20′E Shelkār Chorten GL と、S・Terong GL の間。
無名峰	Un Named Peak　6050 m/19849 f		

NORTH TERONG GROUP （地図 No.11）

　山群の西縁となる Siachen 氷河から、北縁となる Teram Shehr 氷河を経て、Italian Col に達し、中央 Rimo 氷河源頭の南支流を遡って北 Terong 氷河を下り、南端となる Siachen 氷河舌端の屈曲部付近に至る線の内側にある山群をいう。

　1912 年には、ワークマン隊のペーターキンが西面から、1914 年にはウッドが東面から測量を行なっている。

　1929～30 年のフィッサーの地図によれば、6455 m の無名峰の位置は概略で 6125 m 峰と同一峰でないかと推定できるが、他の峰は同定が困難である。

無名峰	Un Named Peak　Ca 6990 m/22933 f 35°26′N　77°10′E Teram Shehr GL と、Siachen GL の間。
無名峰 (Siachen No 31, Lakshimi)	Un Named Peak　6983 m/22910 f（6879 m） 〈Pk 17/52 E、　35°27′36″N　77°10′49″E〉　Peterkin 1912 〈Pk 164/52 E、　35°27′46″N　77°10′29″E〉　1914 年 Wood 〈XI－A－2〉　Teram Shehr GL と、Siachen GL の間。 Pk 17 と Pk 164 は、同一の峰である。 1936～37 年 K・C・R は、山名の Lakshimi を不適とした。
無名峰	Un Named Peak　6863 m/22516 f（6862 m） 35°23′N　77°19′E

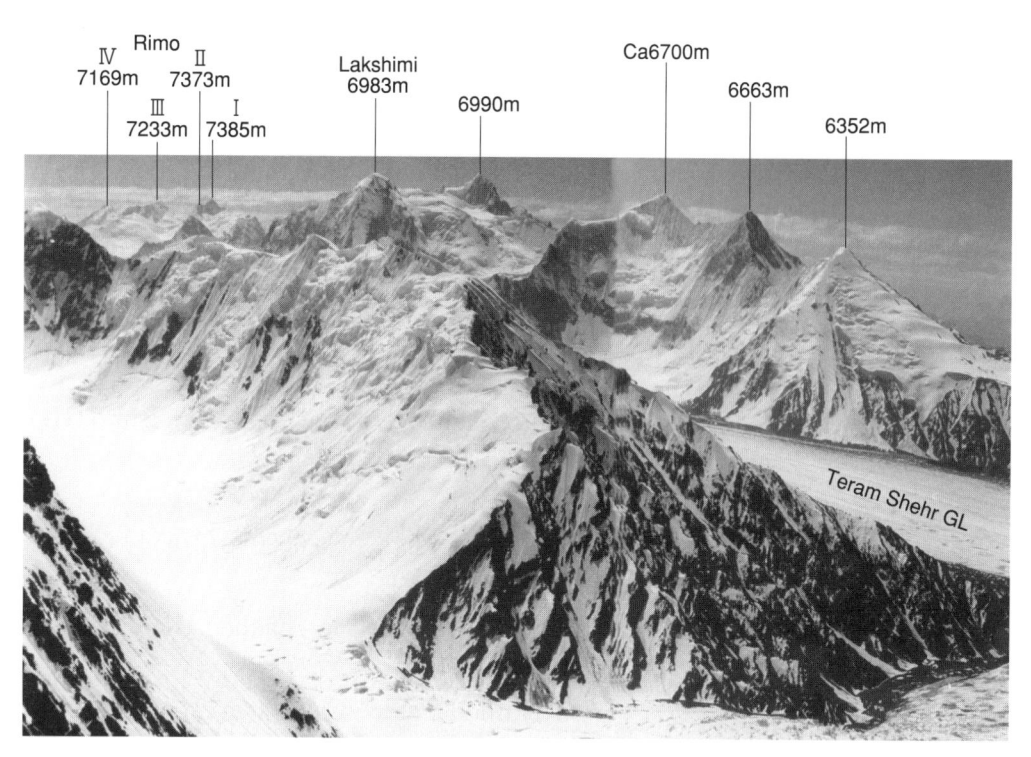

3－71 「North Terong 山群北部」Teram Kangri II 峰の下部より （太田欽也）

〈35°23′58″N　77°19′01″E〉　Collins
Teram Shehr GL と、N・Terong GL の最源頭。

無名峰	Un Named Peak　6820 m/22375 f（6879 m） 35°23′N　77°17′E 〈35°23′32″N　77°16′25″E〉　1929～30 Visser Teram Shehr GL と、U・Teram Shehr GL（Ice Cap）の間。
無名峰	Un Named Peak　Ca 6700 m/21982 f 35°27′N　77°08′E Teram Shehr GL と、Siachen GL の間。

無名峰 (Siachen No 32) 〈XI−A−2〉	Un Named Peak　6663 m/21860 f 〈35°27′29″N　77°07′55″E〉 Peterkin Teram Shehr GL と、Siachen GL の間。		35°24′N　77°20′E Teram Shehr GL の東源頭と、C・Rimo GL の間。
無名峰	Un Named Peak　6603 m/21663 f 35°27′N　77°07′E Teram Shehr GL の東源頭と、C・Rimo GL の間。	無名峰	Un Named Peak　6501 m/21329 f 35°25′N　77°15′E Teram Shehr GL と、U・Teram Shehr GL の間。
無名峰	Un Named Peak　Ca 6600 m/21654 f 35°25′N　77°11′E Teram Shehr GL と、Siachen GL の間。	無名峰	Un Named Peak　6495 m/21309 f 35°21′N　77°16′E U・Teram Shehr GL と、Siachen GL の間。
無名峰	Un Named Peak　Ca 6600 m/21654 f 35°21′N　77°15′E U・Teram Shehr GL と、Siachen GL の間。	無名峰	Un Named Peak　6494 m/21306 f 35°24′N　77°18′E U・Teram Shehr GL と、Teram Shehr GL の間。
無名峰	Un Named Peak　6595 m/21636 f 35°25′N　77°14′E Teram Shehr GL の左岸。	無名峰	Un Named Peak　6440 m/21129 f 35°26′N　77°17′E Italian Pass (Italian Col) の西南西約 1 km。
無名峰	Un Named Peak　6578 m/21580 f 35°24′N　77°13′E Teram Shehr GL と、Siachen GL の間。	無名峰	Un Named Peak　6352 m/20840 f 35°27′N　77°07′E Teram Shehr GL と、Siachen GL の間。
無名峰	Un Named Peak　6572 m/21652 f 35°18′N　77°15′E N・Terong GL と、Siachen GL の間。	無名峰	Un Named Peak　6315 m/20719 f 35°25′N　77°20′E Teram Shehr GL の東源頭付近と、C・Rimo GL の間。
無名峰	Un Named Peak　6522 m/21398 f		

無名峰	Un Named Peak　Ca 6200 m/20314 f 35°21′N　77°15′E N・Terong GL の西氷河と、Siachen GL の間。
無名峰	Un Named Peak　6158 m/20203 f 35°25′N　77°18′E Teram Shehr GL 東源頭の左岸。
無名峰	Un Named Peak　6125 m/20095 f（6455 m） 35°17′N　77°15′E 〈35°17′30″N　77°15′30″E〉　1929～30 年 Visser N・Terong GL と、Siachen GL の間。
無名峰	Un Named Peak　6113 m/20056 f 35°26′N　77°20′E Teram Shehr GL 東源頭の左岸。

SOUTH TERONG GROUP　　（地図 No. 11）

　北端は Siachen 氷河舌端の屈曲部に位置し、南端は、山群の西縁となる Nubra 川流域の Stongstet 付近で、Takkung 氷河と、東縁の南 Terong 氷河に囲まれる山群である。

　1929～30 年にフィッサーが 3 峰を測定しているが、この山群については現在もあまり良く知られていない。Stongstet 峰は Nubra 川対岸の Nyungstet 峰とともに、北西ヒマラヤ三角測量網の観測点になった峰。

無名峰	Un Named Peak　6265 m/20554 f（6729 m） 35°10′30″N　77°21′E 〈35°10′30″N　77°20′00″E〉　Visser S・Terong GL と、Pra Lungpa GL の間。
ナガボン・テロン 〈XI−B−3〉	Nagabon Terong　6185 m/20292 f 35°05′N　77°25′E Warsi Lungpa と、S・Terong GL の間。
無名峰	Un Named Peak　Ca 6100 m/20013 f 35°10′N　77°19′50″E S・Terong GL と、Pra Lungpa の間。
ストングステット 〈XI−B−3〉 （初登頂）	Stongstet　6014 m/19730 f（6013.70 m） 35°03′N　77°23′E S・Warsi Lungpa GL と、Nubra R の間。 1900 年代の初めに、インド測量局が観測点を設置。

RIMO MUZTĀGH—163

3-72 「Chong Kumdan Kangri I」 Mamostong Kangri 付近より （尾形好雄）

KUMDAN GROUP (New Proposal) （地図 No.11）

　南 Terong 氷河の北東支流と北 Chong Kumdan 氷河を北縁に、南縁の南・Terong 氷河の南支流と、南 Chong Kumdan 氷河に挟まれた山群をいい、Kumdan 氷河の南側群は新しく Mamostong 山群として次項に述べることにした。
　1929～30 年にフィッサーらが、東面の、両 Terong 氷河を踏査して測量を行なっている。

チョン・クムダン・カンリ・I峰 (Mamostong Kangri II)	Chong Kumdan Kangri (I) 7071 m/23200 f
〈Pk 111/52 E、〈XI—C—3〉	35°11′41″N　77°35′14″E〉 Wood C・Chong Kumdan GL と、Chogam No 1、No 2 GL の間。
（初登頂）	1991年、インド・イギリス合同隊、H. カパディア、D. ウィルキンスン隊長。
チョン・クムダン・カンリ・II峰 〈XI—C—3〉 〈Pk 110/52 E、	Chong Kumdan Kangri (II) 7004 m/22980 f 35°12′20″N　77°32′30″E 35°11′57″N　77°32′30″E〉 Wood S・Terong GL と、C・S・Chong Kumdan GL 源頭の間。
チョン・クムダン・カンリ・III峰 〈XI—C—3〉	Chong Kumdan Kangri (III)　6670 m/21883 f 35°11′N　77°33′E C・Chong Kumdan GL と、Chogam No 3、No 4 GL の間。
無名峰	Un Named Peak　6650 m/21818 f 35°13′N　77°32′E C・Chong Kumdan GL と、S・Chong Kumdan GL の間。

キチック・クムダン・カンリ 〈XI-C-3〉	Kichik Kumdan Kangri 6640 m/21785 f 35°12′N 77°34′E Chogam No 3 GL と、N・Chong Kumdan GL の間の小ピーク。	チョン・クムダン・カンリ・IV峰 〈XI-C-3〉	Chong Kumdan Kangri (IV) Ca 6400 m/21000 f (6520 m) 35°11′N 77°36′E N・Chong Kumdan GL と、Chogam No 1 GL の間。
（初登頂）	1991年、インド・イギリス合同隊、H. カパディア隊長。	無名峰	Un Named Peak 6385 m/20948 f (6457 m) 35°13′N 77°40′E N・S・Chong Kumdan GL 合流点の北。
無名峰 〈Pk 109/52 E、	Un Named Peak 6623 m/21729 f 35°15′N 77°38′E 35°14′45″N 77°38′13″E〉 Wood N・Chong Kumdan GL 中流部と、Rimo R の南西支流氷河の間。	無名峰	Un Named Peak 6378 m/20925 f 35°15′N 77°36′E N・Chong Kumdan GL と、Rimo R の南西支流氷河の間。
無名峰 〈Pk 107/52 E、	Un Named Peak 6529 m/21420 f 35°17′12″N 77°32′26″E〉 Wood N・Chong Kumdan GL の最源頭で、S・Rimo GL の間。	無名峰	Un Named Peak 6350 m/20833 f 35°12′N 77°29′E S・Terong GL の源頭付近の左岸。
無名峰	Un Named Peak 6511 m/21362 f 35°15′N 77°36′E N・Chong Kumdan GL と、S・Rimo GL の間。	無名峰	Un Named Peak 6346 m/20820 f 35°15′N 77°32′E S・Rimo GL、S・Terong GL、N・Chong Kumdan GL の源頭付近。
クムダン・テロン 〈XI-C-3〉 〈Pk 185/52 E、	Kumdan Terong 6456 m/21180 f 35°14′N 77°32′E 35°14′40″N 77°30′26″E〉 Wood N・Chong Kumdan GL と、S・Terong GL 源頭の間。	無名峰	Un Named Peak 6334 m/20780 f 35°15′N 77°34′E N・Chong Kumdan GL の源頭付近。
		チョガム	Chogam 6250 m/20505 f

〈XI—C—3〉	35°11′N　77°38′E N・Chong Kumdan GL と、Chogam No 1 GL の間。	無名峰	Un Named Peak　6190 m/20308 f 35°09′N　77°14′E S・Terong GL の中央源頭付近。
チョン・クムダン・カンリ・Ⅴ峰 〈XI—C—3〉	Chong Kumdan Kangri (V) 6250 m/20505 f 35°11′N　77°36′E Chogam No 1 GL と、No 2 GL の間。	無名峰	Un Named Peak　6158 m/20203 f 35°14′N　77°41′E Shyok R 流域にある Gapshan の南西、約 9 km。
無名峰	Un Named Peak　6240 m/20472 f 35°16′N　77°39′E N・Chong Kumdan GL と、Shyok R の間。	無名峰	Un Named Peak　6140 m/20144 f 35°17′N　77°28′E Terong Col の北東約 1.5 km。
ラクニス 〈XI—C—3〉	Laknis　6235 m/20456 f 35°13′N　77°04′E N・Chong Kumdan GL と、S・Chong Kumdan GL の間。	無名峰	Un Named Peak　6113 m/20056 f 35°18′N　77°37′E S・Rimo GL 舌端の南約 2 km。
（初登頂）	1991 年、インド・イギリス合同隊、H. カパディア、D. ウィルキンスン隊長。	無名峰	Un Named Peak　6099 m/20010 f 35°16′N　77°29′E Terong Col の南東約 2 km。
無名峰	Un Named Peak　6214 m/20387 f 35°17′N　77°19′E N・Chong Kumdan GL 源頭付近で、S・Rimo GL の間。	ストス 〈XI—C—3〉	Stos　Ca 6005 m/19700 f 35°11′N　77°07′E Chogam No 1 GL と、N・Chong Kumdan GL の間。
無名峰	Un Named Peak　6210 m/20374 f 35°16′N　77°29′E S・Rimo GL と S・Terong GL の源頭で、Terong Col の東。	（初登頂）	1989 年、インド隊、H. カパディア隊長。

MAMOSTONG GROUP （New Proposal）　　（地図 No. 11）

　以前は、Kumdan 山群に含められていたが、新しく独立させるのが適当な山群であると思う。
　Sasēr Brangsa から Shyok 川を遡り、北縁の南 Chong Kumdan 氷河の源頭付近から Mamostong 氷河周囲の峰を含めて、南縁の Thulam Puti 川、Sasēr 峠を経て Shyok 川に至る線の内側の山群をいう。
　中央アジアからの侵入者が雪崩によって全滅した古い物語からとった「千人の悪魔」が Mamostong の意であるという。
　1896 年には、A. ニーヴが Mamostong 氷河の源頭付近を探り、1911 年にはコリンズが Aq Tash 付近の峰を標定している。

マモストン・カンリ　　Mamostong Kangri
(Murughistang)　　　7516 m/24660 f （7526 m）
〈Pk 12/52 E〉　　　 1860 年以前の測量番号
〈Pk 113/52 E、　　　35°08′34″N　77°34′45″E〉　1914 年 Wood
〈XI—C—3〉　　　　Thangman GL の源頭で、S・Chong Kumdan GL の間。
　（初登頂）　　1984 年、インド・日本ヒマラヤ協会合同隊、B. サンドゥー、尾形好雄隊長。

マモストン・カンリ・西峰　Mamostong Kangri(W)　7023 m/
〈XI—C—3〉　　　　23041 f
　　　　　　　　　35°08′N　77°33′E
　　　　　　　　　Mamostong GL の最源頭。

アク・タシュ　　　　Aq Tash　7016 m/23020 f

3 - 73 「Aq Tash (Mamostong Kangri III)」（尾形好雄）

(Mamostong Kangri III)　35°04′43″N　77°38′50″E
〈Pk 114/52 E、　　　35°04′43″N　77°38′20″E〉　Collins
〈XI—C—3〉　　　　Aq Tash GL の源頭で、Mamostong GL、Thangman GL 中流部の間。
　（初登頂）　　1983 年、広島山の会・インド合同隊、田内實総隊長。

無名峰　　　　　　Un Named Peak　6864 m/22520 f
〈Pk 187/52 E、　　　35°08′51″N　77°37′26″E〉　Wood
(Tangmang)　　　　S・Chong Kumdan GL と、Thangman GL の間。

無名峰	Un Named Peak　6750 m/22146 f 35°09′N　77°39′E S・Chong Kumdan GL と、Thangman GL の間。	
無名峰 〈Pk 115/52 E〉? 〈XI—C—3〉	Un Named Peak　6746 m/22133 f　Collins 35°02′50″N　77°40′E Aq Tash GL と、Thulam Puti Nala の間。	
無名峰 〈Pk 189/52 E、	Un Named Peak　6739 m/22110 f 35°05′19″N　77°40′45″E〉　Wood Thangman GL と、Chong Aq Tash GL の間。	
無名峰 〈Pk 112/52 E、	Un Named Peak　6718 m/22040 f 35°09′19″N　77°33′47″E〉　Wood S・Terong GL と、S・Chong Kumdan GL の源頭。	
無名峰 〈Pk 188/52 E〉 〈XI—C—3〉	Un Named Peak　6651 m/21820 f　Wood 35°07′N　77°39′E E・Thangman GL と、C・Thangman GL の間。	
無名峰	Un Named Peak　6552 m/21496 f 35°05′N　77°19′E Mamostong GL と、Takkhung GL の源頭、S・Terong GL の間。	
無名峰	Un Named Peak　6540 m/21456 f	

	35°05′N　77°37′E Thangman GL と、Mamostong GL の間。
無名峰	Un Named Peak　6530 m/21424 f 35°06′N　77°39′E E・Thangman GL と、C・Thangman GL の間。
無名峰	Un Named Peak　6458 m/21188 f 35°08′N　77°32′E S・Terong GL と、S・Chong Kumdan GL の源頭付近。
無名峰	Un Named Peak　6340 m/20800 f 35°02′N　77°42′E Aq Tash GL と、Thulam Puti Nala の間。
無名峰	Un Named Peak　6240 m/20472 f 35°06′N　77°35′E Mamostong GL と、Thangman GL の間。
無名峰	Un Named Peak　6230 m/20440 f 35°07′N　77°32′E S・Terong GL と、Mamostong GL の源頭付近。
無名峰	Un Named Peak　6190 m/20308 f 35°02′N　77°43′E Sasēr Pass の北西、約 2 km。

ランダイ 〈XI—C—3〉	Landay　6170 m/20262 f 35°08′N　77°41′E S・Chong Kumdan GL と、Thangman GL の間。	無名峰	Un Named Peak　6090 m/19980 f 35°05′N　77°43′E Thangman GL と、Chong Aq Tash GL の間。
無名峰	Un Named Peak　6110 m/20046 f 35°05′N　77°36′E Thangman GL と、Mamostong GL の間。		

SASĒR MUZTĀGH

　北限が Sasēr 峠、南限が上部 Shyok 川の大屈曲点で、東縁の Shyok 川と、西縁の Nubra 川に囲まれた山脈をいう。
　古くより、中央アジアとインド大陸を結ぶ Sasēr 峠は、カラコルム峠とともに重要な通商の街道であった。
　1847〜48 年に、T. トムスンが最初のヨーロッパ人として Sasēr 峠を越えてカラコルム峠に向かった。1907 年には初の日本人、日野 強がこの峠を越え、1909 年には第 2 次大谷探検隊もこの峠を越えて我々にはなじみ深い名となった。

SASĒR & SHUKPA KUNCHANG GROUP (New Proposal)
(地図 No. 11・12)

　Sasēr 峠から南西方向に延びる広大な山群で、Thulam Puti 川、Nubra 川に沿って Chamsheng に至る間の、大小すべての河川の源頭になる主稜までの範囲をいう。
　1896 年に A. ニーヴなど、はやくから多くの探検家や登山家が立ち入った山群にもかかわらず、インド・パキスタンの暫定ラインのインド側は近年にいたるもまだ良く知られていない。
　オランダのフィッサー夫妻が、1922 年に初めて Phukupoche Lungpa の測量を行ない、その後も東面を測量しているがほかにも記述や文献は多いのでここでは割愛したい。
　Chamshing の東方約 10 km にある Tiggūr 峰/5909 m は、北西ヒマラヤ系列三角測量網の重要な観測点が設けられた峰。
　なお、下記のほかにも未確認の 6000 m 峰はかなりの数にのぼる。

サセール・カンリ・I 峰 〈Pk 29/52 F、(K 22, Chanlung) 〈XI−D−4〉	Sasēr Kangri (I)　7672 m/25170 f 34°52′02″N　77°45′13″E〉1960 年以前 C・Phukpoche　GL、E・Chamshen GL、N・Shukpa Kunchang GL など、3 氷河の源頭。
（初登頂）	1973 年、インド隊、J. シン隊長。
サセール・カンリ・II 東峰 (K 23, Shukpa Kunchan) 〈Pk 31/52 F、〈XI−D−4〉	Sasēr　Kangri　(II-E)　7513 m/24650 f 34°48′14″N　77°48′22″E〉 1860 年以前 N・S・Shukpa Kunchang GL の源頭。
サセール・カンリ・II 西峰 〈XI−D−4〉	Sasēr Kangri (II-W)　Ca 7500 m/24606 f 34°48′N　77°48′E N・S・Shukpa Kunchang GL の源頭。
（初登頂）	1985 年、インド・日本ヒマラヤ協会合同隊、H. ロヒア、沖允人隊長。
サセール・カンリ・III 峰 〈Pk 30/52 F、(K 24) 〈XI−D−4〉　（初登頂）	Sasēr Kangri (III)　7495 m/24590 f 34°52′31″N　77°47′16″E〉1860 年以前 N・Shukpa Kunchang GL の源頭。 1986 年、インド隊、S. チャモリー隊長。

サセール・カンリ・IV峰 (Cloud Peak) 〈XI—C—4〉	Sasēr Kangri (IV)　7310 m/23983 f 　34°52′N　77°43′E E・Chamshen GL と、C・Phukpo- che GL の間。		34°45′N　77°50′E 　34°45′33″N　77°50′21″E〉　1860 年以前 N・Shukpa Kunchang GL と、S・Shukpa Kunchang GL の間。
（初登頂）	1987 年、インド・イギリス合同隊、 D. クラール、I. ヘルベルグ隊長。	無名峰	Un Named Peak　Ca 6700 m/21982 f 34°44′N　77°52′E
サセール・カンリ・V峰 〈XI—C—4〉	Sasēr Kangri (V)　Ca 7300 m/23950 f 　34°50′N　77°44′E C・Phukpoche GL と、Sakang GL の間。		〈34°44′58″N　77°52′42″E　6782 m　Fisser 1929 年〉 N・Shukpa Kunchang GL と、S・Shukpa Kunchang GL の間。
サセール・カンリ・VI峰 〈XI—D—4〉	Sasēr Kangri (VI)　Ca 7300 m/23950 f 　34°51′N　77°44′E C・Phukpoche GL と、N・Shukpa Kunchang GL の間。	無名峰	Un Named Peak　6666 m/21870 f 34°46′N　77°48′E N・Shukpa Kunchang GL と、S・Shukpa Kunchang GL の間。
サカン・ピーク 〈XI—D—4〉	Sakang Peak　6942 m/22777 f 　34°58′N　77°50′E 〈34°58′09″N　77°46′25″E　Fisser 1929 年〉 Sakang GL と、N・Shukpa Kunchang GL の間。	無名峰	Un Named Peak　6643 m/21795 f 34°53′N　77°40′E W・Chamshen GL と、N・Phukpoche GL の間。
（初登頂）	1956 年、インド隊、N. ジャヤール隊長。	無名峰	Un Named Peak　6641 m/21788 f 34°55′N　77°42′E W・Chamshen GL と、E・Chamshen GL の間。
無名峰	Un Named Peak　Ca 6900 m/22640 f 36°48′N　77°45′E Sakang GL と、S・Shukpa Kunchang GL の間。	無名峰	Un Named Peak　6640 m/21785 f 34°53′N　77°43′E Chamshen GL と、N・Phukpoche GL の間。
無名峰	Un Named Peak　Ca 6700 m/21982 f		

無名峰	Un Named Peak　Ca 6450 m/21160 f 34°54′N　77°55′E N・Shukpa Kunchang GL と、S・Shukpa Kunchang GL の間。			34°46′N　77°44′E Sakang GL の左岸。
無名峰	Un Named Peak　6382 m/20938 f 34°42′N　77°46′E Sakang Lungpa と、S・Shukpa Kunchang GL の間。		無名峰	Un Named Peak　6139 m/20141 f 34°49′N　77°41′E C・Phukpoche GL と、S・Phukpoche GL の間。
無名峰	Un Named Peak　6364 m/20879 f 34°45′N　77°46′E Sakang GL と、S・Shukpa Kunchang GL の間。		無名峰 (Panamik Peak) 〈XI—C—4〉 （初登頂）	Un Named Peak　6135 m/20128 f (6303 m　6273 m) 34°48′N　77°11′E S・Phukpoche GL と、Sakang GL の間で Panamik Lungpa の源頭。 1896 年、イギリス隊、A. ニーヴ。
ラシ・ピーク 〈XI—C—4〉	Lashi Peak　6263 m/20548 f 34°58′N　77°40′E Lashi GL と、W・Chamshen GL の間。		無名峰	Un Named Peak　Ca 6100 m/20013 f 34°47′N　77°53′E S・Shukpa Kunchang GL 中流部の右岸。
無名峰	Un Named Peak　6256 m/20525 f 34°49′N　77°42′E S・Phukpoche GL と、Sakang GL の間。		無名峰	Un Named Peak　Ca 6100 m/20013 f 34°46′N　77°58′E S・Shukpa Kunchang GL 下流部の右岸。
無名峰 (Look Out Peak) 〈XI—D—4〉 （初登頂）	Un Named Peak　6252 m/20511 f 34°47′N　77°45′E Sasēr Kangri (II) の西南西、約 2 km。 1946 年、イギリス隊、J. ロバーツ、G. ロリマー。		無名峰	Un Named Peak　Ca 6100 m/20013 f 34°45′N　78°01′E S・Shukpa Kunchang GL と、N・Shukpa Kunchang Nala の間。
無名峰	Un Named Peak　6158 m/20203 f		無名峰	Un Named Peak　Ca 6000 m/19685 f 34°48′N　78°04′E

N・Shukpa Kunchang GL 舌端付近と、Shyok R の間。

1970年、インド陸軍隊、H. バフグナ隊長らが初登頂した N・Pukpoche GL 右岸の、6858 m、6553 m、6187 m、6140 m の4峰については、正確な経緯度、高度ともに不明。

CHHUSHUKU GROUP （New Proposal）（地図 No. 11）

上部 Shyok 川の Kataklik の西側、Chamshen Jilga と、北 Shukpa Kunchang 氷河の間に挾まれて、北西から南東に延びる山群である。

いままで、Sasēr 山群に登録されていた最高峰の 6753 m 峰や Tughmo Zarpo は明らかにこの山群にあることが間違いないので Chhushuku 山群に編入した。

Tughmo Zarpo Lungpa や、Sultan Chhushuku 氷河の源頭にある高峰は、1929年にフィッサーが測量を行なっている。

下記のほかにも未確認の 6000 m 級の峰が多い。

無名峰　　　　Un Named Peak　6753 m/22155 f
　　　　　　　　34°51′N　77°52′E
　　　　　　　　〈34°50′15″N　77°52′05″E　Fisser 1929年〉
　　　　　　　　E・Tughmo Zarpo GL と、N・Shukpa Kunchang GL の間。

無名峰　　　　Un Named Peak　Ca 6750 m/22145 f
　　　　　　　　34°52′N　77°54′E
　　　　　　　　Tughmo Zarpo R と、N・Shukpa Kunchang GL の間。

無名峰　　　　Un Named Peak　Ca 6700 m/21981 f
　　　　　　　　34°50′N　77°59′59″E
　　　　　　　　Shyok R と、N・Shukpa Kunchang GL の間。

無名峰 〈Pk 28/52 F、	Un Named Peak　6681 m/21920 f 34°54′34″N　77°56′06″E〉 1860 年以前 Sultan Chhushku GL の源頭。		Shyok R 流域、Sasēr Brangsa の南南西。
無名峰	Un Named Peak　6661 m/21853 f　Fisser 34°55′N　77°49′E Little Chamshen GL と、W・Tughmo Zarpo GL の間。	無名峰	Un Named Peak　Ca 6100 m/20013 f 34°56′N　77°50′E Tughmo Zarpo GL と、Chamshen Jilga の間。
無名峰	Un Named Peak　6630 m/21752 f 34°52′N　77°55′E Sultan Chhushku GL の源頭。	無名峰	Un Named Peak　Ca 6100 m/20013 f 34°52′N　77°51′E E・Tughmo Zarpo GL と、N・Shukpa Kunchang GL の間。
無名峰	Un Named Peak　Ca 6600 m/21653 f 34°50′N　77°56′E N・Shukpa Kunchang GL と、Shyok R の間。	無名峰	Un Named Peak　Ca 6100 m/20013 f 34°50′N　78°03′E N・Shukpa Kunchang GL と、Shyok R の間。
ツグモ・ザルポ 〈XI−D−4〉	Tughmo Zarpo　6598 m/21647 f　Fisser 34°53′N　77°50′E Tughmo Zarpo GL と、N・Shukpa Kunchang GL の間。	無名峰	Un Named Peak　Ca 6000 m/19685 f 34°48′N　78°05′E N・Shukpa Kunchang GL と、Shyok R の間。
無名峰	Un Named Peak　6570 m/21555 f 34°51′N　78°04′E N・Shukpa Kunchang GL と、Shyok R の間。	無名峰	Un Named Peak　Ca 6000 m/19685 f 34°53′N　77°48′E Litlle Chamshen GL と、W・Tughmo Zarpo GL の間。
無名峰	Un Named Peak　6404 m/21010 f 35°01′N　77°48′E	無名峰	Un Named Peak　Ca 6000 m/19685 f 34°47′N　78°04′E N・Shukpa Kunchang GL と、Shyok R の間。

ARGANGLAS GROUP （地図 No. 12）

　Nubra 川と Shyok 川の合流点付近の Sumūr から同名の川を遡る。南 Shukpa Kunchang 氷河を経て南東 Shukpa Kunchang 氷河の源頭を越え、Rongdu Lungpa を下降して Shyok 川に至る内側の山群をいう。

　1936 年、Tirit Lungpa 上流の、二つの氷河の合流点付近にある放牧場の名をとって Arganglas 山群と命名された。下記のほかにも未確認の 6000 m 級峰は多い。

無名峰	Un Named Peak　Ca 6780 m/22244 f 34°36′N　77°53′E 〈Pk 47/52 F、　34°35′07″N　77°54′19″E　6789 m Collins〉 S・Tirit GL と、S・Shukpa Kunchang GL の間。
無名峰	Un Named Peak　6742 m/22119 f 34°37′N　77°51′E N・Tirit GL と、S・Shukpa Kunchang GL の間。
無名峰	Un Named Peak　6639 m/21781 f 34°31′N　77°52′E Spang Chenmo R と、Rongdu Lungpa の間。
無名峰	Un Named Peak　6525 m/21407 f 34°30′N　77°51′E Spang Chenmo R と、Rongdu Lungpa の間。
無名峰	Un Named Peak　6479 m/21257 f 34°37′N　77°45′E Sumūr Lungpa と、Tirit Lungpa の間。
無名峰	Un Named Peak　6472 m/21234 f 34°39′N　77°58′E S・Shukpa Kunchang Nala と、SE・Shukpa Kunchang Nala の間。
無名峰	Un Named Peak　6455 m/21779 f 34°42′N　77°47′E Sumur GL と、S・Shukpa Kunchang GL の間。
無名峰	Un Named Peak　6454 m/21174 f 34°38′N　77°57′E S・Shukpa Kunchang Nala 右岸の小氷河と、SE・Shukpa Kunchang Nala の間。
無名峰	Un Named Peak　6380 m/20932 f 34°33′N　77°48′E Tirit Lungpa と Spang Chenmo R の間。

KUNGZANG GROUP （New Proposal）（地図 No. 12）

　1936年、K・C・R（カラコルム協議会）で一時的に命名された山群で、長らく詳細が不明だった。とりあえず範囲を次のようにした。

　上部 Shyok 川流域の Mandaltang から南東 Shukpa Kunchang 氷河を遡り、Sagtogpo 氷河との間の主稜線から Kunzang 氷河を下って Shyok 川に至る内側の山群をいう。

　1934年に、フィッサーが測量を行なっている。また、下記のほかにも未確認の 6000 m を超える峰がいくつかある。

無名峰	Un Named Peak　6751 m/22149 f 34°37′N　78°04′E SE・Shukpa Kunchang Nala と、Shyok R の間。
無名峰	Un Named Peak　Ca 6400 m/21000 f 34°38′N　78°03′E SE・Shukpa Kunchang Nala と、Shyok R の間。
無名峰	Un Named Peak　Ca 6100 m/20013 f 34°28′N　78°06′E Kung Zang Lungpa GL と、Saser Muztagh GL の間。
無名峰	Un Named Peak　Ca 6000 m/19685 f 34°10′N　78°04′E SE・Shukpa Kunchang Nala と、Shyok R の間。

SHYOK GROUP (New Proposal)　　（地図 No.12）

　大カラコルムの最南東端の山群である。Shyok　川流域の東端、Shukpo Kunzang 南西約 4 km から Kunzang Lungpa を遡行、Rongdu Lungpa、上部 Shyok 川の大屈曲部に囲まれる山群をいい、南方は Shyok 川を挟んで Ladakh 山脈と対峙する。
　1862 年、Changchenmo 三角測量時にジョンソンとクラークが東面からほぼ全山をとらえている。高度は 2 峰のみが算出されただけで、他の峰は座標のみをとらえたとしている。

無名峰　　Un Named Peak　6526 m/21410 f
　　　　　　34°20′N　78°08′E
　　　　　　Shyok の北方、約 18 km。

無名峰　　Un Named Peak　6433 m/21100 f（6431 m）
〈Pk 6/52 J、　　34°17′55″N　78°11′37″E〉　Johnson 1862 年
　　　　　　Shyok R の大屈曲部の内側。

無名峰　　Un Named Peak　6348 m/20826 f（6015 m）
　　　　　　34°23′N　77°58′E
　　　　　　Agham の北東、約 15 km。

無名峰　　Un Named Peak　6331 m/20770 f
　　　　　　34°24′N　77°53′E
　　　　　　Rongdu Lungpa の左岸。

無名峰　　Un Named Peak　Ca 6100 m/20013 f
　　　　　　34°25′N　78°06′E
　　　　　　Kunzang Lungpa の右岸。

無名峰　　Un Named Peak　Ca 6100 m/20013 f
　　　　　　34°18′N　78°12′E
　　　　　　Shyok-R の大屈曲部の内側。

無名峰　　Un Named Peak　6020 m/19750 f
　　　　　　34°28′N　77°55′E
　　　　　　Agham の北東部。

無名峰　　Un Named Peak　Ca 6000 m/19685 f
　　　　　　34°14′N　78°12′E
　　　　　　Shyok R の大屈曲部の内側。

無名峰　　Un Named Peak　Ca 6000 m/19685 f
　　　　　　34°13′N　78°14′E
　　　　　　Shyok-R の大屈曲部の内側。

無名峰　　Un Named Peak　Ca 6000 m/19685 f
　　　　　　34°11′N　78°13′E
　　　　　　Shyok R の大屈曲部の内側。

4 LESSER KARAKORUM

4 − 1 「Rakaposhi」（玉川岩雄）

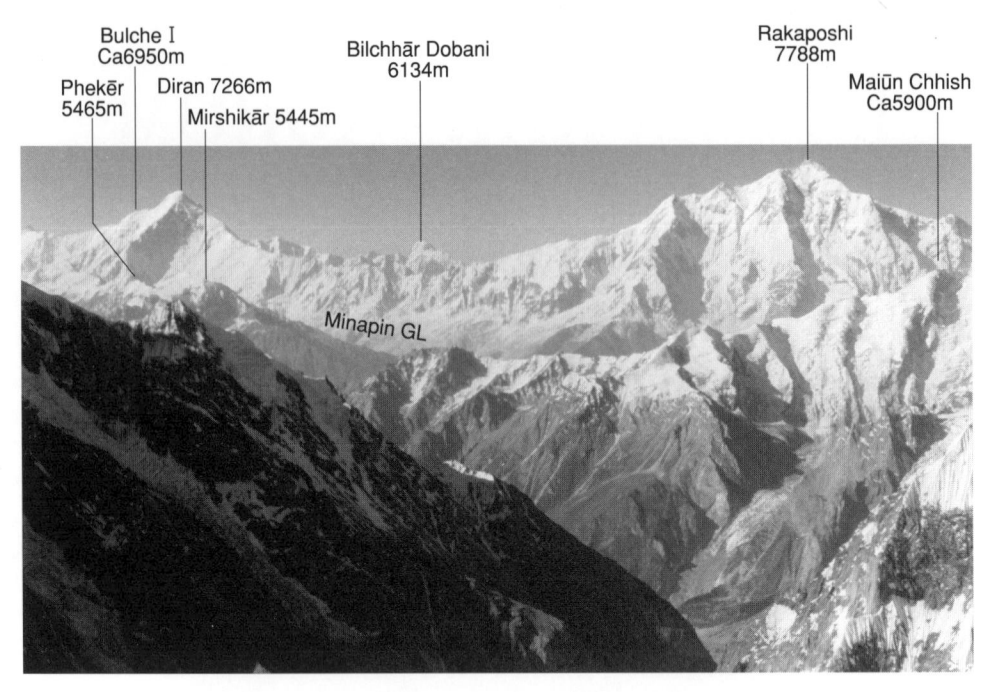

4－2 「Rakaposhi 周辺」Batūra 下部より （東京都庁登山隊）

RAKAPOSHI RANGE (New Proposal)

　Hunza 川の西端、Chaichar 付近より急激に高度をあげる主脈には、Rakaposi、Diran、Malubiting などの高峰が続く。東端は Haramosh 峠とする。

　北縁は Hunza 川、Barpu 氷河、Chogo Lungma 氷河が続き、南縁には Indus 河、Gilgit 川があって四つの山群からなる山脈をいう。

RAKAPOSHI & BAGROT GROUP　（地図 No.5）

　Indus 河の合流点から Gilgit 川、Hunza 川と遡り、Kaper 氷河（旧名 Bualtār 氷河）、Darchan Gah を経て Indus 河に至る内側の山群をいう。

　Harāj／4732 m、Holtār／4039 m、Badsish／4235 m、Dainyōr／4358 m などの峰は、1913 年のインド＝ロシア連結三角測量網の観測点となった峰である。その後、1931 年には 4098 m、4106 m、の無名峰が観測点に加えられた。

　Diran の南面に位置する Bulche は意外な高峰である。1892 年の測量では、座標のみがとらえられて高度は解っていなかった。1998 年の簡易測定で 22900 f 以上の数値を得たが、約 6950 m～としておいた。独立峰ではないが、新しい 7000 m 峰にでもなればと期待したい峰だ。

　この山群の南端は、Indus 河、Gilgit 川を挟んで、広義のヒマラヤ、カラコルム、ヒンズー・クシュなど三山脈の分岐点となっている。

　Hunza 川流域は顕著な河岸段丘が発達し、場所によっては三段、四段の痕跡がみられ、この山脈の隆起の歴史の痕跡を見せてくれる。

　この山群については先駆者の文献も多いので割愛したい。

ラカポシ	Rakaposhi　7788 m/25550 f
〈Pk 27/42 L、	36°08′39″N　74°29′22″E〉　1855～60 年
(Dubani)	Hunza、Gilgit の間で、Ghulmet GL と
〈V－B－4〉	Bagrot GL の源頭。
（初登頂）	1958 年、パキスタン・イギリス合同隊、M. バンクス隊長。

180－4　LESSER KARAKORUM

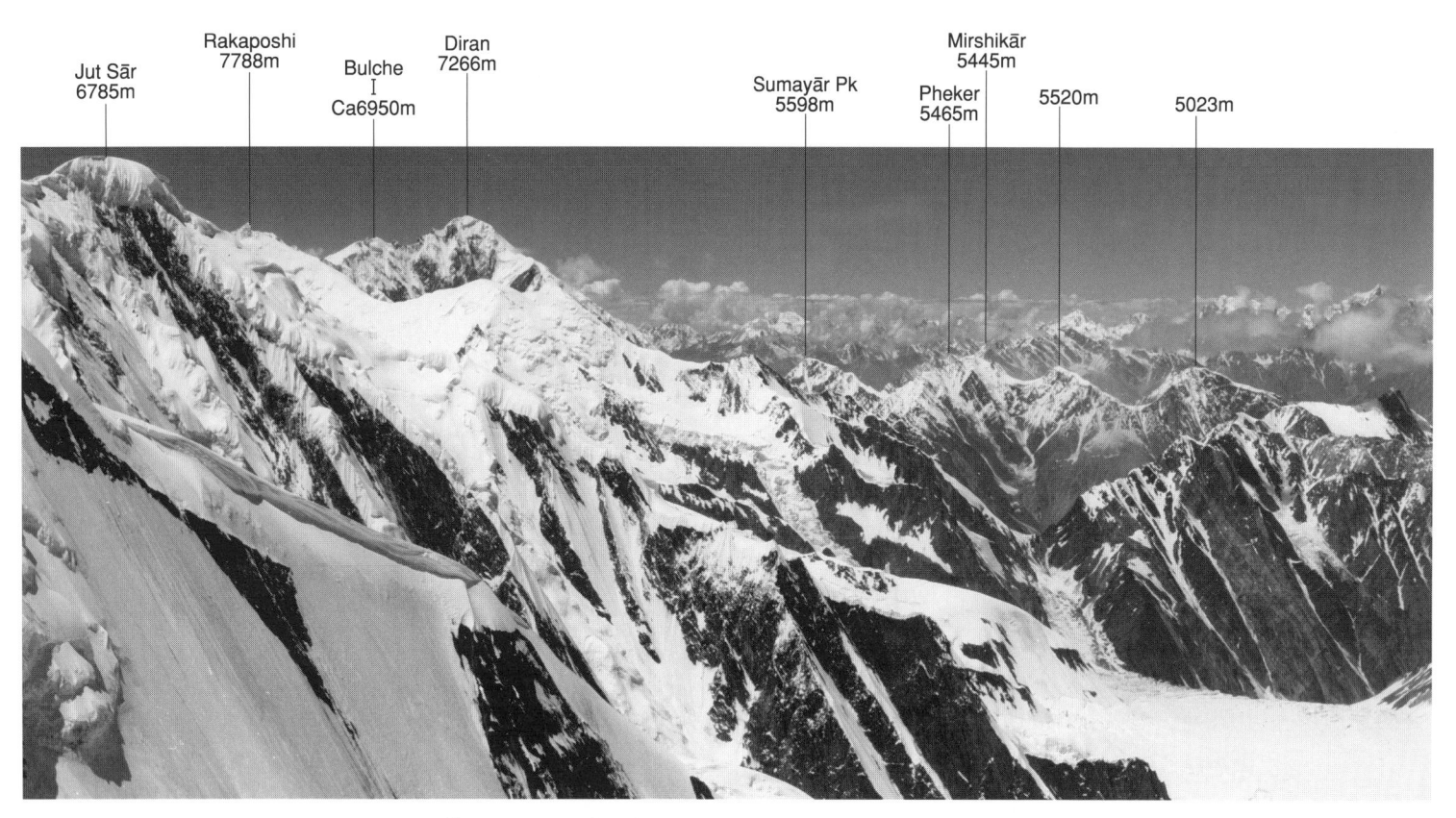

4 - 3 「Phuparash 東面」Chogo Lungma Suddle より （小野寺正英）

ディラン（Minapin Peak）	Diran　7266 m/23840 f	ブルチェ・I峰	Bulche（I）　Ca 6950 m/22800 f〜
〈Pk 37/42 L、	36°07′14″N　74°39′44″E〉　1855〜	〈V－C－4〉	36°06′50″N　74°39′45″E　1998 年
〈V－C－4〉	60年 Minapin GL と、Bagrot GL の間。		〈36°06′50″N　74°40′30″E〉　1892 年
（初登頂）	1968 年、オーストリア隊、H. シエル隊長。		U・Bagrot GL と、Kapel GL（Bualtār GL）の間。　－註－　写真 4 - 2・3 参照。
ラカポシ・東峰	Rakaposhi（E）　Ca 7010 m/23000 f	ブルチェ・II峰	Bulche（II）　Ca 6700 m/21892 f
〈V－C－4〉	36°08′N　74°32′E	〈V－C－4〉	36°06′N　74°41′E
	Pisan GL と、Bagrot GL の間。		〈36°06′00″N　74°41′00″E〉　1892 年
（初登頂）	1985 年、オーストリア隊、E. コプルミューラー隊長。		Kapel GL と、Salili GL の間。

RAKAPOSHI RANGE—181

無名峰		Un Named Peak　6361 m/20869 f
		36°05′N　74°43′E
		Bagrot GL 支流の Selhi GL と、Kapel GL の間。
モンクス・ヘッド〈V—B—4〉		Monks Head　6340 m/20800 f
		36°08′N　74°28′E
		Biro GL と、Surgin GL の間。
	(初登頂)	1956年、アメリカ・イギリス合同隊、M. バンクス隊長。
ビルチャール・ドバニ〈VI—C—1〉		Bilchhār Dobani　6134 m/20125 f
		35°57′30″N　74°38′20″E
		Bagrot Gah と、Darchan Gah の間。
	(初登頂)	1979年、登攀倶楽部京都隊、池内功、橋本優。
無名峰		Un Named Peak　Ca 6000 m/19685f
		35°58′00″N　74°39′00″E
		Gutumi GL と、Bilchhar Gah の間。
無名峰		Un Named Peak　Ca 6000 m/19685f
		35°57′50″N　74°37′30″E
		Gutumi GL と、Darchan GL の間。

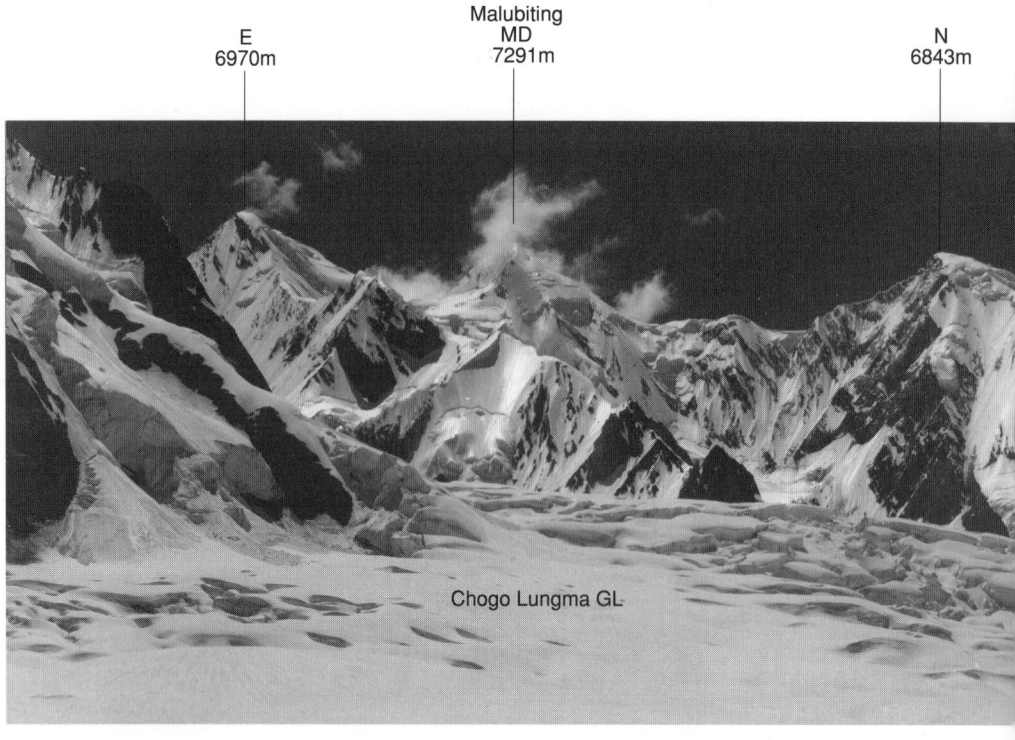

4-4 「Malubiting 東、中央、北峰」（小野寺正英）

PHUPARASH & MALUBITING GROUP
(NEW PROPOSAL)　　　　（地図 No. 5・6）

　Indus 河から、Darchan Gah を遡って Miār Peak に至り、Kapel 氷河から Barpu 氷河、Sumayār 氷河、Chogo Lungma 氷河、Haramosh 峠、Phuparash Gah を経て Indus 河に至る線の内側の山群をいう。

　かつて、Laila 峰は Haramosh 山群に入れられていたが、最低鞍部約4800 m の Haramosh 峠を境界として、Malubiting 山群に編入した。

マルビティン・西峰　　Malubiting（W）　7458 m/24470f

4－5 「Malubiting 山頂周辺」上部プラトーより（JAC 岩手支部隊）

〈Pk46/42L、　36°00′14″N　74°52′34″E〉　1855～60年
〈V－D－4〉　　Sumayār Bār GL と、Baskai GL、
　　　　　　　　Phuparash GL の源頭。
　（初登頂）　1971年、オーストリア隊、H. ジンドール
　　　　　　　　バッヒャー隊長。

マルビティン・中央峰　Malubiting（MD）　7291 m/23920 f
〈V－D－4〉　　36°00′15″N　74°53′20″E
　　　　　　　　Sumayār Bār GL と、Chogo Lungma
　　　　　　　　GL、Baskai GL の源頭。
　（初登頂）　1975年、JAC 岩手支部隊、笠原潤二郎
　　　　　　　　隊長。

マルビティン・西西峰　Malubiting（WW）　Ca 7200 m/23622 f
〈V－D－4〉　　36°00′40″N　74°52′20″E
　　　　　　　　Sumayār Bār GL と、Phuparash GL
　　　　　　　　の源頭。　―註―　写真4－5参照。

ライラ・I峰　Laila（I）　6986 m/22920 f（6952 m/22810 f）
〈Pk 56/43 I、　35°57′26″N　74°57′47″E〉　1855～60年
〈VI－D－1〉　　Haramosh GL と、Chogo Lungma GL の
　　　　　　　　間。
　（初登頂）　1975年、碧稜山岳会隊、石川富康隊長。

マルビティン・東峰　Malubiting（E）　6970 m/22867 f
〈VI－D－1〉　　35°59′30″N　74°58′55″E
　　　　　　　　Baskai GL と、Chogo Lungma GL の間。
　（初登頂）　1959年、パキスタン・イギリス合同隊、

RAKAPOSHI RANGE — 183

T. ストリーザー隊長。

マルビティン・北峰　　Malubiting (N)　6843 m/22450 f
〈V−D−4〉　　　　　　36°01′25″N　74°52′E
　　　　　　　　　　　Sumayār Bār GL と、Chogo Lungma GL
　　　　　　　　　　　の間。
　　（初登頂）　　　　1969年、ポーランド隊、R. シャフィルス
　　　　　　　　　　　キー隊長。

ミアール・ピーク・Ⅰ峰　Miār Peak (I)　6824 m/22390 f
〈Pk 42/42 L、　　　　 36°03′29″N　74°45′57″E〉1855～60年
(Phuparash I, Emerald　Miār GL と、Salili GL の間。
Peak)　　（初登頂）　1977年、イギリス隊、J. バースリム
〈V−D−4〉　　　　　　隊長。

ミアール・ピーク・Ⅱ峰　Miār Peak (II)　6785 m/22260 f
〈Pk 43/42 L、　　　　 36°03′03″N　74°46′15″E〉　1855～60
(Phuparash II)　　　　年
〈V−D−4〉　　　　　　Miār GL と、Salili GL の間。

ジュト・サール　　　　Jut Sār　6785 m/22260 f
〈V−D−4〉　　　　　　36°01′50″N　74°52′E
　　　　　　　　　　　Sumayār Bār GL と、Phuparash GL の間。

ライラ・Ⅱ峰　　　　　Laila (II)　6770 m/22210 f
〈Ⅵ−D−1〉　　　　　35°57′20″N　74°57′40″E
　　　　　　　　　　　Baskai GL と、Chogo Lungma GL の間。

ミアール・ピーク・Ⅲ峰　Miār Peak (III)　6574 m/21570 f
〈Pk 44/42 L、　　　　 36°02′52″N　74°47′31″E〉　1855～60
(Phuparash III)　　　　年
〈V−D−4〉　　　　　　Miār GL と、Phuparash GL の間。

ミアール・ピーク・Ⅳ峰　Miār Peak (IV)　6574 m/21570 f
〈Pk 44/42 L、　　　　 36°02′42″N　74°49′26″E〉　1855～60
(Phuparash IV)　　　　年
〈V−D−4〉　　　　　　Miār GL と、Phuparash GL の間。

無名峰　　　　　　　　Un Named Peak　Ca 6400 m/21000 f
　　　　　　　　　　　35°58′N　74°55′E
　　　　　　　　　　　Baskai GL と、Chogo Lungma GL の間。

無名峰　　　　　　　　Un Named Peak　Ca 6300 m/20670 f
　　　　　　　　　　　35°56′N　74°56′E
　　　　　　　　　　　Baskai GL と、Haramosh GL の間。

無名峰　　　　　　　　Un Named Peak　6218 m/20400 f
　　　　　　　　　　　35°58′N　74°59′E　1957年 Oxford
　　　　　　　　　　　Chogo Lungma GL と、Haramosh GL の
　　　　　　　　　　　間。

無名峰　　　　　　　　Un Named Peak　Ca 6200 m/20340 f
　　　　　　　　　　　35°56′N　74°56′E
　　　　　　　　　　　Mani GL と、Haramosh GL の間。

Photo labels (left to right):
- Laila I 6986m
- Haramosh II 6666m
- Ca6400m
- Laila II 6770m
- Mani Peak 6685m
- Ca6200m
- Ca6300m
- Haramosh 7397m
- Sari Sumari Ca6100m
- Chongra Peak 6830m
- Rakhiot Peak 7074m
- 6970m Malubiting E

4 – 6 「Haramosh 北面、Laila 周辺」Malubiting MD より（JAC 岩手支部隊）

HARAMOSH RANGE

この山脈は山群別に分類されていないので煩雑であった。この図では、Haramosh、Paraber、Marshakala の三山群に分割することにしている。

Indus 河流域の Skardu から Shigār川を遡る。Basha 川、Chogo Lungma 氷河の Haramosh La に達し、Mani 氷河を経て、Phuparash 川、Indus 河に至る線の内側の山脈をいい、南側の Deosai 山脈と対峙する。

Rakaposi 山脈と Haramosh 山脈の境界は、いままで、漠然と Malbiting と Laila の間とされていたが、この間はおよそ 6000 m のコルであって境界には適当でない。やはり、最低鞍部の Haramosh La／約 4800 m を両山脈の境界としたい。

HARAMOSH GROUP　　（地図 No. 6・8）

Indus 河より Stak Nala、東 Mani 氷河、東 Haramosh 氷河を東縁とし、西縁は、Haramosh 氷河から同名の峠を下って Mani 氷河、Phuparash Gah より Indus 河に至る線に囲まれた山群をいう。

1902 年、ワークマン夫妻が初めて Haramosh 峠に達し、1939 年には、E. シプトン隊の E. ファウンテーンが同峠を越えて Mani 氷

Labels in photo (left to right):
- 6153m
- Ishkapal Burqi Ca6500m
- Haramosh 7397m
- Kupultan Kung 6220m
- Mani Peak 6685m
- Paraber 6322m
- （Haramosh Ⅱ） 6666m
- Ca6300m
- Latok Ⅱ 山頂→

4－7 「Haramosh 山群」Latok Ⅲ峰より（寺西洋治）

河を下った。また、1975 年には京都 KK クラブの安田越郎らが西面から同峠を越えて Haramosh 氷河を踏んでいる。

　Pk 58 と Pk 57 が初期に三角測量された峰である。1954 年にドイツの W・キックが、1957 年にはイギリスの Oxford 大学隊が一帯の測量を行なっている。

ハラモシュ	Haramosh　7397 m/24270 f
〈Pk 58/43 Ⅰ、	35°50′29″N　74°53′52″E〉　1855～60 年
〈Ⅵ－D－1〉	Mani GL、Ishkapal GL、Khotia Lungma の源頭。
（初登頂）	1958 年、オーストリア隊、H. ロイス隊長。

186 — 4　LESSER KARAKORUM

マニ・ピーク	Mani Peak　6685 m/21930 f		サリ・スマリ	Sari Sumari　Ca 6100 m/20013 f
〈Pk 57/43 I、	35°51′40″N　74°57′54″E〉　1855〜60 年		〈VI—D—1〉	35°50′40″N　74°51′E
〈VI—D—1〉	Haramosh GL と、Qosomber GL の間。			Mani GL と、Ishkapal GL の間。
（初登頂）	1958 年、オーストリア隊、H. ロイス隊長。		（初登頂）	1978 年、昭和山岳会隊、島方健次隊長。Haramosh 登攀の際に登頂通過。
無名峰	Un Named Peak　6666 m/21870 f			
(Haramosh II)	35°34′50″N　74°00′30″E　1957 年 Oxford		無名峰	Un Named Peak　6050 m/19850 f
〈VIII—A—1〉	Haramosh GL と、E・Haramosh GL の間。		〈Pk 60/43 I、	35°46′02″N　74°58′02″E〉　1855〜60 年
				Khotia Lungma GL と、Baro Lungma Gah の間で東からは見事な岩峰に見える。
イシュカパル・ブルキ	Ishkapal Burqi　Ca 6500 m/21325 f			
〈VI—D—1〉	35°49′40″N　74°54′10″E			
	Ishkapal GL と、Khotia Lungma GL の間。			
無名峰	Un Named Peak　Ca 6300 m/20670 f			
	35°56′N　75°01′E			
	Qosomber GL と、Haramosh GL の間。			
無名峰	Un Named Peak　Ca 6300 m/20670 f			
	35°53′50″N　74°59′E			
	Haramosh GL と、E・Haramosh GL の間。			
無名峰	Un Named Peak　6217 m/20396 f			
	35°56′N　75°01′40″E　1957 年 Oxford			
	Haramosh GL と、E・Haramosh GL の間。			
無名峰	Un Named Peak　6153 m/20190 f			
	35°48′N　74°57′30″E			
〈Pk 59/43 I、	35°47′45″N　74°57′12″E〉　1855〜60 年			
	Khotia Lungma GL と、Baro Lungma Gah の間。			

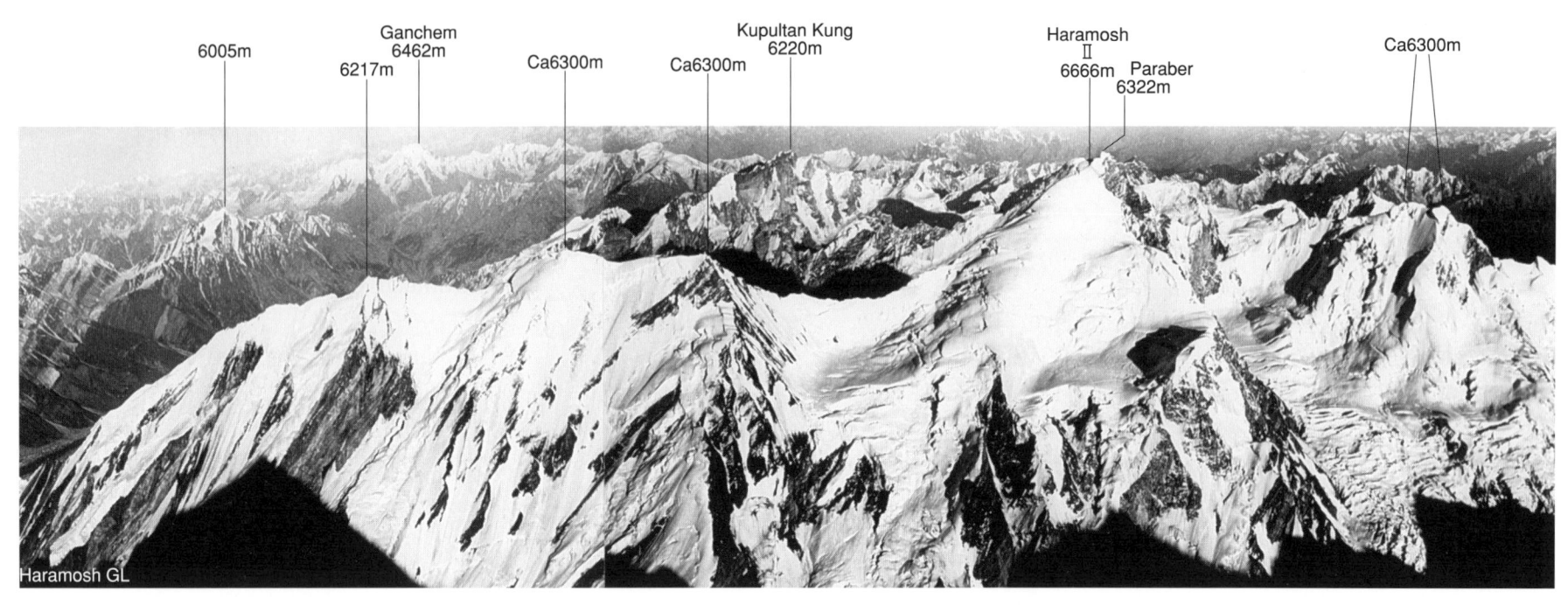

4 - 8 「Paraber 山群」Laila より空撮（碧稜山岳会隊）

PARABER GROUP （NEW PROPOSAL）（地図 No. 8）

　北縁となる Chogo Lungma 氷河から、その支流の東 Haramosh 氷河を経て東 Mani 氷河、Khotia Lungma 氷河、Stak Nala を下降して Indus 河に至る。さらに、Tormik Nala の Gyalsa Kōr より、Ganto La を越えて Basha 川に達し、再び、Chogo Lungma 氷河に至る線の内側の山群をいう。

　測量局図には、二峰だけ記載されているが、Paraber 峰だけが初期に三角測量された峰で、Kuplutan Kung と Bargincho／5800 m は、1954 年の W. キックの測量によるものである。同年、イタリアの K2 隊の別動隊は Stak La 越えの旧街道 Stak Nala と Tormik 川流域全域の測量を行なったが、このルートを、1955 年に京都大学カラコルム・ヒンズークシュ学術探検隊のインダス隊が通過している。

　下記のほかにも未確認の 6000 m 級峰がある。

パラベル	Paraber　6322 m/20740 f
〈Pk 1/43 M、	35°52′00″N　75°03′28″E〉　1855～60 年
〈Ⅷ−A−1〉	E・Haramosh GL と、Goropa GL の間。
クプルタン・クン	Kupultan Kung　6220 m/20407 f
(Kapaltang Kung)	35°51′50″N　75°07′10″E　1954 年 W. Kick
〈Ⅱ−D−1〉	W・Marpoh GL と、Gheme Duk Gah (Reme Duk Gah) の間。
	一註一　写真 4 - 8 参照。

188 — 4　LESSER KARAKORUM

MARSHĀKĀLA GROUP （NEW PROPOSAL）　（地図 No.8）

　北端が Ganto La、南端を Skardu とし、Indus 河と Shigār 川の間に挟まれる山群をいう。
　1902 年には、ワークマンらが Ganto La を通過している。
　Marshākāla 5153 m/16905 f は、この山群で唯一の三角測量された峰であり、Skardu 城の近くにある基点とともに第一次カシミール測量網の重要な観測点となった。Shigār から見ると 5828 m、5601 m 峰など、多くの 5000 m 級の峰がずらりと並び、登山許可不要の登攀が楽しめる山群である。

〔地名の聴取と採用に新風〕
――僻地も識字率が向上――

　よく地名についてご指摘をいただくことがある。各地方に出掛けられるトレッカーや登山隊の情報はなによりも有難い。
　北西辺境州は、Chitrāl のコワール語や、Hunza のブルシャスキー語、ギルギット地域のシーナ語、あるいは Khapulū のバルティー語（チベット古語）にせよ、もともと言葉はあっても文字のない地域だった。したがって村落の事情や歴史は、民謡やリズミカルな口伝で残されてきたようだ。それが、近代的な音楽の流入で、若者の間からは徐々に風化されつつあるのが現状だ。
　また、すべての村落に口伝があるわけでなく、多くは恋歌、武勇伝、近くの村との争いなどに猥雑さを加えた歌曲などで、大抵は単調な曲の繰り返しが続く。もちろんモスリム国特有の即興詩も登場しながら、多くの登山隊が経験したであろうポーターたちの歌と踊り、手拍子よろしく深夜まで続くあの種類の曲だったのだ。
　地名は「江戸」が「東京」になるほどの変化は別として、たとえ少々年月がたっても、簡単に発音まで変化するとは考えにくい、もちろん耳で聞き、異なる国の言語と文字で記録するのだから、採取する側に問題のあることが多く、すべての人に発音記号を要求するわけにもいかぬという悩みは常につきまとう。
　地名を、たとえ発音記号で採取しても、地図に載るときはローマ字であるし、一般に報告書はカタカナで記載されている例が普通だから、やはり多くを期待するわけにはいかない。
　Imit の北の Karambār 川を、地元住民は「コロンバル」と発音するし、Baintha Brakk で有名な Baintha Brangsa「バインターの泊り場」も、地元 Askōle の住民は、「ベンタ」と発音する。だ

からと言ってすぐに訂正するのは早計で、Baltoro 氷河の Concordia を、ほとんどのポーターたちが、「コンコリア」と呼んでいることは良くご存じと思う。変更には、やはり根拠が必要なのだ。

古くから、サルトロ峠に通ずる重要な拠点、Khapalū については、Khapulū と変更するべきかもしれない。ここの人々は、明らかに自分の住所は「カプルー」であって「カパルー」ではないという。政府発行の 'SKARDU、NI-43/NE 1：500000' を見て間違いであるという地元の住民がいる。K. メイスンが 1927 年 1 月 24 日に地学協会で行なった講演のなかで、

「Another stream called the Yarma of Nobra flows from above the Changlung, which was anciently traversed by a route to 'Khapulung'.」 — Mason の原文のまま ' ' 点は筆者—

Khapulung（カプルン）と述べているが、a や u, o は地名の採集にあたって非常に難しい問題であり、原点に立ち戻って地元の人々の意見を再確認する必要があるようだ。住民の識字率が向上していることを忘れてはなるまい。住民はカプルンではなく、Khapulū（カプルー）と呼ぶ。

我々が、地名を聴取するとき特に留意する点は、やはり唇が、n か m かは入念に注意するが、先駆者も、おそらく同じであったろうと思う。いまでは、明らかに Shimshal と呼ばれている地名が、かつては Shingshal と記録されていた時期がある。参考までにインド測量局発行の「No. 42 L、Baltit (Hunza) 第三版（1941 年）」では、目的地を指すルート表示には 'Shingshal' と記載しているが、川には 'Shimshal' と、同一の図に二通りの名称が記載されている。

最初の間違いはとかく追随されやすい。Shingshal という地名は、K. G. コッカーリルの頃すでに使われており、P. C. フィッサーや J. モーリスも追随している。

ションバーグも一応は追随しているが、これが誤りであることを指摘した。チャプロットから夫婦が移住してきて、この寒い孤立した地に住み着いたが、あまりの辛さに妻は夫が大嫌いになってしまったという次の昔話にそれを述べている。

「彼女は夫をただシュムとだけしか呼ばなかった。これはシナ語（シーナ語）で犬の意味である。—中略— それでこの村はシュムシャールと呼ばれた。わたしはシャールとはどういう意味かと聞くと、長老は「神様がご存じだ」と答えた。

我々の地図にはシングシャールと書かれているが、人々は決してこんな言葉は使わず、村はシムシャール、自分等をシムシャール人と呼ぶ。」 —（ ）内は筆者—

Shimshal には Dasto Ghil と呼ばれる区域があった。モーリスは「羊の棚」を意味するワハン語であるとし、ションバーグは Desteghil を「丘の上にある羊の棚」と解した。最初にこの地名を聴取したのは、フィッサー隊のハーン・サーブであったが、D. H. R. ロリマーは山名の命名について、ワハン語はペルシャ古語の一方言であるから、Dast が言葉の後につくと「下」の意、名詞の前につくと「下の」の意になる。Dastghil の意味は「下の羊の棚」だから Dast でなく、「上の」の意をしめす Deste か Diste がよいとした。したがって Desteghel か Disteghil が正しく、それに「ワハン語」の「山」の意の Sār をつけて、Disteghil (e) Sār を採用したという。

ハーン・サーブが聞いた回答の Dasto Ghil は、氷河の上の石の壁（羊を囲む石積みの壁）の上に見えていた山の名前を聞いたわけであったが、住民の答えた回答は、山の下に見えているフィッサーらのキャンプ地の名（Dasto Ghil）と答えたのである。もっとも住

民らの生活には、山名より牧地名のほうが重要だからであり、いまも、Dasto Ghil という言葉は残っている。だがいまでは、たとえ語源や文法がどうあれ「山の下の羊の囲い場」よりも登山家の好む山の名前として地元に根をおろしたのである。だから Shimshal の人々は、我々のいう Disteghil Sār を、'Dasto Ghil' と呼び続けている。

古い「トルキスターン語やワヒ語」の地名はいまも地図に残っているが、一般会話にウルドゥ語が普及した現在、これら意味の判らぬ古語はすたれ、忘れ去られて新しい地名が誕生しつつあるようだ。

とくに人跡まれな地域、オクサス川上流からヤルカンド川上流にかけては幾つもの国境が入り組み、地名も往来する多くの人種によって多岐にわたる。キルギス、スラヴ、ペルシャ、トルコ、漢語などなどの言葉が地名として使われていたのだから、語源を正しく究明するのは容易な事ではない。

パミールやカラコルム、ヒンズー・クシュにはトルコ古語系の地名を見ることも多い。

国境制定以前にあったトルキスタン人の陸路によるメッカ巡礼は、すでに行なわれなくなり、当時、旅行者によって便宜上付けられた名称はすたれ始めている。かつて文字や地名のない地域で、地図のために外国人が勝手に付けた土地の名も、徐々にいまの現地名に変化しつつあるようだ。どうやら、我々も意識を変える必要があるかもしれない。

Chitrāl には地図上で Buni という村落がある。当然この名称は、山名にも採用されて Buni Zom となった、Buni は「障壁や障害」の意という。地元の住民は、「Kowār」という言語名も、「Kohwār」で「山の言葉」すなわち「山国の言葉」あるいは「田舎者の言葉」ということになるから、蔑視されているように感ずる住民もいるようだ。だから「チトラリー」と呼んでほしい人が多いという。

さらに、チトラリーで「障壁または障害」の意味は「Booni」（ボーニ）であって、「Buni」（ブニ）とは言わないとし、自分の村を「ボーニ」と呼んでいる。混乱をさけるためにこの地図では Būni とした。

識字率のひくい地域での地名採集は予想以上に困難だが、近年は各地方にも学校がみられるようになった。識字率は急激に向上している。それも子供たちや若者が主で、もの知りの老人には文盲が多いことが古い地名を聞きだすのには不都合であった。都市や町村は別として、各地を訪れながら気がついたことは西部方面は識字率が高く、東方に行くにつれて低下するように感ずる。特に Hunza や Swāt の女性の識字率向上には著しいものがあるようだ。

1998 年の夏、Pasū 氷河を訪れたが、37 名のポーターのうち、なんと 16 名がカレッジあるいは大学生のアルバイトであったのには驚いた。Ghulkin、Ghulmit 村の青年が大部分で、姻戚関係のある Shimshal からも 2 名が参加していた。以前に彼らを雇用した、ある登山隊のポーターたちに対する態度の横柄さに手厳しい話なども出た。我々も案外、観察されていたかも知れない。

まさに「服装で人を判断してはならぬ」の鉄則が実感であった。どうやら、識字率の向上したその土地の人々の手で、さまざまな山名、地名などの修正をうける時代がやってきたようだ。

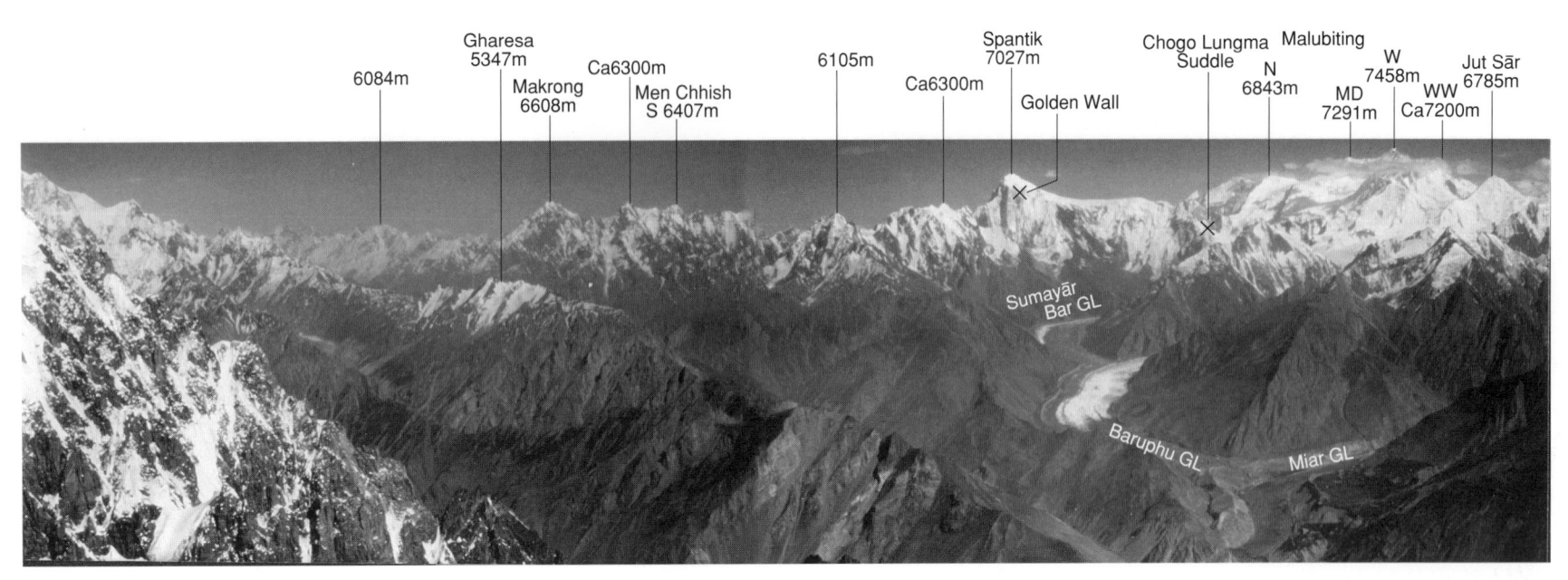

4 – 9 「Spantik 周辺」Batūra 下部より（東京都庁登山隊）

NORTH OF HARAMOSH RANGE
(NEW PROPOSAL)

　以前は、Rakaposi 山脈に従属する山群とされていたが、未知の分野が次第に明らかになるにつれて、内容の変更も必要となり、山群を追加、あるいは細分化することにした。
　最低鞍部の、Chogo Lungma Suddle を境界として、Haramosh の北側に並行する山脈を同名の山脈の北側山脈と呼び、その範囲は、南 Braldu 川と Basha 川の合流点から Chogo Lungma Sudlle、さらに Sumayār Bār、Hispar 川、Biafo 氷河、南 Braldu 川に至る線の内側の山脈をいう。
　またこの山脈を Spantik & Sosbun Mts と呼ぶこともある。

CHOGO LUNGMA GROUP (NEW PROPOSAL)
（地図 No. 5・7・8）

　西限の Sumayār Bār 下流の Baruphu 氷河と Hispār Hār の合流点から、Chogo Lungma Sudlle を経て、東限の Arandū まで下降。さらに、Kero Lungma 氷河源頭の Nushik La を越えて、北縁の Hispār 氷河に至る線の内側の山群をいう。この峠は，古くは Hunza の人々に使われていたという。
　1861 年のゴドウィン・オースティンはじめ、高名な探検家や測量官、登山隊が続々登場するのが、この Nushik La だが、Uyum Pass ともいい、E. シプトン図は、Uyum Haghuch Pass とある。Nagār の古老は Uyum は Wakhan 方面の言葉で峠（Uwin）の事であるという。発音は似ており正しいかどうかは不明だが Uyum Pass では、峠の峠になってしまうらしい。「N」と「M」の聞き違いということも考えられるが、果たしてシプトンが Uwin と

192 — 4　LESSER KARAKORUM

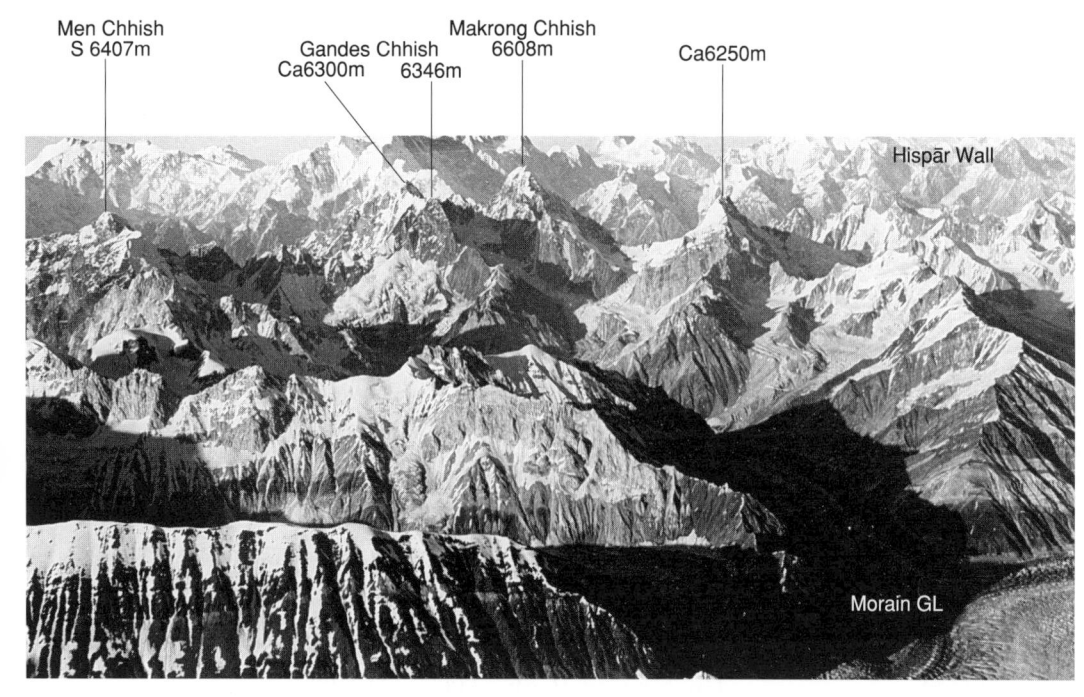

4-10 「Gandes Chhish 周辺」Laila より空撮（碧稜山岳会隊）

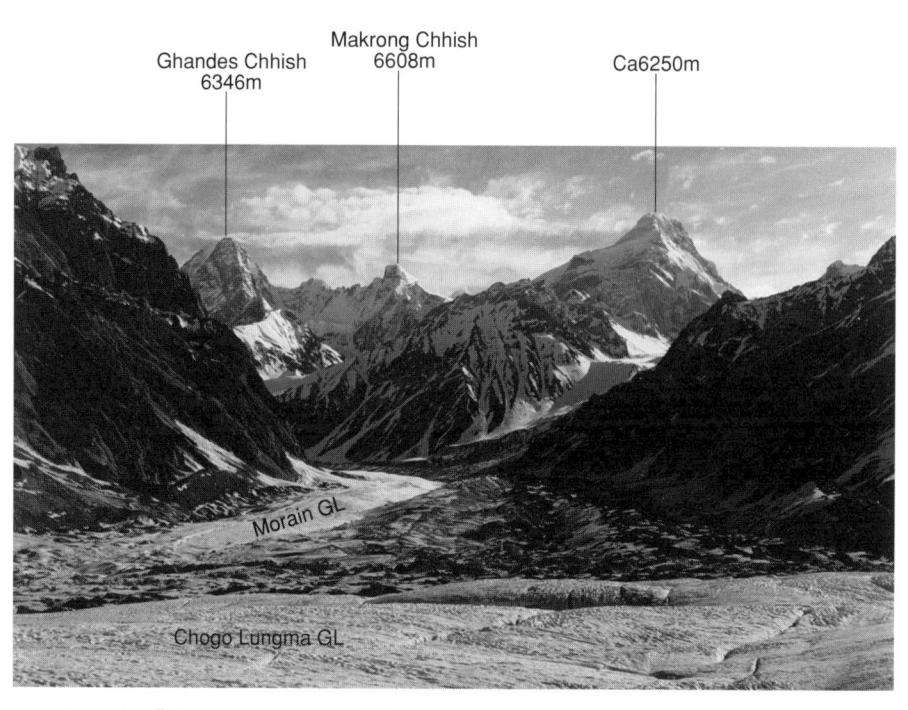

4-11 「Makrong Chhish 周辺」Chogo Lungma 氷河より（小野寺正英）

Uyum を混同したものであろうか。

　1902年、ワークマン夫妻が山群南縁の Chogo Lungma 氷河を源頭まで探査し、次年度、再び同氷河を訪れて Spantik の試登を行なった。1954年には、パキスタン測量局の援助を受けて、西ドイツの W. キックらが南面の測量を行ない同峰の試登も行なった。

　Sumayār 氷河周辺の峰の高度は、1915年の測量局の観測によるもの。

　Ghandīr Chhish／4869m 峰は、1937年 E. シプトン測量の際の基点となった峰である。

　1978年、東京志岳会の杉本忠男らは、Kero Lungma 氷河から日本人で初の Nushik La 越えを行なったことになる。

　Spantik 北面は、通称ゴールデン・ウォールと呼ばれる北壁となっている。とくに北西稜の山頂から約2300m も一気に切れ落ちる壁面は、Baltoro 氷河の Great Trango 東面を彷彿させるビッグウォールである。知名度が低いのは Sumayār 氷河の源頭に達して初めてその姿を表すためで、平均傾斜度70度、いわば隠れた大岩壁と言えよう。　―註―　写真4-9参照。

スパンティク　　　　　Spantik　7027m/23056f
(Yengutz Hār, Ghenish Chhish, Golden Parri, Pyramid Peak)
〈Pk 68/42 L、　　　　36°03′28″N　74°58′00″E　1855～60年〉
〈V－D－4〉　　　　　Chogo Lungma GL と、Sumayār Bār GL の間。
　　（初登頂）　　　1955年、西ドイツ隊、K. クラマー隊長。

マクロン・チッシュ　Makrong Chhish　6608m/21680f
(Makorum)　　　　　　Shipton
〈Ⅶ－A－4〉　　　　　36°05′30″N　75°07′50″E

NORTH OF HARAMOSH RANGE — 193

	Hispār GL と、Chogo Lungma GL の間。		36°03′N　75°07′E Hispār GL と Sgari Byen Gang の間。
メン・チッシュ・南峰 〈Ⅶ—A—4〉	Men Chhish (S)　6407 m/21020 f Shipton 36°06′10″N　75°03′40″E Morain GL と、Garumbār GL の間。	無名峰	Un Named Peak　6105 m/20030 f 36°08′N　74°57′E　1915 年 Yengutz Hār GL と、Sumayār Bār GL の間。
ガンデス・チッシュ 〈Ⅶ—A—4〉	Ghandes Chhish　6346 m/20820f　Shipton 36°04′N　75°06′E Makrong GL と、Morain GL の間。	無名峰	Un Named Peak　Ca 6100 m/20013 f 36°05′50″N　74°57′E Yengutz Hār GL と、Sumayār Bār GL の間。
無名峰	Un Named Peak　6325 m/20750 f 36°02′40″N　74°56′E Sumayār Bār GL と、Chogo Lungma GL の間。	無名峰	Un Named Peak　6005 m/19700 f 35°56′N　75°15′E　W. Kick 1954 年 Chogo Lungma GL と、Kero Lungma GL の間。
無名峰	Un Named Peak　Ca 6300 m/20670 f 36°05′N　74°06′E Garumbār GL と、Sumayār Bār GL の間。	無名峰	Un Named Peak　Ca 6000 m/19685 f 36°04′45″N　75°03′E Garumbār GL と、Morain GL の間。
無名峰	Un Named Peak　Ca 6300 m/20670 f 36°05′N　74°58′30″E Hispār GL 支流の、Tarman GL の源頭。		
無名峰	Un Named Peak　6294 m/20650 f 36°06′N　74°56′E　1915 年 Yengutz Hār GL と、Sumayār Bār GL の間。		
無名峰	Un Named Peak　Ca 6250 m/20505 f		

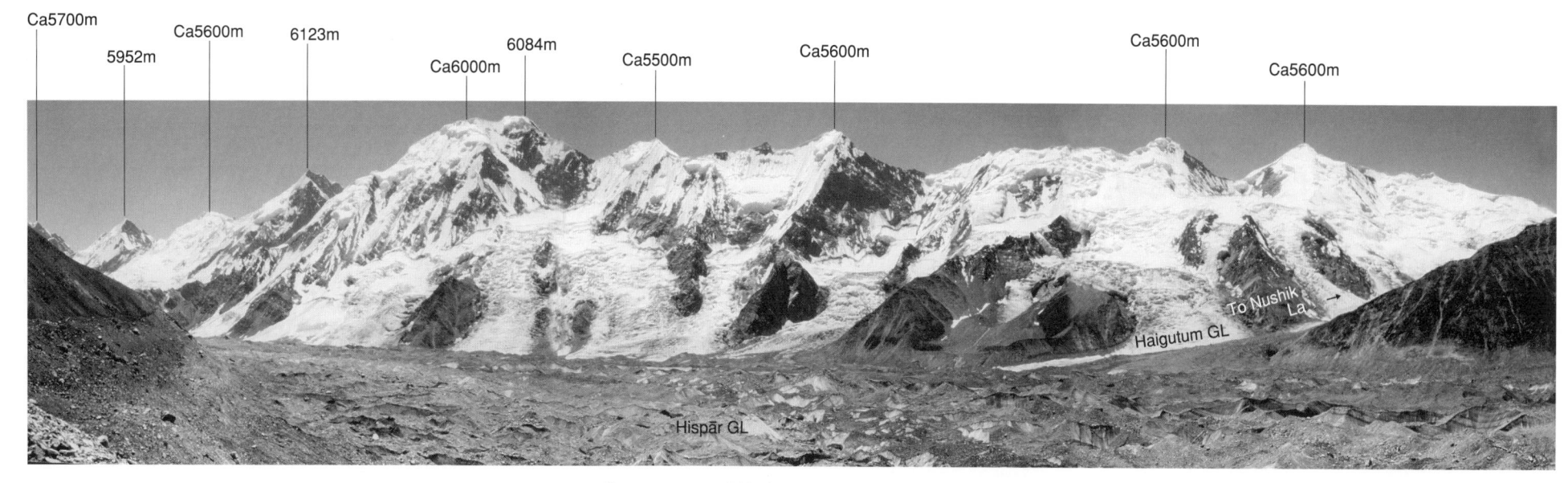

4 – 12 「Hispār Wall 周辺」Hispar GL 右岸より（原田達也）

HISPĀR WALL（NEW PROPOSAL） （地図 No. 7）

　北縁となる Hispār 氷河支流の Haigutum 氷河から、西限の Nushik La (Uyum Haghuch Pass) を越え、Kero Lungma を下降して Arandū に至る。さらに、Kushuchun 川、Solū 氷河と、Hispār 峠を結ぶ線の内側の山群をいう。

　Hispār 氷河舌端周辺にある Wall 群を前項の山群にいれるには、多少無理もあろう。この図では、Spantik から Nushik La、すなわち最低鞍部までは一連の高峰群と解釈して前項に編入し、ここでは Nushik La 以東の Hispār 峠までを Hispār Wall とした。

　1861 年、Kero Lungma 側より Nushik La に達したゴドウィン・オースティンによって Hispār 氷河が発見された。

　1925 年の、H. J. フィッセル隊のアフラズ・グル・カーンの平板測量結果と、1939 年の E. シプトンが良き資料をのこしている。

無名峰	Un Named Peak　6243 m/20483 f 36°01′30″N　75°10′E　Shipton Hispār GL と、Hucho Alchori GL の間。
無名峰	Un Named Peak　6123 m/20088f　Shipton 36°02′N　75°19′30″E Hispār GL と、Kero Lungma GL の間。
無名峰	Un Named Peak　6102 m/20020f　Shipton 36°01′30″N　75°12′30″E Hispār GL と、Hucho Alchori GL の間。
無名峰	Un Named Peak　6084 m/19962f　Shipton 36°02′30″N　75°18′E Hispār GL と、Kero Lungma GL の間。

NORTH OF HARAMOSH RANGE

4－13 「Ganchen と Hikmul」Susbun GL より（仙台一高山の会隊）

4－14 「Ganchen」Hoh Lungma 氷河より（仙台一高山の会隊）

SUSBUN GROUP (NEW PROPOSAL) （地図 No. 8）

　南 Braldu 川と Shigār 川の合流点より、Basha 川を北上し、Solū 氷河に沿って北限の Hispār 峠に至る。さらに、北縁の Biafo 氷河を下り、南縁となる南 Braldu 川に出る線の内側の山群をいう。

　以前は Ganchen、Meru など二つの山群に分けられていたが、中央を流下する Hoh Lungma や Susbun (Sosbun) 氷河を取り巻く山群として一つの山群とし、Susbun 山群の名称を与えたい。

　1892 年に Biafo 氷河を初下降したのは W. M. コンウェイである。1899 年にはワークマン夫妻が踏査して高峰に Meru と命名して 6706 m とした。だが標定はしていないしこれほどの高峰はない。彼らは 1903 年にも Susbun 氷河の源頭までを踏査している。

　1937 年は、H. W. ティルマンが Sokha 氷河と Susbun 氷河を測量踏査して Hikmul Pass を越えた。

　1955 年には、京都大学の今西錦司らも Biafo 氷河を下って、Baltoro 氷河に向かった。　―註―　現地の Chapō では、Susbun と発音するのが普通である。

ガンチェン	Ganchen　6462 m/21200 f
〈Pk 9/43 M、	35°48′36″N　75°29′11″E〉　1855～60 年
〈Ⅷ－B－1〉	Basha R と、Hoh Lungma GL の間。
（初登頂）	1978 年、仙台一高山の会隊、柴崎　徹隊長。
ススブン・ブラック	Susbun Brakk　6413 m/21040 f
(Sosbun Brakk)	35°56′10″N　75°33′50″E　Shipton
〈Ⅷ－C－1〉	N・Susbun GL と、Biafo GL の間。
（初登頂）	1981 年、大阪紫岳会隊、川内誠一隊長。
ヒクムル	Hikmul　Ca 6300 m/20670 f
〈Ⅷ－B－1〉	35°50′N　75°29′E

196 — 4　LESSER KARAKORUM

	Basha R と、Tsilbu GL の間。	無名峰	Un Named Peak　6066 m/19901 f 35°58′N　75°33′E　Shipton Sokha GL と、Biafo GL の間。
ガマ・ソカ・ルーンブ 〈Ⅷ—D—1〉 （初登頂）	Gama Soka Lūmbu　6282 m/20610 f 　35°45′N　75°45′E　Shipton S・Blardu R と、Biafo GL の間。 1992 年、イギリス隊、P. ドリュ隊長。	無名峰	Un Named Peak　Ca 6000 m/19685 f 35°56′N　75°32′E Sokha GL と、N・Susbun GL の間。
無名峰	Un Named Peak　6123 m/20090 f 35°54′N　75°36′E　Shipton N・Susbun GL と、Biafo GL の間。		

4 – 15 「パノラマ、Biafo 氷河」 ↑ 左岸（北東側）Ho Brakk 付近より
（高橋正治） ↓ 右岸（南西側）Biafo 氷河中央部より

Hispār Pass 5151m
Uzun Brakk 6422m
7285m
Baintha Brakk SE 6960m
Sokha Lūmbu 5669m
Gama Sokha Lūmbu 6282m
Ho Brakk or Brūk 5364m
5794m

〈次ページへつづく〉

LESSER KARAKORUM

NORTH OF HARAMOSH RANGE — 199

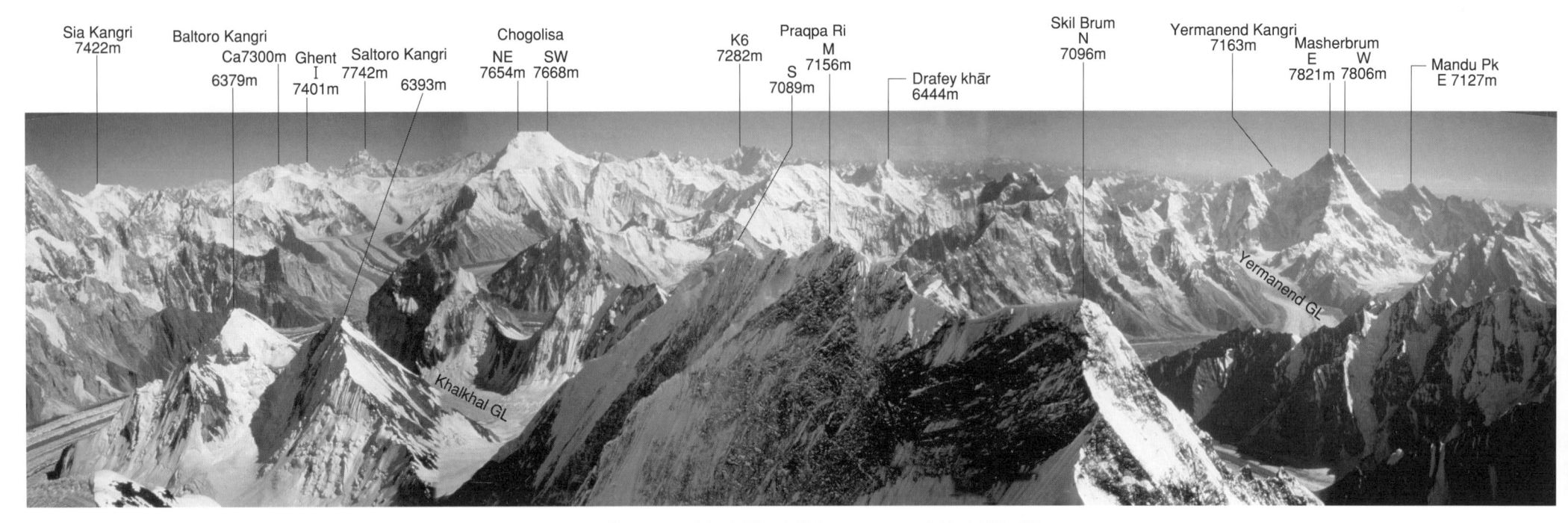

Labels on panorama (left to right):
- Sia Kangri 7422m
- Baltoro Kangri Ca 7300m
- Ghent I 7401m
- Saltoro Kangri 7742m
- Ca 6379m
- 6393m
- Chogolisa NE 7654m / SW 7668m
- K6 7282m
- Praqpa Ri M 7156m / S 7089m
- Drafey khār 6444m
- Skil Brum N 7096m
- Yermanend Kangri 7163m
- Masherbrum E 7821m / W 7806m
- Mandu Pk E 7127m

Khalkhal GL, Yermanend GL

4–16 「Baltoro 氷河左岸の山群」Skil Brum より（古関正雄）

MASHERBRUM RANGE

KHOSER GUNGE GROUP （地図 No. 8）

　いったん高度を下げた Haramosh 山脈との間には、Basha 川と南 Braldu 川が合流して Shigār 川となり、さらに Skardu で Indus 河に合流する。

　北縁は南 Braldu 川、Baltoro 氷河を Sia Kangri と Baltoro Kangri の最低鞍部の Conway Suddle に達し、南は Indus 河、Shyok 川を経て Saltoro 川、Kondus 氷河に沿って同鞍部に至る内側の山脈をいう。東部に比較して西部はよく知られず、カラコルム中部で数少ない未開拓分野といえよう。

　南 Braldu 川流域の Askole から、南側に遡って Skoro La／5043 m を越え、同名の谷を下って Shigār 川に至る間の内側の山群をいう。

　この峠は古くより、中央アジアを結ぶ重要な峠として利用され旧シルクロード街道のひとつとして名高い。1899 年、F. B. ワークマンが Skoro La 周辺のスケッチマップを残した。

　記録に残されている例では、1861 年、H. ファルコナーがこの峠を越えているし、1955 年には日本人として初めて通過したのが京都大学隊の今西錦司らであった。高度については、この一帯は三角測量されていない。Khoser Gunge と、Busper／4564 m の二峰が測量局図に記載されているもののこれは概略の高度である。5500

4－17 「Khoser Gunge 山群の無名峰」南 Braldu 川より（宮森常雄）

4－18 「Mango Gusōr と Bakhor Das 西壁」Biaho GL 舌端付近より（宮森常雄）

mから5800m級の峰が数多く望見できる。

　Askōleには、Askōli と Askōlo という二つの集落の地名があるが、街道の山側が Askōli、谷側が Askōlo と呼ばれ、これが Skoro La の名のもとになったという。この峠は、いまは荒廃して利用する人は少ない。

コーセル・グンゲ	Khoser Gunge　Ca 6401 m/21000 f
(Koser Gunge, Khoser Gang)	35°37′00″N　75°39′00″E
〈Ⅷ－C－2〉	Shigār R と、S・Braldu R の間。
（初登頂）	1899年、アメリカ隊、F. B. ワークマン。

MANGO GUSŌR GROUP　　（地図 No. 8・10）

　西端を Skoro La とし、南 Braldu 川流域の Korophon を経て Biaho 川に入り、南支流の Ching Kang 谷を遡り、東限の最低鞍部より Thalle 谷に至る。さらに、同名の谷に沿って Tusserpo 峠を越え、Baumahaler Lungma を下って、Shigār に至る線の内側にある山群をいう。

　Khoser Gunge 山群とともに、カラコルム中央部で、これほど未探検地域の多いところはあるまいと思うほど、知られてない複雑な山群である。1974年、8名による国際隊は、目標を Mango Gusōr 峰として挑んだ峰が Bakōr Das の西壁であった。1980年、未知とされた Skoro La 北東面に初めて踏み込んだのが京都の須藤建志ら

MASHERBRUM RANGE －201

の隊だった。
　測量局図に記載されている峰は、Bakhor　Das／5809 m　と、Mango Gusōr の 2 峰だが、三角測量されているのは後者 1 峰のみである。ほかにも 6000 m 級の峰が多く今後の踏査と開拓が期待されよう。

マンゴ・グソール　　　Mango Gusōr　6288 m/20630 f
〈Pk 21/43 M、　　　　 35°34′41″N　75°55′14″E〉　1855～60 年
〈Ⅷ—D—2〉　　　　Stokpa Lungma GL と、Mang Lungma GL の間。

　（初登頂）　1980 年、京都岳人クラブ隊、須藤建志隊長。

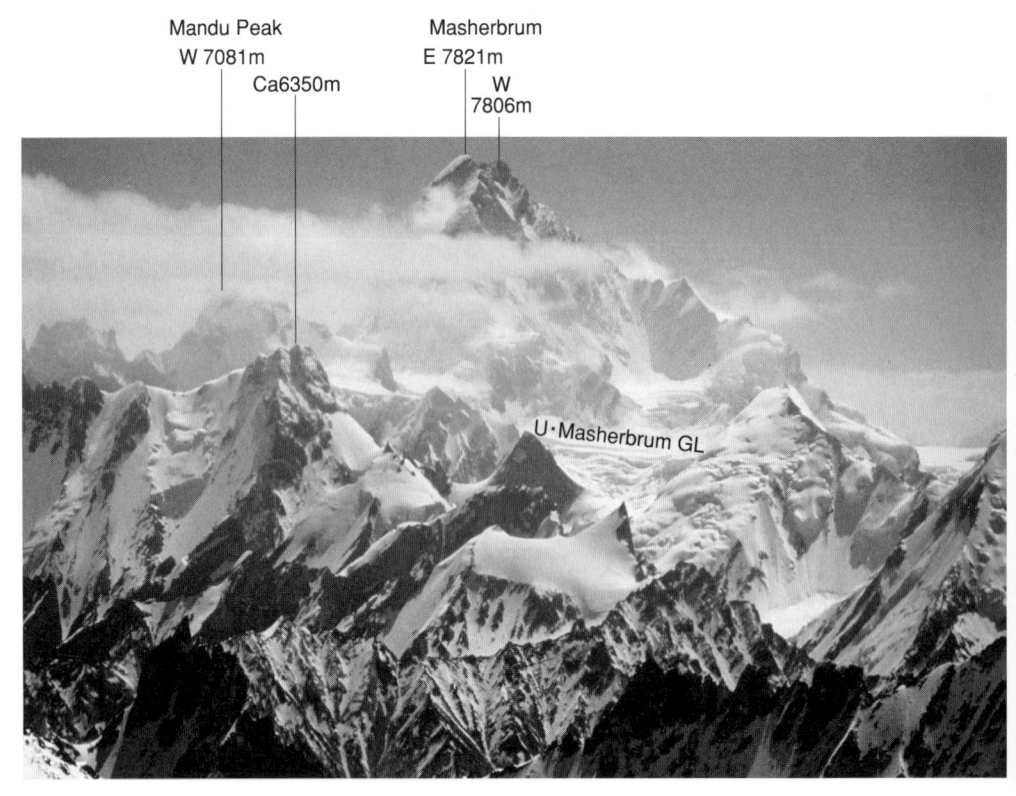

4 − 19 「Masherbrum 西面」Mango Gusōr より（須藤建志）

MASHERBRUM GROUP　　（地図 No. 10）

　北縁の Baltoro 氷河を東限の Concordia に至り、Vigne 氷河、Ghondogoro 峠、同名の氷河、南縁の Charakusa 氷河に沿って Hushe 谷に出る。さらに、Alling 氷河の西側の支流の最低鞍部から、西縁の Ching Kang 谷に囲まれた広大な山群をいう。
　詳細は、多くの文献が見られるので割愛するが、西部についての Liligo 氷河と、Alling 氷河を結ぶ線以西の未探検地帯は何も情報が得られない。夏季は渡渉不能という Biaho 川も、対岸の Bardimal から観察すると Ching Kang 谷にも放牧跡が見られるから安

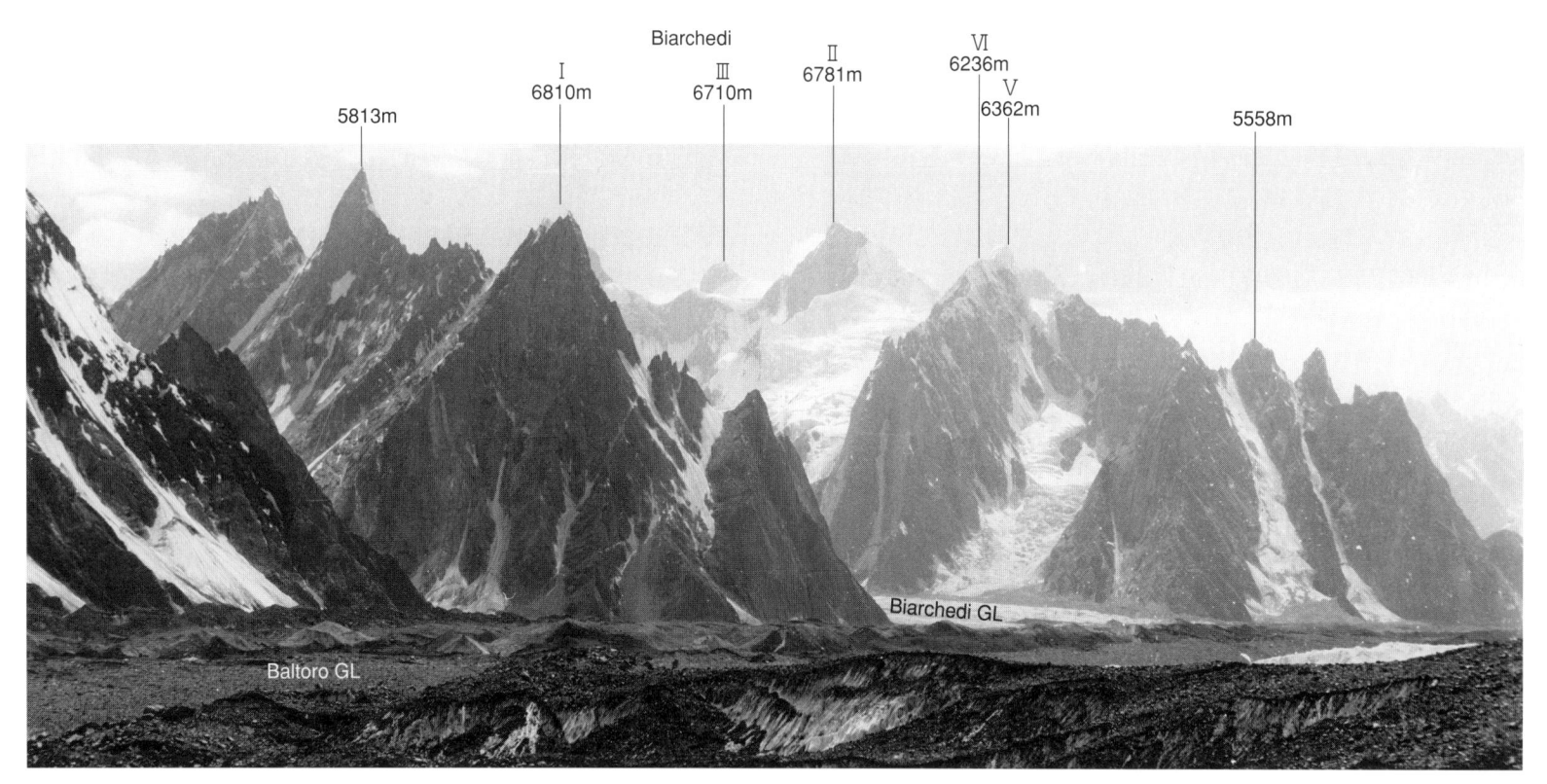

4 - 20 「Masherbrum 山群東部」Baltoro GL より（松尾良彦）

　全な迂回路があることは推察できよう。
　1985 年には関西カラコルム登山隊の賀集信らが Liligo 氷河の源頭を探っている。
　この山群のもうひとつの重要な峠だった Masherbrum La は、1976 年、どんぐり山の会の宮下宏計らが日本人として初めて通過したがその後、峠の南面の荒廃が伝えられて、いまでは、Ghondogoro La が多く利用されるようになった。
　Masherbrum の北東壁、高度差約 3000 m の氷雪と岩のまじりの大岩壁の登攀について意見を求められたことがあるが、ビッグウォール熱も来るところまで来たかという感じを受けた。

マッシャーブルム・東峰	Masherbrum (E)　7821.16 m/25660 f
(K1-E, NE, N)	Fixed Point
〈Pk 7/52 A、	35°38′36″N　76°18′31″E〉
〈X－B－2〉	Yermanend GL と、Masherbrum GL の間。
（初登頂）	1960 年、パキスタン・アメリカ合同隊、G. ベル隊長。
マッシャーブルム・西峰	Masherbrum (W)　7805.92 m/25610 f
(K1-W, SW, S)	Fixed Point
〈Pk 8/52 A、	35°38′29″N　76°18′31″E〉
〈X－B－2〉	Mandu GL と、Masherbrum GL の間。

4－21 「Masherbrum 北東面」Skilbrum より（古関正雄）

　　　　　　　（初登頂）　　1980 年、ポーランド隊、P. ムウォテ
　　　　　　　　　　　　　ツキ隊長。

エルマネンド・カンリ　　Yermanend Kangri　7163 m/23500 f
〈X－B－2〉　　　　　　35°38′06″N　76°19′46″E　1977 年
　　　　　　　　　　　　Yermanend GL と、W・Ghondogor
　　　　　　　　　　　　GL の源頭の間。

マンドウ・ピーク・東峰　Mandu Peak（E）　7127 m/23382 f
〈X－B－2〉　　　　　　35°38′54″N　76°16′48″E　1977 年
　　　　　　　　　　　　Mandu GL と、Masherbrum GL の
　　　　　　　　　　　　間。
　　　　　　　（初登頂）　　1988 年、イタリア隊、A. ザノッティ
　　　　　　　　　　　　隊長。

マンドウ・ピーク・西峰　Mandu Peak（W）　7081 m/23231 f
〈X－B－2〉　　　　　　35°38′41″N　76°16′11″E　1977 年
　　　　　　　　　　　　Mandu GL と、Masherbrum GL の
　　　　　　　　　　　　間。

ビアルチェディ・I 峰　　Biarchedi（I）　6810 m/22342 f
〈X－B－2〉　　　　　　35°40′19″N　76°24′28″E　1977 年
　　　　　　　　　　　　Biarchedi GL と、Yermanend GL の間。

ビアルチェディ・II 峰　　Biarchedi（II）　6781 m/22247 f
〈X－B－2〉　　　　　　35°41′17″N　76°23′56″E　1977 年
　　　　　　　　　　　　Biarchedi GL と、Yermanend GL の間。
　　　　　　　（初登頂）　　1985 年、スペイン隊、A. マルチネス隊長。

ビアルチェディ・III 峰　Biarchedi（III）　6710 m/22014 f
〈X－B－2〉　　　　　　35°40′33″N　76°23′29″E　1977 年
　　　　　　　　　　　　Yermanend GL の源頭の右岸。

ビアルチェディ・IV 峰　Biarchedi（IV）　Ca 6650 m/21818 f
〈X－B－2〉　　　　　　35°39′54″N　76°24′36″E
　　　　　　　　　　　　Yermanend GL と、Ghondogoro GL
　　　　　　　　　　　　の間。

セラック・ピーク　　　　Serac Peak　6614 m/21700 f（6707 m）
〈X－B－2〉　　　　　　35°37′20″N　76°19′30″E
　　　　　　　　　　　　Masherbrum GL と、W・Ghondogoro GL
　　　　　　　　　　　　の間。

IV Ca6650m　　I 6810m

4-22 「Biarchedi I峰」Baltoro 氷河より（塚本珪一）

（初登頂）　1960年、パキスタン・アメリカ合同隊、G. ベル隊長。

ハンチ・バック　　　　Hunch Back　Ca 6400 m/21000 f（6558 m）
〈X－A－2〉　　　　　35°35′2″N　76°13′40″E
　　　　　　　　　　　Alling GL と、E・Alling GL の間。
（初登頂）　1961年、イギリス王室空軍隊、A. J. M. スミス隊長。

ビアルチェディ・V峰　Biarchedi（V）　6362 m/20873 f
〈X－B－2〉　　　　　35°42′00″N　76°24′27″E　1977年
　　　　　　　　　　　Baltoro GL と、Biarchedi GL の間。

無名峰　　　　　　　　Un Named Peak　Ca 6350 m/20833 f
　　　　　　　　　　　35°36′30″N　76°10′40″E
　　　　　　　　　　　Liligo GL と、Alling GL の源頭。

ウルドカス・ピーク・I峰　Urdukas Peak（I）　6320 m/20735f
〈X－B－2〉　　　　　35°40′40″N　76°15′31″E　1977年
　　　　　　　　　　　Mandu GL と、Liligo GL の間。

無名峰　　　　　　　　Un Named Peak　Ca 6300 m/20670 f
　　　　　　　　　　　35°39′13″N　76°15′38″E
　　　　　　　　　　　Mandu GL と、Liligo GL の間。

ウルドカス・ピーク・II峰　Urdukas Peak（II）　6280 m/20604f
〈X－B－2〉　　　　　35°41′34″N　76°16′14″E
　　　　　　　　　　　Mandu GL と、Baltoro GL の間。

無名峰　　　　　　　　Un Named Peak　6279 m/20600 f
　　　　　　　　　　　35°38′50″N　76°23′40″E
　　　　　　　　　　　Yermanend GL と、Ghondogoro GL の間。

無名峰　　　　　　　　Un Named Peak　6251 m/20509 f
　　　　　　　　　　　35°38′30″N　76°11′40″E
　　　　　　　　　　　Liligo GL と、Biaho Lungma の間。

無名峰　　　　　　　　Un Named Peak　Ca 6250 m/20505 f
　　　　　　　　　　　35°37′30″N　76°11′30″E
　　　　　　　　　　　Liligo GL の西側源頭付近。

ビアルチェディ・VI峰　Biarchedi（VI）　6236 m/20460 f
〈X－B－2〉　　　　　35°42′22″N　76°25′16″E　1977年
　　　　　　　　　　　Biarchedi GL と、Baltoro GL の間。

Photo labels (left to right): V-NW 6980m; Twins 6912m; 6877m; Gasherbrum V 7133m; VI 7004m; Mitre Peak 6025m; 6030m; 5813m

4 – 23 「Mitre Peak」 Baltoro GL より （宮森常雄）

無名峰 (Cathidral)	Un Named Peak　Ca 6200 m/20342 f 35°33′N　76°15′20″E Masherbrum GL と、Alling GL の間。 Baltoro GL にも同名の峰がある。　―註1―
無名峰	Un Named Peak　6172 m/20250 f 35°41′08″N　76°28′36″E N・Vigne GL の源頭で、Biarchedi GL の間。
無名峰	Un Named Peak　6170 m/20243 f 35°40′48″N　76°27′35″E N・Vigne GL の源頭で、Biarchedi GL の間。
ウルドカス・ピーク・Ⅲ峰 〈Ⅹ－Ｂ－2〉	Urdukas Peak (Ⅲ)　6130 m/20112 f 35°41′53″N　76°10′E Mandu GL と、Baltoro GL の間。
無名峰	Un Named Peak　Ca 6100 m/20013 f 35°36′N　76°10′E Alling GL の源頭で、Biaho Lungma の間。
無名峰	Un Named Peak　6095 m/19997 f 35°38′N　76°11′30″E Liligo GL と、Biaho R の間。
ビアルチェディ・Ⅶ峰 〈Ⅹ－Ｂ－2〉	Biarchedi (Ⅶ)　6040 m/19816 f 35°40′07″N　76°22′37″E Yermanend GL の源頭の右岸。

206 ― 4　LESSER KARAKORUM

無名峰	Un Named Peak　6030 m/19783 f 35°43′05″N　76°30′29″E　1977 年 Nuating GL と、Baltoro GL の間。
ミートル・ピーク （ミトラ） 〈X－C－2〉	Mitre Peak　6025 m/19767f (6016 m) 35°43′30″N　76°30′17″E　1977 年 〈35°43′30″N　76°30′15″E〉 Spoleto Nuating GL と、Baltoro GL の間。　—註2—
無名峰	Un Named Peak　Ca 6000 m/19685 f 35°35′N　76°13′E Liligo GL の源頭で、E・Alling GL の間。

註1　Cathidral＝Baltoro 氷河右岸の Lobsang Group に同名の 5866 m 峰がある。
　2　Mitre Peak＝Alling 氷河の左岸に同名の 5944 m 峰がある。

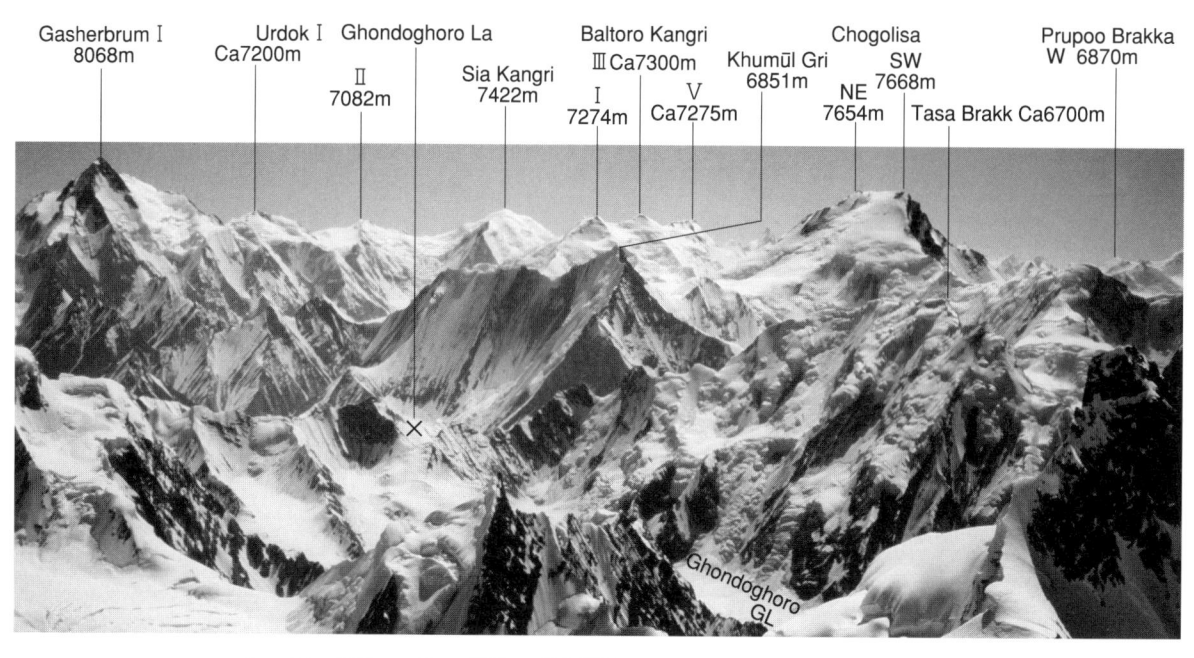

4－24　「Chogolisa 周辺の北西部」Masherbrum より　（須藤建志）

CHOGOLISA GROUP　　　（地図 No.10）

　Ghondogoro 峠を北端とし、東縁の Abruzzi、Kondus 両氷河、南縁となる Kaberi 氷河、Batowaraho 氷河、Charakusa 氷河、西縁の Ghondogoro 氷河に囲まれる山群をいう。
　この山群の南部、Chogolinsa 氷河と Kaberi 氷河の間には多くの 6000 m 峰が残されているが、そのほとんどは未確認峰で測量はなされていない。Kondus 氷河と Kaberi 氷河の間には、高峰こそ見られぬが少なくとも 20 峰以上の 5000 m 級の峰が並び、トレッキング枠内での初登頂をめざすには絶好のターゲットになろう。
　1988 年、山岳写真家の藤田弘基らが、Hushe 側から再開拓前の Ghondogoro La を踏んでいる。　—註—　写真 4－24・28 参照。
　北部については、以前から文献も多くあるので割愛したい。

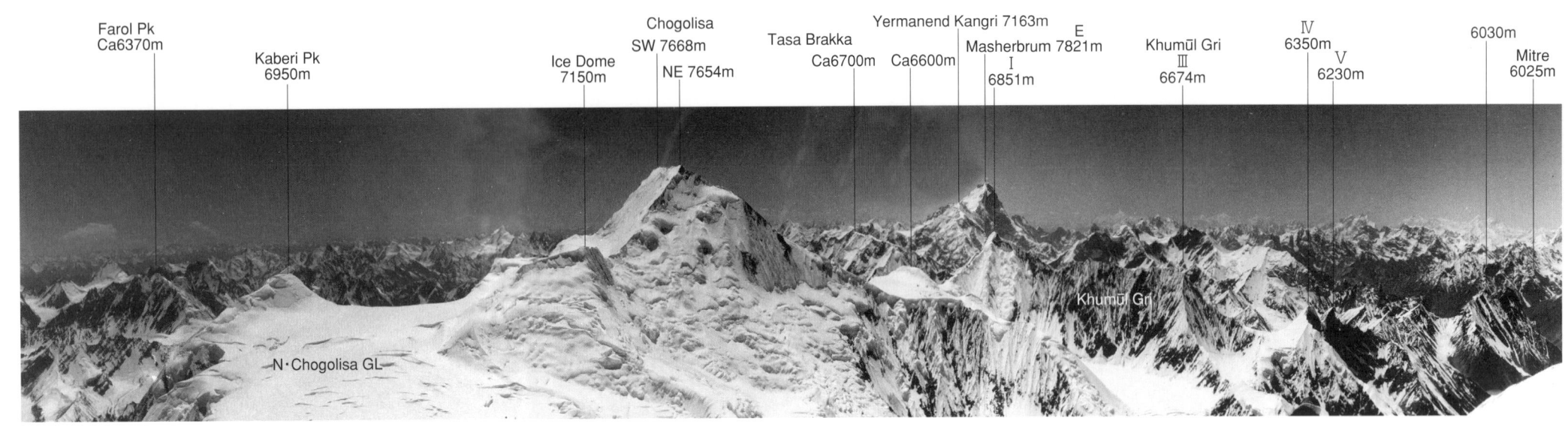

4-25 「Chogolisa 東面」Baltoro Kangri より（芝浦工業大学隊）

チョゴリザ・南西峰	Chogolisa (SW) 7668 m/25157 f		の間。
(Chogolinsa, II, W)	35°36′33″N 76°33′55″E 1977 年 Jpn	（初登頂）	1963 年、東京大学隊、加藤誠平隊長。
〈Pk 24/52 A、	35°36′45″N 76°34′00″E 1855〜60 年		
〈X-C-2〉	(7554 m)〉	バルトロ・カンリ・V峰	Baltoro Kangri (V) Ca 7275 m/
	Kaberi GL と、Vigne GL の源頭。	〈X-C-2〉	23868 f (7193 m)
（初登頂）	1975 年、オーストリア隊、E. コプルミューラー隊長。		35°37′N 76°14′E
			Kondus GL と、Abruzzi GL の間。
		（初登頂）	1934 年、国際登山隊、G. O. デイレンフルト隊長。
チョゴリザ・北東峰	Chogolisa (NE) 7654 m/25110 f		
〈Pk 25/52 A、	35°36′44″N 76°34′23″E〉 1855〜60 年	バルトロ・カンリ・I峰	Baltoro Kangri (I) 7274 m/23865 f
(Bride Peak, I, E)	Kaberi GL と、Baltoro GL の間。	〈X-C-2〉	(7312 m)
〈X-C-2〉（初登頂）	1958 年、京都大学隊、桑原武夫隊長。		35°38′50″N 76°39′59″E 1977 年
			〈35°38′50″N 76°40′00″E Spoleto〉
バルトロ・カンリ・III峰	Baltoro Kangri (III) Ca 7300 m/		Abruzzi GL と、N・Chogolisa GL
〈X-C-2〉	23950 f		の間。
	35°38′08″N 76°40′47″E	（初登頂）	1976 年、芝浦工業大学隊、秋山友也
	Abruzzi GL と、N・Chogolisa GL		

208-4 LESSER KARAKORUM

Ⅲ Ca7300m
Baltoro Kangri
Ⅳ Ca7265m
Ⅴ Ca7275m

4－26 「Baltoro Kangri 南面」Kondus 氷河より （東北大学踏査隊）

隊長。　　　　　　　　　　　　　　　　　　　　　　　隊長。

バルトロ・カンリ・Ⅱ峰 ⟨X－C－2⟩	Baltoro Kangri (II)　7270 m/23852 f　35°38′41″N　76°40′48″E　Abruzzi GL と、N・Chogolisa GL の間。	アイス・ドーム ⟨X－C－2⟩	Ice Dome　7150 m/23458 f　35°36′28″N　76°35′40″E　U・Kaberi GL と、N・Chogolisa GL の源頭。
（初登頂）	1976 年、芝浦工業大学隊、秋山友也隊長。	（初登頂）	1957 年、オーストリア隊、K. ディームベルガー隊長。
バルトロ・カンリ・Ⅳ峰 ⟨X－C－2⟩	Baltoro Kangri (IV)　Ca 7265 m/23835 f　35°37′N　76°41′E　Abruzzi GL と、N・Chogolisa GL の間。	カベリ・ピーク ⟨X－C－2⟩	Kaberi Peak　6950 m/22802 f　35°35′N　76°36′E　N・Chogolisa GL と、Kaberi GL の間。
（初登頂）	1976 年、芝浦工業大学隊、秋山友也	（初登頂）	1958 年、京都大学隊、桑原武夫隊長。
		プルポー・ブラッカ・西峰	Prupoo Brakka (W)　6870 m/22539 f

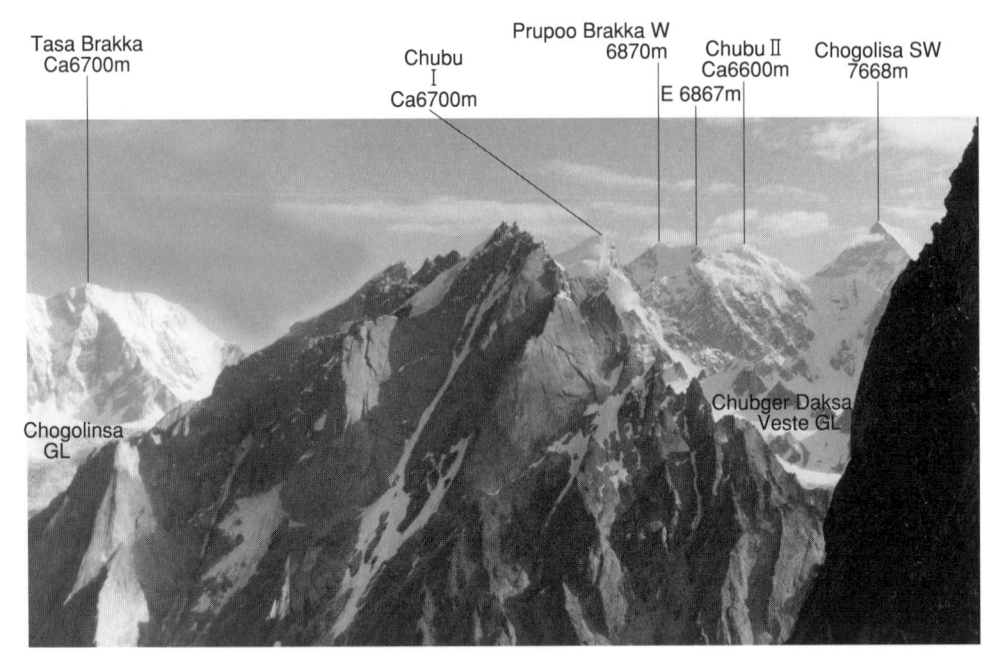

4－27 「Chogolisa、Prupoo Brakka 南西面」Chogolisa GL より（鉄道同人隊）

4－28 「Ghondogoro La」（Nazir Sabir）

      〈X－C－2〉　　　　35°35′44″N　76°31′50″E　1977年
　　　　　　　　　　　　Vigne GL と、Kaberi GL の間。
　　（初登頂）　1977年、鉄道同人隊、秋山宏明隊長。

プルポー・ブラッカ・東峰　　Prupoo Brakka (E)　6867 m/22530 f
〈X－C－2〉　　　　35°35′49″N　76°32′00″E　1977年
　　　　　　　　　　上記の同一稜線上の東端。
　　（初登頂）　1977年、鉄道同人隊、秋山宏明隊長。

クムール・グリ　I峰　　Khumūl Gri (I)　6851 m/22477 f
(Vigne Peak)　　　35°38′17″N　76°33′58″E　1977年
〈X－C－2〉　　　　Vigne GL と、Baltoro GL の間。
　　　　　　　　　　A・C・P は、Vigne の個人名を山名とするのに疑問を表す。

Khumūl Gri は、バルティ語で白銀の刃の意。

コンダス・ピーク　　Kondus Peak　6750 m/22416 f
〈X－C－2〉　　　　35°36′N　76°39′E
　　　　　　　　　　Kondus GL と、N・Chogolisa GL の間。
　　（初登頂）　1958年、京都大学隊、桑原武夫隊長。

クムール・グリ　II峰　　Khumūl Gri (II)　6706 m/22000 f
〈X－C－2〉　　　　35°38′15″N　76°32′15″E　1977年
　　　　　　　　　　Vigne GL と、Baltoro GL の間。
　　（初登頂）　1987年、フランス隊、J. E. エノー隊長。

タサ・ブラッカ　　Tasa Brakka　Ca 6700 m/21980 f

210－4　LESSER KARAKORUM

| (Trinity Peak) ⟨X－B－2⟩ | 35°37′10″N　76°28′20″E
Chogolisa GL と、Ghondogoro GL の間。 | （初登頂） | 1892 年、イギリス隊、W. M. コンウェイ隊長。 |

無名峰 (Chubu I)　Un Named Peak　Ca 6700 m/21980 f
　　　　35°34′20″N　76°31′E
　　　　Chubuger Daksa Veste GL と、Chogolisa GL の間。

ファロール・ピーク ⟨X－C－2⟩　Farol Peak　Ca 6370 m/20900 f（双耳峰）
　　　　35°31′N　76°32′40″E
　　　　Batowaraho GL の源頭付近の右岸。

クムール・グリ・III峰 ⟨X－C－2⟩　Khumūl Gri（III）　6674 m/21896 f
　　　　35°39′03″N　76°33′21″E　1977 年
　　　　Vigne GL と、Baltoro GL の間。

クムール・グリ・IV峰 ⟨X－C－2⟩　Khumūl Gri（IV）　6350 m/20833 f
　　　　35°40′10″N　76°33′41″E　1977 年
　　　　Vigne GL と、Baltoro GL の間。

タサ・ブラッカ・西峰 ⟨X－B－2⟩　Tasa Brakka（W）　Ca 6600 m/21654 f
　　　　35°36′50″N　76°27′40″E
　　　　Chogolisa GL と、Ghondogoro GL の間。
　（初登頂）　1978 年、山岳巡礼クラブ隊、高橋定昌隊長。

無名峰　Un Named Peak　6325 m/63250 f
　　　　35°35′50″N　76°26′50″E
　　　　Chogolisa GL と、Ghondogoro GL の間。

無名峰　Un Named Peak　Ca 6600 m/21654 f
　　　　35°37′N　76°33′E
　　　　Vigne GL の最源頭で、Baltoro GL の間。

無名峰　Un Named Peak　6248 m/20500 f
　　　　35°30′40″N　76°30′50″E
　　　　C・D・Vesten GL と、Charakusa GL の間。

無名峰 (Chubu II)　Un Named Peak　Ca 6600 m/21654 f
　　　　35°34′50″N　76°32′E
　　　　Chogolisa GL と、Kaberi GL の間。

クムール・グリ・V峰 ⟨X－C－2⟩　Khumūl Gri（V）　6230 m/20440 f
　　　　35°40′26″N　76°33′18″E　1977 年
　　　　Vigne GL と、Baltoro GL の間。

パイオニア・ピーク ⟨X－C－2⟩　Pioneer Peak　Ca 6550 m/21490f（7010 m）
　　　　35°38′N　76°39′E
　　　　N・Chogolisa GL の右岸

ライラ ⟨X－B－2⟩　Laila　Ca 6096 m/20000 f
　　　　35°35′20″N　76°24′40″E
　　　　Ghondogoro GL の左岸。
　－註－　Malubiting 山群にも同名の 6986 m 峰がある。

MASHERBRUM RANGE－211

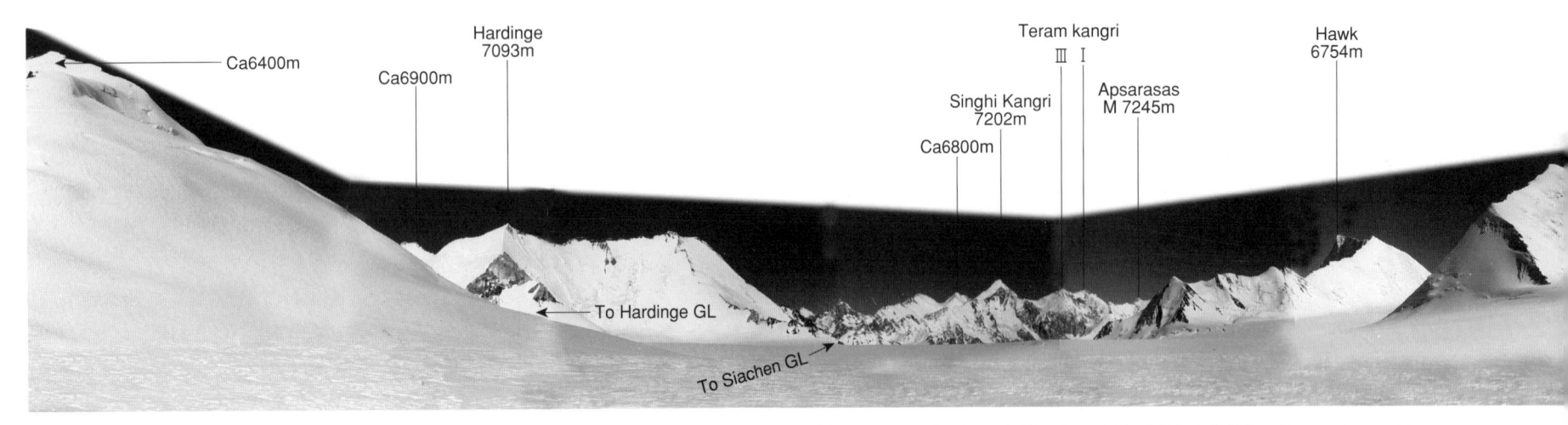

4 - 29 「Sia La のパノラマ」Sia La より（東北大学隊）　（次ページへつづく）

SALTORO RANGE

KONDUS GROUP　　　（地図 No. 10）

　大カラコルムと小カラコルムの接点となる Sia 山群の山麓で北緯 35 度 40 分、東経 76 度 47 分付近の Sia La から、東は Siachen 氷河を南下し、Nubra 川の屈曲点で Shyok と合流する。西は Kondus 氷河を南下して Saltoro 川を下り、Khapulū（Khapalu）付近で Shyok 川と合流する線の内側の範囲の山脈をさす。
　―註―　Khapulū については 190 ページ参照。

北限は Sia La。南限は N・Sherpi 氷河と Pk 36 氷河を結ぶ最低鞍部とし、東西の Siachen 氷河と Kondus 氷河の間に挟まれた山群である。
　1912 年、Siachen 氷河の源頭に達したワークマン夫妻隊に参加した G. ペーターキンは、さらに Sia La を越えて Kondus 氷河を踏査、この山群の主要な峰を測定して詳細な地図を作成したが Sia La から Ghent に至る間の地形が空白であり、1960 年、Ghent をめざしたドイツ、イギリス、パキスタン合同隊が、Depak に初登頂するというハプニングもあった。だが、Silver Throne にも登頂してルートを確認、1961 年には、Ghent の初登頂に結びついた。この偵察がなければ稜線はわかりにくく、その後の隊も同じハプニングが繰り返されている。

（前ページよりつづく）

　1975年、東北大学踏査隊の片山正文らは、Kondus 氷河を遡って Sia La に達した最初の日本人となった。1977年には、Kuri Kangri の登頂で Depak 北面の地形が明らかにされた。

ゲント　Ⅰ峰	Ghent (I)　7401 m/24280 f
〈Pk 50 ①/52 A、	35°31′06″N　76°48′07″E〉Peterkin　1912年
(Siachen No 8, SW)	Silver Throne Plateau と、Pk 36 GL の間。
〈X—D—2〉(初登頂)	1961年、オーストリア隊、E. ヴァシャク隊長。

ゲント　Ⅱ峰	Ghent (II)　7343 m/24090 f
〈Pk 50 ②/52 A、	35°31′44″N　76°48′33″E〉Peterkin　1912年
(Siachen No 9, NE)	Silver Throne Plateau と、Ghent GL の間。
〈X—D—2〉(初登頂)	1977年、オーストリア隊、B. クラウスブルクナー隊長。

デパック	Depak　Ca 7150 m/23460 f
〈X—D—2〉	35°32′N　76°48′E
	Silver Throne Prateau と、Ghent GL の間。
（初登頂）	1960年、ドイツ・イギリス・パキスタン合同隊、M. アンデルル隊長。

　—註—　山名はドイツ、イギリス、パキスタンの頭文字の組み合わせ。7150 m の高度に疑問あり。

ゲント　Ⅲ峰	Ghent (III)　Ca 7100 m/23294 f
〈X—D—2〉	35°31′10″N　76°50′00″E
	Pk 36 GL と、Ghent GL の間。

チョグロン・カンリ	Chogron Kangri　6850 m/22473 f
〈X—D—2〉	35°30′30″N　76°45′30″E
	N・Sherpi GL と、Silver Throne Prateu の間。
（初登頂）	1977年、オーストリア隊、B. クラウスブルクナー隊長。

SALTORO RANGE —213

```
        Ghent
         Ⅲ
        Ca7100m
    Ⅰ       Ⅱ
  7401m   7343m              Hawk 6754m
```

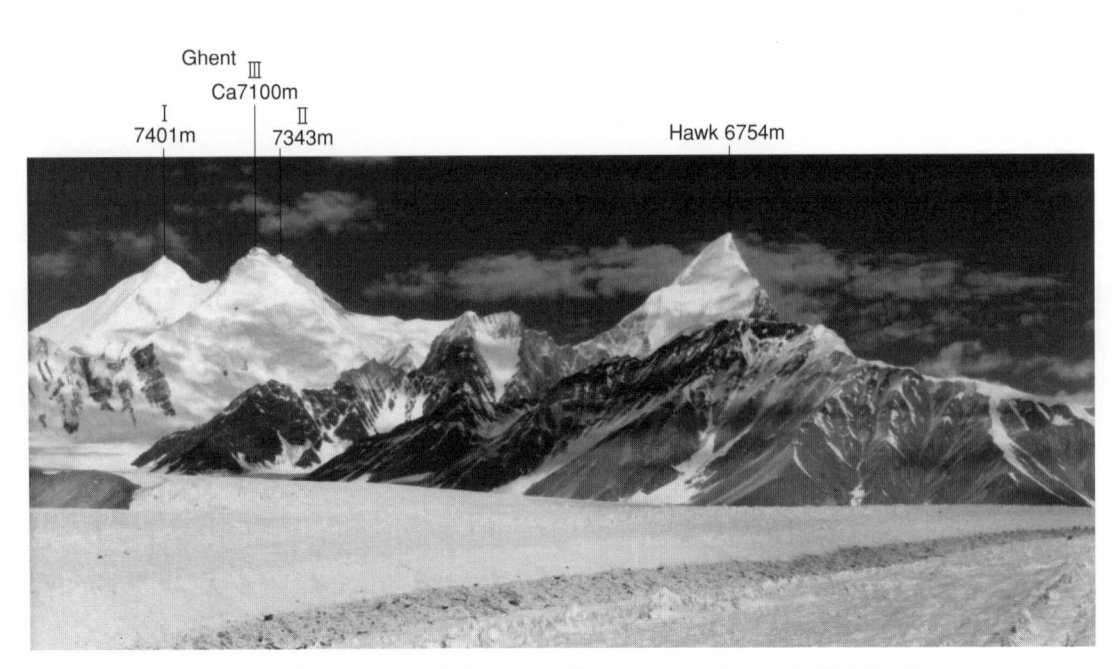

4−30 「Ghent Ⅰ、Ⅱ峰と Hawk 峰」Siachen 氷河より（林原隆二）

ホーク	Hawk　6754 m/22160 f	シルバー・スローン	Silver Throne　Ca 6500 m/21325f（6600 m）
〈Pk 48/52 A、	35°32′58″N　76°52′10″E〉 Peterkin　1912 年	(Siachen No 13)	35°33′30″N　76°45′00″E
(Siachen No 10)		〈Pk 47/52 A、	35°33′47″N　76°45′36″E〉Peterkin　1912 年
〈X−D−2〉	W・Source GL と、Ghent GL の間。	〈X−D−2〉	Silver Throne Plateau と、Kondus GL の間。

ホーク　Hawk　6754 m/22160 f
〈Pk 48/52 A、(Siachen No 10)〉
〈X−D−2〉
35°32′58″N　76°52′10″E〉 Peterkin　1912 年
W・Source GL と、Ghent GL の間。

クーリ・カンリ　Kury Kangri　6650 m/21817 f
〈X−D−2〉
35°48′50″N　76°48′20″E
W・Source GL の右岸。
（初登頂）1977 年、オーストリア隊、B. クラウスブルクナー隊長。

無名峰　Un Named Peak　6587 m/21610 f
〈Pk 51/52 A、(Sachen No 7)〉
〈X−D−3〉
35°29′41″N　76°52′59″E〉 Peterkin　1912 年
Pk 31 GL と、Ghent GL の間。

シルバー・スローン　Silver Throne　Ca 6500 m/21325f（6600 m）
(Siachen No 13)
〈Pk 47/52 A、〈X−D−2〉
35°33′30″N　76°45′00″E
35°33′47″N　76°45′36″E〉Peterkin　1912 年
Silver Throne Plateau と、Kondus GL の間。
（初登頂）1960 年、ドイツ・イギリス・パキスタン合同隊、M. アンデルル隊長。

ロワー・シルバー・スローン　Lower Silver Throne　6157 m/20200 f（6167 m）
(Siachen No 14)
〈X−D−2〉
〈Pk 46/52 A、
35°34′15″N　76°46′30″E
35°34′55″N　76°46′38″E〉6167 m/20230 f　Peterkin　1912 年
Sia La の南西の小ピーク。

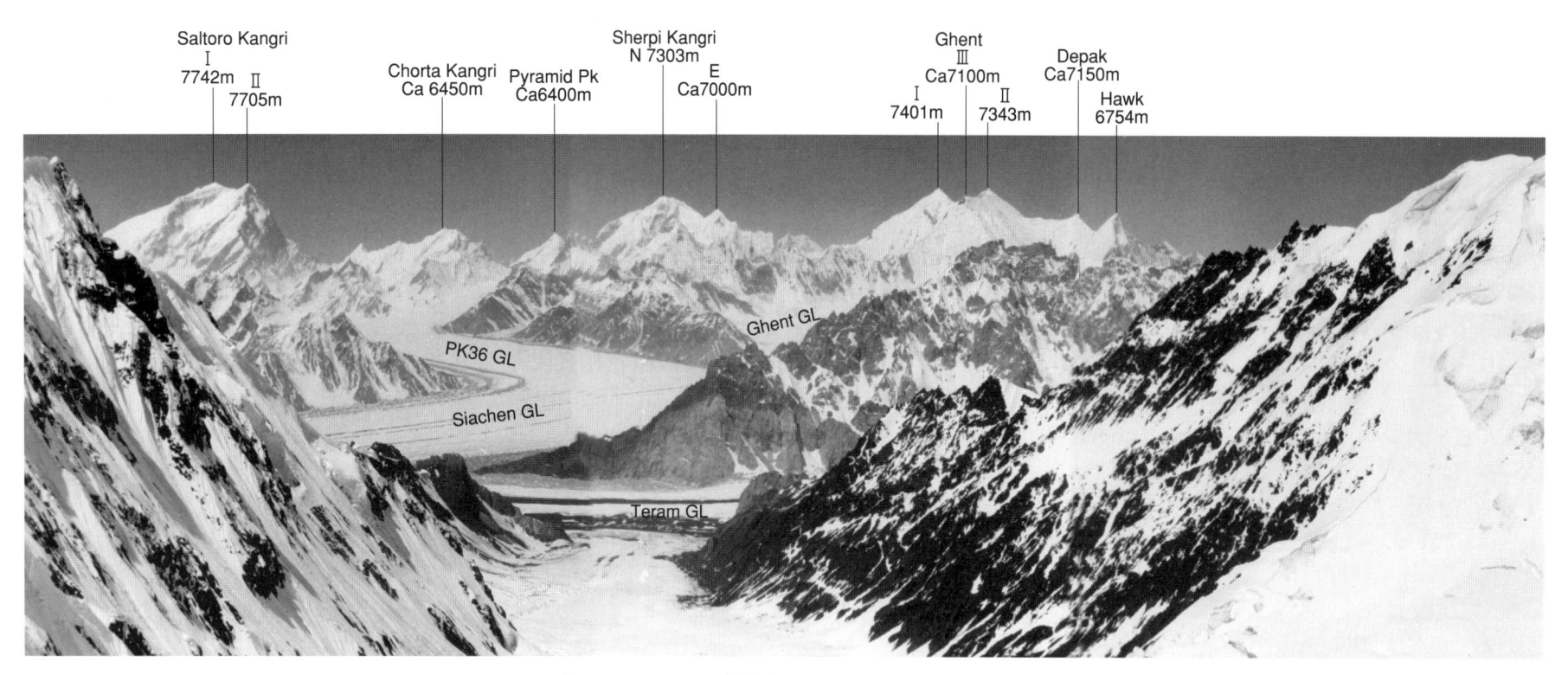

4－31 「Saltoro Kangri 周辺」Teram Kangri より （静岡大学隊）

SALTORO GROUP　　　　（地図 No.10）

　北端をK 36 氷河の源頭、南端を Bilafond 峠とする。東西を、Siachen 氷河と Sherpi Gang 氷河に挟まれ、南東に突き出る Bilafond Wall を含めた山群をいう。
　付近で活躍した探検家や測量の先駆者も多く、登山者も早くから活動した。1935 年には、イギリスの J. ウォーラーや J. ハントが Saltoro Kangri に挑み、山頂直下約 150 m まで迫った。1961 年、京都大学隊の高村泰雄らは、秋から冬にかけて Sherpi Gang に入って Lica Col に達し、さらに西面を偵察した。
　1976 年には、神戸大学隊の平井一正らが Sherpi Gang 周辺の測量も手堅く行ない地図も作成している。
　Saltoro Kangri II峰の北面はこの山脈中最大のビッグウォールを形成する。下部に懸垂氷河を見せる北稜は、山頂ちかくで急峻となり、東稜上部から削ぎ落ちる顕著な稜は北稜と並行して北壁となるが、全体の平均傾斜は 70 度、高度差はおそらく 2000〜2300 m に達するであろう。
　いずれII峰も陥されるであろうが、この北壁を陥すのは並大抵の事ではない。

サルトロ・カンリ・I峰	Saltoro Kangri (I)　7742 m/25400 f
〈Pk 36/52 A、	35°24′01″N　76°50′55″E〉　1855〜60
（主峰）	年
〈X−D−3〉	Pk 36 GL と、Sherpi Gang GL の間。

SALTORO RANGE — 215

	（初登頂）　1962 年、京都大学・パキスタン合同隊、四手井綱彦隊長。		Sherpi Gang GL と Pk 36 GL の間。 （初登頂）　1975 年、イギリス隊、D. アルコック隊長。
サルトロ・カンリ・Ⅱ峰 〈Pk 35/52 A、 （サルトロ・カンリ・北峰） 〈X−D−3〉	Saltoro Kangri（Ⅱ）　7705 m/25280 f 35°24′24″N　76°50′50″E〉1855〜60 年 Pk 36 GL と、Sherpi Gang GL の間。	ピラミッド・ピーク 〈X−D−3〉 （初登頂）	Pyramid Peak　Ca 6400 m/21000f (6550 m) 35°26′40″N　76°49′E Sherpi Gang GL と、Pk 36 GL の間。 1975 年、イギリス隊、D. アルコック隊長。
シェルピ・カンリ・北峰 〈X−D−3〉 〈Pk 33/52 A、	Sherpi Kangri（N）　7303 m/23960 f Collins 35°27′54″N　76°47′07″E〉1855〜60 年 35°27′29″N　76°47′10″E　Ca 7290 m/23918 f Sherpi Gang GL と、N・Sherpi GL の間で頂稜上にある岩峰。	タウィツ 〈X−D−3〉 （初登頂）	Tawitz　Ca 6400 m/21000 f 35°27′N　76°57′E Pk 36 GL と、Lolofond GL の間。 1912 年、アメリカ隊、F. B. ワークマン隊長。
		無名峰	Un Named Peak　6250 m/20525 f 35°26′N　76°46′E Sherpi Gang GL と、Kondus GL の間。
シェルピ・カンリ・南峰 〈X−D−3〉	Sherpi Kangri（S）　Ca 7280 m/23960f (7380 m) 35°27′10″N　76°47′20″E Sherpi Gang GL と、N・Sherpi GL の間の雪頂で北峰と双耳峰。	ドンドン・ピーク 〈X−D−3〉	Dong Dong Peak　6250 m/20526 f 35°23′N　76°47′E Sherpi Gang GL の左岸。
	（初登頂）　1976 年、神戸大学隊、平井一正隊長。	コルコンダス・ピーク 〈X−C−3〉	Khorkondus Peak　Ca 6100 m/20013 f 35°20′N　76°43′E Sherpi Gang GL と、Kondus GL の間。
シェルピ・カンリ・東峰 〈X−D−3〉	Sherpi Kangri（E）　Ca 7000 m/22966f 35°28′N　76°49′E Sherpi Gang GL の源頭で、Pk 36 GL の間。	無名峰	Un Named Peak　6080 m/19947 f 35°26′N　76°55′E Pk 36 GL と、Lolofond GL の間。
チョルタ・カンリ 〈X−D−3〉	Chorta Kangri　Ca 6450 m/21160 f 35°26′N　76°50′E	無名峰	Un Named Peak　6075 m/19930 f

35°28′N　76°57′E
Pk 36 GL と、Lolofond GL の間。

無名峰　　　Un Named Peak　Ca 6000 m/19685 f
　　　　　　35°21′N　76°43′E
　　　　　　Sherpi Gang GL と、Kondus R の間。

DANSAM GROUP　　　（地図 No. 10）

　Kondus 谷と Gyari 谷の間に位置し、西限の Dansam 村から東限の Naram 氷河までの複雑に支稜の発達した小さな山群をいう。
　Dansam 峰だけが三角測量された峰で、他峰の高度はすべて明らかにされていない。6000 mを超すと思われる未確認峰はいくつも望見できる。
　1981 年、この山群に最初の足跡を印したのは、近畿大学隊だが今後の開拓が望まれる山群だ。

ダンサム（K 13）　　Dansam　6666 m/21870 f
〈Pk 38/53 A、　　　　35°12′12″N　76°45′51″E〉　1855～60 年
〈X－D－4〉　　　　　Kondus R と、Dansam R の間。

無名峰　　　　　　　Un Named Peak　Ca 6450 m/21160 f
　　　　　　　　　　35°11′N　76°44′E
　　　　　　　　　　Kondus R と、Dansam R の間。
（初登頂）　　　　　1981 年、近畿大学山岳部隊、石神幸三隊長。

SALTORO RANGE—217

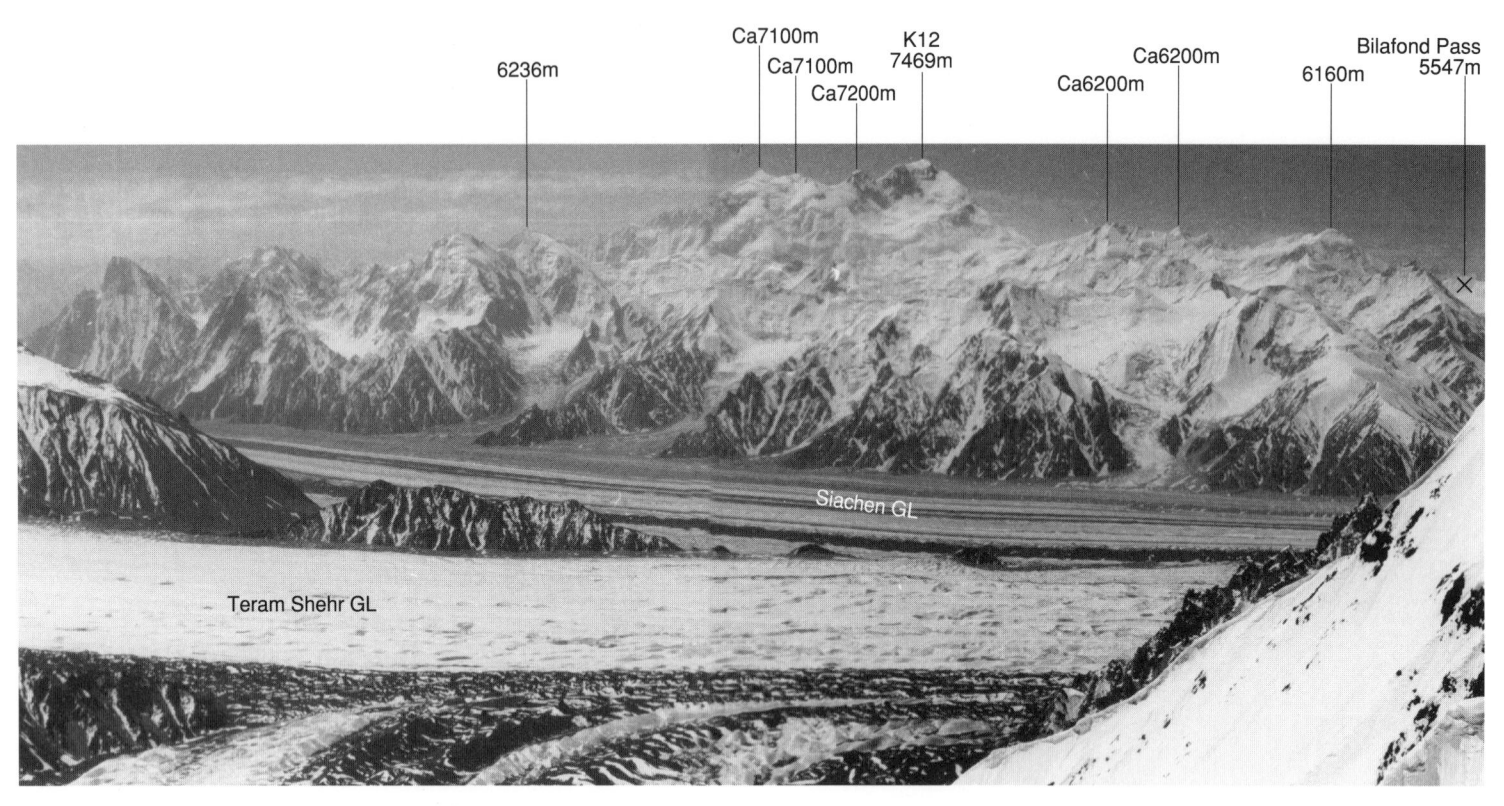

4 - 32 「Chumik 山群、K12 周辺」Teram Kangri 付近より （静岡大学隊）

CHUMIK GROUP　　　（地図 No. 10・11）

　北端は Bilafond 峠であり、南端は Gayung La となる。東縁の Siachen 氷河と、Hasrhat 氷河、Gayung (Gyong) 氷河、西端の Goma に至る間の内側の山群をいう。—註1—

　1860 年、ゴドウィン＝オースティンが Saltoro 谷を測量、1861 年にはインド測量局が Saltoro 峠に入る。—註2—

　1909 年に T. G. ロングスタッフが Bilafond 氷河測を踏査し、1912 年にはワークマン隊に参加した G. ペーターキンも一帯を観測した。その後も、探検家や登山家によって偵察が進められ、1957 年には E. シプトンが峠の周辺を測量したがその際にK 12 氷河上部にある氷河盆地の発見となった。

　K 12 の南面は、近年まで未知の分野であったが、1978 年、鶴城山岳会隊の大沢宜彦らにより地形が明らかにされた。

註1　Gayung La＝Rgyong La、Gyong La、とも同一の峠で集落名の転移。
　2　(Saltoro Pass は Bilafond Pass の古名)

ケー・12　　　　　　　K 12　7469 m/24503 f（7428 m）
〈Pk 18/52 E、　　　　35°18′13″N　77°00′55″E〉Collins　1911 年
〈Pk 8/52 E、　　　　 35°17′46″N　77°00′55″E　7428 m　1855〜60年〉
〈XI—A—2〉　　　　　インド測量局の地図には、コリンズの数値と

218— 4　LESSER KARAKORUM

（初登頂）	測量局数値の二つのポイントが表示されているが、Pk 18、Pk 8ともに同一峰である。K12 GLと、Hasrhat GLの源頭。1974年、京都大学隊、岩坪五郎隊長。
無名峰	Un Named Peak　Ca 7200 m/73600 f 35°18′15″N　77°01′50″E K 12 GLと、Hasrhat GLの間。
無名峰	Un Named Peak　Ca 7100 m/23290 f 35°18′30″N　77°02′20″E K 12 GLと、N・Hasrhat GLの間。
無名峰	Un Named Peak　Ca 7100 m/23290 f 35°18′45″N　77°02′50″E K 12 GLと、N・Hasrhat GLの間。
チューミック 〈Pk 55/52 A、 〈X－D－4〉	Chūmik　6754 m/22158 f 　35°12′40″N　76°59′33″E〉　Collins　1911年 Chūmik GLとS・Hasrhat GLの間。
無名峰	Un Named Peak　6236 m/20460 f 35°22′04″N　77°04′47″E　Peterkin　1912年 K 12 GLと、Siachen GLの間。
無名峰	Un Named Peak　6227 m/20430 f 35°23′N　76°57′E Bilafond Passの南東。
無名峰	Un Named Peak　Ca 6200 m/20430 f 35°21′50″N　77°01′30″E Lolofond GLと、K 12 GLの間。
無名峰	Un Named Peak　Ca 6200 m/20340 f 35°22′30″N　77°01′20″E Lolofond GL上流部の右岸。
無名峰	Un Named Peak　6160 m/20210 f 35°23′30″N　77°01′20″E Lolofond GLと、Siachen GLの間。

CHULUNG GROUP（NEW PROPOSAL）
(地図 No. 10・11)

　以前は、Gayung La から Nubra 川と Shyok 川の屈曲点までを、Chulung 山群の範囲とされていたが、これでは非常に広範囲かつ複雑なので、これを四つに分け、Chulung、Pastan、Paron、Kubet の四つの山群とした。

　この図では、Gayung 川より同名の峠を越えて Hasrhat 氷河を下る。さらに Nubra 川から、La Yangma 氷河と Chulung 川を結んだ線の内側を、Chulung 山群とした。

　1909年に、T. G. ロングスタッフは Gayung 氷河を踏査して同名の峠に達し、帰途は Chulung 氷河を遡って同名の峠を越え、Shyok 川流域の Chalunka から Nubra 谷に向かった。1935年、A. ヤングは東から Gayung La をめざしたが挫折、1960年、P. J. ステファンソンは西側から峠に到達している。1978年、鶴城山岳会の大沢宜彦らは、西面の Chuchu／約5200m に初登頂して周辺の地形を観察、初めて Gayung 峠を越えてK12の南面にある Hasrhat 氷河の上流部も明らかにした。

　—註— Hasrhat＝異教徒に追われて回教圏に逃れた、モスリムの聖者の名。

無名峰　　　　　　Un Named Peak　6727 m/22070 f
　　　　　　　　　　35°05′40″N　77°05′E
　　　　　　　　　　Gayung (Gyong) GL と、Rayang GL の間。

ガルクン・主峰　　Gharkun（M）　6620 m/21720 f
〈Pk 39/52 A、　　　　35°05′05″N　76°58′09″E〉
（K 19）　　　　　　 1851〜60年

〈X—D—4〉　　　　　Chulung GL と、Gayung GL の間。

ガルクン・南峰　　Gharkun（S）　Ca 6500 m/21325 f
〈X—D—4〉　　　　　35°04′N　76°58′30″E
　　　　　　　　　　Chulung GL と、Gayung GL の間。
　（初登頂）　　　　 1976年、飯田山岳会隊、杉山春樹隊長。

クラン・ピーク　　Crane Peak　Ca 6300 m/20670 f
〈XI—A—3〉　　　　　35°07′N　77°04′E
　　　　　　　　　　Gayung GL と、Rayang GL の間。

無名峰　　　　　　Un Named Peak　Ca 6300 m/20670 f
　　　　　　　　　　35°02′N　77°01′E
　　　　　　　　　　Waris GL と、Gayung GL、Chulung GL の源頭。

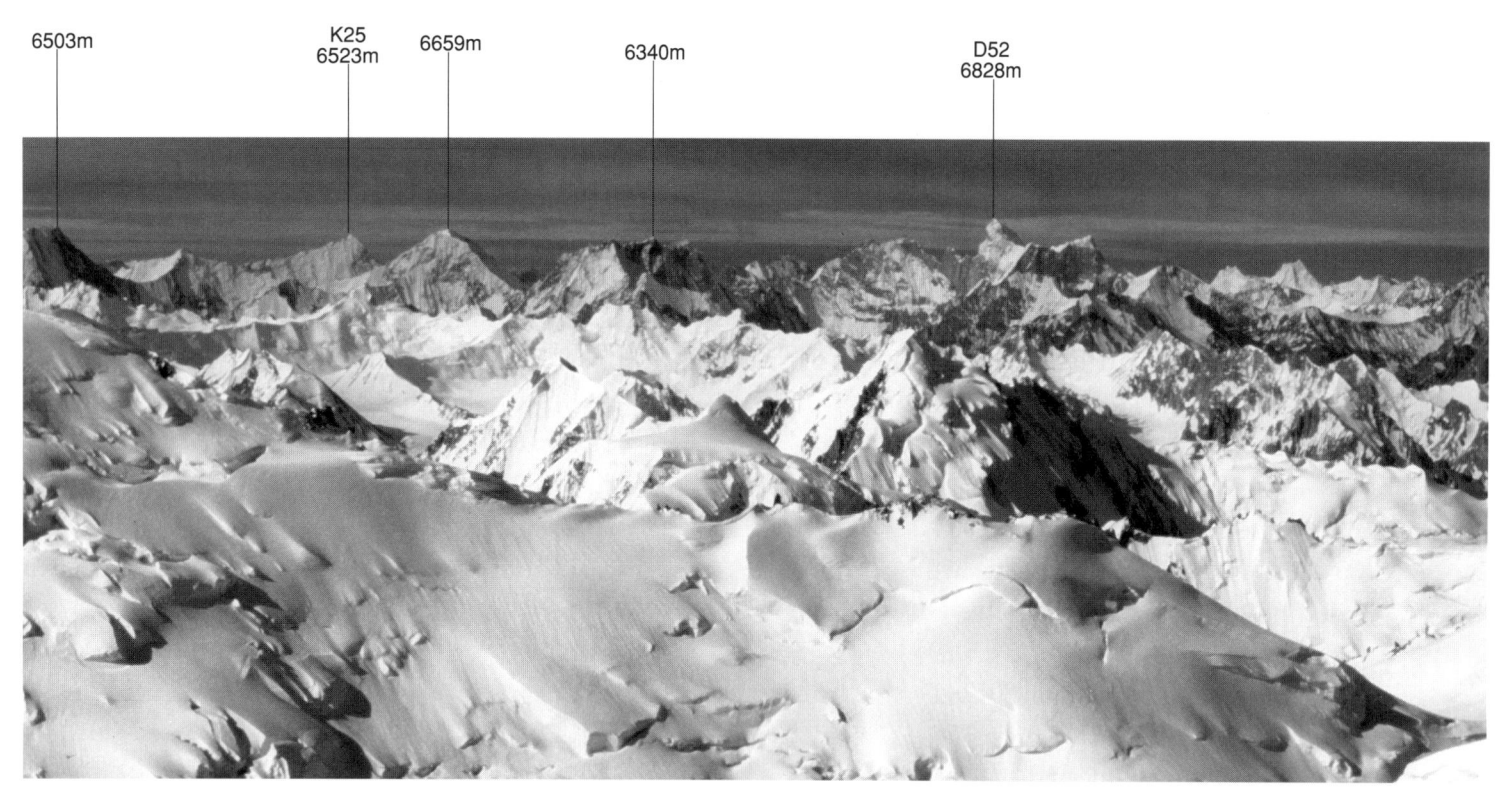

4－33 「Pastan Group 遠望」Rimo I 峰より （尾形好雄）

PASTAN GROUP　　　（地図 No. 11）

　Shyok 河流域、Yaglung の北方の Waris から、Waris Lungpa を遡り、一旦 Gayung 氷河にでる。さらに東方の、La Yangma 氷河を下降して Nubra 川に達し、Kubet 氷河、Pastan Lungpa を結ぶ線の内側の山群をいう。

　D 52 と K 25 は、カシミール測量時に測定された峰であり、Nyungstet／5598 m は、北東にあたる Nubra 川対岸の Stongstet／6014 m とともに、カラコルムの高峰群を測量した重要な観測点となった峰である。

　1911 年、Collins が測定した下記の 2 峰については所在が明らかでない。

　Pk 42/52 F　6584 m/21601 f。
　Pk 44/52 F　6161 m/20213 f。

デー・52　　　　　　D 52　6828 m/22400 f
〈Pk 9/52 E、　　　　　35°01′33″N　77°08′58″E〉　1855～60 年
〈XI－A－3〉　　　　　Pastan-Lungma と、Nubra R の間。

無名峰　　　　　　Un Named Peak　6659 m/21847 f
　　　　　　　　　　34°59′N　77°13′E
　　　　　　　　　　S・Kailas GL と、Pastan-Lungma の間。

ケー・25	K 25　6523 m/21400 f	
〈Pk 1/52 F、	34°54′37″N　77°08′43″E〉　1855〜60 年	
〈XI—A—4〉	Pastan Lungpa と、Waris Lungpa の間。	

無名峰　　　　Un Named Peak　6503 m/21335 f
　　　　　　　34°54′40″N　77°17′10″E　Ca 6498 m/21320 f
〈Pk 43/52 F、　34°55′04″N　77°17′23″E〉　Collins, 1911 年
　　　　　　　Pastan-Lungpa と、Nubra R の間。

無名峰　　　　Un Named Peak　6340 m/20800 f
　　　　　　　35°02′40″N　77°28′50″E
　　　　　　　La Yangma GL と、N・Kailas GL の間。

無名峰　　　　Un Named Peak　6318 m/20728 f
　　　　　　　34°49′N　77°23′E
　　　　　　　Sasoma GL と、Kubet GL の間。

無名峰　　　　Un Named Peak　6310 m/20702 f
　　　　　　　34°48′55″N　77°23′20″E
　　　　　　　Kubet GL の左岸。

無名峰　　　　Un Named Peak　6114 m/20060 f
　　　　　　　34°57′10″N　77°14′40″E
　　　　　　　Pastan GL と、Nyungstet GL の間。

無名峰　　　　Un Named Peak　Ca 6100 m/20013 f
　　　　　　　34°36′N　77°14′E
　　　　　　　Pastan GL と、Nyungstet GL の間。

PARON GROUP　（NEW PROPOSAL）　（地図 No. 10）

　西限を、東経 76 度 25 分の Hushe 谷と Saltoro 谷の合流点とし、東限を、東経 77 度の Chulung 峠とする。
　Nubra 川、Chalunka 谷、Chulung 谷、Dansam 谷、Saltoro 谷に囲まれた広大な山群。周囲の谷は以前から多くの探検家や登山家が通過しているが、この山群についてはほとんど知られていない。
　最高峰を 5852 m とするが、命名されている峰は Chasang／5170 m 一峰だけである。未確認の、約 5500 m から 5800 m の峰はかなりの数がみられる。

KUBET GROUP （NEW PROPOSAL）　　　（地図 No. 11・12）

　Shyok 川流域、Yaglung の北方にある Pastan から、E・Pastan 氷河を遡り、Kubet 氷河を下降。さらに Nubra 川を下降して小カラコルムの最南端に達し、再び Shyok 川に至る間の内側の山群をさす。

　Tholambai／5857 m、Chimamūr／5718 m、Charasa／5142 m はカシミール第一次測量網の観測点となった峰。

無名峰	Un Named Peak　6280 m／20603 f 34°47′N　77°21′E Kubet GL と、Shyok R の間。
無名峰	Un Named Peak　6161 m／20213 f 34°48′N　77°20′E Kubet GL の、Shyok R の間。
無名峰	Un Named Peak　6075 m／19930 f 34°42′N　77°27′E Nubra R と、Shyok R の間。

GROUP WEST OF THALLE VALLEY
（NEW PROPOSAL）　　　（地図 No. 8・10）

　Shigār 谷と Hushe 谷の間には、インドと中央アジアを結ぶ街道があった。特にこの山群の北端にあたる Tusserpo La や Thalle La は、古くより利用されてきた重要な峠である。A. シュラーギントワイトが、Khapulū（Khapalū）から Thalle 谷を遡り、同名の峠を通過して Shigār 谷に達したのは 1856 年のことである。

　いまでは、あまり顧みる人もなく街道すじ以外はほとんど知られていない。また、Thalle 谷のなかほどに Baltoro という地名が現存するが、五大氷河のひとつ Baltoro 氷河の名と、どのような関連があるのか、最初に同名の氷河を踏んだ H. H. ゴドウィン＝オースティンも、この集落を 1860 年に通過して Tusserpo La を往復している。

　三角測量された峰は Shimshak／5609 m、Bamchu／4874 m の二峰だけで、これは 1909 年、カシミールの再測量に先だって行なわれた第一次カシミール測量網の観測点が置かれた峰である。

　ほとんどが 5000 m 級の低山地帯であり、この山群を別名では Simshak Mts ともいう。

GROUP EAST OF THALLE VALLEY　　　（地図 No. 10）

　Masherbrum 山脈に従属する山群のなかで、最も資料の得られない地域であり詳細な測量もなされていない。

　Hushe 谷と Thalle 谷の間にあるこの山群は、北縁を Alling 氷河と S・Ching Kang 氷河とし、南縁は、Shyok 川流域に囲まれた

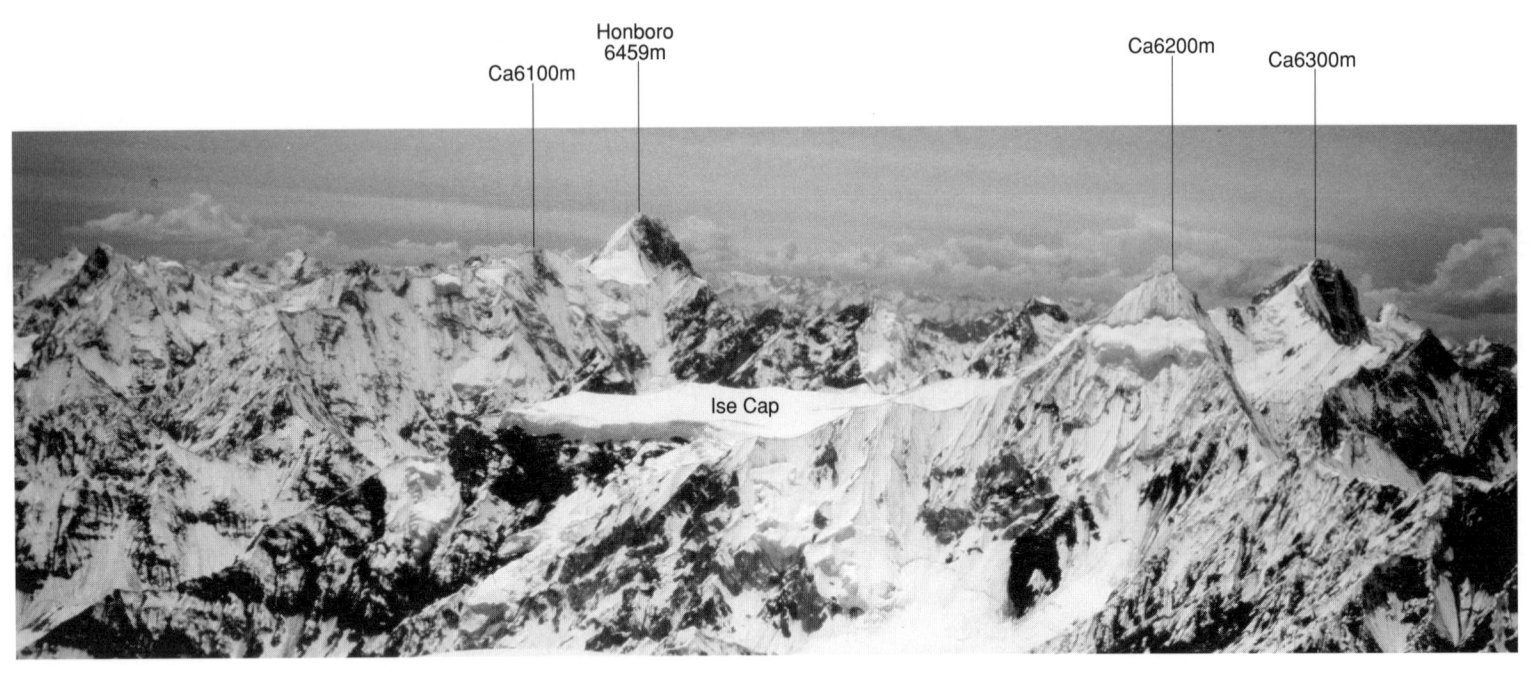

（画像上ラベル：Ca6100m、Honboro 6459m、Ca6200m、Ca6300m、Ise Cap）

4 - 34 「Group East of Thalle Valley 山群」 Masherbrum 中腹より （重廣恒夫）

山群である。

　1911年にワークマン夫妻らの Alling 氷河踏査行以後、1955年、アメリカのハーバード山岳会の H. S. フランシスらが科学調査で、1961年には王室イギリス空軍隊が同氷河に入っているが、近年交通は便利になったものの入域するトレッカーは相変わらず少ない。この山群についてはともに有益な資料を残していない。

　1855～60年のカシミール測量の際に三角測量された峰はホンボロ峰のみであり、未確認の6000m峰がいくつも残されている複雑な地形を抱えた山群である。

ホンボロ	Honboro　6459 m/21190 f
〈Pk 1/52 A、	35°26′40″N　76°12′53″E〉　1855～60年
〈X－A－3〉	Hushe Valley と、Thalle Valley の間。

無名峰　　Un Named Peak　Ca 6300 m/20670 f
36°29′50″N　76°12′E
Alling GL と、S・Ching Kang GL の間。

無名峰　　Un Named Peak　Ca 6100 m/20013 f
35°27′N　76°14′E
Hushe Valley と、Thalle Valley の間。

無名峰　　Un Named Peak　Ca 6000 m/19685 f
35°27′N　76°08′E
E・Ching Kang GL と、Thalle Valley の間。

GROUP EAST OF HUSHE VALLEY （地図 No.10）

　Hushe 谷の東側山群は、Charakusa 氷河から Batowaraho 氷河を経て Kaberi 氷河を南下し、Kondus 谷、Saltoro 谷に囲まれた山群である。

　登山の歴史は新しく、1961年にイギリスの王室空軍隊が、北側の Charakusa 氷河と南側の Nangmah 氷河を踏んで K6 の偵察を行ない、1964年には、ドイツ隊の U. ロロフらが Kaberi 氷河側から Link Sār の試登を行なった。

　登山基地になる Hushe までは車道が完成して入域は容易になった。いまでは、Baltoro 氷河の帰途にはこの Ghondogoro La のコースをとる隊がほとんどである。

　カシミール測量の際に三角測量された峰は K6 と K7 の二峰のみで、高峰の大部分は北部に集中する。次第に地形や高度も明らかにされてきたが、南部については有益な資料がみられない。

　K7 および K7 の西にある 6858m 峰の南壁は、Charakusa 氷河を囲む壁のなかでも、雪の付かない垂直な壁を張りめぐらす。Hushe からアプローチの短いビッグウォールである。

ケー・6	K6　7282 m/23890 f
〈Pk 27/52 A、	35°25′08″N　76°33′12″E〉　1855〜60年
〈X−C−3〉	Charakusa GL と、Lachit GL の間。
（初登頂）	1970年、オーストリア隊、E. コプルミューラー隊長。
ケー・6・中央峰	K6（MD）　7100 m/23300 f
〈X−C−3〉	35°25′30″N　76°32′40″E
	Charakusa GL と、Nangmah GL の間。

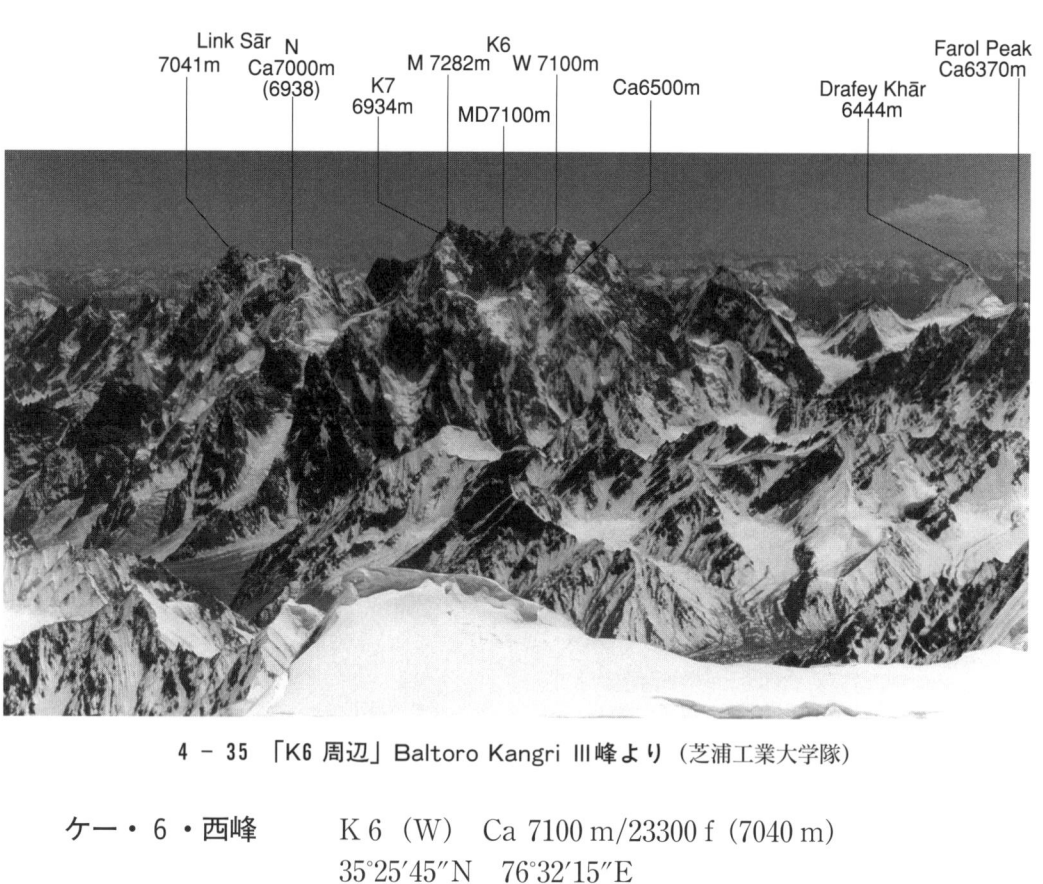

4−35 「K6周辺」Baltoro Kangri III峰より（芝浦工業大学隊）

ケー・6・西峰	K6（W）　Ca 7100 m/23300 f（7040 m）
	35°25′45″N　76°32′15″E
	Charakusa GL と、Nangmah GL の間。
リンク・サール	Link Sār　7041 m/23100 f
(Berliner, Berlina)	35°26′20″N　76°36′30″E
〈X−C−3〉	Charakusa GL と、Kaberi GL の間。
	A・C・P は外国地名の Berliner に疑問を表す。
リンク・サール・北峰	Link Sār(N)　Ca 7000 m/22966f（6938 m）
(Shoulder)	35°26′40″N　76°36′30″E
〈X−C−3〉	Charakusa GL と、Kaberi GL の間。
ケー・7	K7　6934 m/22750 f

SALTORO RANGE — 225

4 - 36 「Link Sār 周辺」Kondus 氷河より（片山正文）

⟨X—C—3⟩		35°27′10″N　76°36′E
⟨Pk 26/52 A、		35°27′45″N　76°34′44″E⟩　1855〜60 年
（初登頂）		1984 年、東京大学隊、永田東一郎隊長。

無名峰　　　　　Un Named Peak　6858 m/22500 f
(K 7 W)　　　　35°27′30″N　76°35′40″E
　　　　　　　　Charakusa GL と、K 7 GL の間。

無名峰　　　　　Un Named Peak　6568 m/21550 f
　　　　　　　　35°25′50″N　76°35′30″E
　　　　　　　　Charakusa GL と、K 6 GL の間。

無名峰　　　　　Un Named Peak　6544 m/21470 f
　　　　　　　　35°26′N　76°31′E
　　　　　　　　Charakusa GL と、Nangmah GL の間。

無名峰　　　　　Un Named Peak　Ca 6500 m/21325 f
　　　　　　　　35°28′N　76°34′30″E
　　　　　　　　Charakusa GL と、Batowaraho GL の間。

チャンギ　　　　Changi　Ca 6500 m/21325 f
⟨X—C—3⟩　　　　35°24′N　76°34′30″E
　　　　　　　　K 6 GL と、Lachit GL の間。

ドラフェイ・カール　　Drafey Khar　6444 m/21142 f
⟨X—C—3⟩　　　　35°25′40″N　76°27′30″E
　　　　　　　　Charakusa GL と、Hushe R の間。
　　（初登頂）　1978 年、北海道大学・札幌医科大学合同
　　　　　　　　隊、石村明也隊長。

無名峰　　　　　Un Named Peak　Ca 6400 m/21000 f
　　　　　　　　35°28′10″N　76°35′50″E
　　　　　　　　Batowaraho GL と、K 7 GL の間。

無名峰　　　　　Un Named Peak　6325 m/20750 f
　　　　　　　　35°27′40″N　76°27′30″E
　　　　　　　　Charakusa GL と、Hushe R の間。

ナミカ・ピーク　Namika Peak　6295 m/20653 f
⟨X—B—3⟩　　　　35°26′40″N　76°27′30″E
　　　　　　　　Charakusa GL と、Hushe R の間。

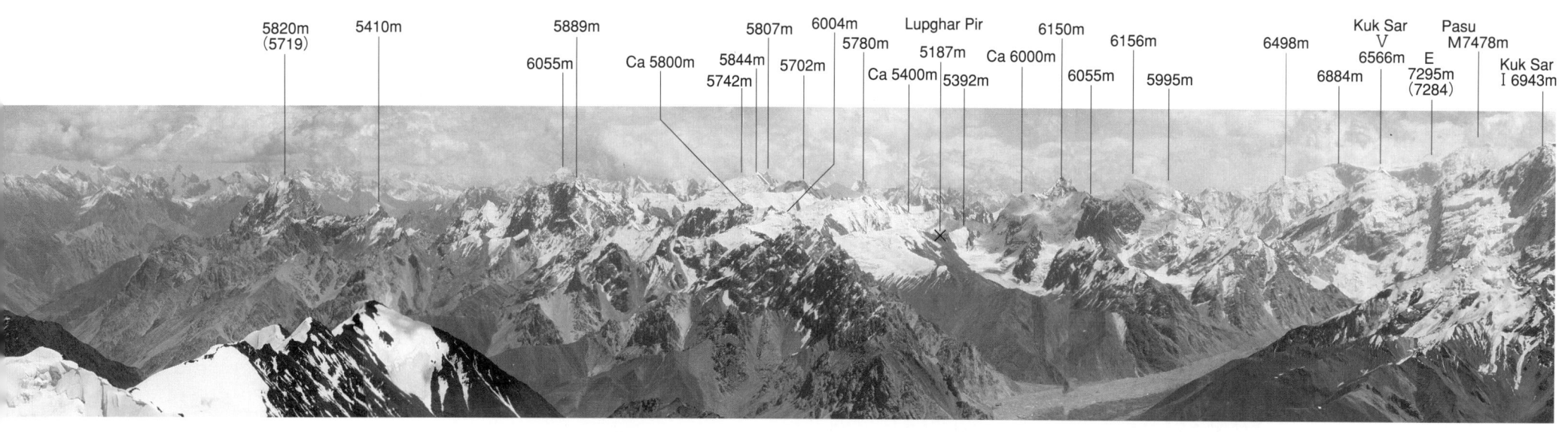

4 – 37 「Lupghar 山群」Sakar Sār より （横須賀山岳会隊）

NORTH OF HUNZA MOUNTAINS

LUPGHAR GROUP　　　　（地図 No. 5）

　Batūra 氷河と Chapursān 谷の間にあるこの山群は、中央を Lupghar Bār が東に流下して、東縁の Hunza 川に合流する。周囲に高峰こそみられないが、カラコルム山脈のなかでは最も北に位置し、パミールに隣接するので、Lupghar Pīr を西端とする付近に集中する峰は、下記の三峰のほかに 6000 m に満たぬものの数多い白峰がならぶ。

　1912～13 年のインド＝ロシア測量連結の際には、Chapursān 川や Hunza 川流域の、Shanōz／4233 m（中国新高度 3921 m）、Kiril-goz／4796 m、Spandrinj Sār／4767 m に観測点を置いた。また、1928 年には C. G. モーリスらがインド測量局のトラバズ・カーンとともに Chapursān 谷に入り、源頭までの測量を行ない、インド測量局図の基礎となった。

無名峰　　Un Named Peak　6150 m／20177 f
　　　　　36°42′N　74°29′E
　　　　　Yokshgoz GL の上流の右岸。

無名峰　　Un Named Peak　6055 m／19865 f　中国
　　　　　36°43′N　74°28′E
　　　　　Kuk-Ki-Jerāb GL と、Lupghar R の源頭の間で Yokshgoz GL の最源頭。

                    5973m 5807m   5822m
          5715m 5887m   5437m 5257m   5076m

4 – 38 「Lupghar 山群」Patondus より（大須賀廉）

無名峰　　Un Named Peak　6004 m/19700 f
　　　　　　36°45′N　74°28′E
　　　　　　Kuk-Ki-Jerāb GL と、Chapursān R の間で、
　　　　　　Lupghar R の源頭。

上記のほかに 5973 m、5889 m、5887 m、5844 m、5816 m 峰などの 5700 m を超す峰が多い。この山群の別称を Lupghar Mts ともいう。

228 — 4　LESSER KARAKORUM

4-39 「Kuk Sel」Khunjerāb Pass 付近より（上野泰司）

4-40 「Khunjerāb 峠」カラコルム・ハイウェーより（上野泰司）

4-41 「Khunjerāb 峠」（上野泰司）

GHUJERĀB MOUNTAINS
(NEW PROPOSAL)

KHUNJERĀB GROUP （NEW PROPOSAL） 　（地図 No.7）

　この山地には、Ghujerāb の谷間を囲む三つの山群があるが、いずれもあまりよく知られていない。

　北側にある Chapchingal 山群と南側の Kārūn Kho 山群、さらには東側の中国国境に接する Uprang (Oprang) 谷にひろがる Shujerāb 山群だが、いずれも探検的要素に満ちあふれた山群といえるであろう。

　1892年にコッカーリルはこの山地の南側を踏査してスケッチマップをのこしたが、先駆者はきわめて少ない。とくに中央部を西流する Ghujerāb 谷は、入口が大峡谷になって進入が難しく、フィッセルやションバーグはこれを避けて迂回してこの谷に入った。

　東経74度57分付近で合流する Ghujerāb 谷と、Khunjerāb 谷の間に挟まれた山群とされていたが、近年になって次第に地形が明らかにされ、現在では東経75度33分付近の Uprang (Oprang) 峠付近を東限とする。

　1925年、オランダの C. フィッサー隊は Khunjerāb 谷より Chapchingal 峠を越えて Ghujerāb 谷に入り、源頭を探った後に Boesam Pīr（峠）に向かっている。

　この山群には三角測量された峰はなく下記のうち三峰が、フィッサー隊に同行した K. S. アフラズ・グル・カーンの測量による高度である。

チャプチンガル・サール 〈Ⅶ-B-1〉	Chapchingal Sār 6483 m/21270 f (6465 m) 36°46′N 75°17′20″E 〈36°45′36″N 75°18′05″E〉 Afraz Gul Khan 1925年 Chapchingal R と、Khunjerāb R の間。			E・Chapchingal GL の源頭。
		無名峰	Un Named Peak Ca 6100 m/20013 f 36°29′N 75°27′E E・Chapchingal GL の源頭。
		無名峰	Un Named Peak Ca 6100 m/20013 f 36°38′30″N 75°28′30″E Gidims R と、N・Mai Dūr の間。
無名峰	Un Named Peak 6340 m/20800 f (6410 m) 36°45′40″N 75°12′50″E Chapchingal GL の源頭。			
		無名峰	Un Named Peak Ca 6100 m/20013 f 36°48′N 75°27′E Khunjerāb-Pass の南方。
無名峰	Un Named Peak 6318 m/20730 f (6296 m) 36°43′40″N 75°23′40″E 〈36°43′05″N 75°23′55″E〉 Afraz Gul Khan 1925年 E・Chapchingal GL と、Shop Dūr GL の間。			
		無名峰	Un Named Peak Ca 6100 m/20013 f 36°44′N 75°14′E Chapchingal GL の源頭付近。
無名峰	Un Named Peak 6184 m/20290 f (6296 m) 36°47′N 75°26′30″E Shop Dūr の源頭付近。			
		無名峰	Un Named Peak Ca 6100 m/20013 f 36°46′50″N 75°08′E Khunjerāb R と、Ghujerāb R の間。
無名峰	Un Named Peak 6138 m/20140 f 36°46′20″N 75°13′E Chapchingal GL の源頭。			
		無名峰	Un Named Peak Ca 6100 m/20013 f 36°47′20″N 75°06′E Khunjerāb R と、Ghujerāb R の間。
無名峰	Un Named Peak 6117 m/20070 f 36°44′N 75°26′30″E 〈36°42′50″N 75°28′55″E〉 Afraz Gul Khan 1925年			
		無名峰	Un Named Peak Ca 6100 m/20013 f 36°46′30″N 75°08′20″E N・Mai Dūr と、Gidims R の間。

無名峰	Un Named Peak　Ca 6000 m/19685 f	
	36°40′40″N　75°36′50″E	
	E・Chapchingal R と、Ghujerāb R の間。	
無名峰	Un Named Peak　Ca 6000 m/19685 f	
	36°37′30″N　75°34′E	
	Gidims GL の源頭付近。	
無名峰	Un Named Peak　Ca 6000 m/19685 f	
	36°37′30″N　75°35′E	
	Gidims GL の源頭付近。	

Kārūn Kho 6977m

4－42 「Kārūn Kho 遠望」Pasu 付近より（斎藤修一）

KĀRŪN KHO GROUP（NEW PROPOSAL）　　（地図 No.5・7）

　Ghujerāb 谷と、Shimshal 谷に挟まれた山群をいう。
　Hunza 川を西縁に、東限は Shimshal 川下流部とされていたが、現在では東限を Ghujerāb 谷の支流最源頭付近の Gidims 氷河と、Pamir-i-Tang の北側支流を結ぶ線に至る広大な山群をいう。
　P. C. フィッサーは Boesam Pir（峠）から Zard-i-Garbin 川を下降して Shimshal に出たが、1934 年の、R. F. ションバーグは、Hunza 川から Unakin-i-Dur を遡り、Shosho-in 峠を経て Spe Shingo に至り、ようやく Ghujerāb 谷に入ることができた。さらに、Zard-i-Garbin 川から、同名の峠（Winsār Pir）を経て

GHUJERĀB MOUNTAINS — 231

Pamir-i-Tang に達した。—註—

1912年〜13年、インド=ロシア連結測量の際に三角測量された Kārūn Kho を最高峰に、未確認の峰を含めて 6000 m を超す峰はかなりの数にのぼる。

Shunuk／4021 m はその際の観測点である。

　註　Zart-i-Garbin、Zart-i-Gar Pir ということもある。

カールーン・コー 〈Pk 27/42 L、 (Kārūn Kuh, Kārūn Koh) 〈Ⅶ—A—2〉（初登頂）	Kārūn Kho　6977 m/22891 f (7164 m) 36°36′47″N　75°04′48″E　6977 m　1913年〉 Unakin GL と、E・Kārūn Kho GL の源頭。 1984年、オーストリア隊、H. グリューン隊長。
無名峰	Un Named Peak　6363 m/20876 f 36°35′20″N　75°18′20″E Yaz Pors GL の源頭。
プルズィン 〈Ⅶ—A—2〉	Purzin　6336 m/20787 f 36°40′N　75°08′50″E E・Kārūn Kho GL と、Ghujerāb R の間。
無名峰	Un Named Peak　6254 m/20520 f 36°42′N　75°03′E Unakin-i-Dur と、Sho Sho-in-Dūr の間。
無名峰	Un Named Peak　Ca 6200 m/20340 f 36°37′N　75°16′E Yaz Pros GL の源頭。
無名峰	Un Named Peak　Ca 6200 m/20340 f 36°36′N　75°17′E Yaz Pros GL の源頭付近。
プレガール 〈Ⅶ—A—2〉	Pregar　Ca 6200 m/20340 f 36°36′30″N　75°02′E Murkhun GL と、Unakin GL の間。
無名峰	Un Named Peak　6175 m/20260 f 36°35′N　75°20′E Sok Sok-in-Dūr の源頭付近。
トポップダン 〈Ⅴ—D—2〉 （初登頂）	Topopdan　6106 m/20033 f 36°33′30″N　74°55′40″E Murkhun Nala と、Shimshal R の間。 1987年、オーストリア隊、H. グリュン隊長。
無名峰	Un Named Peak　Ca 6100 m/20013 f 36°41′N　75°04′E Sho Sho-in-Dūr と、Unakin GL の間。
無名峰	Un Named Peak　Ca 6100 m/20013 f 36°34′N　75°12′E Spe Syngo R と、Shimshal R の間。
マザーリ・シット・サール 〈Ⅶ—B—2〉	Mazār-i-Sit Sār　Ca 6100 m/20013f 36°32′30″N　75°16′30″E Dih R と、Shimshal R の間。

ジュルジュル・コーナ・サール 〈V—D—2〉	Jurjur Khona Sār 6055 m/19845 f 36°35′N 74°54′20″E Murkhun Nala と、Hunza R の間。
トポップダン・南峰 〈V—D—2〉	Topopdan (S) 6050 m/19840 f 36°32′50″N 74°56′10″E 1998年 Shewagarden GL と、Hunza R の間。
無名峰	Un Named Peak 6017 m/19740 f 36°41′30″N 75°08′E Sho Sho-in-Dūr の右岸で、Ghujerāb R の間。
無名峰	Un Named Peak Ca 6000 m/19685 f 36°32′N 75°18′30″E Dih R と、Zart-i-Garbin 川の間。
タパダン 〈Ⅶ—A—2〉	Tapadan Ca 6000 m/19685 f 36°39′N 75°00′E Unakin GL と、Murkhun R の間。

SHUIJERĀB GROUP （NEW PROPOSAL）(地図 No.7)

　Ganj-i-Tang から東方に広がりをみせ、Shimshal 峠を含めて、北 Braldu 川、Uprang 川に囲まれた山群できわめて情報の乏しい地域である。Uprang は Oprang と記すこともある。
　この一帯は、カラコルムに分類されてはいるものの地元の Shimshal 地方の人々は、一般に Pamir と呼ぶ。
　1934年、ショーンバーグは東縁の Uprang 川を踏査して源頭にある同名の峠に達した後中国側に抜け、Khunjerāb 峠を越えて同名の谷を下った。
　6000 m 以上の峰が30峰ほどあるなかでも、命名された峰は Shuijerāb 集落の北方の Lupjoi Sār と Goskhun Sār の二峰のみで、ほとんどの峰は未確認のまま残されている。
　中国側の Yarkand 河の Mazha（旧称、バザールダラ）から Shaksgam 川と Uprang 川の合流点の Shor Bulak (Sokh Bulak) に到る車道は、Mazha 以西の崩壊が激しく現在は利用されていない。Uprang 川流域の車道については不明である。
　Uprang 河口の Sokh Bulak の名称は Shor Bulak が正しいと言われ「塩味のある泉」の意という。また流域のわずかに残る地名はトルコ語起源といわれている。　—註—　付近に塩の鉱山がある。

無名峰	Un Named Peak Ca 6492 m/21300 f 36°31′N 75°46′E Shuwert GL と、Ghujerāb GL の間。
無名峰	Un Named Peak Ca 6400 m/21000 f 36°35′40″N 75°41′E

無名峰	Un Named Peak　Ca 6400 m/21000 f 36°37′N　75°42′E S・Uprang GL と、Shuijerāb GL の間。 S・Uprang-GLの源頭付近。	無名峰	Un Named Peak　Ca 6200 m/20340 f 36°34′N　75°39′40″E Shuijerāb GL と、Ganji-i-Tang の間。
無名峰	Un Named Peak　Ca 6400 m/21000 f 36°36′N　75°42′E S・Uprang GL と、Shuijerāb GL の間。	無名峰	Un Named Peak　6130 m/20110 f 36°27′40″N　75°53′30″E Ghorjerāb GL と、N・Braldu R の間。
無名峰	Un Named Peak　Ca 6400 m/21000 f 36°38′N　75°44′E Shorlik-Jilga の源頭右岸。	無名峰	Un Named Peak　Ca 6100 m/20013 f 36°40′N　75°47′30″E Kor-i-Jilga の左岸。
無名峰	Un Named Peak　Ca 6400 m/21000 f 36°35′N　75°45′E Shuijerāb GL と、Ghorjerāb GL の間。	無名峰	Un Named Peak　Ca 6100 m/20013 f 36°39′N　75°47′E Shorlik-Jilga と、Kor-i-Jilga の間。
無名峰	Un Named Peak　Ca 6400 m/21000 f 36°31′30″N　75°44′E Shuwert GL と、Ghorjerāb GL の間。	無名峰	Un Named Peak　Ca 6100 m/20013 f 36°39′N　75°26′E S・Uprang GL の右岸。
無名峰	Un Named Peak　Ca 6400 m/21000 f 36°31′N　75°42′E Shuijerāb GL の左岸。	無名峰	Un Named Peak　Ca 6100 m/20013 f 36°35′N　75°39′30″E Ganji-i-Tang と、Shuijerāb GL の間。
ゴスフーン・サール (Ghoskun Sar) 〈Ⅶ—D—3〉	Goskhun Sār　Ca 6400 m/21000 f 36°28′50″N　75°47′30″E Ghorjerāb GL と、N・Braldu R の間。	無名峰	Un Named Peak　Ca 6100 m/20013 f 36°32′N　75°38′30″E Ganj-i-Tang と、Shuijerāb GL の間。
		無名峰	Un Named Peak　Ca 6100 m/20013 f 36°33′N　75°39′E

	Ganj-i-Tang と、Shuijerāb GL の間。	無名峰	Un Named Peak　Ca 6000 m/19685 f 36°33′30″N　75°48′E Ghorjerāb GL の源頭付近。

無名峰　　Un Named Peak　Ca 6100 m/20013 f
　　　　　36°28′50″N　75°47′30″E
　　　　　Ghorjerāb GL と、N・Braldu R の間。

無名峰　　Un Named Peak　Ca 6000 m/19685 f
　　　　　36°33′N　75°51′30″E
　　　　　Ghorjerāb-i-Dūr の右岸。

無名峰　　Un Named Peak　Ca 6100 m/20013 f
　　　　　36°28′30″N　75°54′30″E
　　　　　Kuchan-i-Dūr GL と、Ghorjerāb GL の間。

無名峰　　Un Named Peak　Ca 6000 m/19685 f
　　　　　36°28′N　75°46′E
　　　　　Shuwert GL の中流部左岸。

ルプジョイ・サール　Lupjoi Sār　6050 m/19850 f
〈Ⅶ—C—3〉　　　　36°28′30″N　75°41′20″E
　　　　　Shimshal Pass の北で、Shuwert GL の東源頭。

無名峰　　Un Named Peak　Ca 6000 m/19685 f
　　　　　36°29′N　75°56′E
　　　　　Kuchan GL の左岸。

無名峰　　Un Named Peak　6030 m/19783 f
（Volia Sar ?）　36°27′20″N　75°46′30″E
〈Ⅶ—D—3〉　Yaktash の北北東。

無名峰　　Un Named Peak　Ca 6000 m/19685 f
　　　　　36°27′N　75°57′E
　　　　　Kuchan GL と、N・Braldu R の間。

無名峰　　Un Named Peak　Ca 6000 m/19685 f
　　　　　36°40′N　75°26′E
　　　　　S・Uprang GL の右岸。

無名峰　　Un Named Peak　Ca 6000 m/10685 f
　　　　　36°30′N　75°37′E
　　　　　Ganji-i-Tang と、Shuijerāb GL の間。

無名峰　　Un Named Peak　Ca 6000 m/19685 f
　　　　　36°38′N　75°49′30″E
　　　　　Shrin Yailaq R と、Kor-i-Jilga の間。

　フンザの北側山群や、Ghujerab 山脈の Khunjerab 山群、および Karun Kho 山群に向かう際は 247 ページの注意事項を参照されたい。Shuijerab 山群の登山については、Uprang（Oprang）川が国境のために許可の出た例はまだ聞かないが、Shimshal Pass 周辺、Pamir-i-Tang 流域を通過、あるいは、シムシャールから Boesam Pir を経由して、Ghujerab 谷、Chapchingal Pass を越えてカラコルムハイエーの Kuk Sel に抜けた数例を聞く。Kuk Sel では帰途の車の手配が肝要で、中国から国境を越えてくるトラックに便乗して、国境通過者とみなされることもあるので許可はあらかじめ必要である。

[BALTORO 氷河、7万5000 分の1 図に至るまで]

バルトロ氷河の位置と概念

　バルトロ氷河は、パキスタンの首都イスラマバードの北東約 400 Km にあり、中国の新疆ウィグル自治区と国境を接している。最も高峰が集中するのでカラコルム山脈中で最大の核心部をなしている。

　グレート・カラコルムの Baltoro 山脈と、レッサー・カラコルムの Masherbrum 山脈に囲まれた Y 字型の氷河は、全長約 62 km、総面積約 530 Km² に及ぶ。約 20 Km の Godwin Austen 氷河をはじめ、大小数十本の支流を合流させるが、中流部の最大幅員は約 3 Km、源頭と舌端の高度差約 3000 m でカラコルム五大氷河のひとつに数えられる。

　Gasherbrum I 峰の北東稜と東峰（7772 m）の東稜のコル、すなわち Gasherbrum Sudlle（約 6600 m）付近と、IV 峰、III 峰間には、ほぼ同高度に小規模の内院がみられ、これがバルトロ氷河の最源頭となる。

　ともに内院から数百 m におよぶ氷瀑となって南 Gasherbrum 氷河に合流し、Abrzzi 氷河、Godwin Austin 氷河を抱合しながら西流して Payu の舌端に至るが、その間、恐らく 250 年から 300 年の歳月は要するであろう。

　この谷に隣接する氷河には大きなものが多く、南面の Siachen、Kondus、Kaberi、Ghondogoro、Masherbrum、Alling 氷河などはバルトロ氷河とともにインダス河に注ぎ、北面の Sarpo Laggo、Qogil、北 Gasherbrum、Urdok 氷河などは Shaksgam 川を経てヤルカンド河に注ぐ。いわば両極地を除き、アジア大陸における最大の氷河地帯といえるだろう。

　バルトロ谷の周囲に峻立する高峰、6000 m 以上の峰は約 150 峰を数えることができる。なかでも、エヴェレストに次ぐ世界第二位の高峰 8611 m の K2 を筆頭に、副峰を含めて 8000 m 峰が六峰、7000 m 峰は約 38 峰が認められる。また、7000 m 級には数峰、6000 m 級は、まだ多くの未登峰が残されている。

基準峰が決まるまでの経緯

　1841 年、サー・ジョージ・エヴェレストは、東経 78 度にちかいインド最南端のコモリン岬から、北方の山岳地帯までのインド大陸の子午線弧の測定を完成させている。これは海面とは異なって、凹凸のあるインド大陸上における地球の丸さを表すもので、のちにエヴェレスト回転楕円体と名付けられている。いわゆる海面から離れた高峰の真下にある海面高度の海抜 0 m は、これによって算出されたのである。

　この回転楕円体に沿って測量網は北へ延ばされ、北部山岳地帯で北東ヒマラヤ系列と北西ヒマラヤ系列に二分される。北東系列からはネパール・ヒマラヤからアッサムに至るまで、北西系列からはインド・ヒマラヤ、カラコルム、ヒンドゥ・クシュが測量されることになる。

　測量網もカシミールに達し、さらにスカルドからは Indus 河流域三角測量観測点系列によって、カラコルム山脈の南面が包囲される。

　1856 年になると、カシミール盆地の東方のハラムク峰のステーション・ピークに観測台が設けられ、T. G. モンゴメリーによってカラコルムの峰の最初の測量が行なわれた。だが、天候が悪く K1 (Masherbrum) と K2 の方位角が求められただけで次年度に繰り越された。

　1857 年には、モンゴメリーのあとを継いだ G・シェルバートンが再びカラコルムの測定を行い、K1 から K32 までの高峰を記録することができた。K はカラコルムを表す測量番号の頭文字である。

このようにして算出されたバルトロ氷河周辺第一級の基準峰（固定点）は次のようになる。

GREAT TRIGONOMETRICAL POINT
(Survey of India)
測量局公認固定点

Name (Old No)	Height	Latitude North	Longitude East	Peak No	Point of Surveied
MASHERBRUM-E (K1e)	7821.17 m	35°38′36″	76°18′31″	Pk 7/52 A	Fixed Point
MASHERBRUM-W (K1w)	7805.92 m	35°38′29″	76°18′23″	Pk 8/52 A	Fixed Point
K2 (K2)	8610.60 m	35°52′55″	76°30′51″	Pk 13/52 A	Fixed Point
GASHERBRUM-IV (K3)	7924.80 m	35°45′38″	76°37′02″	Pk 12/52 A	Fixed Point
GASHERBRUM-III (K3a)	7952.23 m	35°45′36″	76°38′33″	Pk 20/52 A	Fixed Point
GASHERBRUM-II (K4)	8034.53 m	35°45′31″	76°39′15″	Pk 21/52 A	Fixed Point
GASHERBRUM-I (K5)	8068.06 m	35°43′30″	76°41′48″	Pk 23/52 A	Non Fixed
CHOGOLISA-NE (K6)	7653.86 m	35°36′44″	76°34′23″	Pk 25/52 A	Non Fixed

　カラコルム一帯を測量するにあたり、観測点を置くのに基準とする固定点は上記の峰に求めるが、その点バルトロ氷河は多くの固定点が近く、測量には非常に有利といわれてきた。実際の状況は井戸底から標定するごとく、前衛の小ピークにさえぎられることが多い。我々の行なった測量は短期間のため常に変動する氷河上に観測点を置かねばならず、決して好条件であるとは思えなかった。

　また、Concordia から覗く K2 もやはり仰角が多く、漠然としたドーム状の標定には少なからず戸惑いを感じ、むしろ Urdukas 付近からの Gasherbrum III、IV峰と、見つけにくいが Doksam 付近から Biarchedi 越しに見える Masherbrum 東峰には正しい高度が求められるようだ。

過去のバルトロ氷河測量の経緯

　1857年のシエルバートンによる観測で、58年に結果が算定された K2 の座標と高度は世界で第2番目の高峰であることが判明した。

　1861年、当時ペシャワールでリード将軍の副官だったゴドウィン=オースティンは、スカルドから Skoro La を経て Askole に達し、Chogo Lungma、Kero Lungma 両氷河を踏査した後に Nushik La (Uyum Haghuch Pass) から Hispar 氷河を発見した。さらに、Biafo、Panmah 両氷河を探った後バルトロ氷河を見るに至った。

　Masherbrum 付近から望んだ K2 がアジア大陸の分水嶺であることが判り、さらに交易ルートとして高名な Muztagh 峠に接近したが悪天候で後退した。次いで Concordia まで達してバルトロ氷河の最初の略図、5万3510分の1を作成した。

　1876年にはG・B・クラーグが南側から東 Muztagh 峠に達し、次年度には中国大陸を横断したF・ヤングハズバンドが北側からこの峠を越えてバルトロ氷河に抜けている。

　1892年、この一帯の地図作成にもっとも功績を残したM・コンウェイは、Gilgit からはるばる Hispar、Biafo 両氷河を縦断してバルトロ氷河に入った初めての登山隊であった。

　コンウェイは Chogolisa 氷河まで足を延ばしているが、その間、Concordia 北西にある小ピーク（5913 m）に登って「Crystal Peak」と命名。頂上から平板測量を行ない、ここから眺めた Baltoro Kangri（7274 m）に「Golden Throne」（黄金の玉座）、Chogolisa（7654 m）に「Bride Peak」（花嫁の峰）と命名した。Baltoro Kangri 南西稜上の小ピークにも登って「Pioneer Peak」（6889 m）と名付けているが、コンウェイが残した最大の功績は地形学的な研究と地図の作成で、Hispār、Biafo 氷河を含めた12万6720分の1図は、この地域最初の地図として高く評価されてい

る。

　—註— Crystal Peak とは本来このピーク（約5700m）を指し、6252m峰（旧高度6237m）ではない。Pioneer Peak の高度はその後6790mに改訂され、さらに約6550mに再改訂された。

　1902年、O・エッケンシュタイン隊長のイギリス、オーストリア、スイスの国際隊がK2北東稜に挑んだ際に、コンウェイ図をベースにして改訂を加えた20万分の1図を作成。

　1903年、あまり知られていないがドイツのA・フェルバーとE・ホーニッヒマンが東 Muztagh 峠に達し、コンウェイ図を部分改訂して35万分の1図を作った。この図の特徴は、Muztagh 氷河上流部から北東に向けて支氷河が記載されているが、それ以後の地図には記載されていない。この部分はその後の地図の地形が間違って記載されているもので、地形はフェルバー図が正しく、支氷河は彼が Muztagh Tower と誤認した Thyor 峰に直接突き上げている。

　1909年には、イタリアのアブルッツィ公隊が本格的な調査と登山を行ない、同隊のネグロットが三角測量と実体写真測量によって、バルトロ氷河中流部より上流側、すなわち東半分の10万分の1地図を作成した。

　1929年になるとイタリア隊は、さらに大規模な隊を送り込んだ。王立イタリア地学協会が後援するスポレト公隊がバルトロ氷河に入り、A・デジオはそれまで未知だったアブルッツィ氷河から Conway Suddle を踏んだ。また東 Muztagh 峠を越えて Sarpo Laggo 氷河を探り、さらに Shaksgam 川から Urdok 氷河を経て再び Conway Suddle に至る大迂回の調査も予定していたが、これは輸送の問題で失敗に終わった。だが Sarpo Laggo 氷河と Trango 氷河の踏査図を作り、帰国後には実体写真測量でバルトロ氷河7万5000分の1地図と、K2西面の1万2500分の1地図を作成している。

　1934年には、国際ヒマラヤ遠征隊のG・O・ディーレンフルトが活躍する。Sia Kangri 全山の初登頂をとげ、合わせて Baltoro Kangri 東峰（V峰）にも初登頂した。ディーレンフルトの10万分の1カムカルテはこれまでの地図に新風を送りこんだ。

　バルトロ氷河測量に直接関係はないが関連事業として、1937年E・シプトンとH・W・ティルマンらが、残されていたグレート・カラコルム北側の空白地帯を測量するため Trango 氷河から Sarpo Laggo 峠を経て Shaksgam 川上流に入り、東面をメイスンの Shaksgam 測量結果と連結している。

　1954年、イタリアのA・デジオがひきいる国を挙げての K2 遠征隊により、バルトロ氷河一帯の登山黄金時代の幕明けを迎える。K2 の南東稜に挑み、A・コンパニョーニとL・ラチェデリーの2名が初登頂に成功した。

　イタリア陸軍地理協会のロンバルディ大尉指揮の測量では南 Gasherbrum 氷河の測量も行ない、新たに測定したK2東面と1929年の西面とを結んで K2 の全体地図1万2500分の1地図、バルトロ氷河10万分の1地図を完成させた。

　1977年には日本山岳協会主催で日本 K2 登山隊の吉沢一郎総指揮らがK2の南東稜を登り、重広恒夫ら7名が第2登、第3登を果たしている。この隊の測量では宮森常雄、渡辺優らが氷河流域のピーク113峰を測定してバルトロ氷河10万分の1地図を作成した。このたびはこれをベースに改訂を加えて7万5000分の1に仕上げたものである。

バルトロ氷河付近の未調査地帯

　最大の未調査地帯が下流左岸の Ching Kang 谷である。入域した例も聞かず報告例もなく、いわばまったくの未踏査地帯といわれてピークすら測量されていない。ここから Liligo 氷河にいたる間の谷間も未踏査で広範囲が未測量だ。

ただし、遠隔地からの観察によると6000mを超えると思われるピークは十数峰におよび、氷河も充分発達したものが望まれる。

　Liligo 氷河については日本隊ほか数隊が入っているが、やはり報告もなく氷河源頭ちかくのT字型分岐点から Mandu Peak 西面の偵察が目的だったようだ。この氷河源頭の西支流付近には、6200〜6300m級の峰が数峰が見られるがこれも未測量である。

　Trango 氷河は、比較的に早くからシプトンらによって出合から Sarpo Laggo 峠に至る間が踏査されているが、本流から西側支流のすべてが未踏査であり、源頭部、および西側主稜線の Choricho 峰以北、すなわち、Panmah、Chiring 両氷河と Trango 氷河の間の多くの峰のほとんどが、未測量のまま残されている。

　また、高峰が見られぬせいもあるが Biale 氷河と Dunge 氷河の間の稜線も未測量、高度は5900m以上と思われるピークが数峰ある。

　Thyor と Muztagh Tower の間もとり残されているが6000m峰もみられ、Biaho 川支流を含めてまだまだ興味は尽きない。

《付》

付-1 「Nanga Parbat」Darbh 付近より（大須賀廉）

NORTH EAST RIMO MOUNTAINS
(地図 No. 11)

　地理学上はカラコルムの範囲外とされている。Rimo 氷河を境として東側と西側では山脈の風貌がまったく異なり、この山群はあくまでチベット的である。カラコルム山脈の語源になった同名の峠があることから、カラコルム山脈の東側の境界をどこにするか、1936～37 年に行なわれたカラコルム協議会では相当な論議がなされた。だが、地質学的にはどうあれ、またカラコルム峠という名の峠があるにせよ、この山群はカラコルムから除外されることになった。

　1914 年のフイリッピの地図にはウッドによる多くの高度が記入されているが、1932～30 年に入ったフィッサー隊の地図にもウッドの高度を多く採用している。

　Yarkand 川、Rimo 氷河、Tsaka Cho (Chip Chap 川) から、カラコルム峠を経て Lungpa Ngonpa にいたる間の内側の山群をさす。山名、谷名ともになく、人の居住もない広漠とした山群であるために山はすべて無名峰で、経緯度のみの位置表示とする。

　またこの峠には 1907 年の 10 月、中国側から越えてスリナガールに向かった日野強、1909 年には、第二次大谷探検隊橘瑞超らの足跡があることを忘れてはなるまい。日野は探検行の中途で大谷隊と出会い、スリナガールではヤングハズバンドにも会っている。

無名峰	Un Named Peak	6374 m/20912 f
	35°29′N　77°33′E　Wood 以下同じ。	
	Yarkand R と、Rimo GL の間。	
無名峰	Un Named Peak	6349 m/20830 f
	35°31′N　77°35′E	
無名峰	Un Named Peak	6342 m/20807 f
	35°29′N　77°34′E	
無名峰	Un Named Peak	6251 m/20508 f
	35°28′N　77°40′00″E	
無名峰	Un Named Peak	6221 m/20410 f
	35°28′N　77°40′30″E	
無名峰	Un Named Peak	6170 m/20243 f
	35°29′N　77°39′E	
無名峰	Un Named Peak	6166 m/20230 f
	35°29′N　77°39′E	
無名峰	Un Named Peak	6123 m/20085 f
	35°35′N　77°44′E	
無名峰	Un Named Peak	6093 m/19990 f
	35°33′N　77°39′E	
無名峰	Un Named Peak	6090 m/19980 f
	35°30′N　77°45′E	
無名峰	Un Named Peak	6083 m/19957 f
	35°28′N　77°42′E	
無名峰	Un Named Peak	6073 m/19925 f (6094 m)
	35°28′10″N　77°44′40″E	
(初登頂)	1913～14 年、イタリア隊、F. de. フィリッピ隊長。	

無名峰	Un Named Peak　6068 m/19908 f 35°32′N　77°48′E		無名峰	Un Named Peak　6023 m/19760 f 35°27′N　77°36′E
無名峰	Un Named Peak　6059 m/19878 f 35°26′50″N　77°42′40″E		無名峰	Un Named Peak　6020 m/19750 f 35°31′N　77°40′E
（初登頂）	1913〜14年、イタリア隊、F. de. フィリッピ隊長。		無名峰	Un Named Peak　6004 m/19698 f 35°30′N　77°46′E
無名峰	Un Named Peak　6040 m/19816 f 35°23′N　77°38′E			

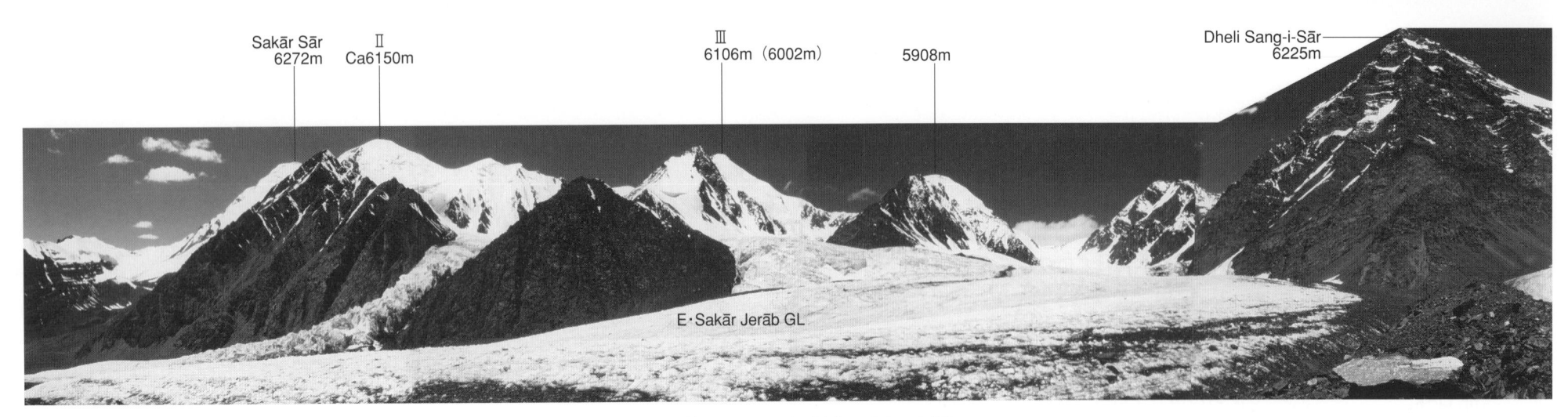

付-2 「Sakār Sār」(仙台一高山の会隊)

SOUTH OF TAGHDUMBASH PAMIR

DERDI GROUP (地図 No.5)

　測量局によれば、Pamir と Hindū Kūsh の境界はアフガニスタンとパキスタンの国境上の Irshad Uwin と定めている。この峠から Lupsuq (Lupsuk) 谷を西下して、Dūr-i-Wakhan、Dūr-i-Wakhujīr を遡って同名の峠に達する。さらに、Kilik 峠および同名の谷を南下して、山群の南限の Chapursān 谷に囲まれる広大な山群をいう。

　下記は、主として中央部を流れる Derdi 谷流域をとりまく峰である。なかでも、Tang-i-Tuk、Murkushi Sār／5585 m、Lup Jangal／5580 m、Reshitipur Sār／5045 m、Sumayār Sār／5257 m、Raminj Sār／4710 m などの峰は、1912～13 年のインド＝ロシア合同連結測量の際の観測点となった峰である。

　未公認だが、Sakār Jerāb GL の国境稜線上には約 6150 m、6106 m (6002 m) の高度をあたえられた峰もあるので、今後の開拓が期待されよう。　―註―　写真 付-2 参照。

サカール・サール (Shikār Sār) 〈V－AB－1〉	Sakār Sār　6272 m/20577 f (6318 m) 36°54′N　74°15′E E・Sakār Jerāb GL と、W・Sakār Jerāb Jilga の間。
(初登頂)	1999 年、横須賀山岳会、宮沢章隊長。 ―註―　山名の根拠となった集落名は Shikār と呼ばれる。
デーリ・サンギ・サール 〈V－B－1〉	Dheli Sang-i-Sār　6225 m/20423 f 36°54′N　74°19′E Derdi GL と、E・Sakār Jerāb GL の間。
サカール・サールII峰 〈V－B－1〉	Sakār Sār(II)　Ca 6150 m/20177 f 36°54′N　74°15′E E・Sakār Jerāb GL の右岸で国境稜線上。
無名峰	Un Named Peak　6105 m/20030f (5956 m) 36°56′N　74°18′E

付-3 「Dheli Sang-i-Sār」 Sakar Sār より （横須賀山岳会隊）

	Deldi GL の源頭付近。		36°53′N　74°21′E Derdi GL の源頭付近。
サカール・サールⅢ峰 〈V-B-1〉	Sakār Sār (Ⅲ)　Ca 6106 m/20033 f 36°54′N　74°16′E E・Sakār Jerāb GL の右岸で国境稜線上。	無名峰	Un Named Peak　5841 m/19163 f 36°58′N　74°35′E Shiri Maidan GL の源頭。
無名峰	Un Named Peak　5992 m/19660 f 36°58′N　74°05′E Qara Jilga GL と、Lupsuq Jilga の間。	タングィ・トゥック (Tong-i-Tuk) 〈V-C-1〉	Tang-i-Tuk　5832 m/19134 f 36°55′N　74°34′E Derdi Jilga の左岸。
無名峰	Un Named Peak　5961 m/19557 f (6083 m) 36°58′N　74°32′E Ab-i-Wakhan GL の源頭付近。	無名峰	Un Named Peak　5822 m/19100 f 36°58′N　74°28′E Derdi Jilga の左岸。
無名峰	Un Named Peak　5850 m/19193 f		

SOUTH OF TAGHDUMBASH PAMIR

GUL KAWAJA GROUP （Pakistan Side）（地図 No. 5）

　Kilik 谷と、Bara Khun 谷の間の山群は未知の分野が多い。とくに、Kharchanai 谷一帯は人の居住もなく夏期間の放牧のための岩小屋が散在するのみという。同名の峠に至る間は詳らかでない。高度が確認されている峰も同峠の東にある 5810 m 峰だけである。

　山群名となった Gul Kawaja 峠は Mintaka 峠ともいわれ、古代中国からの求法僧のルートでもあった。初めてこの峠を越えたヨーロッパ人は、1889 年中国の大踏査旅行後 Tash Kurghan から Gilgit を経てインドに向かった F. ヤングハズバンドであろう。

　また、1902 年には大谷探検隊も Karachukōr 谷からこの峠を通って Batūra 氷河を通過しているので、日本人にはシルクロードの峠名として Mintaka 峠にはなじみ深いものがある。

　下記の五峰は測量局図の 42 L に記載されているが、すでに命名されている二峰は 1912～13 年のインド=ロシア連結測量の際に測量された峰で、Misgār の北東に位置する Tehri Sār／5030 m は、その際の観測点となっている。

無名峰	Un Named Peak　6407 m/21020 f 36°57′N　74°50′E Gul Kawaja Uwin の南で、Gul Kawaja GL の左岸。
無名峰	Un Named Peak　6059 m/19879 f 36°52′N　74°47′E Dheri Shah Jilga と、Kilik Jilga の間。
無名峰	Un Named Peak　5970 m/19587 f 36°54′N　74°47′E Gul Kawaja Jilga と、Kilik Jilga 合流地点の南東。
ダウラ・シャー・ヨンダラム・チッシュ〈V−D−1〉	Daula Shah Yondalam Chhish　5853 m/19202 f 36°50′N　74°45′E Dheri Shah Jilga と、Kilik Jilga の間。
カマルス〈V−D−1〉	Kamalsu　5822 m/19100 f 36°58′N　74°54′E Gul Kawaja Uwin の東。

BARA KHUN GROUP （Pakistan Side）（地図 No. 7）

この山群は、Khunjerāb 谷と Bara Khun 谷の間に位置し、Parpik 峠東方の Uprang (Oprang) 東経75度35分付近を東端とする。

1925年に、フィッセル隊が Bara Khun 谷に入り、Parpik 峠に達して大縮尺の地図や記録を残している。

最高峰を6426 m とするこの一帯は、下記の五峰以外にも未確認の6000 m 峰を多くかかえるが、Khunjerāb 峠以西の急峻さに比較して、東の中国側は緩斜面となり、南縁は中国とパキスタンを結ぶカラコルム・ハイウェイが通じる。

無名峰	Un Named Peak　6426 m/21083 f 36°55′N　75°25′E Parpik GL と、Kara Jilga の間。
無名峰	Un Named Peak　6218 m/20400 f 36°54′N　75°18′E Bara Khun Jilga と、Khunjerāb R の間。
無名峰	Un Named Peak　Ca 6200 m/20340 f 36°57′N　75°24′E Parpik Dawan (峠) の南。
無名峰	Un Named Peak　Ca 6200 m/20340 f 36°57′N　75°23′E Parpik Dawan の南西約 2 Km。
無名峰	Un Named Peak　6014 m/19730 f 36°54′N　75°21′E Parpik GL と、Kara Jilga の間。

―《入域上の注意事項》―

Taghdumbash Pamir の南側の3山群はもとより、フンザ北側山脈の Chapursan 川流域や、Ghujerab 山脈に向かうには、フンザ北方の Sost の検問所を通る。特に、Gul Kawaja 山脈東面や、Bara Khun 方面、Ghujerab 川流域に北側から入るには、さらに Jun Kharchanal の国境検問所 (Dehi Check Post) を通ることになる。

ただし、ここが国境ではないので国内だけの行動なら、あらかじめ PTDC の事務所で許可を得ておく必要がある。これは、Sost の検問所を通らないで、Shimshal 方面から Ghujerab 山脈を経て、Khunjerab 川方面に向かう場合も同じである。

トレッキング代理店のガイドが同行するときはその限りではないが、山岳地帯に精通した代理店でないと、現地の検問所でトラブルがあることがある。

付-4 「Nanga Parbat 山塊」PIA より空撮（宮森常雄）

PANJAB HIMALAYA
NANGA PARBAT RANGE （地図 No.6）

　ヒマラヤ山脈最西端で最も壮麗な 8000 m 峰が聳える巨大な山塊である。測量局によるインドの三角測量の二系列が完成して間もなく、1854 年、地理学者でもあったシュラーギントワイト兄弟は、東インド会社の依頼で磁気測量の完成を目的にインドに向かった。56 年、カラコルムの帰途、デオサイ高原を経て東面から Nanga Parbat の測量を行なったが、乏しい他の測量地点との連繋にもかかわらず、かなりの正確さであったといわれている。

　最初の入山者は 1895 年のママリーとされているが、実は、アドルフ・シュラーギントワイトが、それより 40 年も早く Rupār 氷河を踏んでいたようだ。

　Nanga Parbat が地図に記載されたのは、おそらく J. ウォーカーの地図、1842 年が初めてであろう。いまでは測量局の 43 I／Gilgit 図以外にも素晴らしい地図があり、1936 年発行の Nanga Parbat Group 5 万分の 1 は 1934 年のドイツ・ヒマラヤ遠征隊によるもので多くの人に利用されている。

　この山塊は Indus 河を北縁として、東縁は Astōr 谷に至り、さらに、Rupāl 谷周辺の峰を含めて Toshe Gali を越える。さらに、Airi 氷河、Diamīr 谷を経て Indus 河に戻る間の内側の山脈をさす。

ナンガ・パルバット	Nanga Parbat　8125.96 m 26660 f
(Diamīr)	Fixed Point
〈Pk 48/43 I、	35°14′21″N　74°35′24″E〉
〈VI—C—4〉	Diamīr GL、Rakhiot GL の源頭で、Bazhin GL の間。
（初登頂）	1953 年、西ドイツ・オーストリア合同隊、K. ヘルリヒッコファー隊長。

248—付

付-5 「Nanga Parbat 山頂部」PIA より空撮 （小山貢）

ショルダー・ピーク	Sholder Peak
(Nanga Parbat NW)	8070 m/26471 f
〈VI—C—4〉	8108 m/26601 f=Pakistan)
	35°13′N　74°35′E
（初登頂）	1962 年、西ドイツ隊、K. ヘルリヒッコファー隊長。

ナンガ・パルバット・南峰	Nanga Parbat (S)
(Lower Summit=Pakistan)	8042 m/26384 f　7925 m/25951 f
〈VI—C—3〉	35°14′N　74°35′E
（初登頂）	1982 年、西ドイツ・他混成隊、K. ヘルリヒッコファー隊長。

ナンガ・パルバット・前峰	Nanga Parbat (F)　7910 m/25950f
(NE Summit=Pakistan)	35°14′N　74°35′E
〈VI—C—3〉（初登頂）	1971 年、チェコスロヴァキア隊、I. ガルフィ隊長。

ナンガ・パルバット・北Ⅰ峰	Nanga Parbat (N-I)　7815 m/
(Little Nanga Parbat=Pakistan)	25640 f (7809 m)　1934 年
〈VI—C—3〉	35°15′N　74°35′E
	Diamīr GL の源頭付近。
（初登頂）	1978 年、チェコスロヴァキア隊。

ナンガ・パルバット・北Ⅱ峰	Nanga Parbat (N-II)　7785 m/
〈VI—C—3〉	25540 f (7745 m)　1934 年
	35°15′N　74°35′E
	Diamīr GL の源頭。

ジルバー・ツァッケン	Silver Zacken　7597 m/24924 f　(7562
(Silver Craq=Pakistan)	m)　1934 年
〈VI—C—3〉	35°16′N　74°35′E
	Rakhiot GL の源頭付近。

ナンガ・パルバット・東峰	Nanga Parbat (E)　7530 m/24705
〈VI—C—3〉	f (7510 m)
	35°15′N　74°37′E
	Bazin GL の源頭付近。
（初登頂）	1971 年、チェコスロヴァキア隊、I. ガルフィ隊長。

マゼノ・ピーク	Mazeno Peak　7120 m/23360 f
〈VI—C—4〉	35°13′N　74°33′E
	Diamīr GL と、Rupāl Gah の間。

ラキオト・ピーク	Rakhiot Peak　7074 m/23210 f (7070 m)

PANJAB HIMALAYA NANGA PARBAT RANGE

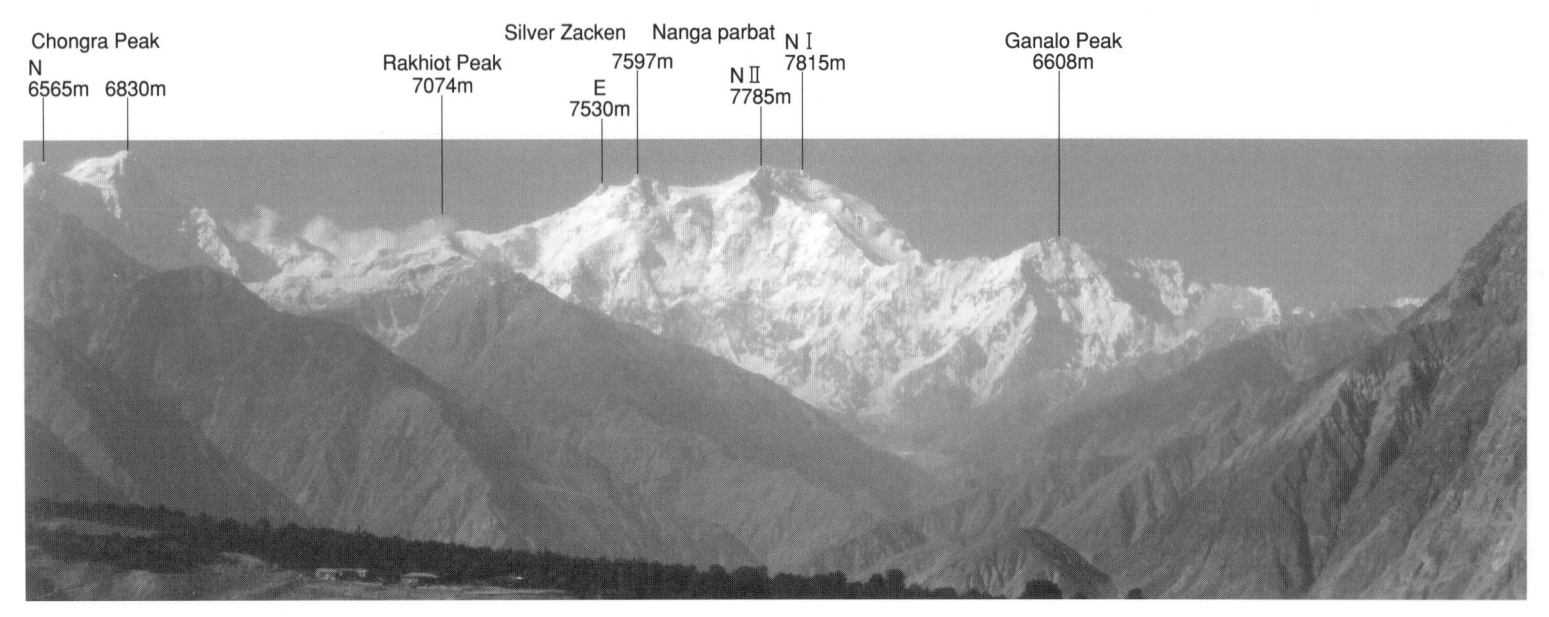

付－6 「Nanga Parbat 北面」Darbh 付近より（弓田忠男）

⟨Ⅵ－C－3⟩　　　　　　35°15′N　74°38′E
　　　　　　　　　　Rakhiot GL、Bazin GL、Chongra GL の間。
　（初登頂）　　　　　1932 年、ドイツ・アメリカ合同隊、P. アッシェンブレンナー隊長。

チョンラ・ピーク　　Chongra Peak　6830 m/22408 f　(6824 m)
⟨Ⅵ－C－3⟩　　　　　1934 年
　　　　　　　　　　35°19′30″N　74°40′30″E
　　　　　　　　　　Buldār GL、Sachen GL、Rakhiot GL、Chongra GL など四氷河の間。
　（初登頂）　　　　　1972 年、岩峰登高会隊、海津正彦隊長。

ガナロ・ピーク　　　Ganalo Peak　6608 m/21680 f
⟨Ⅵ－C－3⟩　　　　　35°17′N　74°33′E
　　　　　　　　　　Rakhiot GL 支流の Ganalo GL と、Patro GL、Diama GL の間。

　（初登頂）　　　　　1939 年、ドイツ隊、P. アウフシュナイター隊長。

チョンラ・北峰　　　Chongra (N)　6565 m/21540 f　1934 年
⟨Ⅵ－C－3⟩　　　　　35°20′N　74°41′E
　　　　　　　　　　Buldār GL と、Sachen GL の間。

チョンラ・西峰　　　Chongra (W)　6554 m/21503 f
(West Chongra)　　　35°18′50″N　74°40′E
⟨Ⅵ－C－3⟩　　　　　Rakhiot GL と、Chongra GL の間。

チョンラ・中央峰　　Chongra (MD)　6455 m/21180 f　(6428 m)
⟨Ⅵ－C－3⟩　　　　　35°18′N　74°39′E
　　　　　　　　　　Rakhiot GL と、Chongra GL の間。

チョンラ・南峰	Chongra (S)　6448 m/21155 f (6242 m)	トーシェ	Toshe　6600 m ?
〈Ⅵ—C—3〉	35°17′N　74°39′E	〈Ⅵ—B—4〉	1983年、西ドイツ隊の B. ニゥバウエル隊長が登頂したこの峰は、Tarshing→Mazeno Gali→Loiba-GL→Toshe の経由地を考えると、付近に 6000 m を超す峰はなく、なにかの誤りではないかと思われる。
	Rakhiot GL と、Chongra GL の間。		
（初登頂）	1934年、ドイツ隊、W・メルクル隊長。		
トシャイン	Toshain　6325 m/20750 f		
〈Ⅵ—B—4〉	35°08′N　74°26′E		
	Toshain GL、Jalhari GL、Sarawali GL など、三氷河の間。	註	（山名＝Pakistan)はパキスタン観光省で使用する名称。
ガナロ・西峰	Ganalo (W)　Ca 6290 m/20636 f		
〈Ⅵ—B—4〉	35°17′N　74°34′E		
	Patro GL と、Diama GL の間の小ピーク。		
（初登頂）	1984年、山学同志会隊、大宮求隊長。		
トシャイン・東峰 (Toshain Ⅱ)	Toshain (E)　Ca 6000 m/19685 f		
〈Ⅵ—B—4〉	35°08′N　74°27′E		
	Toshain GL と、Sarawali GL の間。		
（初登頂）	1974年、西ドイツ隊、M. オンベルグ隊長。		
トシャイン・南峰	Toshain (S)　Ca 6000 m/19685 f		
〈Ⅵ—B—4〉	35°06′N　74°28′E		
	Toshain GL、Sarawali GL、Shonibar GL など三氷河の間。		

チラースのインダス

[5000 m 級の名峰を探せ]

　本書では主として 6000 m 以上の峰をリストアップしてみた。だが 5000 m 級の山にも 6000 m 台の山に勝るとも劣らざる風格ある秀峰は限りなく多い。折角遠征するのだから山は高いほうが良いというのはもっともだが、面倒な手続きを経て、高価な登山料を支払い、いつも登り古された山ばかりに登山隊が集中するのは惜しい気がしてならない。

　高ければ高いほど、希望どおりの峰の許可がくる率は少なく、運が悪ければ、登りたくもない山に許可がでたりしてあわてることがある。多くの隊が集中する山は順番待ち。いくつかのルートも希望外のルートだったりする。各国から、さまざまな隊が同じ山に申請するのだから止むを得ないのだろう。

付－7 「Prian Sār 山群」Muno Chhock 下部／Ca 5100 m より （横田明信）（次ページへつづ

付－8 「Thalo Zom 山群東部パノラマ」Piars／Ca 5500 m より （都竹勝）　　　（次ページへつづ

5000 m 級の名峰を探せ — 253

付 - 9 「Gochohar Sār 山群東部パノラマ」Sohnyoan Zom／5625 m より（佐藤忠司）

　申請に、一次希望、二次希望、ときには第三次希望と受け付けていても、必ずしも希望の山に許可がでるとは限らない。予想外の山に許可がでて、あまりにもアプローチが長すぎて大幅に予算をオーバーしたり、実力以上の難峰だったりして中止せざるを得なかった話題はときどき耳にすることがある。

　誰にでも気軽に行けるヒンズー・クシュ、カラコルムというわけで、いまさら 5000 m 級の薦めではないが、許可もいらぬ山なので連続登攀も可能。ダグ・スコットが初登頂した Lobsang Spire／5707 m、日本人なら山野井泰史らの Bubli Mutin／5985 m、柳島三樹らの初登頂したヒンズークシュの Noghor Zom／5939 m、都竹勝らの登ったヒンズーラジの Piārs／Ca 5500 m なども、さしずめ名峰といえよう。

　現時点で許可なしで登れるのはパキスタンのみ、インドのカラコルムは開放されず、年間に数隊、それもインド隊と合同の場合に限り許可される。中部ヒンズー・クシュの大半をしめるアフガニスタンは、内紛中で当分の間は見込みがない。せめてパキスタン国内の 5000 m 台の山がどのような山容か知っておくのも楽しいと思う。

　都竹勝らのヒンズー・ラジの Thalo Zom 山群東部パノラマと、佐藤忠司らの Gochohar Sar 山群および、横田明信らの西部カラコルム Purian Sār 山群のパノラマを紹介したい。すべて 5000 m 級の峰の連続で名前のあるのは数峰のみ、無名峰もこれだけあれば見事といってよいだろう。どれをとっても相手に不足のない山ばかりである。

　当然、6000 m 以下だから本書のリストには、ひとつも紹介されていない。

〔ヒンズー・クシュ、カラコルムにおける 7000 m 級未登峰〕

　5000 m 級も面白いが、高峰を目指す方に 7000 m 級は興味が尽きない。

　よく、「7000 m 級の未登峰でいい山が残っていませんかね！」と尋ねられて困ることがあった。登山史を振り返ってみないと、うっかりした返事ができないからだ。

　初登頂は、オリンピック競技と違って、二度と記録の書き替えができない記録になるから、残された峰は、実に貴重な存在であろうと思う。

　ヒンズー・クシュとカラコルムだけでも、意外な数の 7000 m 峰があるが、未登峰の数はさらに驚くほどの数があった。

　いまとなっては独立峰でないと嫌だという贅沢ばかりも言っていられまいが、独立峰ばかりでなく、スケールの大きなヒマラヤやカラコルムの連山のなかには、準独立峰とでもいうか、既登峰から十分に離れた位置にあって、まったく別のルートをとらなければ登れない峰は多い。たとえ距離が短くとも、ラトックⅠ峰の西峰のように主峰からわずか約 500 m ほどしか離れていないが、これも未登峰の仲間に入れてもよい立派な峰であるから本文のラトック山群の項目と写真 3 - 34 を参照されたい。

　数ある 7000 m 峰も、正確な測量されたものは少なく 7000 m ギリギリの山には、後年引き下げられる恐れもある。それは、Skyang Kangri や Brord Peak 北峰のように、100 m 以上も引き下げられ、あるいは Pamri Sar のように、6931 m から 7016 m に格上げされる山もあるから多少の賭けは覚悟が必要だ。7000 m を超えれば登山料も高くなるから、この峰に登頂した隊などは、大変に幸運な登山隊と言ってもよいだろう。

　なかには登録されていても、ほんの突起にすぎない峰も数例みられたが、これらを含めて 7000 m 以上と思われる未登の高峰をリストアップしたので参考にされたい。

　独立峰でないからと言って敬遠するには、あまりにも惜しいのが 7000 m 峰初登頂の記録である。せっかく残っている峰をとり残しておくことはあるまい。

　ただし、本書が出版されるころには、いくつかの峰は陥されているかもしれない。

—註—
(1)　独立＝独立峰、連峰＝一連の稜線上、準双耳＝離れた双耳峰。
(2) 連峰（準）＝連峰上だが十分離れた別格の峰。
(3)　？の欠番号は、登られた可能性ある峰で調査を要する。
(4)　Pak＝Ind、Pakistan と India の停戦ラインの境界線上。Pak＝Chin、Pakistan と中国の国境線上。Ind＝Chin、India と中国の国境線上。

高度順位	山名	(旧名 旧高度)	高度	特徴	申請国
1	Batūra	II峰（中央峰 Ca 7760 m）	7762 m／	連峰	Pakistan
?	Disteghil Sār	中央峰	7760 m／	連峰	:
2	Saltoro Kangri	北峰	7705 m／	準双耳	Pak=Ind
?	Kunyang Chhish	南峰	7620 m／	連峰	Pakistan
3	Batūra	IV峰	7594 m／	連峰	:
4	Batūra	V峰	7531 m／	連峰	:
5	Sasēr Kangri	II－東峰	7513 m／	連峰	India
6	Gasherbrum	III－北峰	Ca 7500 m／	連峰	Pak=Chin
7	Muchu Chhish	主峰	7453 m／	連峰（準）	Pakistan
8	Kunyang Chhish	東峰	Ca 7400 m／	連峰（準）	:
9	Ultār	I峰	Ca 7380 m／	連峰	:
10	Kunyang Chhish	西峰	Ca 7350 m／	連峰（準）	:
11	Pumari Chhish	南峰	Ca 7350 m／	連峰（準）	:
12	Skyang Kangri	西峰	7345 m／	準双耳	Pak=Chin
13	Chongtār	主峰	7330 m／	独立	China
14	Saraghrār	中央峰	Ca 7330 m／	連峰	Pakistan
15	Sherpi Kangri	北峰	7303 m／	双耳峰	Pak=Chin
16	Saraghrār	北西峰	Ca 7300 m／	連峰（準）	:
17	Sasēr Kangri	V峰	Ca 7300 m／	連峰	India
18	Sasēr Kangri	VI峰	Ca 7300 m／	連峰（準）	:
19	Teram Kangri	III－西峰	Ca 7300 m／	連峰	:
20	Istor-o-Nāl	北－III峰	Ca 7300 m／	小突起	Pakistan
21	Summa Ri	主峰	7286 m／	独立	Pak=Chin
22	Muchu Chhish	東峰	7280 m／	連峰	Pakistan
23	Istor-o-Nāl	北東峰	7276 m／	準独立	:
24	Chongtār	北峰	Ca 7250 m／	連峰	China
25	Apsarasas	II峰	7230 m／	準独立	India
26	Apsarasas	III峰	7236 m／	独立	:

27	Apsarasas	III—岩峰	Ca 7230 m／	連峰	:
28	Apsarasas	中央峰	7227 m／	独立	:
29	Lupghar Sār	東峰	Ca 7200 m／	連峰	Pakistan
30	Malbiting	西西峰	Ca 7200 m／	連峰	:
31	Chongtār	西峰	Ca 7200 m／	連峰	China
32	Apsarasas	西峰	7187 m／	連峰（準）	India
33	Apsarasas	東峰	7184 m／	独立	:
34	Chongtār	南峰	7180 m／	独立	China
35	Yermanend Kangri	主峰	7163 m／	独立	Pakistan
36	Praqpa Ri	主峰	7156 m／	独立	:
37	Gasherbrum	V峰	7133 m／	独立	:
38	Mandu Peak	I峰または、	7127 m／	独立	
?		II峰のいずれか。	7061 m／	連峰	Pakistan
39	Gasherbrum	V—中央峰	Ca 7120 m／	小突起	:
40	Gasherbrum	内院峰(23294 f ? 23940 f)	Ca 7100 m ?～7300 m／	連峰	Pak=Chin
41	Yutomaru Sār	北峰	Ca 7100 m／	連峰	:
42	Latok	I—西峰	Ca 7100 m／	準双耳	:
43	Ghent	III峰	Ca 7100 m／	準独立	India
44	Istor-o-Nāl	東峰	Ca 7100 m／	小突起	Pakistan
45	K 6	中央峰	Ca 7100 m／	連峰	:
46	K 6	西峰（Ca 7040 m）	Ca 7100 m／	連峰（準）	:
47	Praqpa Ri	北峰	Ca 7096 m／	連峰	:
48	Pk 42/52 A (Hardinge)	主峰	7093 m／	独立	India
49	Praqpa Ri	南峰	Ca 7089 m／	連峰	Pakistan
50	Urdok	II峰	7082 m／	連峰（準）	Pak=Chin
51	Link Sār	主峰	7041 m／	独立	Pakistan
52	Summa Ri	西峰	Ca 7041 m／	連峰	Pak=Chin
53	Mamostong Kangri	西峰	7023 m／	小突起	India
54	Chong Kumdan Kangri	II峰	7004 m／	独立	:

55	Gasherbrum	VI峰		7004 m／	独立	Pakistan
56	Chongtār	東峰		Ca 7000 m／	準独立	China
57	Apsarasas	東東峰		Ca 7000 m／	独立	India
58	Sherpi Kangri	東峰		Ca 7000 m／	独立	Pak=Ind
59	Pk 42/52 A (Hardinge)	北峰	（6950 m〜）	Ca 7000 m／	連峰	India
60	Chiring	南峰	（6950 m〜）	Ca 7000 m／	連峰（準）	Pak=Chin
61	Bulche	I峰	（6950 m〜）	Ca 7000 m／	連峰（準）	Pakistan
62	Link Sar (Sholder)	北峰	（6938 m〜）	Ca 7000 m／	準双耳	:

―註― Hachindar Chhish 北峰（7150 m）はドイツの測量により、6860 m に引き下げられた。

参考資料

1. ヒマラヤ地名考　　ピエール・ヴィトーズ　著／青木正樹，諏訪多栄蔵　訳／雁部貞夫　補注
2. チトラール語──語彙集　　雁部貞夫　編
3. 東部ヒンドウ・クシュ地名，山名考　　雁部貞夫　著
4. On Hindu-Kush Place-Names and Mountain Names.　　Sadao KARIBE/Translated by Nobuo YOSHIDA

1　ヒマラヤ地名考

ピエール・ヴィトーズ　著
青木正樹，諏訪多栄蔵　訳
雁部貞夫　補注

　ヒマラヤの地名を説明するためにすでに行なってきた、いくつかの試みに続いて、ヒマラヤの住人がある場所を指示するのに、最も普通に使っている言葉の語彙集をつくることは有益なことだと思われた。以下のページの目的は、土地の起伏や、自然のものにしろ人工的なものにしろ目印となるようなもの、あるいは特徴のある場所などを示している普通名詞や形容詞を、類別し説明することにある。しかし、この用例は、よく知られている固有名詞の構成に入っている語に限られている。

　ここで分析される用語の大部分はチベット語である。それはまず、チベット語が支配的な言葉であるという事実による。実際、チベット語は、ヒマラヤの脊稜以北のすべての地域で話されるだけでなく、分水嶺をこえて、北からきた部族とともに、ブータン、シッキム、ネパール、ガルワル、クナワル、ラホールの多くの谷に根をおろしている。他方、チベット語は、探検者が彼らのリェゾン・オフィッサーになじみの深いインド諸語（サンスクリット、ヒンディー、ウルドゥ、ネパール語、カシミール語）以上に、別に複雑な問題を提起する。知られることが少なく、ずっとむずかしいチベット語は、こうした試みにおいては一層の注意をはらう価値がある。

　インド諸語においては、音韻がはっきりしていて、ほとんど一定なので、語源を探ることは一般に容易である。a は a であり、b は b である。チベット語となるとまるきり違う。方言も多く、様々である。そのうえ、発音が、われわれヨーロッパ人の耳には、ぼんやりしていて不規則に思われるので、専門家でさえも、耳にしたことを書き写すことには躊躇する。こうした聴きとりと音訳の問題が地理的名称の理解をさまたげる主要な障害となっている。こうした問題は、ここで論ぜられるには余りにも複雑すぎるが、次のことをいえば十分であろう。すなわち、チベット人は、音の面において、われわれとはちがった性質に眼を向けるのである。彼らは音をわれわれとは別の体系にしたがって分類する。実際のところ、ある言語では、十分に近いとみなして混同してしまうが、他の言語では入念に区別しているというような音が存在する。フランス語において最も顕著な例は、おそらく、南部地方住民の r である。われわれが巻き舌の r と喉音の r とを同等とみなせるということは、インド人にとっては大きな驚きである――ところが、彼らときたら、V と ou（〔u〕）を混同するのだ。同様に、チベット人は、われわれには異なると思えるいくつかの音を、ただ一枚のレッテルのもとにひとまとめにし、われわれの耳がどうでもよいような差異しか聞きとらないところで、重要な区別をする。各言語に固有の特性が、単一のものを形づくっているとみなさせる、こうした音の群は、音素と呼ばれるが、われわれ西洋語の音素はチベット語のそれと非常にちがっているのである。

　それだけならばまだよいのだが、チベット語は無数の方言に分かれている。そうした方言は文章構成や語彙において互いに近く、それぞれの方言の間で、互いに理解できるほどである。しかし発音は大いに異なっている。とりわけ音素は方言ひとつひとつでちがっていて、別の方言では気にしていないある音の間に、ある方言では厳密な区別をしていたり、ある谷では混同するのが正当であっても、隣の谷では許しがたいことであったりする。

　チベット人によって同じ音素にまとめられている音の例をあげよう。ラダーク（西部チベット）の人々は喉音の r を g の変種と考え、われわれの綴字法や音感が g を要求するところで、r を発音することが非常に多い。彼らは《gun》＝冬、の代わりに《run》という（語彙集の **GUNSA** p. 267 参照）。ネパールのチベット人はみんな、多かれ少なかれ

oとuを混同するようだ。あるいはむしろ、uよりoにかかわるのではないかと推測しなければならないほど、彼らはあいまいな狭いoを発音する。彼らはよく、《gompa》の代わりに《gumpa》＝僧院、という。西部の方言の大部分で、bとp、gとk、dとtの間の差異がはっきりしない。ある村では《gangri》と発音し、別の村では《Kangri》と発音する。同じ人間が、二つの続いた発言の中で《bal》といったり《pal》（＝羊毛）といったりするだろう。

チベット人によって区別されている音素の例には、次のようなものがある。

ほとんどの方言（バルティスタンをのぞいて）が二種類のtを区別する。ひとつは舌を歯にあてて音され、ひとつは前口蓋にあてて発音され、前者は語彙集の中の《tak》＝虎、にみられるし、後者は《tak》＝岩、に見られる。ラサの近くと、東部ネパールの方言は普通のsのほかに、別のsをもっていて、それは普通のsと同じように発音されるが、後に続く母音の音を低くする。これは私にとって謝別が最もむずかしい音素で、例えば《samba》＝橋、に見られるが、《samba》＝考え、は普通の音声で発音される。

気音の問題。われわれは気音を'で訳すが、これはあまりにもしばしば使われるhよりもわかりやすい印である。われわれヨーロッパの言語は二つの舌音、例えばdとt、二つの喉音gとk、しか知らないが、チベット語では三つ知られている。dとtとt'、gとkとk'がそれである。いくつかの方言では（インド諸語も同様だが）、四つ知られている。dとd'とtとt'、gとg'とkとk'のように、最初の困難は、われわれはいつもこれらの差異を観察できるとは限らない、ということである。ところでこうした差異は、《pu》（＝馬）と《p'u》（＝牧場）、《tsa》（＝章）と《ts'a》（＝塩）を混同できないチベット人には根本的なものである。第二の困難は——まさに頭痛鉢巻だが——ある特殊な場合には、そうした差異が消えてしまうことである。同じ語が、スカルドゥでは《bar》（＝中央の）、レェでは《par》、ラサでは《b'ar》、ナオチェ（Naoche）では《p'ar》と発音される。すべての方言で、《ch'e》（＝大きい）はしばしば《che》、あるいは語を構成するときには《je》、と発音される。

こうした困難があったとしても、名称をどんな風にでも書く余りにも多くのヒマラヤイストの意識の欠如が許されるわけではない。しかしこうした困難さは、誠実な編年史家でさえもが、様々な風に名称を書き、途方に暮れさせるような混乱を生じさせたのはどうしてか、理解させてくれる。

他の多くの人々の後で、ヒマラヤにおける名称の不安定な綴字法を少しでも確固としたものにしたいという欲求を経験して、私には厳密に音韻的標式にしたがい、聞こえるとおりに正確に書くのが正常だと思えたのである。チベット語の権威、ペーター・アウフシュナイター（Peter Aufschnaiter）に逢えたことは、うれしいことだった。彼は、現代の主要な方言も古典語も知っているからである。彼は、発音がとなり合った谷同士や、あるいはさらにひとつの方言の中などで、変化している場合や、われわれのアルファベットがチベット語の音素を表現できないような場合には、純粋に音韻的な標識は空しいものであることを示してくれた。アウフシュナイターは、標記を、語の原初の形にさかのぼり、できる限り単純化した標準的な綴字法にしたがって整理統合するのをよしとする。そういう次第で、上に述べた例のような場合に、彼は、他の形を除外して、《bar》を提案する。というのは、それが唯一の標準であるからなのだが、同様に《chang》を除外して、《jang》（＝北）とするのである。もちろんこれはその標準的な原初の形が知られいる語に限られるわけだが、この提案はすばらしい。不幸にして、地名の大部分の原初の形は不確かであり、おそらくずっとそうであろう。一方、ヒマラヤの文献においては、習慣が固定してしまっている。よかろうが悪かろうが、《Changla》や《Changtse》の形は、《Jangla》や《Jangtse》など

よりも一般的であり、《Kangri》などは一般的になりすぎて、《Gangri》がそれに変わるなどということはほとんどありそうにない。以下のページで私は規範的な姿勢を一般的にさけて、遭遇する様々な形を記すことにし、綴字上の訂正は、ひどいものだけに限って提起することにした。

　別の重大な問題は混種の名称のそれである。ヒマラヤを横断すると、チベット語の方言が押しのけた言語に属するある用語が、そのチベット語の方言の中にとり入れられていることに容易に気がつく。こうした借用語が広範囲にわたっていることは、あまりよく理解されていない。さまざまな言語から借りている単語や言いまわし、あるいはさらに文法的な規則は、何百という数で数えあげなければならない。ヒマラヤの各地域、あるいはそのほとんどの地域が言語的境界の上にあるというのは真実であるが、それは二つの区分だけではなくて、まずチベット語とインド諸語との間で大きく区分けされ、ついで、インド諸語の内部で、無数の区分や下位区分ができる。そのうえ、住民はたいてい彼らの言語間の基本的差異を認識しておらず、——ごく限られた慣用語の内部で——ある方言から別の方言へ、ある言語から別の言語へ、いとも自然に移る。あるチベット人が、チベット語の普通に使われる語の代わりに、それと同等のウルドゥ語やカシミール語やトルコ語や、さらには英語にいたるまでの表現をすべり込ませている発音を、私はたえず聞いた。その行きつく結果が、種々の言語からの、そして各言語の原則に反しての合成語（音綴を並置して語を合成するのがチベット語独得の特徴である）の構成である。言語的怪物か。たぶんそうだろう。しかしそれは現に存在していて、地名にいたるまで数は多い。それらのいくつかは、以下のページで示されるが、すべてを解明するには50種類もの言語を知っている必要があるだろう。

　この語彙集の各項目は二つの部分からなっているが、権威のありなしという点からは等しいものではない。第一の部分は語の記述と解釈であるが、それはだいたいにおいて確かなものである。それに続く語の形成の例はとりわけ、語の適用をはっきりさせること、他の語との合成の仕組を示すことにある。それらの価値は確かなものから単なる仮説にいたるまで、さまざまである。地名研究は微妙で、危険でさえある部門で、私の提案の大部分に不確かなものがあることはよくわかっている。故ヴォルテールが語源学者を非難しながら、《彼らにとって母音はものの数に入らず、子音はほとんど意に介しない》、といった冷やかしを、全く免れようなどという意図はないのである。

〔音韻体系〕

　識者の間でも検討が終わっているわけではない。一般原則は次のように要約される。「ドイツ語の母音と英語の子音」。外国語の音を微細に記そうとしても無駄なことである。ここでは単に、近似の等価値のもので主原則を補足するために、いくつかの指標をおくだけにする。

	français	deutsch	english
a	—	—	b*a*llerina
ä	p*è*re		b*a*d
ch	(tch)	Gl*e*tscher	—
e	é ȇ (jamais muet)	—	M*ay*
g	*g*ant (pas : gens)	—	*g*ame (not : George)
gh	r	Zwischen Bar und Ba*ch*	—
i	—	—	f*i*ll (not : file)
j	*J*ohn	(dsch)	
k	caisse	—	s*k*ill
h'	—	*K*asse	*k*ill

ng	—	—	doi*ng*
ö	*eu*x	—	—
p	*P*aul	—	s*p*ill
p'	—	*P*aul	*p*ill
r	(r roulé)	—	(Scotish r)
s	*s*ur (pas : ma*s*ure)	la*ss*en (nicht : blasen)	*c*ease (not : bu*s*y)
sh	*ch*emin	zwischen *ich* und Fi*sch*	—
t	*t*oi	Ra*d*	s*z*ill
t'	—	*T*al	*t*ill
ts	la T*s*a	Spi*tz*e	—
ts'	—	*Z*han	—
u	*ou*	—	b*oo*k
ü	t*u*	—	—
w	*w*att	*U*hr (nicht : Wein)	—
y	—	*J*ahr	—
z	—	*S*ohn (nicht : Zorn)	—
zh	*J*ean	—	Lea*s*ure

ABI, API	P'U (p. 279) を見よ。
AMA.	Tibet 語（以下 Tib と略す）: ma. 地母（尼僧院長）、しばしば女神。
	Ama Drime, Everest 付近＝汚れなき地母神、清浄な地母神。
	Ama Dablam, 同地域にある＝地母神、敵から護ってくれる女神。
ANG.	Tib. : dbang. 力
	Lhamo Angden, Sikkim で＝強い権力のある女神。
BA.	Tib. : sbra (Baltistan 人は今でも略さずに《sbra》と発音する。）天幕（覆い）。Banaka、東部チベットの種族＝黒（毛）のテントに住む人々。Suru 人のある村では、Nun (7135 m) の雪のピラミッドを Sbra という。
BKP, PAB.	Tib. : abab. 下る、降る。Babsar＝急な下降、急傾斜、滝、はや瀬。（※ナンガ・パルバットへの南からの入口に Babusar 峠がある。）
	Langchen K'abab, Ganges 河の一つの名および他の川にもみられる＝川、象の口から流れ下る川。
	Sengge K'abab＝ライオンの口から流れ下る。住民が Indus の高地の流れを示すのに使う唯一の名。
BAMAK et BANK.	Garhwal の方言（の中に）: 氷河
BAR, BARMA, また PAR, B'AR.	Sherpas の発音 P'AR. Tib. : bar＝中央、GONGMA＝上流、上の方および YOKMA＝下流、

ヒマラヤ地名考―263

	下の方によってはさまれる一つの村もしくは一つの谷の中央の部分。Nepal の地図には、少なくとも完全な系列（上、中、下のこと）の1例がある：《Philung. kongma, - pharma, - yongma》。 Barch'u, 東部チベットにて＝中央の川。
BAT.	Tib.：rbad. 落石、それ故に、落石にさらされる場所。
BEDA.	語の構成要素となるときは BE となる。Tib.：abe-dha. チベット人でない一土民の名、ばらばらになった家族が残っているだけだが、しかし、チベット人の植民地となる以前のヒマラヤで力があったように見える。 Bek'ar, Spiti で＝Beda の城。 Betse, Gosainthan の北方で＝Beda の耕地（野原）？（TSE を見よ）
BIA, BYAPHO.	CHA (p. 261) を見よ。
BO.	二番目の音綴として、PO (p. 278) を見よ。
BOK.	Tib.：abog. 小山（丘）、稜（※ éperon Walker）
BOT.	インド語では BHOT. Tib.：bod. チベット人が自分の国（地域）を示すのに使った唯一の名。彼らは Tibet という名は知らない。チベットという語の第2の部分（つまり bot）は Bot のなまったものであろう。語の構成要素としての Bot は、チベットと、とりわけラマ教と関係のあるすべてのもの（こと）を指し示しているようだ。したがって Kangil の近くの K'arbu＝小さい砦の二つの村を区別するのに、ラマ教徒の住んでいる方の村を Bot K'arbu と呼ぶのが慣例であった（一方の村は回教の村である）。ネパールの Mustangbhot, Manangbhot などは、一様にチベット人が住んでいる場所を示す。Bot を Buddha に由来させようとした人もあったが、それはありそうにもないことである。
BRANG, BRANGSA.	DANGSA (p. 263) を見よ。
BROK.	DOK (p. 264) を見よ。
BRU, BUR, BHUR, BRO.	東部ネパールのいくつかの方言のうちで：山岳。Kabru におけるように。
BUK.	Tib.：sbug. 凹み、穴、洞穴、閉じた谷。いくつかの方言の中で、とりわけ、シェルパが固有名詞を作るときの構成要素として、しばしば使われている。 Pangbuk＝牧場の小谷、草原の小川。チベット語の bu-ga も BUK と同じ語根、同じ意味をもっている；特に Ladak の硫黄泉の一つの固有名詞：Puga＝くぼみ。P'UK を参照せよ。
BUL, 同様に B'UL, PUL, BÜ.	Tib.：bul. ソーダ（塩）、しばしば steppe にある白い大析出をかたちづくっているもの。Nubra で Pult'ang 又は Pulit'ang＝塩の平原、北東部チベットで Bults'o＝塩の湖。
BURTSE.	Tib.：bur-tse. 乾燥しきった砂に生えるさまざまな微小な叢の名、燃料として求められた。バルティスタンで、Khoburtse＝苦い叢（Kho, ドイツ語の ch のような喉音はチベット語 K'a-ba＝苦味のバルティなまりである。）

CHA (I), 同様に **JA**, バルティで **BYA**.	Tib.: bya. 鳥。特に cha'o＝おんどり、また chamo＝めんどり。Chamolung＝めんどりの谷。《Biafo》の大氷河は、多分 Byap'o＝おんどりのまずい書き方（F を見よ）。Chat'uk, Sher は K'umbu 谷の南にある部落＝ひなどり、文字どおりに鳥の子供。 Chargot Ts'o, Tsang 地方の北部にあり＝野生の鳥の湖、はげたかの湖。
CHA (II).	中国語で、インド語とチベット語になったもの：茶。Chatam＝茶の路。
CHAK.	Tib.: Lchags. 鉄、鋼。Chaksam, ブラフマプトラ高地上で＝鉄の橋。
CHAKRI.	Tib.: lchags-ri. かこい壁、牆壁。この一般名詞は、探検家たちが乱用してきた KANGRI という語に代わって、形容詞をつけて、岩肌を指し示すのに尊重されるだろう。Chakri, エヴェレスト近辺の＝牆壁。
CHANG, JANG.	Tib.: byang. 北。Changt'ang＝北の平原、チベットの北にある広大なステップ。Changla, エヴェレストの北のコル〔※造語；ノース・コルをさす〕。Changla, ラダークにある＝Changt'ang へ行ける峠。 原注→有名なチベットのビール ch'ang！ と chang を混同しないこと。
CHANGMA.	Tib.: lchang-ma. 柳。チベット，ヒマラヤのめったにない木々のなかで最もありふれたものなので、CHANGMA の語は、葉のある木のすべてが入ることがしばしばである。
	Shel Changma＝水晶の柳、Nun 峰についての方言。
CH'AP	Tib.: ch'ab. 水。敬称語、CH'U かほとんど常に使われている所では、めったに現われない。Mench'ap, Kyirong の近く＝薬水、硫黄質の泉。
CH'AR, CH'APRA.	Tib.: ch'ar-pa. 雨。Ch'ar Ch'u, 東部ネパールの川＝雨の水；名詞である。
CH'E, CH'EN, CH'ENPO.	Tib.: ch'e. 語の中では気音が聞きとれないことがよくある：CHE, JE, JEN. 大きい。エヴェレストの近くの T'angpoche＝大きなテラス。ch に s がつづくときには、sh の音をつくるため文字は結合される。ヌブラの村、Chamshen＝大いなる愛（tib. byams＋ch'en）；地図には Chamshing とある。
CHEMA, CHE 又は **BEMA, PEMA 12, PE.**	Tib.: bye-ma. 砂。Chemat'ang, シッキムの砂の原。ラダークの Pet'ang＝砂の原〔※ネパールとチベットの境の山、Petang Tse（6710 m）はモルモットのいる平原の山の意とされている〕。ネパールの北部の地図にある《Chema-yundungphu》＝砂で出来たマンジの牧場（？）；余りに長いから Chema Yungdung P'u と書かれるようになろう。
CHO (I), **JO**.	Tib.: jo. 年上の兄弟、家長、領主、聖者、神。エヴェレストの近くの Kang Cho＝氷河の領主、同じ山塊の中にある Cho Dzong＝神の要塞、Cho Kirze＝Kirze の神（の棲む山頂）。
CHO (II).	TS'O (p.288) を見よ。

CH'Ö, ラダーク語： **CH'OS**, シェルパ語： 　**CH'O.**	Tib.: ch'os. 宗教。Ch'oyü はおそらく宗教を維持する人。あるいは宗教のある地方の意；普通書かれる Cho Oyu〔※ネパールとチベットの境の山（8153 m），この山名の意はトルコ玉の神とされるのがふつうである〕、および、Dyhrenfurth の提議した Chomo Yu はシェルパの発音とは相応しない。Ch'oskor、ラダークの西部の一つの村で、祈禱用の大きな粉挽車か回教徒の侵略にもかかわらず存続した＝宗教の祈りの祈禱車。
CH'OGO.	バルティスタンでしか見られない形容詞。Tib.: mch'og. 大きい。Ch'ogolungma＝大きい谷〔※Ch'ogori＝大きい山（カラコルムの K_2 の現地名）；最近の遠征隊が Chogori の語を、なぜ放棄したのか不可解である。K 2 よりもずっとよい名称だし、住民にもよく知られているようである。Streather 大尉はヒンドスタニー語の Lamba Pahar を与えている。ところが、それはまさに Ch'ogori をそのまま訳したものなのである。Chogolisa（7634 m）はバルトロ氷河南岸の山。深田久弥は，大きな山の頂の意とする〕。
CHOMO.	CHO (I) の女性詞。Tib.: jo-mo. 女主人、修道女、女神。 Chomolhari（ブータン／チベット国境の山）＝Lhari の女神、又は神々の山の女神。 Chomo-Yummo＝Yummo の女神又は牡鹿の女神〔※シッキムとチベットの境の山, 6829 m。〕。 Chomolungma、エヴェレストのために提言された語、だがむずかしい。多分、非常に高い女神の意だろう。
CH'ORTEN.	Tib.: mch'od-rten. 仏塔。ラマ教できわめて一般的な表象。台の上に大醸造桶をのせたような構築物で高さ 20 m に及ぶ。チベット風景の独特の道標（一里塚）として、多くのそう呼ばれる土地を示すのに役立つ。《大仏塔》《かくかくの聖者の仏塔》等。Ch'orten. Karpo, シッキムにある＝白い仏塔。
CHU.	Tib.: chu. 10. CHUK'AK＝第 10 の部分、10 分の 1（税）はそれに由来する。 Chuk'a dzong、シッキムにある＝10 分の 1 税を支払う城砦。
CH'U.	Tib.: ch'u. 水、川。（はっきりとこの語は気息を伴って発音されるから、シッキムの新しい地図で行なわれている《Chhu》という書き方は正しい。が見た目はよくない。もし地図学が度をすごして訂正するのを固守するのなら、むしろ湖の《Cho》を《Ts'o》と訂正すべきだったろう。 Ch'ubrang、シッキムにある＝水辺の野営地。 Ch'ule, Sher K'umbu の＝清水、（よい水）。
CH'UMIK.	Tib.: ch'u-mig. 文字通りには：水の目、泉のこと。 Ch'umik Gyatsa、ネパールの＝礦砂の析出した泉。〔※カラコルムのサルトロ山脈に同名の

	山 (6754 m) がある。〕
CH'UNG, CH'UNG-NGU.	Tib.: ch'ung. 小さい。Gyach'ung Kang、エヴェレストの近く＝小さい拡がりの氷。ch が s につづくときは、文字は組み合わされ sh の音を形成する。Kangshung＝小さい氷河 (tib.: gang's＋ch'ung)
CH'UNSE.	通俗的な比較級 CH'UNG。(もっと) 小さい。Rupsho の高地の上にある Ts'okar Ch'ungse (さらに) 小さい白い湖は隣りあった Ts'okar Ch'emmo＝大きい白い湖と対立する。
DA.	Tib.: mda. 矢。Dablam については AMA (p. 259) を見よ。Dayul、東部チベットの＝矢の国。Dabu、東部の民族の＝矢の息子。
DAK (I).	Hindstani: 飛脚、騎馬 (宿所)。
DAK (II).	TAK (I) を見よ。岩。
DAM.	Tib.: adam. 沼、沼地。Damt'ang、シッキムの＝沼沢地の原。
DANG.	TANG (p. 284) を見よ。
DANGSA.	語の構成要素として、またカラコラムの方言では：BRANG、BRANGSA。野営の場所、水と林とがある。また住い。普通名詞で、ある種の地図にある無数の DANGSA は地名として決め手にかけている。Ch'ubrang、シッキムの＝水のある野営地。P'obrang、チベット西部の国境の＝高貴な方
	の住い。宮殿。
DAR.	TAR を見よ。
DARYA, DHARA.	ヒンドスタニー語：川 (河)。ペルシャ語に由来し，ヨーロッパ中で、Doire、Durance、Drance などに見られる、有名な hydronyme (河川名を構成する音素) とおそらく縁がある。〔※ダリヤは川を意味する東部トルコ語方言で、トルキスタンに多い。〕
DE (I).	Tib.: sde. 村、地区。Deche、Sher K'umbu の＝大きい村。Demch'ok、インダス高地の上にある＝重要な村、勢力のある村。
DE (II), DÄ.	西部チベットでは：DAS、BRAS。Tib.: abras (音声学上の真珠である)；古典チベット語の冒頭の ā は実際上は何の役にもたたないが；b＋r＝d；a＋s＝e、となるのだから DE は《abras》から来る……) 米の意。Demjong、シッキムに固有の語＝米の渓谷。Dasi pema、ラダークの＝米の砂、砂が米の粒の形をしている平地。
DE (III), DRE.	Tib.: adre. いやしい心、いたずら小僧。Dech'u. Yang-tse-kiang (揚子江) のチベット語の名詞＝いやしい心の川。
DEO, DEV.	ヒンドスタニー：神 (インド＝ヨーロッパ語根)。Deo Dakkhni、Panjab の＝南の神。Deo Tibba＝神の頂。
DEP, DAP.	Tib.: adabs. 山腹、山岳の斜面。Landep、Kyirong 地方の一部＝峠の斜面。

DHAULA.	ヒンドスタニー語：白。Dhaulagiri＝白い山；ヒマラヤ年代記の作者は到る所に h をおいている。《Daulhagiri》や、さらには《Daulaghiri》のように……	**DO (III).**	Hind. 二つ。Donali、Kishtwarの＝二つの小谷。
DI, DIMO.	Tib.：abri-mo. yak の牝。Digar、ラダークの＝牝のヤクの野営地。	**DOK, DROK, BROK.**	Tib.：abrog. 牧場、4000 m くらいの比較的低く、若干の穀物がはえる牧場。 Stondok、ラダークの＝秋の牧場。 Dokpa＝牧場の住人、ステップのチベット游牧民。
DILBU, TILLU.	Tib.：dril-bu. 小さい鐘。Dilburi、ラホールの、＝鐘の形をした山。	**DOKPO.**	TOKPO を見よ。
DING, DINGKA.	Tib.：sdings. 陥没地、小谷。Dingboche、Sher K'umbu の＝大きい谷。Beding、Gauri Sankar の近くの＝湿気のある谷。	**DOLMA, DROLMA, DOMA.**	Tib.：sgrol-ma. 偉大な女神。*Dolma*、サンスクリット教典の Tara、文字通りには解き放つ女。 Dolmasampa、シッキムの＝Dolma の橋。 Dome Kang＝Dolma の雪におおわれた頂〔※カンチェンジュンガの北の山（7260 m）。語義については異説もある〕。 Dolma La、Kailas の近く＝Dolma の峠。 東部ネパールの《Dromo》は多分同じ名称である。
DO (I).	Tib.：mdo. 合流点、支谷の下流の部分。Rongdo、ヌブラの＝ゴルジュの下部、ゴルジュの出口。チベット人たちは Skardo に《気象石》（skarma＝星）を見る；しかし Skardo はインダス河と一緒になる Shigar 川の合流点の近くである；それ故に Skardo は、Shigar-do＝Shigar（谷の一部の部分）に変形したようである。Skardu は土地の発音と合わない。Domk'ar＝合流点の城。	**DONG (I).**	Tib.：dong. 凹み、抗孔。 Shandong、ラダークの＝狼のワナ、南方に傾いた岩壁にあいた孔。
DO (II).	Balti：rdo. Tib.：rdo. 石、岩。Rdokas、Baltistan の＝割れた石（Urdokas、という標記は、Iskardo のように、冒頭の二つの子音の発音ができないインド人の通訳者による）。 Dokarla or Dokerla、東部チベットの＝白い石の峠。 Doling、シッキムの＝石の修道院。	**DONG (II).**	Tib.：gdong. 岩壁、顔。Dong Mar、ネパール西部〔※Mustang＝赤い岩壁の 6475 m の山。1953 年に H・ティッヒーが登頂した〕。
		DONG (III).	Tib.：abrong 野生のヤク、野生でめずらしい動物、チベット人の力のシンボル。 Dongla、西部チベットと Makalu の北部で＝野生のヤクのコル。

DONG (IV).	Dongtze＝野生のヤクの頂上。TONG を見よ。	DUNG, TUNG.	Tib.：dung. 貝殻、特に大きい白い貝殻で、角笛の代わりになるようなもの。
DONGDONG また CHONGCHONG.	Tib.：krong-krong. 起立、円錐形。Dongdong、ネパールの北部で＝すらりとした頂上〔※ツァンポー川水源の 6403 m の山で，S・ヘディンが初見。〕。P'olong Chongchong、インダス河の＝円錐形の岩。		Dungmar＝赤い貝殻〔※ネパールのムスタン地方の山、6475 m〕。Dungkar、シッキムの北部の＝白い貝殻、円辺を雪の頂でかこまれているため、そうよばれる村。
DORJE.	Tib.：rdo-rje. 魔術に使われる小さい笏。権力と堅固のシンボル、雷。人の名前としても使用される。金剛杵。Durjeling, or Darjiling＝雷電の国。Dorje Lakpa, カトマンズの北東の＝雷の水曜日。〔※深田久弥らのジュガール・ヒマール行の折に多くの写真がもたらされた鋭鋒，6990 m〕。	DZA, DZAMA.	Tib.： rdya-ma. 陶器、粘土地。Dza、Dza、Dhanlagiri Dzama Nakmo、東部ネパール＝黒い粘土。Dzanak Lungmuk、ラッサの東＝黒い粘土および赤褐色の谷；理由ははっきりしない、Weygant は黒い黄土流の霧と訳している。
		DZÖ, DZOT.	Tib.：mdzod. 倉庫、貯蔵所。Kanchendzönga＝大氷河の五つの貯蔵所。
DOZAM, DOSAM.	Tib.：rdo-zam (-pa). 岩の橋、水蝕によったり、せばまったゴルジュに岩がはさまったりしてできた自然の橋。Sangji Dozam、Ganesh Himal への途上＝Sangje の自然橋。	DZONG	Tib.：rdzong. 要塞。Dzongri、シッキムの＝砦の丘。Rizong、ラダークの修道院＝山の砦、Dzonggu、チベット東部＝九つの砦。
DRI, DI.	Tib.：dri. 不純、汚れ。Ama Drime、エヴェレストの近く＝汚れない母神、きれいな大地。	EN.	Tib.：dben. 孤独、辺ぴな土地。Ent'ang、シッキムの＝孤独の高原。シッキムの《Enchay》は多分 Ehtse＝孤独の頂上、のまちがいである。(Chu に代わる ts については TS'O を見よ)。
DUK, DUKPA.	Tib.：abrug-pa. ブータン国。Dukgye Dzong＝勝利をえたブータンの砦。		
DUN.	Tib.：bdun. 七つの。Rabdun、エヴェレストの北の＝七つの徒渉場（浅瀬）。	F.	f の音はチベット語にはない。私はインダス高地の Rong（1000〜2000 人が住む）のごく小さな方言の中で、s＋p の結合として、それ（f の

音）を見出しただけだ。他のいたるところでは、チベット語の語が問題となるとき、f は p' のまちがいである。ph と書かれた気音の p は明らかに混乱を招いている。p' 以下を参照せよ。

GA (I).　　　　　ラダークの **GHA** (gh はフランス語の r に近い喉音を表わす)。Tib.: sga　鞍〔坐台〕。さらに明瞭には、また：TEGA、tib.: rtai-sga＝馬の鞍。
Kangtega、エヴェレストの近く＝馬の鞍の型をした雪峰〔※ 6779 m。1963 年に E・ヒラリー隊により初登された〕。Zangskar の地方の甚だせまい、あるゴルヂュは、Tashong Gha-mishong＝馬は通るが、鞍は通らないと呼ばれる。文字通りに真実である。

GA (II).　　　　Tib.: dga.　歓喜。Gaden、ラッサ近くの有名な修道院＝楽しい。

GAL (I).　　　　ガルワールの地方語、氷河〔※原文に LAL とあるのは誤植〕。

GAL (II), GALSA.　Tib.: rgal　浅瀬〔渡渉場〕。

GANESH.　　　　知識を司るヒンドゥ教の神、象の頭をつけた姿で表わされる。Ganesh Himal＝ガネッシュ神の雪峰。

GANG (I).　　　　ラダークで **GHANG**.　Tib.: sgang.　急峻な支稜。岬状の突出部、土地の降起（こぶ）。Gangtok、ラッサへの途上にある＝急峻な支稜の頂。Ghaon (tib. としては sgangsngon、on 綴字法)、ラダークの＝緑のコブ。蛇紋岩の堆石で、修道院が（鳥がとまれるように）立てた。

GANG (II).　　　　Kang (p. 269) を見よ。

GAON　　　　（ややフランス語の or の音のように、語尾は鼻母音で発音される）。ヒンドゥスタニィ：村落。複合名詞の第二要素として、きわめてひんぱんに現われる。

GAR.　　　　Tib.: sgar. 野営地。Disgar、ヌブラの＝牝ヤクの野営地。Gar、インダス高地の方＝野営地。Gart'ang、Gar の周辺＝野営用の平原。

GHAT.　　　　ヒンドゥスタニィ：階段、山脈。ガルワールでは＝鞍部（コル）。

GHORA, GHORI.　　ヒンドゥスタニィ：馬、牝馬、Ghori Parbat、ガルワールの＝牝馬の山〔※ 6708 m。1939 年にスイスの A・ロック隊により登頂された。〕。

GHYANG.　　　　Nepal 語：修道院。

GIRI.　　　　ヒンドゥスタニィ；山、小山。

GO (I).　　　　Tib.: mgo.　頭、頂上、高いところ。Rong-go＝ゴルジュの最上部分、Lago（しばしば Lang-go と発音される）＝鞍部の頂き。Zangskar の《Cheringo》は T'sering-go＝Ts'ering という人の頭の誤綴。

GO (II).　　　　Tib.: sgo　門〔峡路〕、正面玄関。Gola、ラッサの近く＝門の鞍部。Tago、レェへの途上の隘路＝馬の正面玄関〔大きな門〕。

GONG, GONGMA,　Tib.: gong、高いところ、最上の部分、BARMA
KONG, KONGMA.　や YOKM に対立する；すべてはなはだひんぱ

んに現われる。 T'ang Kongma、東部ネパールの＝上部平原

Kong K'umdan＝上部 K'umdan（トルコ語）（高い所）インダス河に洪水をひきおこすことで有名な氷河のひとつ。

Sher K'umbu の南の《Pang-Kho-MA》は、Pang Kongma＝上流の牧場〔草原〕のまちがいであることはたしかである。

《Koktang》Kabru の近くの山〔※シッキムとネパールの境、6147 m〕もまた、同じ語源の Kongt'ang＝上部平原に帰結させられるべきもののようである。

Goma Chu、シッキムの＝川（渓谷）、上流；Gongma Ch'u と綴る方がもっとよいだろう。

GONGKA, KONGKA. Tib.: gong-ka. 高地、コブ、台地にあるコルといえないようなコル。したがって、語はあいまいだが、ネパールの《Loangonga》に現われている。Ladak Kongka＝ラダークの隆起、渓谷の高い所と低い所をわける台地。

GONPA, GOMPA, GÖMPA. Tib.: dgon-pa. 修道院、まれには高貴な隠者の庵。

GOSAIN. Hindi: 神性。神。Gosainthan＝神の棲家。Gosainkund＝神の湖。Gosainkund はカトマンズの近くにあるが、まったくのチベット領にあって、インド語地域からは実際上見えない Gosainthan にとっては、このインド語名は不幸なことである。しかし、チベット名（※SHISA を見よ。p.283に山名の意味も記されている）は奇妙なものである。

GOT, GOTPO, GÖ. Tib.: rgod. 残酷な、とりわけ野生の鳥、ハゲタカ。Gotyul、Kailas の近く＝ハゲタカの産地。Gots'ang、ラダークの有名な隠者の庵＝ハゲタカの巣。Gotch'u、東部チベットの＝野性的な（荒れた）川。

GU. Tib.: dgu. 九つの、たくさん。Dzonggu、東部チベットの＝九つの砦。K'aru、ラダークの＝九つの城（K'ar-gu の縮小形）。《Gu》はまた、指小辞でもありうるが、上の二つの場合では、いくつかの砦のことであって、小さな砦ということではなさそうである。

GUNSA. Tib.: dgun-sa. 文字通りに冬営地、あるいは単に冬だけ人が住む村、あるいは小谷。
Gar Gunsa、インダス高地の＝冬の野営地。
Gunle、チベット＝ラダーク国境にある＝冬の囲繞地。

GUR, KUR. Tib.: gur. テント。Gurtse La、Tsang 地方の北の＝テントの破風の鞍部。Gur Karpo、ランタンの＝白いテント。
〔※Gurla Mandhata＝チベットのマナサロワール湖南の高峰、7766 m〕。

GYA, JA. (I). Tib.: rgya. 幅、ひろがり。
Gyach'ung Kang、エヴェレストの近く＝小さい広さの氷。GyaLam＝主要なレート。
Ladak Gyalam＝本道、ラダークへの通商路（事実はラバ向きの悪い道だが……）。
Gyagong、シッキムの＝上部の拡がり、広い

	隆起。 Jalung、ブータンの北の＝広い渓谷。
GYA (II).	Tib.: brgya：百。Gyanyis、Ginyis の縮小形＝百二、ラダークの鞍部のひとつの名称、多数の曲りくねりのために。
GYALTS'EN, GYALTS'AN, GYALDZEN, etc.	Tib.: rgyal-mts'an. 武器飾り、ラマの好物のシンボルのひとつ；人称名詞としてもよく見られる。Gyalts'an Gonpa、ランタンの＝戦利品の僧院。
GYAP.	Tib.: rgyab. 背中、背面。Kyang-gyap、中央ネパールの＝野生のロバの背中。
GYAMO, GYEMO, JALMO.	Tib.: rgyal-mo. 王妃。GYAPO、GYEPO. Tib.: rgyal-po. 王。小王国や地方神を示しうる。Gyemo Ch'en、チベット、シッキムとブータンの境をなす山＝大王妃；地図作製者は、それから《Gipmochi》を作った。 Jalmo Rong、東南チベットの＝王妃のせまい谷。 Gyalmo Ngulch'u、Saluen の伝説的な名＝王妃の銀の水。
GYATS'A, GYAMTS'A.	Tib.: rgya-ts'a. 硇砂（塩化アンモニウム）。Ch'umik Gyats'a、ネパールの＝アンモニア化物の析出する泉。Gyamts'a、ラダークの＝硇砂、重要な析出地のある洞穴が近くにある小村。
HIMAL.	Sanskrit：雪、雪をかぶった頂上（ラテン語 hiems＝冬。に比較される）。ペルシャ語を通して、この語はヒマラヤ山脈のあるものをさす固有名詞となった。ラダークおよび Baltistan の Dard 方言では HEM が今でも雪を意味する。Zoji La の北の Dras の村は、土着人によって Hembabs と呼ばれている。雪の墜落 chute de neige を意味するアリアン＝チベットの奇妙な混成語。Leh の近くの Hemis の古い修道院はラダークの雪の墜落が笑いごととは思われない稀な場所のひとつなのである。
INDRA.	ヒンドゥの神、Jupiter〔※ギリシャ神話の〕に比較される。Indrasan、Kulu の＝インドラ（神）の玉座。
J.	若干のヒマラヤ方言では ch と発音しているチベット語の文字と音。JA、JE と JO は CHA、CH'E と CHO 以下を見よ。
JAK, JAKMA.	Jak'yung は K'YUNG を参照すること。 Tib.: ajag-ma. かたくて密生した草。Jakt'ang、シッキムの＝雑草におおわれた原。ネパールの《Jangpanglang》は Jakpanglung＝密生した草の牧場のある渓谷の誤りであろう。
JILGA.	Turc 語：谷。ラダークの北ではよく知られた土地と、山脈の反対側で対になっている小谷をさすのに、この語を借りている。かくしてヌブラ谷の Chamshen Jilga は Chamshen の〔山脈をはさんで〕反対側の小谷となる。〔※西カラコルムからヒンドウ・クシュにかけて多い地名、谷名でもある。〕

JONG.	Tib.: Ljongs. 管轄地、地方、州。Demjong、シッキムの名称＝瑞穂の国。Kangjong、チベットをあらわす文学的な名称＝氷河の国。Jong は Dzong のかわりにまちがって書かれる。そこで、K'amba Dzong が Khamba Jong になる。	K'AMBA.	Tib.: k'amp-pa. カムの住人、チベットの東方の州。K'amba Dzong、エヴェレストの北の＝K'am 出身の人々の砦。
JUNG.	この地名はよくある（K'umjung、Larjung、Samjung、Taplejung、など）が、その派生についてははっきりしない。あるいは JONG に結びつけられるかも知れない、発音学的にももっともらしい。あるいは、tib. gzhung＝真ん中、中間、中央かも知れない。Sven Hedin によって Buptö の下に置かれた Bupjung の存在は、私を第二の仮定の方にかたむかせる（p. 286 の TÖ を見よ）。	K'AMPA.	Tib.: k'am-pa. 苦ヨモギの味のある、甚だ普通に。K'ampa La、ラッサの南西の＝苦ヨモギのあるコル。―K'AMPA と K'AMBA の語は区別するのがむつかしい。
		K'ANDO	Tib.: mk'a-agro. 空中の歩行＝妖精、K'andoling、シッキムの＝仙女の修道院または仙女の国。
		KANG, GANG.	Tib.: gangs. 氷。とりわけ水の上に形成される氷に対して氷河のそれ。その合成語 Kang-chen と Kangri とともに、この名称はヒマラヤの命名法の最もありふれたもののひとつである。Kangkar＝白い氷、氷河。Kangkyong、シッキムの＝堅い氷。ネパールの北の《Kangie》は多分 Kang-gye＝大きい氷、と書かれるべきであろう。gye は GYA (I) の同族である。
K'A, K'AWA.	Tib.: k'a-ba. 雪。K'awachen、チベットの村名＝雪もよいの〔雪におおわれた村〕。K'ardong、カシミール＝新疆間の《ルート》上の大きなコル＝雪の要塞。K'akarpo、東部チベットの神聖な頂上＝白い雪、白山。		
KALI.	ヒンドゥの大女神。	KANGCHEN.	KANG と CH'E の合成：大きな氷。大きい氷河、雪のある大きい土地。Kangchendzönga＝大きい氷河の五つの貯蔵庫；チベット語の文献のあるものには、Kang-chenjenga＝大きい氷河の５人の領主とある。
KAMPO, SKAMPO.	Tib.: skam-pa. 乾いた。Yulskam、ヌブラのとりわけ沙漠的な場所にある＝雪の村。Skamri＝カラコルムの北にある乾いた山（山脈のこの側にチベット語を見出すのはアブノーマルなのだが）。		
		K'ANGPA, K'ANG, K'ANGBA.	Tib.: k'ang-pa. 家。K'angsar、ネパールとラフールの村＝新しい

KANGRI, GANGRI.	家。わけのわからない《Kamachin》は、今ではKhangbachen と書かれるが、その方がはっきりするようだ：大きな家の意である。 KANG と RI の合成：氷河の山。氷河や氷河群あるいは一群の雪の峰をさすことも有りうるが、乱用したり、岩だらけの峰を Kangri と命名したりすべきではない。Kangri は形容詞によって正確にさせるべき一般語なのである。Kanri という書き方は改められるべきであろう。Kangri、固有名詞＝Kailas、インダスとブラッマプトラ河の水源近くの神聖な山。
KANGSAM.	Tib.：gans-zam. 氷の橋、あるいは堅雪の橋、または雪崩の残余でできた橋。シッキムの通用語であり、K'azam と Tarzam はヒマラヤの他の地域でも使われている。他には越しようもない激流の上にかかった、これら自然の橋はチベット人の庇護者であって、かれらはそれをKonchogi-zam＝神さまの橋と呼んでいる。
KANGSE.	この語は、年代誌作者のペンのもと、氷河の意でしばしば現われる。Kang は確実にチベット語であるが、Kangse はむずかしい。Schubert（《Journal 2. s. SAF, 1951.》）はそれを (p. 315-1)、氷のまざりあった、氷の渾沌を意味しうるチベット語 gangs-sre によって説明している。私はこれまで、この gangs-sre の語に遭遇したことがないので、Kangse に Kang-she＝KANGCHEN のまちがった書き方であるとむしろ見たい。
KAR, KARPO, KARU, GARU.	Tib.：dkar-po. 白。Chakma Karpo、Nun K'un の近くの小村＝白い瑞香（チンチョウゲのこと）。 Karpo La、シッキムの＝白いコル。 Zangskar＝白銅。 Kang Garu、アンナプルナの近傍＝白い氷（この地方にカンガルーはいない！）。〔※ Kang Guru 7000 m の誤り〕。 Kangkar＝白い氷もよく現われ、Everest のために提案された名詞の中にも見出される：Chomo Kangkar＝白い氷の女神。
K'AR.	Tib.：mk'ar. 城、城砦。 Baluk'ar、ラダークの古い通行税徴収所＝小人の城。 Panik'ar はインド-チベットの混成語：水の城、スルーの村で、伝統的な築城の場所である岩の小山がないので城砦が川の合流点に築かれた。 K'arbu、ネパールの北部とラダークの北部＝小さい砦。
KARA.	モンゴル語：黒。Karakoram＝黒い小石（礫）；この語は、まずこの有名な山群の東部の石の多い高所のコル（極端な乾燥による）をさす；一方歴史的なもう一つの Karakoram、つまり Baïkal 湖の南の大汗蒙古国の首都が想起される。 〔※多くの史家はモンゴルの場合は Karakor-um と書く〕。
K'ARAK, K'ARKA.	ガルワールとネパール東部のチベット人が、高

地の牧場にある牧人の小屋をさす方言。
〔※Meerendonk: Basic Gurkhali Dictionary. p. 176. Kharka: common grazing land on the hills, waste land on hills.〕

KARMA, SKARMA. Tib.: skar-ma. 星。
Karmat'ang、チベット東部の＝星のある平原、そこに無数にあるエーデルヴァイスによるものらしい。
Skardo については DO (p.264) を見よ。

KAPTA. Tib.: gad-pa. 砂岩や礫石の懸崖。
Kapta T'onpo、高地インダスの＝礫石の高い懸崖（100 m はあるもの）。

K'AZAM, K'ASAM. Tib.: k'a-zam-pa. 雪の橋、奔流の上に雪崩の残った雪。KANGSAM (p.270) を見よ。

KESAR. Tib.: ge-sar. チベットのあらゆる地域、特に東部と西部の地方で、一般的な民間伝承の王の名前。幾十もの岩石の形成が、Kesar の通路に帰せられている。
Kesar-i men＝Kesar の火薬、Rudok の近くの場所で、その黒い砂が銃の火薬に似ている。
Gyapo Kesar-i Gyitpu、Changt'ang の＝Kesar 王国のカマド、岩の四分の三が巨大なカマドの形をしている。

KHAL. ガルワールで：コル

KHET. ヒンドゥスタニー：広場。
Loharkhet、ガルワールの＝鍛冶屋の広場

KHOLA. Népalais：河、奔流。
〔※ M. Meerendonk、Basic Gurkhali Dictionary, 1960. p. 177、
Kholo＝river、settled river-valley basin.
Kholso＝stream; ravine, water-course, gorge.〕

KING, KING-KANG. チベット人の地方神の語、おそらくヒンドゥイズムから引き継がれたもの。
Kigu、ラダークの＝小さい神の king、寺院にかこまれた丘。

KOK, GOK. Tib.: gog-pa. 風化する。
Kokbrak、または Kobrak、Gyangtse の近く＝風化した岩石。

KOH. Urdu（ペルシャ語から）：山岳。カシミールの Kohlahoi に見られる。

KONG, KONGMA. GONG (p.266) を見よ。

KOR, KORA, SKORA. Tib.: skor-ba. 包囲する、そこから
1．崇拝物のまわりの円形の散歩道、
2．庭園をとりかこむ壁。など、
Skora、バルティスタンの＝とりかこんだ壁。
Ch'oskor、ラダークの＝宗教上の集合所、祈禱用の大きい粉ひき車。

KOSI. ネパール語：河、川。
〔※メーレンドンクの基本グルカ辞典にはないが、p.86 river＝khola、(large) nadi、ga*n*gā.〕

KOT. Hind.：砦、城砦。
Pathankot＝パターン人の戦闘部族の砦。

KU. Tib.: sku. 御体（敬語）。
Tupeku or Trupaiku、ランタン谷の＝奇蹟的

KULA.	な御体、化身。 Tib.: ku-La.（神の御体、という意の sku-lha という書き方は魅力的だが疑わしく思う。神の固有名詞。 Cho Kula、ラダークの＝クラの領主。 Kula Kangri、ブータンの＝Kula の氷河。
KUND.	Hind.: 泉、沼、鹹湖。
K'UNG.	Tib.: k'ung. 凹み、洞穴。 K'ungdum Ts'o、Kailas の北東の＝七つのくぼみの湖。
KUNMA.	Tib.: rkun-ma. 泥棒。Kundok と Kumrok、両者ともラダークの＝泥棒の牧場、即ち岬のうしろにかくされた小谷、かくされた牧場。
KYA, SKYA.	Tib.: skya. 灰白色〔明るい灰色の〕。 Sakya、or Saskya、マカルーの北にある有名な修道院と小谷＝灰白の土地。 Kyaringts'o、Shigatse の北の＝灰白色の細長い湖。
K'YAK.	Tib.: ak'yags. 結氷、氷、氷結。 Ch'uk'yak、チョモラーリのふもと＝凍った水。
KYANG, SKYANG.	Tib.: rkyang. アジア産のロバ、高地に普通いる野生のロバ、 Kyangch'u、ラダークの＝アジア産のロバの水（湖）。 Skyang Kangri（※カラコルムの K 2〔Chogori〕の東方の山）＝アジア産のロバの雪もよいの頂上、山群の北方の Skyang Lungpa にちなむものでそう呼ばれる。
	Kyangboche、ヌブラの＝野生の大きいロバ。
KYIT, SKYIT.	Tib.: skyid. 幸福。Kyitch'u、ラッサの川＝幸福の水。 Dekyit、ヌブラの＝至福。 Kyishong、エヴェレストの北の＝幸福の谷。
K'YUNG.	Tib.: k'yung. 神話の鳥、鳥の王。フェニックス。 Jak'yung Gang. Gosainthan の近く＝不死鳥の氷峰。 〔※ Sanscrit＝Garuda。漢訳：金翅鳥（こんじちょう）。インド古代神話上の鳥、鳥類の王でヴィシュヌ神の乗物であるという。仏経典中にある想像上の鳥、仏法安護八部衆のひとつ。須弥山の四海を翔り、竜 nāga をとって食とする。翼は金色、頭には如意珠があり、常に口から火焰を吐く。密教では大梵天などが衆生を救うために化身したのだという。迦楼羅（かるら）、妙翅鳥ともいう。 Kyungka-Ri、ランタン谷の＝金翅鳥の雪の峰。この山名は Peter Aufschnaiter 命名。具象像は数々ある〕。
LA.	Tib.: la. 山のコル（峠）。あらゆる大きさのもの。語の構成においては LA。Tib.: bla-ma. ヨーロッパ人に好奇心を起こさせる有名なチベット人の僧。 Labrang＝ラマの住い、普通名詞、また同じく東部チベットの町。
LAGO, LANGGO.	Tib.: la-mgo. コルの頂き、LATSE は同義語

	または LATSA に対する。 Karpo Lago（なぜ地図上では Laggo となっているのか）、カラコラムの＝コルの白い頂き。 Sultan Langgo、Zangskar の＝Sultan と呼ばれた人のコルの頂。
LAM, LAMKA.	Tib.：lam.　小径、道、ルート。いつもの語の構成において見出される。Gyalam＝主要ルート。 Zhunglam＝中庸の道。　Nyelam＝近道〔※ Shisha Pangma の南の Nyanang Phu Chu の村落〕。
LANGCH'EN, 　LANGPOCHE.	Tib.：glang-ch'en.　象。 Langch'en K'ambab or Langpoche K'abap＝象の口から流れ出る（川）、これはときにガンジス川、ときにネパールのひとつの川、ときに Satlej のひとつの泉を指示する。
LAPCHA.	この語はコルを指示するためにネパールの東部の地図および物語にしばしばあらわれる。インド人が ts と ch の間でする混同のもうひとつの例である（TS'O 参照）。インド人は、gortse つまり村長（HJ. 1952）を《gorcha》と呼ぶように、LATSA あるいはもっと確からしくは LAPTSE を《lapcha》とした。 Laptse (tib.：Lab-tse) は祈禱の旗をたてた積石で、仏教信奉の地方でコルの印となっている。コルの頂きに到達したチベット人は、Laptse へ敬けんな叫びを投げ小さい奉献をする。実際、Laptse はコルの絶頂点を示す（類似の語源の la-rtse＝コルの頂き、のおかげである。LATSE を見よ）。 一方、また地理学者 Weygandt はエヴェレストの近くの《Labchi》も同じ語源に帰するとしているとするが、ありそうなことだが、Weygandt の論拠は明確ではない。彼は《lha-p'yi》の形はイギリス式の音の書き表わし方による Labchi を基にして再成しようとした不幸な試みなのである。しかし、チベット＝ネパール国境の特別なコルを示すためのこの lha-p'yi（＝神のモルモット）は、イギリス式の書き表わし方が破壊を犯す以前、すでに 11 世紀の文献に見えている。
LAS	LE を見よ。
LAT'O	Tib.：lha-t'o.　地方神をうやまってたてられた積石。この語は尊敬される神の名がときに前におかれ、Kaje Lat'o、Zagskar のように、また、形容詞が付加される。 Lat'o Serpo＝黄色い積石。Lat'o Ch'orten＝石碑の型をした積石のように。
LATSA, LARTSA, 　LAPTSA.	Tib.：la-rtsa.　コルのふもと。コルへの登りの最後の急傾斜のふもと。そのはしばしばビバークの場所とされる。
LATSE, LARTSE.	Tib.：la-rtse.　LAGO のようにコルの頂き。LAPCHA も見よ。
LE, LAS, LES (I).	Tib.：lhas.　（牧場の）家畜のかこい。 Gangles、ラダークの＝支稜上のかこい。 Kongrale、Changt'ang の＝山羊の上部かこい。

LE, LAS, LES (II).	Tib.：las. 仕事。Leru、カトマンズの北の峰、地図の《Lirung》＝自分の仕事を完成する者、神に列した聖人の名。
LHA, HLA.	Tib.：lha. 神。 Lhasa＝神々の土地。Lhak'ang＝寺院、Lhalung＝神々の谷間。
LHABU.	Tib.：Lha-bu. 神の息子。Gompa Lhabu、エヴェレストの北の＝神の息子の僧院。
LHAMO.	Tib.：Lha-mo. 女神。Lhamo Ts'o、シッキムの＝女神の湖。
LHO (I).	Tib.：lho. 南。Lhotse＝南峰、Lhopa＝南の住民、ブータン人。
LHO (II).	Sikkim語：峰。いくつかの場合、固有名詞がこの語や、前の語から派生しているのかどうかを決定するのはむずかしい。Lhonak は sikkimo-tibétain＝黒い峰、のようである。
LHUMPO.	Tib.：Lhum-po. 堆積、マッス（かたまり）、拡大。Tashi Lhumpo。ブラマプトラの＝幸福のかたまり。Rirab Lhumpo＝神々の山のかたまり（MERU を見よ）。チベット人は Ganesh Himal の最高峰を：Lhumpo＝かたまり と呼ぶ。地図は Lampu の形で、この名前を 21195 ft の峰に結びつけたが、それは誤ってである。その峰は Pambar と呼ばれる。
LI.	Tib.：Li. 青銅。Lit'ang、東部チベットの町＝青銅に手を加える平原。
LING.	Tib.：gling. 国、場所、修道院。Darjiling は、一般に認められた語源学に従うと、Dorje と呼ばれた人の国、あるいは雷の国。Chomoling、ラダークの＝尼僧院。《Sangachilling》あるいはもっと正しくは、Sanggach'öling、シッキムの＝秘伝の教儀の僧院。Lingtren については T'EN を見よ。
LO.	Tib.：lo. 年。Lok'orts'o、カイラスの北東のプラトーの上の＝一年周期の湖、その近くに一年中人が住める湖。
LONPO, LÖNPO.	Tib.：blon-po. 大臣。Lönpo Gang、ランタンの＝大臣の氷、すなわち二流の頂上〔従属の頂上〕。〔※Big White Peak のこと〕D. L
LUNG (I), **LUNGPA, LUNGMA.**	Tib.：Lung-pa. 谷、地域。Lungnak＝黒谷、黒い片剝石が巾をきかせている Zangskar の一部。Lunggu＝小谷。Kanglung、サトレジの水源＝氷河の谷。
LUNG (II).	Tib.：klungs. 耕地、耕作された土地。Yarlung＝上部の耕地、ブータンの北の地区、チベット人の古い王の起源。
LUNG (III).	東部ネパールの方言で：石。
LUNGMA, LONGMA.	シェルパ方言：非常に高い、最も高い。この語は Chomolungma＝エヴェレストの別称のひとつ＝最も高貴な女神を説明するように思われる。
MA.	Tib. ma. 否定：～しない。Matöpa＝暖たまらなかった人、聖なる湖マナサロワルのチベット名で、この湖は高度 4600 m にあって、めったに氷がとけないが、巡礼者は熱心に歯をガチガチいわせながら、その湖水に身をひたす。

MAA.	Sanscrit に由来：maha。大きな。多分 Maha Kala で＝大いなる時、あるいは大いなる暗黒、SHIVA 神の形容語。
MAN, MEN (I).	Tib.：man。下の、下級、下流。Manchat、ラホール地方＝下流の部分。Menlung、Gauri Sankar の北の＝下の谷。Lho Mant'ang、ネパールの北の＝南の下の平原。
MAN, MEN (II).	Tib.：sman。薬。Mench'ap、ガネッシュ・ヒマールの近く＝医薬水、わずかにイオウ臭がするが、熱い泉のある場所。
MANASA.	Sanscrit：理知の。この語は Manaslu に現われる。 Manasarowar＝《理知》の湖、世界の魂を通じて発する（！）。それほど《理知的》でないので、チベット人はそれを Matöpa＝熱くないと名づけた！（MA を参照）。
MANG, MANGPO, MANGMO.	Tib.：mang-po。たくさん、多くの。Kyit-mang、インダス高地で＝沢山の幸福。 K'armang、バルティスタンで＝多数の城（その場所は廃墟が多い）。
MANI.	Tib.：ma-ni。サンスクリット語で宝石を意味する、流布した仏教の祈りの中に見出される。チベット語としては祈禱用の粉挽車、あるいは祈禱文を刻んだ壁などを示す（CH'ORTEN を見よ）。Mani Ringmo、レェの近く＝祈禱の巨壁、二つの記念碑的の壁、それぞれは長さ 800 m、幅 10 m、高さ 4 m ある。
	Mapam、同じ湖の別名＝征服されない者。
	Mani Kang、クルーの＝祈禱壁の鏡。 〔※Sct. Mani 夜叉。Pāli 龍王〕。
MAR, MARPO.	Tib.：dmar-po。赤。 Ch'umar Gonpa、ラダークの＝赤い水の修道院。 Dragmarpo, or Tak Marpo、ランタンの＝赤い岩。
ME.	Tib.：smad。下流の。T'ame、エヴェレストの近くの、T'angme の地方的な発音＝下部のテラス。
MEN (I).	MAN (I) および (II) を見よ。
MEN (II).	MANI に対する方言的なまり。Mendong Gompa と Menla において、Weygandt 氏は初めの音綴を tib.：men＝飾〔祭服〕に結びつけるが、ほとんど見出し得ない語である。共通の祈禱である mani にかかわりがあるとする方が、ずっと確からしい。 Mendong（tib. mani-adon）Gompa＝祈禱をささげる僧院。Menla＝祈禱の壁のコル。
MERU, SUMERU.	そのまわりに大陸が配置されて世界の中心を形づくっている想像上の山岳を指示するサンスクリットの用語。Meru の山頂（高度 84000 由旬）には神々が住む。このインドのオリンポス山に相当するチベットのそれは、Rirab, or Rirab Lhunpo であるが、この言葉は Meru ほど編年誌作者をとらえなかったようである。Meru はヒマラヤに豊富に見られるのだが。 人間の心は余りにも創意が豊かであり、

	Mera、Mehra、Marha、Mehru はみんな離ればなれになるようになっている。〔※Sct. Sumeru 須弥山(しゅみせん)。インド古代の宇宙観（コスモロジィ）では、地は平面、その中央にメル山がそびえる。この山を中心に7個の同心円で地が区切られ、最内側の円は Jambū-dvipa であり、さらに4つの部分にわかれ、その南の部分がインドとされた。メル山の北に太陽がまわると山によって光がさえぎられ夜となる。この宇宙観は仏教にもとり入れられ須弥山と訳された。これらの仏典の九山の名称は『印度仏教固有名詞辞典』658ページ参照。中馬敏隆によれば、アフガニスタンの Mir Samir（5809m）は須弥山の意であるといわれる〕。
MON, NÖN.	Tib.: mon. ヒマラヤの南麓に生活するいろいろな非チベット系民族に対する一般語。この言葉はあいまいで人種的言語的に固有の1グループを表わしていない。Monyul、アッサムの＝南の人々が住む地域。Monk'ar、スピティの北の＝南の古い土民の城。
MUK, MUKPO.	Tib.: smug. 赤褐色。Lungmuk、ラツラの東の＝赤い谷。
MUKUT.	Hind.: 冠。Mukut Parbat＝冠頂。
MUL.	NGUL を見よ。
MUTIK.	Tib.: mu-tig. 真珠。Mutik Ts'o、ラッサの北東の＝真珠湖。
MUZ.	Turc: 氷、氷河。Muztagh＝氷の頂上、氷の峰、氷の山脈。〔※ムズと発音する〕。
NA (I).	naa と発音せられる；tib.: nags. 森林、ジャングル。Naoche、or Naboche（誤って《Namche》、シェルパ族の中心の村）＝大森林。
NA (II).	Tib.: sna. 鼻、はなっつら。Stakna、ラダークの部落＝虎の鼻っつら、近くの丘の形から。Nari については NGA を見よ。
NADI.	Hind.: 川、小川。
NAK, NAKPO.	Tib.: nag-po. 黒。K'arnak、スピテイの＝黒い城。Lungnak、Zangskar の＝黒い谷、Nakch'u、中央チベットの＝黒い川。
NAL, NALA.	Hind.: 小川、小谷、ゴルジュ。
NAM.	Tib.: gnam. 空。Namch'u＝天の川、Mekon。Namts't＝天の湖、モンゴル語の Tengri Nor、のチベット形、ラサの北西の湖。Namche については NA を見よ。
NANG.	Tib.: nang. 中の、内面の〔の中に〕。Nang-pa La、エヴェレストの近くの＝内部の人々の峠、いいかえれば仏教徒の峠。
NATH.	Hind. 保護者。Badrinath＝守護者 Badari、Vishnu 神の名前。Kedarnath＝守護者 Kedar、Shiva 神の名前。
NE.	Tib.: gnas. 場所、巡礼の地。Nech'ung、or Nächung＝小さい場所、修道院あるいはチベットの国家の有力者の住む僧院。
NGA (I).	Tib.: mnga. 権力。Ngarikorsum、ガルワル

	の北部にあるチベットの一つの州＝権力のおよぶ三つの領地、三つの従属地。
NGA (II).	Tib.: lnga. 五つ。Ts'eringtsenga、Gauri Sankar の近く＝長命の五つの頂。Ngalap'u、ガルワルの＝五つの峠の牧場。
NGON, NGONPO.	Tib.: sngon-po. 青また同様に緑（われわれとは別のやり方でチベット人は色を定義する；かれらは草や葉を青いとする！）。 Ts'o Ngonpo＝青い湖、チベットの北東にあり、モンゴル人の Kokonor。
NGUL, MUL.	Tib.: dngul. 銀。Ngulch'u、Saluen のチベット名＝銀の河（Ngulch'u は水銀や、また発汗を意味しうる、しかしチベット語の詩的伝統は、それらの意味を拒否する）。Mulkila、ラホールの＝銀の城（チベット＝インド混成語；完全にヒンドゥスタニィ語源《主たる砦》を提案する道理ある批判もあるが、私は上記の派生的な意味の方がよいと思う。なぜならば、その方が山を位置よりもその外観で述べたがる住民の精神状態によく合うからである。
NIL.	Hind.: 青。Nilgiri＝青い山。Nilkanta＝青い点（最新の正字法 Nilkantha＝青いゴルジュ、神話からの暗示によるもので、さらに正確ではありうるが、面白味は少ない…）。〔※ " NIL-KANTHA " Life of an Indian saint of recent past. Srimat Kuladananda Brahmachari. 参照〕。
NOR, NOOR.	モンゴル：湖。
NUP.	Tib.: nub. 西。〔※Nuptse はネパール東部の 7879 m の高峰で、エヴェレストの西の山の意〕。
NYE.	Tib.: nye. 近く、となり。Nyelam＝近い道、横切る細い路。
NYEN.	Tib.: gnyan. デモンの一種。Nyenchen Ts'o、ラッサの北西の＝大悪魔の湖。
NYI, NI.	Tib.: gnyis. 二つ。Laniwar、ダウラギリの北の谷＝二つのコルの間。
NYIMA.	Tib.: nyi-ma. 太陽、日。Nyimap'et、ラホールの＝南中（Kyelang の村の真南に位置した峰）。 Nyimalung、Gosainthan の北の＝太陽の谷。
OL.	Tib.: ol. クローバ、ムラサキウマゴヤシ。Olung、エヴェレストの北の＝ムラサキウマゴヤシの谷。
OMBU, UMBU.	Tib.: om-bu. タマリスク〔檉柳〕、真中の髄質が弱くしている枝のある灌木；生命のもろさのシンボルとして使われる。Umlung、ヌブラの＝タマリスクの谷。
P'A, P'AR, P'ARKA.	Tib.: p'a. 反対側，面前。シッキムの北東の P'ari、筆者は P'agri＝ブタの山を見る；ところで P'ari はよく使われる用語《面前の山》であって、このずっと単純な派生は一方で、チベットの物語本によっても支持される。

PAL, PE.	Tib.: dpal. 栄光、壮麗。Palchen と Palchung、ネパールの北＝大いなる美——小さい美。Palt'i Tso、ラサの南の＝栄光の玉屋の湖。Peyü、東部チベットの＝栄光ある地方。
P'ALCHAN.	西部チベットの方言：幅の広い。P'alchan Kangri, Broad Peak のために提案された語＝幅の広い頂上……単純な訳語。
P'ALONG, P'OLONG.	Tib.: p'o-long. 大きい壁。P'along Karpo、エヴェレストの近く＝白い岩。《Phalut》シッキムのは、シェルパ族によると、P'along の変形らしい。P'olong chongchong、ラダークの＝円錐形の岩。P'olong T'ebgul、インダス高地の＝拇指の下で動く岩、軽く押すだけで動く何トンもの岩塊がある平原。
PAMA.	Tib.: spa-ma. 小さい杜松（ねず）Palung、エヴェレストの近く＝杜松の谷。
PANG.	Tib.: spang. 草原、芝草。Pangpoche＝大きな草原。Pangkong＝凹んだ草原あるいは満たされた草原、Changt'ang にある谷で約 150 km の塩湖でしめられている。Panglep、エヴェレストの北＝平らな草原。
PANJ, PANCH.	ペルシア，ヒンドゥスタニィ語：五つ。Panjab＝五つの河 (Satlej、Ravi、Chenab、Jhelam、Indus)。Panch Chuli、ガルワルの＝天の五つのカマド
PAR.	BAR を見よ。
PARBAT.	Hind.: 頂上。Nanga Parbat＝裸身の頂〔※カシミールの 8126 m の高峰、雪をとどめぬ大岩峰の意〕。Hathi Parbat＝象の頂。
P'EA, P'E.	Tib.: p'yi-ba. モルモット。P'eri＝モルモットの丘。P'et'ang＝モルモットの平原；二つともエヴェレストの近く。
PEMA (I), PADMA.	Tib.: pad-ma. 白蓮の花（サンスクリット語）。Pemakangchen、シッキムの＝白蓮の氷河。《Pemayangtse》については、最も簡単な解釈は：白蓮の卓越した峰となるようである。Pemak'orchen、ブラッマプートラ河〔ツァンポ河〕の屈曲部にある＝白蓮の大輪（＝宗教）。
PEMA (II).	CHEMA (p. 261) を見よ。
PI, Ladak では SPI.	この不確定な音綴は、水の流れの近くの土地を指示する名前の一部をなしたり、水をさす音綴とともに合成されたりするが、そのことは、この音綴がおそらく hydronyme〔河川名を構成する音素〕であることを推測させる。Pituk はインダスにそう村落および沼である。Leh を養う水源の名称 Ch'ubi において、ch'u は水を意味する。同様に、西ヒマラヤ地域の Piti or Spiti においても、ti＝水。
PO (I), BO, WO, O.	Tib.: po と bo. 限定するために名詞の後に付加される短綴音で、定冠詞（フランス語 le）で訳すことができる冠詞のようなもの。文学においても方言においても、しばしば CH'E とともに合成される。例は無数にある：Takpo-

	che＝大きな岩；Kyangboche＝大きな平原；Tawoche、Sher K'umbu の＝大きな鳥。Riboche、東部チベットの＝大きな山。
PO (II).	Tib.: spo. 峰（古代語）。Poyul、東部チベットの＝頂の国。Potö＝峰の上部〔の地〕、と Pome＝峰の下部（の地）とに分けられる。
POKRI.	Népal 語：湖。Panch Poki、東部ネパール＝五つの湖。
P'OLHA.	Tib.: p'o-lha. 家族守護神。P'olha Gangchen、ゴサインタンの峰のひとつ＝家族神の氷の大きい峰。
P'OLONG.	P'ALONG を見よ。中央ネパールの《Pongrong》は、方言的な発音か、P'olong の誤りのようである。というのは、それは《Traktchen》＝大岩と重複して使われているからである（Traktschen は単に Takchen とも書けるであろう。TAK を見よ）。
P'OROK.	Tib.: p'o-rog. 鳥。P'orokts'o、Dhaulagiri の北の＝鳥の湖。
PU, BU	Tib.: bu. 息子。Gompa Lhabu、エヴェレストの北＝神の息子の修道院。
PUMO.	Tib.: bu-mo 娘。Pumori＝娘の山（Ang Tarke は Mallory によりそう命名されたその山が、シェルパたちには Lobuje と呼ばれているとはっきりいっている）。
P'U.	Tib.: p'u. 谷の上流の部分，4500 と 5000 m 付近の牧場の圏谷でそこの生活状態は非常に原始的である。地図の中には無数に記入されてい

る。h によって気音を示しながら、初期の地図製作者は Phu と書いたが、簡単にするため後継者は Fu… と綴る。Foo というのさえ見られる！ ネパールの P'ugaon は、チベット＝ヒンドゥスタニィの混成語だが＝牧場の村。どんな権威をもっていわれようと Kunawar の《Poo》の村は、これと同じ語ではない。というのは〔Poo の〕の p は気音ではなく、牧場をいうのではないからである。ゴサインタンの近くの《Phriph》、つまり《牧場のある山の牧場》についていえば、Aufschnaiter 氏が、大きな洞穴の中に家畜小屋があることを指摘していて、それを《Phurephu》と書いている。そこで意味は、おそらく《洞穴の中のかこまれた牧場》ということであろう。最初の《P'u》については P'UK (I) を、―re― は RA (II) を参照せよ。

　Api (or Ap'i)、Abi Gamin、Abin K'arak：と少しずつちがった形で、少なくとも三通り見出されている語は、語根 P'U に帰せられると思う。チベット語では、a が無用の頭文字であることがしばしばであり、b は p' と類縁関係をもっている。u の代わりに i を発音することについては、私はシェルパの方言に P'untsok にかわる P'intso といったような典型的な例を見出している。こうした再生は仮定であり、また向う見ずのものに見えるかもしれないが、Api と Abi Gamin がともに山であり、Abin

	K'arak が牧人小屋（K'ARAK 参照）であるという事実から語根 p'u＝牧場は、abi＝祖母のような他の試みに対して、少なくとも、緊密性の強みをもっている。
P'UK (I), P'UKPA.	Tib.: p'ug-pa. 洞穴、洞窟。BUK の同族語；ときに P'U と発音される。Gurla P'uk＝グルラの洞穴、狩獲の神。P'ukpa Karmo、Kngla-chen の西部＝白い洞穴。P'ukpoche、ヌブラの＝大きい洞穴（古い地図には Popoche とある）。
P'UK (II).	Tib.: p'ugs. 終わり、末端；前語や BUK と P'U と同族語。Rongbuk, or Rongp'uk, or Rogp'u（1921 年のエヴェレスト遠征隊にラサから交付された旅券に記入された綴字）＝ゴルジュの末端。
PUL.	BUL (p.260) を見よ。
PULU.	Tib.: pu-lu. 高所の牧場やコルのふもとの＝石小屋。
P'UTÖ, P'URTÖ.	Tib.: p'u-stod, or p'u-mt'on. 高地の牧場。（P'U を見よ）、ネパールの東部と北部の普通名詞。
RA (I), RAMA.	Tib.: ra-ma. 山羊。Rale＝山羊の囲い場；Ralung＝山羊の谷；二語ともシッキムとラサの間。
RA (II), RAWA.	Tib.: ra-ba. 圍繞場、家畜小屋。Kongra La、シッキムの北の＝すぐれたかこい場のコル。
RA (III).	RU および RAP を見よ。
RAJA.	Hind.: 王。RANI：王妃。Ranikhet＝王妃の耕作地。
RAM, HRAM, SHRAM.	Tib.: sram. カワウソ〔ラッコの毛皮〕。Hram Ts'o、チョモラーリの北＝カワウソたちの湖。
RAMPA.	Tib.: ram-pa. 強い草、根が長いのが特徴。Ramt'ang、カンチェンゾェンガの西＝丈夫な草の平原。
RAP, RAB.	Tib.: rab. 徒渉場。Nyima Rap、インダス高地の＝Nyima の村の徒渉場、大陽の徒渉場。Ch'umar Rabdun、エヴェレストの北＝赤い川の七つの徒渉場。
REN, RAN.	Tib.: adren. 導く。Ch'uren、ダウラギリの北＝〔導〕水路。
RI (I), まれに RIGA.	Tib.: ri. 丘、山、同様に高地の牧場。その合成語 Kangri に対し、この語は本質的にも岩だらけの山をさす。Dilburi、ラホールの＝鐘の型をした山。Paburiga、Zangskar の＝フェルト製の半靴の小丘、大変にやわらかい片岩でできている。Ripche、ネパール＝大きい山（無用のｂやｐはめずらしくない）。
RI (II), RIG.	ガルワルの方言の中で：耕畑地。
RIGYUT.	Tib.: ri-brgyud. 山脈；この名詞は編年誌作者の間でははやっていないようだが、一般的なものである。Nubra Rigyut＝Nubra の山脈、とくに Saser Kangri のグループ。

RIN.	Tib.：rin. 値段。Kang Rinpoche＝価値ある氷、カイラースの別語（KANGRI を見よ）。Ts'o Rinpoche＝価値ある湖、マナサロワルの別語（MA を見よ）。
RING, RINGMO.	Tib.：ring-ba. 長い。Doring、ラサの北の＝長い石、一本石。
RIRAB.	チベット人のオリンポス山、MERU を見よ。〔※須弥山〕。
ROL.	Tib.：rol. 畝。Rolwaling、ガウリ・サンカルの北の＝畝の型をした地方。
RONG (I).	Tib.：rong. ゴルジュ、隘路。Rongkong＝ゴルジュの上の部。Ronggak、ネパールの＝防害するゴルジュ。固有名詞として、Rong＝3300～4000 m の間にある、インダスの上流のゴルジュをさす。
RONG (II).	TONG (p.286) を見よ。
RU, RA, RUCHO.	Tib.：ru、rwa. 角、横腹。Radeng、ラサの近くの有名な修道院＝つき立った角。Aruts'o (Ngaruts'o の代わり)、Changt'ang の＝五つの角の湖、五つの入江の湖。Yaru Tsangpo＝河の右の角、カイラースの近くに水源をもつブラッマプトラの支流。Rucho Mishongsa＝角が通れない場所、インダス河の上流のゴルジュ地帯にそう長くてむずかしい小径で、自然のトンネルなどがあって、そのトンネルは小さいヤクは膝をついてもぐりこむことができるが、がっちりと角の生えた動物は通ることができない！ Rudok については、TOK を見よ。
RUBAL.	Tib.：rus-sbal. 亀。Rubal Kang、クルーの＝亀の氷河、ある遠征隊による造語。
SA.	Tib.：sa. 大地。Saser、カシミール＝新疆ルートのコル＝黄色の大地、石黄・黄土色の土地の層が原因。Sakya、マカルーの北の＝灰白の大地。
SACHA.	Tib.：sa-ch'a. 場所、地方。
SAMBA, SAMPA.	ZAMPA (p.286) を見よ。
SANG, ZANG.	チベット西部とネパールのチベット方言の少なくともある表現で：岩壁。Sangje, or Sanjen、ガネッシュ・ヒマールのふもとの岩壁にとりまかれた牧場＝大きい岩壁。ガネッシュ・ヒマールの全山塊は Sangje Kangri と呼ばれるが、絶頂は Lhumpo の名をもっている。Taksang、ネパールの北の＝岩壁（TAK (I) を見よ）。
SAR (I), SARPO, ZARPO.	Tib.：gzar-po、急峻な、険阻な。T'ugmo Zarpo、ヌブラの峰＝厚い、急な。Babsar＝急な下降、滝、急流；Tidzong Babsar、シッキムの＝水の城の急流。 Sarpu Khola はチベット＝ネパールの混成語と思われる＝急な川。
SAR (II).	Tib.：gsar. 新しい。K'angsar、ラフールの＝新しい家、貴族の二番目以下の子供が墓をおく集落。
SENGGE.	Tib.：seng-ge（サンスクリットから）獅子、

	しばしばヒマラヤ人種の想像のなかに現われるが、明らかに地上では（この世では）発見できない。伝説や絵画は雪の獅子さえ表わしていて：TARSENG という！ 　Sengge ch'u＝獅子の河、Indus 河。Sengge Brangsa、ヌン・クン山塊にある洞穴＝獅子の寝る所！ 　Sengk'amba、ネパールの＝獅子の口から流れ降る（川）。
SER (I), SERPO, SERMO.	Tib.：ser-po. 黄色。Saser、ヌブラの＝黄色い土地。La Sermo、ラダークの＝黄色い峠、その砂の色のため。シッキムの Sebu La の意味は決定できない、しかし多分同様に《黄色いコル》。その地理学的あるいは発音の証拠を誰かがもたらすことであろう。
SER (II).	Tib.：gser 金。　Serpunlam＝金の検査官（tib：dpon）のルート、西部の砂漠性チベットの重要な縦路のひとつ。
SERA.	Tib.：ser-ba. 霰。Sera Lung、ネパールの北の＝霰の谷。Lhassa の近くの Sera の僧院のために、若干の語源が提案されたが、チベット人のユーモアのセンスを示すこの語源、つまり《霰》を保持しよう。それは《米の山積》を意味する名前をもつ隣の Depung の僧院との絶えざる争いをほのめかしているのだ。
SHAGSKYU.	ラダークの方言：箕。Shagskyu Lungpa、ヌブラの＝箕の形の谷。
SHALMA.	Tib.：shal-ma. 不安定なガレで形成されたガラ場。 Shalme Lam、インダス河に沿う＝崩れかかったガラ場の路。
SHAPO.	Tib.：shaw-p'o. 野生の羊、野羊。Shapodak、Zangskar の峰＝野羊型の岩。Shale、チベット＝ラダーク国境にある＝野羊がやってくる圍（野羊は甚だしく臆病なわけではない）。
SHAR.	Tib.：shar. 東、方位基点。ある著者たち──彼ら自身が利害関係者なのだが──は、《Sherpa》を東の住人として解釈している。しかしこの派生は、何の東かという問に答えられない限り疑わしかろう。だが、この語根を支持するために、このことはいっておこう。つまり、この名称はしばしば Sharba と発音されるし、また、シェルパ方言のある特長は、シェルパがチベットの東の国境からの移住民であるらしいことを示唆しているのである。
SHE, SHEL.	Tib.：shel. ガラス、水晶。Shekar dzong、エヴェレストの北の＝白い結晶の城砦。
SHING.	Tib.：shing. 森林。Shingri、Zangskar の＝森林の山、森林のある丘（この樹木のない谷では珍しい）。ある専門家は同じく Zangskar にある Shingkun La のための余りに明白すぎる説明に行きついてしまった；彼はすべての森のコルとするのであった。ところが、付近には森林の痕跡はない！ Shingkun には shing とともに見るべきものは何もなくて、それは非常な悪臭の放つ汁をもつ繖形花植物の大茴香（オオ

	ウイキョウ）をさすのである。
SHISA.	Tib.: shi-sa. 死の場所、動物の骸骨を再び見出す場所。 Kyangshina、スピティの北の＝野生の牝ロバの骸骨が見つかった場所。Betoshisa、レェの地平線上の針峰群＝仔牛が死ぬ場所；寒さが家蓄を危険にさらすとき、冬至の太陽が沈むのがそこである。《Shisha Pangma》という奇妙な名前は記すに値する。8000m 峰のゴサインタンにつけられているからである。土地では Shisha B'angma と発音されるが、《獣の屍骸──花嫁》ということなのである！ この名前に言及するとチベット人がいつも笑うこと、そしてその下には晦渋な（*暗い？）冗談があることはいわずもがなである。
SHIVA, SIVA.	ヒンズー神話の主たる神々の一人、男の力の神であり、また破壊の神でもある。 Shivling、ガルワルのすらりとした峰＝シバ神の男根像。
SHONG.	Tib.: gshongs. 穴、谷。Pangshong＝陥没、草原でおおわれた谷。Kyishong、エヴェレストの近く＝幸福の谷。Rishong、ランタンの＝山の小谷。
SHOT, SHO, SHÖ.	Tib.: shod. 下部、低い土地。Ch'ushot、インダス河沿岸の村＝低くて、潤った土地。Shorong、ネパールの地図には《Solo》とされている＝下流の溝、またはおそらく下流の村。
SHUPA, SHUKPA.	Tib.: shug-pa. ヒマラヤの大杜松(ねず)。Hemis Skukpachan、ラダークの下(しも)＝雪もよいの土地（HIMAL を見よ）杜松がある。〔※カラコルムのサセール・カンリⅡ峰の別称に Shukpa Kunchan がある。〕
SEA.	Tib.: se-ba. 野バラの花、野バラ。Dyhrenfurth やほかの人たちがヌブラにあって極地以外の地方で最長とされている、有名なシァチェン氷河の名前を結びつけるのは、この語根にである。Siachen＝大きい野原、Sia Kangri＝野バラの花の氷河。しかし次項に記す若干の地名のように Siachen はトルコ語源のようである；それで私は次の派生を提案する。
SIA, SAI.	Truc: saï. サバク。Siachen（上記参照）＝大サバク（tib.: CH'EN, or トルコ語 chin＝寸法)、 Wildstrubel よりも、ここの方にずっとよくあてはまる名称だろう！ Saidam, or Tsaidam、チベットの北の不毛の盆地＝サバク性の沼。
SKOR.	KOR (p. 271) を見よ。
STAN.	Hind.: 地方、国。
SUM.	Tib.: gsum. 三つ。Lungssum Jong、東部チベットの＝三つの谷の地区、Risum、Gosainthan の近く＝三つの峰（*三会峰、三つの尾根の合致した峰）。
SUMDO.	Tib.: gsum-mdo. 三つの流れの合流点、また普通の合流点；川上では二つの谷、下流でさらにひとつ加わり、＝三つになる！ Mulla Sumdo、Zangskar の＝回教の僧の住む合流点。

ヒマラヤ地名考──287

SUMERU.	Ch'usumdo、ランタンの北部の＝水の合流点。MERU (p.275) を見よ。Sumeru Parbat、ガルワルの＝世界の中心の峰。（＊須弥山）。	**TAK** (III).	Tib.：ltag.　高度において上の、上流。Takra or Tagra＝上部のかこい、Tagramoche、ネパールの北の＝上部の大きな囲い。Taklung、同地方の中の＝上部の谷。
TA, STA.	Tib.：rta.　馬、小馬（ポニー）。Tala、若干の地区の中で＝馬のコル。Tait'ang, or Tet'ang、ネパールの＝馬の平原。Tabo、ランタンの＝馬、Talung、シッキムの＝馬の谷、Yakt'ang＝ヤクの高原と対をなす。 Tazam＝馬のための橋；この名称は、宿駅、ついでチベットを横切り、宿駅が組織的におかれた長いキャラバン道のひとつを指示するような特別な意味を獲得した。ヒマラヤの北麓にそって Shigatse から Skardo まで走る Tazam は約 1800 km あり、四ケ月を要す！	**TAK** (IV), **DAK.**	Tib.：dag.　純粋な、Takch'u, or Dakch'u. チベットの北の川＝清水。 たいていの場合、われわれは、たくさんある TAK のどれに、ある地名を結びつけたらよいのかわからない。そういう次第で、カイラースの近くの 5000 m のコル Takla についても、それが岩のコルなのか、トラのコルなのか、上部のコルなのかを確定しようとしたら、場所の説明や発音の厳密な記述がどうしても必要となるであろう。
		TAKLANG.	Tib.：brag-lang.　突ったった岩、岩の針。
TAGH, DAGH.	Turc：峰、山岳、山脈。	**TAL.**	Hind.：湖。
TAK (I), **DAK, DRAK, BRAK.**	Tib.：brag.　岩、岩の小島。Kyabrak, or Kyetak、エヴェレストの北の＝保護の岩。Braknak、ラダークの下で＝黒い岩。Tashitak＝幸福の岩、シッキムの当該場所つまり、Tashitak では、そこから巡礼が川の中に魔よけとして小銭を投げこむ。川は Tista と呼ばれるが、それは Tashitak が縮まった発音でありうる。	**TANG** (I).	Tib.：dwangs.　純粋な、澄んだ。Tangla、シッキムの北の＝純粋コル；派生語の《T'angla》＝平面のコルは、コルの頂上は台地なのだから、なおのこと誘惑的であるが、それは発音と合わない。
		TANG (II), **DANG.**	Tib.：grang.　寒い。Tangtse、ラダーク山脈の北斜面の＝寒い村。
TAK (II).	Tib.：stag.　トラ；獅子と同じように、それはチベット神話にしきりに出てくる。Takna、ラダークの＝トラの鼻面、岩の小島の形状から。Takts'ang、ラダークとブータンの＝トラの巣。	**T'ANG.**	Tib.：t'ang、平原、高地、台地。T'angu、T'anggu、シッキムの＝小さい平地。T'angkar La、シッキムとチベットの間＝白い平原のコル。T'angje、ガネッシュ・ヒマールのふもとの（地図には Thangjet とある）＝大きい平

	原；この小村だけがこの地区で平担な耕地をもっている。T'angmote と T'ame、Sher K'umbu の隣接した二つの集落＝上部台地（te＝tö）と下部台地（T'angme の代わりに、物語では Tami）。〔※チベットの大平原 Chan Tang 北の平原の意〕。
TAR, DAR.	Tib.：dar．氷、水の表面に形成される氷。Tarseng Karmo、Shayok 川の東のけわしい峰＝氷の白い雌獅子、民間の神（SENGGE を見よ）。Tarzam＝氷の橋、KANGSAM を見よ。Tasam については TA を見よ。
TASHI, TRASHI.	Tib.：bkra-shis．幸福、幸運；人の名前として流布。 Tashilhumpo、ラッサの西の町と有名な僧院＝幸福の塊り。 Tashigang、インダス高地の＝幸運の支稜 éperon． Tashi Dzong、エヴェレストの北の＝幸運の砦、or Tashi という人の砦。 Tashich'ödzong、ブータンの僧院および街＝幸福の宗教の城砦。
TEA.	Tib.：Lte-ba、臍、中心。Teariorong＝臍の丘のゴルジュ、中央ラダークの主要な村々の間にあって、よんどころなく通らねばならない通路。
T'EN, T'REN.	Tib.：p'an．小さい、せまい。 Lingt'en、Lung'ten に対するシエルパの発音＝せまい小谷；Lingt'entese、エヴェレストの近くの＝せまい谷の峠。
TENG (I).	Tib.：steng、上に。Schubert 氏はシッキムの地図のある語を説明するためにこの語根を認める《Journal 2》。次の項を見よ。
TENG (II), TEN, TE, DEL.	東ネパールの各種の方言が、これらの語、とりわけ一番目の（＊TENG）を、村の意味で使用する。 Ch'umikteng＝泉の村。Ts'ochungteng＝小さい湖の村。
THAN.	Hind.：地方、産地（＊動植物の）
THAUR.	Hind.：居住所、村。
THUNI.	Hind.：円柱、支柱。
TI	チベット文典では知られていないが、ヒマラヤの方言では、水として普通にみられる。 Tidzong Babsar、シッキムの＝水の城の急流、Tiri、ラダックの＝水の牧場、熱い泉のため遠くに知られている。Spiti は PI 参照。ヒマラヤの方言において、消失語からいくらか残存している語のひとつである。これらの残存は次のような仮説、つまり、ある谷、少なくともヒマラヤの南斜面（アッサム、ネパール、ガルワル、ラフール）の谷、あるいは、北部のラダックやバルティスタンの谷にさえも、ずっと昔には、今ではただガンジス川のずっと南でしか見られない：オリッサ地方のムンダ語（Munda）のような言語をしゃべる種族が住んでいた、という仮説を組みたてることを許した。
TING, ラダックでは DLING.	Tib.：gting．深さ、深い。 Tingch'u、ダウラギリの東山腹で＝深い水。

	（翻訳者から翻訳者へと、手をへて、この語は Ang Tarke の《Mémoires》の中の《Tringtchuk》になった。〔※アン・タルケはシェルパ族。アンナプルナI登山のサーダー、またそれ以前シプトン、ティルマンが使用した〕。
T'ING.	Tib.: mt'ing. 青い石。青金石 Lapis-lazuli.〔※アフガニスタン産の原石が有名。〕Tingmogang（気音はなくなっている）、もしラダックの＝青い岩の支稜（éperon）。
TÖ, TOT.	Tib.: stod. 高い、上部の。P'urtö、ネパールの＝高地の牧場。Yultö、Sher K'umbu の＝上流の村。 Naoche のようなある村は、Yultö、Yulpar、Yulme＝村の上部、中央部、下部に分けられる。
T'Ö, T'RÖ, T'OT.	Tib.: k'rod. 堆積、塊。 Shingt'rö、ランタンの北の＝材木の堆積。
TOK, T'OK, DOK.	Tib.: t'og. 上の部分、屋根。 Gangtok＝支稜の頂。Rudok、Chant'ang の市場と僧院＝角の屋根、なんとならば、寺院の天井は通常を作る枝の代わりに、交叉された角材で作られるからである。
T'OK (II).	Tib.: k'rog. 金をとる所、一般に砂の中である。 Jaklungt'ok、Changt'ang の＝密生した草の谷の金の採掘。
TOKPO, DOKPO.	Tib.: grog-po. 小川、小川のある小谷。
TON, STON.	Tib.: ston. 秋。

	stondok、ヌブラの＝秋の牧場；地図には Stundok とある。
TONG, DRONG, RONG.	Tib.: gong. 村の小さい集落、孤立した家。Kyirong、チベット＝ネパールの国境の＝幸福の村。(Cf. ハーラー〔チベットの七年〕) Tongsa、ブータンの＝村の跡（?）
TOP, TIP.	Hindustani: topi 帽子。頂を指す働きもあるが、英語の top ではない。Deo Tibba＝神の頂。
TRI, TIR.	Hind.: 三叉の。Trisul＝三叉の戟、Trisuli＝三叉の戟〔※ψψΨ〕。
TSA, RTSA.	Tib.: rtswa. 章。Tsasam、Tsasamba、東部ネパールの＝牧草の橋。つる草の橋よりむしろ、草と小枝をはった橋。サトレジ高地の Tsabrang、1624年にそこに布教の拠点をおいたジェズイットたちは、Tsaparang とか、Chaparang とか書いた＝草が見つかる野営地——チベットでは、普通はそれどころではない……。
TS'A (I).	Tib.: ts'wa 塩。Ts'alung、Gosainthan の近くの＝塩の谷。
TS'A (II), TS'AN, TS'EN.	Tib.: ts'a. 大変に熱い、沸騰している。Ch'uts'en＝熱い泉源、普通名詞。 Rinak Ch'uts'an＝黒い山の熱い泉。 Ts'abarong、東部チベットの＝非常に暑いゴルジュ。
TSANG.	Tib.: gtsang. 純純な。ネパール北部のチベットの州は Tsang＝純粋と呼ばれる。 Matsang Tsangpo、ネパールの＝不純な川。

TS'ANG.	Tib.: ts'ang. 巣、巣穴、Gots'ang、ラダークの＝ハゲタカの巣、Takts'ang、ラダークとブータンの＝トラの巣穴。
TSANGPO.	Tib.: gtsang-po. 川、河〔海に注ぐ〕。非常に一般的。Brahmaputra のチベットの上流を旅行者は Tsangpo と記述する。普通名詞は実際会話の中に使用される：《河〔海に注ぐ〕》。しかし、この語を川の名称として受け入れさせたのは混同である。なぜなら、川には固有名詞、チベット語の ts'angs-bu からきた Ts'angpu＝ブラフマの息子、サンスクリット語の Brahmaputra の正確な訳があるからである！
TSE (I).	Tb.: rtse. 峰、なかんづく傾斜のきつい峰。Lhotse＝南峰。Menlungtse＝下流の谷の峰。
TSE (II).	チベット語においても、同族のヒマラヤ方言においても知られていない音綴だが、数多くの村の名前の中に見出せるから、おそらく、《住まわれている場所》とか、それに近い意味を与えることができよう。こうして、Shigatse、Gyangtse、Tangtse、T'iktse、K'artse、Martselang、Betse、Pentse、Puntiktse あるいは、原住民やかれらの記述に、いつもすべてをチベット語によって説明したがるきらいがあるとしても、同語の語源 Tib.: rtse＝頂、は承認できないような古い村々などに見られる。チベット語の派生に対する反論として、今述べた名前のいずれにも、その起源が確かにチベット語であるというような要素はないのだ、という

ことを注意しておこう。K'artse はチベット語らしく見えるし、チベット語学者はそれを《城の丘》としている。しかし、この名前はインダス河岸の低い平原を指し、そこには極少の痕跡すらないし、城はおろか、丘などなおさらありはしないのである。かんがいが容易であるから、その場所には、おそらくチベット人がインダスの下流地帯にやつてくる前から人が住んでいた。私がまた、即座に調べることができた別の名前（T'iktse、Purtikse、なかんずく Martselang）も同じ結論、つまりチベット人以前の時代に人が住んでいた場所に向いている。

ムンダ語（TI を見よ）は、che＝champ 耕地の語をもつ。ところで、チベット語には《ch》の音も文字もあるにもかかわらず、インド語の《ch》の音がチベット語で《ts》によって再生されていることは言語学者たちに認められている。さらに正確に言えば、耕地を意味するムンダ語の《ch》とチベット語の地名の《tse》とが、近い関係にあることを証明するものは何もない。しかし、こうしたことを支持するために――はっきりした証拠はないし、それはおそらく、決して手に入らないだろうが――これだけは注意しておこう。つまり、tse の音綴をもつ場所は、すべて、耕作された台地であり、チベットの歴史が、それをいえるずっと前から耕作された台地であり、チベットの歴史が、それをいえるずっと前から耕されていたの

TSE, TS'EPAT.	Tib.: ts'e-pad. 麻黄、つる性茎の灌木。Ts'eri、ラダークの＝麻黄を採集する丘。Ts'et'ang、アッサムの北部＝麻黄の平原。
S'SE (II)	Tib.: ts'e. 生命。Ts'eringch'enga＝長い生命をもつ五人の姉妹（女神）、Kang chend zönga. の文学や神話における名称、Ts'eringtsenga＝長い命の五つの峰、Ts'eringma＝長い生命（の女神）、両方とも Gauri Sankar の近くにある。
TSITSI, TSITI.	Tib.: tsi-tsi. ハツカネズミ、Tsisima、ネパール東部＝ハツカネズミ、Sisit'ang、シッキムの＝ハツカネズミのいる平原。
TS'O	Tib: mts'o. 湖、塩湖。Ts'okam、インダス河上流の＝乾湖——湖と関係のある《cho》は、ヒマラヤの地図の至るところで見出されるが、この書き方は絶対に誤っており、消え去るべきである。この書き方は、次のことから来ている。つまり、ts の音はヒンドスタニィ語やそれと同じ語族の言語には存在しない。それで、インド人の耳は ts を ch から区別することができないようである。そしてヨーロッパから来るアルピニストや《探検家》は、一様にヒマラヤの住民の発音を聞く代わりに、リエゾン・オフィサーやインド語の地図が、いったり書いたりすることを写して満足しているのである。同じことは、インド人が j として、めちゃくちゃにしている dz の音にもあてはまる。
TSÖ.	Tib.: gtsod. チベット産のカモシカ。その毛は特別に繊細で法外な値がついている。Tsöna、ブータンの北東の＝カモシカの鼻。
TS'ONG.	Tib.: ts'ong. 商品。Ts'ongra＝商品の（中）庭、市場、市、《chongra》もまた、TS'O に対する《Cho》と同じく誤りである。Ts'ongra Sumdo、ネパールの北部の＝市が開かれる合流点。
T'UNG.	Tib.: t'ung. 短い。Lungt'ung、インダス河の＝短い谷
WA.	Tib.: wa. 樋、木の幹をくりぬいた水管。Walung、ネパールの氷河谷＝樋状の谷。
WE.	ガルワルのチベット方言：山岳。Ts'ering We、ガルワルの＝長い生命の山岳。
YA (I), **HYA.**	Tib.: gya. ガラ場、（岩）塊の崩壊。Hyach'u、ラダークの＝ガラ場の水、岩塊の下にかくされた流水。
YA (II), **YAN.** または **YAR** (I)に代わって	上部の。Yalung、Kabru のふもと＝上部の谷？ラダークやバルティスタンをのぞいては、この二つの YA は、音声的に区別できないようだ。沢山の別の場合と同じく意味を決定させるのは、その場所の知識だけである。それで、シッキムの Yabuk は《ガラ場》でもありうるし、《上流の谷》でもありうる。

	Yaru については RU を見よ。
YAK.	Tib.：gyak. ヤク。力と持久力が抜群の登り手（Biancograt の上でザイルを結びあっている二匹のヤクを表わした、ある英語の書物のカバーは、いささか大胆であるにしても……）。 Yakt'ang、シッキムの＝ヤクのいる平。
YAN.	Tib.：ya、yan. 上流、上流の部分。 Yan Palu＝上流の牧場の小屋、ラダークの高地の牧場の名で、近くの峰：Yan Kangri＝上流の雪の峰に適用されている。 Yangang、シッキムの＝上部の支稜。
YANG.	Tib.：yangs. 大きな、広い。Yangdok Ts'o、シッキムの北部＝広い牧場の湖。
YAR (I).	Tib.：yar. 上部の、YAN のように。Yarkang＝上流の氷河。 Yarlung、ブータンの北の歴史的な谷＝上流の野原。
YAR (II).	Tib.：dbyar. 夏。Yarsa、若干の地域で＝夏居、夏の場所。夏だけ住む村、小谷あるいは台地（GUNSA に対する）
YOK, YOKMA, sherpa YONGMA.	Tib.：og、下部の、KONGM に対する。 Changlung Yokma、チベットの西部＝下流の北の谷。
YU.	Tib.：gyu. トルコ玉、大変に流行。 Yumts'o＝トルコ玉の色合の湖、 《Chomo-yu》については CH'Ö を見よ。
YÜ, YUL.	Tib.：yul. 国、村落。 Dokyul、ラダークと Changt'ang の＝Dokpa の地方あるいは牧場の主人。Monyul、アッサムの地区＝モンの地方。（Tilman によって訪ねられる：MON を見よ）。 Peyü、チベットの東部＝栄光の国。
YULHA, YULLA, YILA.	Tib.：yul-lha. 国の神。境界地区を保護する神。 K'umbu Yila＝K'umbu 小谷の守護神、T'angboche から見れる光峰。 Shorong Yila＝Shorong の守護神（SHOT を見よ）、Gauri Sankar の南にある峠。
YUM.	Tib.：yum. 母に対する敬語、そこから、しばしば女神の意。Yumt'ang、シッキムの＝女神の平原、 Yumts'o については YU を見よ。
YUNGDUNG, YURU.	Tib.：gyung-drung. マンジ形（Croix gammée〔※ドイツ語のハーケン・クロイツに相当するが、これは、逆マンジであり、原著者の誤りと思う〕チベットの仏教以前のある宗教のマジック・シンボル。 Lamayuru＝僧侶のマンジドモエ、ラダークの最も古い僧院のひとつで、現地人は単に Yuru と呼ぶ。
ZANG, ZANGS.	Tib.：zangs. 銅。 Zangskar＝白銅；そこで銅が採掘され加工された。その方言に特有の奇妙な法則にしたがって、住民は Zang-Har と発音する。よく見られる Zaskar という書き方は不充分である。
ZAMPA, SAMBA.	Tib.：zam-pa. 橋。DOZAM、KANGSAM な

	ども見よ。Yoksam、シッキムの＝下流の橋。
ZHA.	Tib.: zhwa.　帽子。
	Karzha、ラフールのチベット名＝白い帽子（？）、ずっと北方にあって、その地区の峰よりももっと雪におおわれた峰をほのめかす。
ZHING.	Tib.: zhing.　耕地。
ZHUNG.	Tib.: gzhung、真ん中（中央）。
	Zhunglam、ラダークの＝真ん中の道、主要な道 JUNG を見よ。

Pierre Vittoz

Toponymie himalayenne: Lexique de noms communs.
SSAF:《Journal》Vol. II-Nr. 9, 28, 12. 1960.　pp. 305〜327.

2 チトラール語——語彙集
Khowar — Vocabulary

雁部 貞夫 編
edited by S. Karibe

はじめに

　チトラールはパキスタン共和国の北西辺境に位置し、東西は狭いが、南北に長い（約 300 km）山国である。東部ヒンズー・クシュ山脈の主要な 7000 m 峰（14 座）は全てチトラール領に属している。この地は古くからシルクロード南の要衝として知られ、玄奘の「大唐西域記」には「商彌（サンミ）」として登場する。また、ヒンズー・クシュについては玄奘に先立つこと 150 年前の求法僧法顕の伝記「法顕伝」では、大雪山と記されている。その広さは、イギリスのウェールズの面積とほぼ等しいとされ、人口は 15 万人前後と見られる。現在では、殆どの住民はチトラール川（カブール川上流）とその多くの支流のオアシスに定住し、米や麦の耕作を中心に農業を営む者が多いが、山地には、今なお山羊、羊を遊放する人々も少なしとしない。

　代々にわたって、メーター（Mehter）と呼ばれる君主に統治されて来たチトラールは、前世紀末のイギリス、ロシア間の角逐の接点となり、イギリス側の辺境の最重要拠点となった。今世紀初頭のはじめ骨肉相はむ内訌を統一したシュジャ・ウル・ムルク（Sir Shuja ul-Mulk）はイギリス政府から藩王の一人に列せられた。チトラールは第二次大戦後まで独立した王国の形体をとってきた。パキスタン中央政府にその機構を吸収されたのは近年のことである。

　チトラール語＝コワール語（Kho ＝ war, Kho は山地、war は言葉）はチトラール及びヤシン地方で現に使用されているが、文字を持たない言語である。「インド言語調査」の大著で知られるグリアソンによれば、コワール語はインド・アーリア語のうち、旧インド北西辺境に居住する種族の言語の総称である「ダルド（Dard）」語の一つとして位置づけている。北西辺境に駐在したイギリス人政務補佐官は、こうした辺境諸語の採集につとめ、古くから語彙表を公表している。19 世紀のロバート・ショー、G. ヘイワード、J. ビッダルフ、今世紀に入って G. ローリマー，G. モルゲンスティールネなどは、みな立派な業績を残している。しかし、完全な成書としては H. オブライエンの「チトラール語彙」（1894 年）があるのみである。

　今回ここに公表したものは、前述の諸先進の語彙調査の結果と、一々照合せず、ひとまず独立した資料として提示するものであることをおことわりする。

チトラール語について

　チトラール地域では約 10 種の言語が使われている。次に掲載するのは、もっとも広く話されているチトラール語（Kho - war＝コー族の言語）を中心に、約 750 語を項目ごとに編集したものである。

① 語頭に・印を付した語彙は、雁部が'66 年以降に主としてチトラール川下流のアユーンの村（バンボレット谷入口）で採集したもの、及び 75 年までに報告されていたものを、チトラール藩王家のブルハン・ヴッディーン氏、その他の信頼しうるインフォーマントを通して再確認したものである。

② ＊印を付した語彙は、今回（1987 年）あらたに、主にシャグラムの村のポーターたちから採集したものである。再確認の機会を得ていないので、今後の調査補正に期待する。

③ 発音表記は基本的にローマ字によったが、例えば "nam" の "m" や "brar" の "br" と "r"、"Khan" の "Kh" など、ローマ字表記が不適切

または不充分な場合には、英語的な表記をも混用した。アクセント及び長母音は記号（'）（-）で示している。

"r"と"l"、"Kh"と"h"と"gh"、"b"と"v"、"k"と"q"あるいは"oo"と長母音の"u"などの区別については、必ずしも正確でない部分を残している。

④ 複数の語彙が収集されて取捨選択しがたいものは、そのまま複数掲載している。そのうち（）で囲んだものは、抹消はできないが、信頼度は低いと思われる。

⑤ このリストの整理、ワープロ入力は羽野幸春氏（都立駒場高）の協力によった。

⑥ '87年の踏査は雁部、羽野の他、上原裕二、萱野章二（杉並高）、山崎和敏（日野高）、岩切岑泰（大泉北高）によって行なわれた。

本図は宮森常雄氏の原図を同氏の許可を得て、ここに転載させていただき、今回の我々のルート（1987年）を示したものである。

1. 人間・社会・文化 Human Relationship・Society・Culture

	Japanese	English	Khowar
1-01	名前	name	・nām
1-02	人、夫、男	man. husband	・mósh. (moshu)
1-03	女	woman	・kimeri
1-04	妻	wife	・boaq
1-05	父	father	・tāt
1-06	母	mother	・nan
1-07	両親	parents	・nantāt
1-08	兄弟	brother	・brar. (brara)
1-09	姉妹	sister	・ispusar
1-10	兄	elder brother	・eōt-brar
1-11	姉	elder sister	・eōt-kāy
1-12	弟	younger brother	・seq-brar
1-13	妹	younger sister	・seq-kāy
1-14	子供	child	・ajedi. (ajali)
1-15	息子	son	・jao. (jau.jyao)
1-16	娘	daughter	・jyūr. (joor)
1-17	叔父・伯父	uncle	・mik
1-18	叔母・伯母	aunt	・bech
1-19	家族	family	・azhgal
1-20	少年	boy	・dak
1-21	少女	girl	・kumoro
1-22	召使い	servant	・azhna
1-23	恋人	lover	・ashaq
1-24	外国人	foreigner	・vegana
1-25	医者	doctor	・tabib

1-26	先生	teacher	• ustās		1-54	憎悪	hatred	• boh-dish-shik
1-27	兵士	soldier	• askar.fōgi		1-55	恥	shame	• sharm
1-28	王	king	• mehtar		1-56	必要	need, necessity	• zarurat
1-29	社会	society	• marghili		1-57	成功	success	• kamiyabi
1-30	世界	world	• dunya		1-58	質問	question	• bashar
1-31	平和	peace	• ámn		1-59	回答	answer	• loo
1-32	力	power	• quwat. taqwāt		1-60	誤り	error. mistake	• ghalati
1-33	旗	flag	• alam		1-61	金（金銭）	money	• paisa
1-34	政治	goverment	• redar		1-62	値段	price	• qaimat
1-35	法律	law	• qanun		1-63	店	shop	• dokān
1-36	犯罪	crime	• gunah		1-64	茶店	tea-house	• chai-dokān. chai-kana
1-37	警察	police	• polus		1-65	床屋	barber	• jamateka-dokān
1-38	軍隊	force	• lashkar		1-66	事務所	office	• daftar
1-39	戦争	war	• jang		1-67	郵便局	post office	• dahana
1-40	知識	knowledge	• hushik		1-68	案内	guide	• rafbar
1-41	言葉	word	• war		1-69	寺院	temple	• mosk. • masjid
1-42	文字	letter	• khat		1-70	墓	tomb	• kabul. • gumbat
1-43	歴史	history	• tarikh		1-71	墓石	tombstone	• kabulstan
1-44	音楽	music	• bashauno					
1-45	音楽家	musician	• bashauno-dom		**2. 身体諸部分** Parts of the Body			
1-46	宗教	religion	• mazhab					
1-47	神	god	• khoda		2-01	体	body	• kalip. ＊bodim
1-48	生命	life	• hayat		2-02	頭	head	• kapāl. ＊soar
1-49	死	death	• brik		2-03	髪	hair	• kār. ＊dro. phoor
1-50	病気	illness	• rahaz		2-04	顔	face	• mukh
1-51	心	mind	• aqel		2-05	額	forehead	• mokhodók
1-52	感情	feeling	• hushkholi		2-06	眉	eyebrow	• brú
1-53	希望	hope	• omed		2-07	まつげ	eyelash	• patúk

2-08	眼	eye	・ghish. ＊gach. rechi.		2-36	手・手のひら	hand. palm	・host
2-09	涙	tear	＊ashru		2-37	拳	fist	＊musiti
2-10	涙を流す	shed tear, to	＊kerik.		2-38	指	finger	・chamoot
2-11	耳	ear	・kar. (＊gar)		2-39	爪	nail	・mekh
2-12	鼻	nose	＊niskār. ・naskār		2-40	足	foot	・pan. (＊pang)
2-13	鼻水	snivel	＊nastuli		2-41	脚	leg	・＊deg. (pōn)
2-14	口	mouth	・apak. ・karau		2-42	膝	knee	・zam. (＊zamo)
2-15	唇	lip	・＊shum. (sttūr)		2-43	肉	flesh	・pushūr
2-16	舌	tongue	・rigini. (＊ligini)		2-44	骨	bone	・kol. (turbuch)
2-17	歯	tooth	・don		2-45	血	blood	・leh. (＊khol. ＊rhei)
2-18	顎	chin. jaw.	＊unu		2-46	皮膚	skin	＊posht
2-19	頬	cheek	・jinaho hunu. (＊jinakh)		2-47	脳	brain	＊dimagh. ＊mārs
2-20	顎髭	beard	＊rigish. ＊drō		2-48	心臓	heart	＊herdy
2-21	口髭	moustache	＊samnat		2-49	肝臓	liver	＊asqar
2-22	首	neck	・būk		2-50	腸	intestine	＊shungūr
2-23	うなじ	nape	・garden		2-51	大腸	large intestine	＊lot shungūr
2-24	喉	throat	＊gor		2-52	小腸	small intestine	＊caeq shungūr
2-25	肩	shoulder	・kutu		2-53	ペニス	penis	＊puch
2-26	胸	breast. chest.	・paz. (paj). (＊pas)		2-54	汗	sweat	＊khel
2-27	腹	stomach	・shikama. ＊ishkam		2-55	尿	urine	＊miru
2-28	〃	belly	・koyanoo		2-56	小便する	urinate, to	＊meek
2-29	へそ	navel	＊nāf		2-57	おならをする	fary, to	＊baei
2-30	腰	waist	＊mḗh		2-58	おう吐する	vomit, to	＊oq kőrik
2-31	背中	back	mḗh. ＊araka.		2-59	咳き	cough	＊cópic
2-32	尻	buttock	・palash		2-60	くしゃみ	sneese	＊ishtrofic
2-33	脇の下	armpit	＊kushto mul		2-61	声	voice	・hawaz
2-34	腕・かいな	arm	＊bazu		2-62	息	breath	・hāl
2-35	肘	elbow	・kútūn		2-63	睡眠	sleep, to	＊oraik. ＊pole

2 - 64	外傷	wound	＊zakhow
2 - 65	病気	illness	・rahaz（＊lahaz）
2 - 66	医療	medicine	＊dawai
2 - 67	薬	drag. medicine	・baswez
2 - 68	錠剤・丸薬	pill	・gorei
2 - 69	はげ	bald	＊chan
2 - 70	ほくろ	mole	＊niju

3. 衣服 Clothing

3 - 01	衣服	clothing	・sub
3 - 02	毛織物	woolen cloth	・poshp
3 - 03	絹	silk	・iskim
3 - 04	綿	cotton	・karwasi
3 - 05	ズボン	trousers　薄手	＊pirwar
3 - 06	〃	厚手	＊paroon
3 - 07	〃	ウールの	・batohān
3 - 08	長袖シャツ	long shirts	・piran
3 - 09	コート	long coat	＊choga, (shoka)
3 - 10	靴	shoes	・kosh. (būt)
3 - 11	靴下	under socks	・jarap
3 - 12	サンダル	sandals	・chaprei
3 - 13	帽子	hat	・khōi
3 - 14	チトラール帽	chitrali hat	・pakor（チトラール）
			・kopār（山地地方）
3 - 15	ターバン	turban	＊gorbān
3 - 16	スカーフ	long scarf	・pitek
3 - 17	チャドル	chador	・sadar

3 - 18	下着（上）	underwear	・baniyan
3 - 19	〃 （下）	- do -	＊kacha
3 - 20	手袋	glove	・dasmuza
3 - 21	ベルト	belt	＊bānt
3 - 22	帯	band	・burush
3 - 23	ポケット	pocket	・sib
3 - 24	ハンカチ	handkerchief	＊hoseini
3 - 25	首飾り	necklace	・shaway
3 - 26	指輪	ring	・purungsto
3 - 27	布・衣	clothes	＊zap
3 - 28	ボタン	button	＊sadof.・suduf
3 - 29	糸	thread	・shtūr
3 - 30	針	needle	・shūnji. shunch.(shanch)
3 - 31	袖	sleeve	＊bazri
3 - 32	バッグ（肩掛け）	shoulder bag	・bastan
3 - 33	紐	string	・shimeni.＊bisuere

4. 家 House

4 - 01	村	village	・deho
4 - 02	家	house	・dūr
4 - 03	ドア	door	・darwaza
4 - 04	屋根	roof	・isprās.＊istān
4 - 05	壁	wall	＊shāk
4 - 06	窓	window	・khiliki.（＊kerkī）
4 - 07	角・隅	corner	＊kona
4 - 08	部屋	room	・kamra.＊angti
4 - 09	天井	ceiling	＊angti

4-10	梁	beam		＊nafdār
4-11	柱	pillar		＊tūn
4-12	土間	earth floor		＊farash
4-13	ポーチ	porch		＊zemīn
4-14	ガラス	glass		・ghilas
4-15	庭	garden		・gurzen
4-16	門	gate		・darwaza（ドアに同じ）
4-17	便所	toilet		・mik
4-18	風呂	bath		・rushur
4-19	石塀	fence		＊kānch
4-20	水車	water mill		・khorá
4-21	井戸	well		・sardawai
4-22	橋	bridge		・sair

5. 家具・用具 Furniture & Utensil

5-01	ベッド	bed	・gen (jein)
5-02	枕	pillow	・brazni
5-03	マット	mat	・kalin
5-04	竈	kitchen range	・didān
5-05	薪	firewood	・chuchu-dār
5-06	鍋	pan	・petor
5-07	フライパン	flying pan	・tawa
5-08	おたま	wooden tablespoon	＊dori
5-09	ナイフ	knife	＊chakori
5-10	料理用ナイフ	kitchen knife	・kutel
5-11	刃	edge	・takuma
5-12	フォーク	folk	・quainch
5-13	スプーン	spoon	・kipini
5-14	瓶	bottle	・botal
5-15	壺	jar	・butar
5-16	水壺	water-bottle	＊tokrei
5-17	水さし	water-pitcher	・jag
5-18	ミルクポット	milk-pot	・chīr-dani.(shir-dani)
5-19	砂糖壺	sugar pot	・shokōr bara
5-20	木彫り盆	wooden tray	＊kanák
5-21	皿	plate	・pialēt.(piletās)
5-22	受け皿	saucer	・pē. sagaha
5-23	コップ	glass	・ghilas.(gilas)
5-24	湯呑み	tea-cup	・piala
5-25	お椀	rice-bowl	・pera
5-26	急須	tea-pot	・chái-nak
5-27	茶漉し	filter	＊chai-chán
5-28	ナプキン	napkin	・zanū
5-29	バケツ	baket	・barti
5-30	水筒	water bottle	・daba
5-31	懐中電灯	electric torch	・bijiri
5-32	ランプ	lamp	・laten
5-33	ろうそく	candle	・mombati
5-34	石油	petroleum	・chutio-tēl
5-35	ガソリン	gasoline	・petrōli
5-36	石鹸	soap	・sabūn
5-37	鏡	mirror	・haren
5-38	櫛	comb	・akhlini.(afriman)
5-39	ほうき	broom	・majini
5-40	ふるい	sieve.screen	・chāno

5-41	ショベル	shovel	＊beri
5-42	熊手（五本歯）	hoe	＊kaf
5-43	つるはし	pick	＊kēn
5-44	篭	basket	・weshku
5-45	箱	box	・sanduk
5-46	袋	bag	・zoleit
5-47	南京袋	jute-sac	・bojei
5-48	サブザック	sub-sack	・zoleit
5-49	紐	string	・shimeni．＊bishere
5-50	綱	rope	＊himeni
5-51	錠前	lock	・tāl
5-52	時計	watch	・gari
5-53	こうもり傘	umbrella	・shufur．shupūr
5-54	杖	walking stick	・tuk
5-55	はさみ	scissor	・quainch
5-56	紙	paper	・kaghaz
5-57	糊	paste	・sheresh
5-58	手紙	letter	・hát-kaghaz
5-59	切手	stamp	・dahano-tiket
5-60	竹ペン	bamboo pen	・karam-shōr
5-61	インク	ink	・shai
5-62	インク壺	ink-bottle	・darot
5-63	本	book	・kitāb
5-64	地図	map	・naqsha
5-65	印	mark	・nishan
5-66	ノート	note-book	・kitabche
5-67	机	desk	・mēz
5-68	椅子	chair	・kurushi
5-69	小椅子	little chair	・sandary
5-70	真ちゅう	brass	・pital
5-71	銃	firearm. gun	・tuek.(toraek)
5-72	弾丸	ball	・kartus
5-73	馬蹄	horse's hoof	・istor-o-nal
5-74	風船	balloon	＊pokana

6. 食料・飲料 Food & Drink

6-01	食事	meal	・shápik
6-02	朝食	breakfast	・hassi
6-03	昼食	lunch	・chasht
6-04	夕食	supper	・mairditch
6-05	食べ物	food	・jubalm．・shápik
6-06	チャパティ	bread	・chápati
6-07	お茶	tea	・chai
6-08	紅茶	black tea	・shā-chai
6-09	緑茶	green tea	・ó-chai
6-10	ミルク	milk	・chīr.(shīr)
6-11	ミルクティー	milk-tea	・chīr-chai.(shīr-chai)
6-12	スープ	soup	・shorba
6-13	コーヒー	coffee	・kafi
6-14	チーズ	cheese	・shupinak
6-15	〃（スクランブルエッグ状の）		＊pinak
6-16	バター	butter	・don．maska．gii．
6-17	稲・籾	paddy	・shari
6-18	米	rice	＊grinch.(glinch)
6-19	米飯	boiled rice	＊pakhuti

6 - 20	小麦	wheat	・gomo		6 - 48	砂糖	sugar	・shokōr
6 - 21	小麦粉	flour	・peshir. maidá.		6 - 49	塩	salt	・trúp
6 - 22	大麦	barley	・siry		6 - 50	唐がらし	red pepper	・march
6 - 23	とうもろこし	corn	・jyuwari		6 - 51	カレー粉	turmeric	・zahichawa
6 - 24	野菜	vegetable	・kardachi		6 - 52	カレー料理	curried food	・zana
6 - 25	じゃがいも	potato	・alū		6 - 53	ワイン	wine	・sharāb
6 - 26	たまねぎ	onion	・treshitú		6 - 54	ドーナツ(油揚げチャパティ) donut		＊sishā-parata
6 - 27	葱（野生の）	spring onion	・kach		6 - 55	肉	meat	・pshūr
6 - 28	トマト	tomato	・patingēr		6 - 56	焼き肉	roast meat	＊randezhu
6 - 29	かぼちゃ	pumpkin	・alók		6 - 57	牛肉	beef	・léshou pshūr
6 - 30	なす	egg apple	・patigán		6 - 58	山羊肉	goat meat	・paya pshūr
6 - 31	大根	radish	・trúpkoshi		6 - 59	魚	fish	・machri
6 - 32	果物	fruit	・mewa.＊rawo		6 - 60	鳥肉	chicken meat	・porkini
6 - 33	くるみ	walnut	＊birmógh		6 - 61	おん鶏	cook	・kúk
6 - 34	ざくろ	pomegranate	・dārum		6 - 62	めん鶏	hen	・kahak
6 - 35	りんご	apple	・parō.・paryō		6 - 63	ひな鶏	chicken	・kuruchi
6 - 36	ハルブザ・メロン melon		・kharbuza.＊raghu.		6 - 64	鶏卵	egg	・ayukūn
6 - 37	あんず little yellow apricot		・mikin		6 - 65	ロブスター	robster	・karai
6 - 38	〃 middle orange apricot		・juri.(judi)		6 - 66	ハム	ham	・sur pschūr
6 - 39	〃 large red apricot		・alcha		6 - 67	うさぎ	rabbit	・komuri
6 - 40	アーモンド almond. pip of apricot.		＊jyōr		6 - 68	カステラ	sponge cake	・isponji
6 - 41	ピーナッツ	peanut	・bunpari		6 - 69	菓子	confectionary	・mithái
6 - 42	ぶどう	grape	・droch			（甘いもの）		＊matai
6 - 43	桑の実	mulberry	・murach		6 - 70	水	water	・ū. ūgh
6 - 44	ココナツ	coconut	・kopla		6 - 71	湯	hot water	・pechi ū
6 - 45	ナツメヤシ	palm	・alila		6 - 72	冷水	cold water	・ushak ū
6 - 46	梨	pear	・tōngk		6 - 73	毒物	poison	・zahr
6 - 47	柿の実	perisimmon	＊kuribana		6 - 74	薬物	medicine	・dawa

7. 動物 Animal　注.食肉類は第6項を参照せよ.

7-01	動物（野生の）	wild animal	・zhandar
7-02	牡牛	ox	・réshūn
7-03	雌牛	cow	・réshū.(leshou)
7-04	やく	yak	・zho（zō）
7-05	山羊	goat	・paya. pai.
7-06	角	horn	・srūng
7-07	ろば	donkey	・adruf
7-08	馬	horse	・istōr
7-09	犬	dog	・leni
7-10	ねずみ	rat	・harao
7-11	はげ鷹	condor	・ditwar
7-12	マークホール	markhor	・tonyush
7-13	さそり	scorpion	・jingo.(jumbi)
7-14	かまきり	mantis	＊golobarigi
7-15	触覚	antenna	＊apak
7-16	尻尾	tail. end	＊barash
7-17	蠅	fly	・magash
7-18	兎	rabbit	・komuri

8. 植物 Plant　注.野菜・果物類は第6項を参照せよ.

8-01	植物	plant	・kān
8-02	木	tree	・dar.(darkht)
8-03	枝	branch	・tagh.(shakh)
8-04	幹	trunk	・tri
8-05	根	root	・iwāk
8-06	葉	leaf	・chān
8-07	花	flower	・ganburi
8-08	実（ベリー）	berry	＊pōt
8-09	草	grass	・drosh.・gās
8-10	ポプラ	poplar	・gotuk
8-11	楊柳（かわやなぎ）	willow	・dheli, chikar
8-12	鈴懸	plantan	・chināl
8-13	畑	field	・chatr
8-14	麦穂	wheat-head	・gomo sōr
8-15	果実	fluit	・rāwo
8-16	りんごの木	apple tree	＊paro-dār
8-17	ぶどうの木	grape vine	・droch-dār

9. 自然現象 Natural phenomenon

9-01	太陽	sun	・＊yōr
9-02	月	moon	＊mās
9-03	星	star	・＊istāri
9-04	天気	weather	・hawa
9-05	光	light	・rosht
9-06	輝き	bright	・-do-
9-07	影	shade	・chage
9-08	色	color	・bang
9-09	音	sound	・hawaz
9-10	雲	cloud	・kot
9-11	霧	mist	・markan
9-12	雷	thunder	・bomburash
9-13	雨	rain	・boshik.(bashiran)

9 - 14	雪	snow	・him
9 - 15	氷	ice	・yōz
9 - 16	山	mountain	・zom.・kho
9 - 17	川	river	・shin.・gōl. (gor)
9 - 18	水	water	・ū.・ūgh
9 - 19	泉	spring	・ū-tsu
9 - 20	波	wave	・ajarogh
9 - 21	島	island	・jazira
9 - 22	石	stone	∗boght
9 - 23	土	clay	∗suti. (zamin)
9 - 24	野原	field	・chaman
9 - 25	陸、地面	earth	・zamin
9 - 26	砂	sand	・shoghor
9 - 27	ほこり	dust	・gairt
9 - 28	火	fire	・anga. (aje)
9 - 29	炎	flame	・bās
9 - 30	熱	heat	・petch
9 - 31	煙	smoke	・zhingeik
9 - 32	金属	metal	・felez
9 - 33	金	gold	・sorm
9 - 34	銀	silver	・drokkhum
9 - 35	鉄	iron	・chumūr
9 - 36	ざくろ石	garnet	・yakuda
9 - 37	満月	full moon	∗ura-mas

10. 空間 Space -位置と形状 Position & Form-

10 - 01	左	left	∗kogri
10 - 02	右	right	∗floski
10 - 03	前	front	∗sidā
10 - 04	後	back	・achi.∗ācha
10 - 05	中	centre. middle	∗muja
10 - 06	上	up	∗asni
10 - 07	下	down	∗resichia
10 - 08	中央	centre. middle	・darmiand
10 - 09	中心	centre. middle. heart	・markaz
10 - 10	正面	front	・pushti
10 - 11	側面	side	・shoya
10 - 12	内側	inside	・andreni.∗andren
10 - 13	外側	outside	∗nisi
10 - 14	東	east	mashreq
10 - 15	西	west	∗garbi.・maghreb
10 - 16	南	south	・junabi
10 - 17	北	north	・shamal
10 - 18	どこ	where	・kura
10 - 19	ここ	here	・naya
10 - 20	この道	this way	・haya pōn
10 - 21	道	way-path	・rah. rogh
10 - 22	順序	order	・tanzim
10 - 23	部分	part	・hissa
10 - 24	線	line	・khatar.・jair
10 - 25	点	point	・phoor
10 - 26	角	square	・chor-paloo
10 - 27	輪	ring	・pulungusht
10 - 28	円	circle	・rogh

11. 時間 Time

11-01	時間	time	・waqt
11-02	一日	one day	・bas
11-03	昼	daytime	・anus
11-04	夜	night	・chui. (sham)
11-05	週	week	・sot.
11-06	月	moon	・mās. (maos)
11-07	年	year	・sal
11-08	朝	morning	・chuchi. (・chashtakal)
11-09	夕	evening	・shamo.・pishin
11-10	正午	noon	・ganish. (・chasht)
11-11	今日	today	・hanun
11-12	昨日	yesterday	・doshu
11-13	明日	tomorrow	・pinga-chu
11-14	あさって day after tomorrow		・pinga
11-15	しあさって three days hence		・shupinga
11-16	おととい day before yesterday		・oftili
11-17	さきおととい three days ago		・ochofti
11-18	今	now	・hanissen. (hanise)
11-19	時間	hour. time	・baja. tem
11-20	春	spring	・bosun
11-21	夏	summer	・grishpoh
11-22	秋	autumn	・bahār
11-23	冬	winter	・yoman
11-24	日付	date	・tarikh
11-25	土曜日	saturday	・shanbe
11-26	日曜日	sunday	・yak-shanbe
11-27	月曜日	monday	・du-shanbe
11-28	火曜日	tuesday	・se-shanbe
11-29	水曜日	wednesday	char-shanbe
11-30	木曜日	thursday	・panj-shanbe
11-31	金曜日	friday	・adina

12. 動詞 Verb

12-01	愛する	love	・mohabet
12-02	上がる	pillow	＊usneik
12-03	握手する	shake hands	＊host ded
12-04	開ける	open	＊krau.・cerna
12-05	上げる＝上がる	lift	・usneik
12-06	与える＝払う	give	・dom.・dik
12-07	集める	collect	・ibiti.＊baseitan
12-08	洗う	wash	・nigik.・nigim
12-09	ある	be	・asūr
12-10	歩く	walk	＊kosik
12-11	歩く	step	・prash
12-12	言う	say	・rek.・rem
12-13	行く	go	・beik.・bim
12-14	受ける	receive. accept	・torik
12-15	写す	take a photograph	・kholik
12-16	動く	move	・harakat
12-17	嘘をつく	lie	・changik
12-18	歌う	sing	＊bashaune
12-19	打つ	hit	＊tuyak.・dik
12-20	売る	sell	・bezmik. (desemik)

12-21	得る＝買う	obtain	・ganik
12-22	運転する	drive	・kaseik. ＊kasik
12-23	描く	draw	＊hutu
12-24	おおう	cover	・hanō
12-25	置く	set	・drek. rakhana
12-26	送る	send	・anzeik. rakhe
12-27	教える	teach	・chiche. chuchinik. chichuma
12-28	押す	push	・ghoraik. nakshadrik. ＊bantu
12-29	おそれる	fear	＊kurik
12-30	落ちる	fall	・afdik. ＊yurakik
12-31	踊る	dance	・pone
12-32	溺れる	drowned	＊bik
12-33	泳ぐ	swim	・usinik. ＊usneik
12-34	折る＝割る	crack. smash	＊ochidai
12-35	終わる	finish	・bās. khatom. oyowa
12-36	買う＝得る	buy	・ganik
12-37	帰る	return	・ohotik
12-38	代える	change	・bedekolik. (bedalna)
12-39	書く	write	・niwishik
12-40	かぐ	smell	・shunkik. ＊niskar
12-41	数える	count	＊sof
12-42	かぶる（帽子を）	put on	＊solo ded
12-43	噛む	bite	＊don
12-44	考える	think	・dunik
12-45	聞く	hear	・karapolik. ＊karaprai
12-46	切る	cut	・chinik
12-47	着る（服を）	wear	・angik. ＊anje
12-48	組む（腕を）	fold one's arm	＊iscomri kretan bazu. kodik.
12-49	来る	come	・gom
12-50	削る＝剃る	shape	＊pretan
12-51	蹴る	kick	＊baringarik. ・dik
12-52	こする	rub	＊hostan nige
12-53	こぼす	spill	＊uruitai
12-54	転がる	roll	＊dīrprai
12-55	叫ぶ＝呼ぶ	cry. call	・girghiak. ＊hawaz
12-56	去る	leave	・pichik
12-57	失敗する	fail	・nakam
12-58	死ぬ	die	＊dik
12-59	閉める	close	＊korik. korna. dogha.
12-60	知る	know	・hushkorik. ＊husk kom
12-61	信ずる	believe	・yaqin
12-62	座る	sit	＊nisher
12-63	する	do	・kholik. kom
12-64	助ける	help	・madat
12-65	立つ	stand	・repik
12-66	食べる	eat	・jubom. kayo
12-67	注意する	pay attention	・taklik
12-68	つぶす	crush	・shinik
12-69	出る	go out	＊yunise
12-70	通る	go along	・nassenishik
12-71	飛ぶ	fly	・ūlik
12-72	止まる	stop	・lipik
12-73	泊まる	stay	・halbik
12-74	取る	take	・＊gánik
12-75	ない	not be	＊niki
12-76	流れる	flow	・biran

12-77	泣く	weep	＊gerik
12-78	無くなる	be out	kátum.
12-79	握る	clasp. grip	・dosik
12-80	縫う	sew	・sweek
12-81	脱ぐ（服を）	take off	＊nije
12-82	脱ぐ（帽子を）	take off	＊yugana
12-83	眠る	sleep	・polik.＊pōtam
12-84	飲む	drink	・puik. pim.＊pītai. piyo.
12-85	入る	entre	＊andreni voga
12-86	吐く	vomit	＊ockorik
12-87	運ぶ＝持ってくる	bring	・angik
12-88	走る	run	＊deg
12-89	働く	work	・khorm
12-90	発見する	discover	・paida-kholik
12-91	払う＝与える	pay	・dik.・dom
12-92	引く	pull	・rakashik ＊korik
12-93	ひっかく	scratch	＊kuchare
12-94	踏む	tread	＊chunik
12-95	ほどく	untie	＊craugo
12-96	掘る	dig	＊kenek.＊nejik. dasta.
12-97	巻く	roll. wind	・polik.＊washtik
12-98	混ぜる	mix	＊kiteik
12-99	待つ	wait	intizār
12-100	見せる	shaw	＊mandet
12-101	乱す	disturb	・taklif
12-102	見張る	watch	・hifazat（ウルドゥ語も同じ）
12-103	見る	see	＊rore
12-104	見る	look	・rorik
12-105	結ぶ	tie	・botik.＊bote
12-106	目覚める	awake	・repaik.＊tōroi
12-107	燃える	burn	・angik.＊angār
12-108	持つ	have	(・sher).＊usneitan
12-109	持ってくる＝運ぶ	bring	・angík
12-110	持っていく	carry	＊lejana
12-111	盛る（食事を）	serve	＊shapik
12-112	休む	rest	・alām
12-113	読む	read	・reik
12-114	破る	rip	＊aresik
12-115	呼ぶ＝叫ぶ	call	・girghiak.＊hawaz
12-116	料理する＝煮る	cook. boil	・pachaik.＊pachaisan
12-117	忘れる	forget	・rokhosik
12-118	笑う（ほほ笑む）	laugh	・hosik
12-119	割る＝折る	crack	＊ochidai

13. 形容詞・副詞・前置詞 Adjective, Adverb & Preposition

13-01	よい	good	・jam
13-02	わるい	bad	・shum
13-03	大きい	big	・lot
13-04	小さい	little	・puck
13-05	長い	long	・dorong
13-06	短い	short	・chok
13-07	重い	heavy	・kai
13-08	軽い	light	・rotu
13-09	高い	high	・zhang
13-10	低い	low	・past

13-11	深い	deep	• kūrum
13-12	浅い	shallow	• kashti
13-13	早い	early	• raghasti
13-14	速い	fast. speedy	• tez
13-15	遅い	slow	• marar
13-16	古い	old	• zharu
13-17	新しい	new	• nogh. (nau)
13-18	強い	strong	• mezbut
13-19	弱い	weak	• khamzor
13-20	広い	wide	• frakha
13-21	狭い	narrow	• tang
13-22	真っすぐな	straight	• hosko
13-23	曲がった	curved	• torski
13-24	かたい	hard	• dank
13-25	柔らかい	soft	• narm
13-26	たくさんの	many	• ambokho
13-27	少しの	few	• kam
13-28	冷たい＝寒い	cool. cold	• ushák
13-29	熱い	hot	• pechi
13-30	暖かい＝暑い	hot	• garm
13-31	遠い	far	• duderi. shoya ki
13-32	近い	near	• shoi. shoya
13-33	明るい	light	• roshan
13-34	暗い	dark	• chui
13-35	富んだ	rich	• daulatmand
13-36	貧しい	poor	• gharib
13-37	肥えた	fat	• hirogom
13-38	空腹の	hungry	chui koyan
13-39	渇いた	thirsty	piyar goyan
13-40	湿った	wet	• zha
13-41	疲れた	tired	hasmash biti
13-42	十分な	full	ura. • tip
13-43	痛い	feel pain	• chameran
13-44	同じ	same	• yogochaka
13-45	等しい	equal	• -do-
13-46	異なった	different	• mokhtalef
13-47	安い	cheap	• alzam
13-48	美しい	beautiful	• shily. (sheli)
13-49	きれいな	clean	• safar
13-50	汚れた	durty	• ganda
13-51	単純な	simple	• sada
13-52	やさしい	easy	• asan
13-53	難しい	difficult	• gerān
13-54	安全な	safety	• arami
13-55	危険な	dangerous	• mushkhira
13-56	賢い	clever	• kherradmand
13-57	愚かな	foolish	• beaqel
13-58	甘い	sweet	• matai
13-59	苦い	bitter	• trokh
13-60	鋭い	sharp	• tez
13-61	正直な	honest	• deanadar
13-62	必要な	necessary	• hazat
13-63	幸せな	happy	• khosān
13-64	親愛な	dear	• khosh
13-65	自由な	free	• azad
13-66	用意の出来た	ready	• noik

13-67	白い	white	・ishpēr	
13-68	黒い	black	・sha. shah	
13-69	赤い	red	・kurui	
13-70	青い	blue	・asmani. (ochi)	
13-71	緑色の	green	・ó	
13-72	黄色い	yellow	・zasichi	
13-73	空色の	sky blue	・indo	
13-74	この	this	・hamo	
13-75	その他の	other	・phūr	
13-76	なに	what	・kya	
13-77	ここ	here	・naya	
13-78	どこ	where	・kura	
13-79	これほど	how many (much)	・khandri	
13-80	とても	very	・bho	
13-81	上に	upwards	＊asni. (sar)	
13-82	下に	below	＊resichia	
13-83	はい	yes	・ji	
13-84	いいえ	no	・ne	

14. 単　位 Measure

14-01	長さ		1尋＝1 gaz＝3 フィート＝91 cm
			1760 gas＝1 mil＝1 マイル＝1.6 km
14-02	重さ		グラム (g), キログラム (kg) が通用する
			1 mauna＝40 ser＝160 pao＝801 b
			＝640 chitank＝3200 tola.
14-03	通貨		paisa

1 rupi（1 rupaya. 記号 PRe. PRs）
　　　＝100 paisa＝16 anna

15. 数詞・数量 Number & Quantity

15-01	1	one	・i
15-02	2	two	・ju
15-03	3	three	・troi
15-04	4	four	・chōr
15-05	5	five	・pōnch
15-06	6	six	・choi
15-07	7	seven	・sot
15-08	8	eight	・osht
15-09	9	nine	・nyōf
15-10	10	ten	・josh
15-11	11	eleven	・josh-i
15-12	12	twelve	・josh-ju
15-13	13	thirteen	・josh-troi
15-14	14	fourteen	・josh-chōr
15-15	15	fifteen	・josh-pōnch
15-16	20	twenty	・vishir
15-17	21	twenty-one	・vishir-i
15-18	22	twenty-two	・vishir-ju
15-19	23	twenty-three	・vishir-troi
15-20	30	thirty	・vishir-josh
15-21	40	fourty	・ju-vishir
15-22	50	fifty	・ju-vishir-josh
15-23	60	sixty	・tori-vishir

15 - 24	70	seventy	• tori-vishir-josh
15 - 25	80	eighty	• chor-vishir
15 - 26	90	ninty	• chor-vishir-josh
15 - 27	100	hundred	• i-shor
15 - 28	154	one-hundred and fifty-four	• i-shor ju-vishir-josh chor
15 - 29	1000	thousand	• i-hazar
15 - 30	100000	hundred thousand	• lākh
15 - 31	1000000	million	• josh-lākh
15 - 32	10000000	ten million	• i-kror
15 - 33	2分の1	half	• ju-pao
15 - 34	4分の1	quater	• pao
15 - 35	4分の3	three quater	• troi pao
15 - 36	年	age old	• umūr

3 東部ヒンドゥ・クシュ地名, 山名考

雁部　貞夫　著
SADAO　KARIBE

　ヒンドゥ・クシュの地名、山名の持つ意味については、これまで部分的に語られて来たことはあるが、網羅的に記されたことはない。

　ヒンドゥ・クシュの山名として最もその命名法とともに有名な例としては、チトラールの高峰イストル・オ・ナール（7403 m）の例がある。この例は本文の I 003 ISTOR の項で記す如く、Istor は「馬」、O は「…の…」、Nal は「蹄」の意であり、チトラール語（Chitrali＝Kho-War）による命名である。この山へ試登した M. Burn が 1928 年に命名し、この命名法については、カラコルム評議会（K.C.R.）が当時、命名の良い見本として讃辞を送っている。この山の上部の形状、つまり頂部の氷河を多くの 7000 m ピークがぐるりと馬蹄形にとり囲んでいる形状を表現したもので、地元民にもよくわかる命名であった。

　ヒンドゥ・クシュにはティリチ・ミール（7708 m）のように古くから知られていた山名は有ったが、大部分の山名は、登山者により第二次大戦後のヒマラヤ登山の黄金時代に命名されたものが多い。

　一方、地名についてはどの国でも同じだが、そこに住む民族の歴史の生成と共に生まれものと思われ、今ではその意味がわからないものも多い。しかし、今なおその土地の地理的形状の特質を存するものも少なしとせず、それらはヒンドゥ・クシュ山脈に普遍的に存在する。本稿はそれらについて、可能な限り収録した。

――〔見出し語の各言語略号表〕――
(1) B → Burushaski 語　(2) Kho → Khowar (Chitrali) 語　(3) P → Persia 語　(4) S → Shina (Gilgiti) 語　(5) T → Turkish 語　(6) W → Wakhi 語　(7) Kaf → Kafir 語　(8) H → Hindi 語

A 001　**ACHAR** (Kho)
　「……の後に」の意。Tirich Mir の西に Achar Zom（6230 m）があるが、ティリチ・ミールの「後の、またはかげの山」という意である。アッハーと発音。

A 002　**〜ABAD** (P)
　「人が住む」という意で北西辺境一帯に多い。地名のあとに付き、集落名となる場合が多い。

A 003　**AGHIL** (T) → OGHIL を見よ。

A 004　**AGHOST** (S)
　「峠」の意。ギザール河の南北両岸の山地にある峠には殆んどアゴースト（Aghost）を使用。チトラールではアン（An）。Aghost Bar 氷河がトゥイ峠の東面にあるが、「峠の谷の」氷河の意。峠に使われている例では、Ishkuman Aghost（4589 m）その他に頻出。

A 005　**AKHER KHIOH**
　チトラールの北、ジワール谷北岸の 7020 m 峰。ディムベルガー老は、「最後のデブ」とする。多分偵察者の命名によるものであろう。西隣の Koh-i-Tez と並立するピラミダルな鋭峰だが、特に北側のコトガズ氷河からは全山、雪に包まれ秀麗な山容をほこる。1966 年夏、H. Shell らが速攻で陥しいれた。

A 006　**AMBEZH** (Kho., S)
　「合流点」の意。Dadariri An の北側に多い地名。

A 007　**ANI KUCHO** (S)
　「醜い、または悪絶な谷の入口」の意。バツーラ山群中の南面、バルタール氷河の源頭にあり。

A 008　**ANO** (Kho)
　語の組成としては、An-o、つまり「峠の、山の」の意。ギザール河北岸のナズ・バール・アンの南麓に A-no Gol（峠の谷）があり、トゥリコー河最北のワハーン谷との国境に Ano Shah An がある。この場合の Shah は「黒い」意で、そこに雪のないことを示す。ティリチ山群中の Ano Gol Zom は、「峠のある谷の山」の意。

東部ヒンドゥ・クシュ地名, 山名考 ― 311

A 009　**ASP**（P）

　「馬」の意。従って、Asp-i-Safed（6607 m）はノシャック山群中の「白い馬」という華麗な山名となる。なお、コワール語では Istor、シーナ語では Ashpo という。

A 010　**ASHRET**（T）

　「封土」の意。チトラール南部の町ドロッシュの近くの村名。この辺りには種々の部族が住んでおり、新来の移住者にも住地が与えられて来た所である。種々の言語が残存していることでも有名。ギルギットの言葉シーナ語の一種と思われる Dangalik 語も残っている。

A 011　**AWAL**（P）

　「最初の、第1番目の」の意。ノシャック山群中の Awal 峰（6200 m）は、1963 年のポーランド隊が同山群中で活動中に「最初に登った」山の意で命名されたものであろう。中部 H・K の Awal（5523 m）峰は、1963 年に T. Trübswetter が初登した山である。ルンコー山群中の Lunkho-i-Awal（6895 m）には 1967 年に鈴木政孝らが初登した。

B 001　**BANG**（Kho）

　ヤルフーン河中流の村名。「色彩」の意である。付近の Shah Bang（5550 m）峰は「黒い色をした山」の意。この場合の黒も雪のないことを示している。

B 002　**BAR**（S）

　「谷」の意。ヤシン地域では Bar。チトラールでは、Gol という。Bar-oghil An の場合は、Bar-o-ghil「谷の羊囲い」のある峠の意。Baroghil-i-Payin の Payin（パヤン）は「下方」の意。この辺は有数の牧草地であり、古くからこうした呼称は知られていた。

B 003　**BARF**（P）

　「雪」の意。Languta Barfi（6827 m）はシャカウル谷源頭の雪の双峰である。

B 004　**BIRMOGH**（Kho）

　「胡桃」の意。ビルモッホと発音する。チトラールの町の西北丘陵上に Mehtar 家の夏宮があり、そこが Birmogh Lasht「胡桃のある平地」と呼ばれる地。この夏宮はフンザの工人によってデザイン、建築された。東から南にかけて、ブニ・ゾム山群のパノラマが目前に広がる眺望のよい所である。胡桃はチトラールの至る所にあり、特にカフィリスタンに大木が多い。

B 005　**BLATSE**（Kho）

　「集まる」の意。Blatse Shayoz とは「氷河の集まっている所」の意。ガゼン谷の山名。

B 006　**BHURT**（Kho）

　Bort「岩」と同じ語か。Krui Bhurt は「赤い岩」。Khora-Bhurt An（4630 m）をはじめ、Bhurt という集落もある。

B 007　**BOOMBRET**（Kaf、Kho）

　原義は「Boomburush」で、「かみなり」の意。この地名はカフィリスタン3谷のうちの一つ、Boomboret の谷の例に適用される。この辺りからディールとの境界の山には、稠密な針葉樹林が多く見られ、時に夏の夕べなどすさまじい雷雨に遭遇する。

B 008　**BURI**（W）

　「銀」の意。従って Buri Zom は「銀の山」。ブルシャスキー語では Boori。

B 009　**BULAK**（T）

　このトルコ語起源の地名も H・K 地域に散見するが、意味は「泉」である。すさまじい乾燥地帯だが、一日の旅の渇をいやすべき名泉も数多い。

C 001　**CHAKHOLI**（Kho）

　ブニ山群南部の 6000 m 峰、Chakholi Zom は「刃物のように鋭い山」の意。Chaquli or Churkulli と表記している例もある。北西辺境語の場合、RとLの音の区別は特にないようだ。

C 002　**CHAPAIR**（S）

　「囲む」が原義。ヤシン辺りに散見する地名で、多くは「夏小屋」を指すことが多い。周りを石で囲み、粗朶などをすき間につめたりする。Gujur（グジュル）と称される遊牧の徒が、夏の間、そこで羊、山羊の放牧を管理するベースとしている。

多くは 3500〜4000 m くらいの高さの牧草地が選定される。

C 003　**CHAPARI**（Kho）

ヤルフーン中流の村落名。「断崖」の意。この辺りは大規模な扇状地が多いので、その崖上のへりに臨む村をかく命名したのである。

C 004　**CHATI**（Kho）

ヤルフーン河及びカランバール河上流の氷河に Chatiboi 氷河がある。「洪水（氷河湖から発する）」を意味する。Curzon によれば「白い地面（大地）」または「湖を形成する」の意で、サンスクリット語が起源という。いずれにしろ、Chat は「湖」であり、現在では Chhat と表記され、チトラール最大のものに Bashkargolo Chhat がラスプール河源頭の c. 3650 m にある。

C 005　**CHESMEH**（P）

「泉」の意。アルカリ河の上流に有名な Gram Chasmeh と呼ばれる地があるが、文字通り、「熱い泉、温泉」である。チトラール語では泉は Uts。温泉は Pech Uts、これが集落名となった例がヤルフーン河上流、コヨ・ゾム（6872 m）北の登山口、Pechus である。

C 006　**CHUMAR**（T., W）

「鉄」の意。ヤルフーン中流のチャパリからヤシン西端部へ越える峠に Chumarkhan An（4344 m）がある。これは「鉄の男、すなわちチムール・カーン（帖木児可汗）」を意味する峠。チムール（Timur, 1369〜1405）の別称として Kurakan（駙馬）Emir、Sahib Qiran、El-Kabir Surtan などがある。その祖先はセルジュック族で、Timur-yaligu（鉄の弓）と渾名された。Timur は少壮の頃に負傷し、Lenk（跛者）という渾名を得、ヨーロッパ人がこれを Timur-Lenk と訛ってTamerlane（タメルラン）と称したのは有名な話である。

D 001　**DHAAR**（Kho）

「稜線、山稜」の意。ジワール・ゴル源頭のウシュコ氷河西北端のShah Dhaar（6550 m）は「黒い山稜」の意。Phargam Gol に Dhar Shal、ワッサムの近くに Dharshal Gol があるが、この場合の Shal とは「出作り小屋」を意味し、放牧のための夏小屋、小集落がある所をかく称する。

D 002　**DARBAND**（P）

「門」の意。両岸に絶壁が頭上から迫るような地形の所をこのように命名することが多い。チトラールでも古くから軍事上の要衝になっている地点が多い。ガゼンやダルコット付近にもこの地名があり、Darban Zom（7219 m）や Darban 氷河も本来は Darband と表記すべきであろう。

D 003　**DARRAH**（P）

「谷」の意。コワール（チトラリー）語では Gol、アフガン側でいう Dargaw はワヒ語でも同じである。

D 004　**DARWAZA**（P）

D 002（Darband）と同じ意。バロギール・アンの東に Darwazo An（3880 m）がある。

D 005　**DAS**（B）

「裸の、開墾されていない」の意。ヤシン地域のダルコット部落の西の Das-Bar-Zom（主峰は 6518 m）山塊の名は、その西南麓の Das-Bar（開かれていない谷の意）の名をとったもので、1860 年代の Hayward の地図にすでにその名があらわれている。Das pur ともいう。

D 006　**DASHT**（P）

「平原、砂漠、草地」をいう。ヤルフーン河上流の Baroghil An 付近は古くから牧草地として有名で、Dasht-i-Baroghil（バロギールの平原）と呼ばれてきた。一種の steppe 地帯の称であり、コワール語では Lasht がこれに相当する。

D 007　**DEH**（P）

「村、集落」の意。カフィリスタンでは多くこの言い方が使われている。コワール語では Gram である。ブルシャスキー語では Deor。有名な Kampire-deor（老婆の家、村。7143 m）の例がある。

D 008　**DIST**

「平地の端、または谷の側面に対した平面」をいう。羊飼いはよくこ

のような平地をえらび、羊囲いを作る。これは石を円形に積み上げたもので、丘の側面に対し、シェルターとなる。これもそのまま山名に適用したものが、ヒスパーの名峰 Disteghil Sar（7885 m）であり、R. Schomberg に詳しい説がある。Dest とも表記。

D 009　**DOK**（Kho）
「堆積、岩」の意。サラグラール（7403 m）の北のジワール谷及びヤシン西のザガール・アン（5008 m）の麓に Dok Shal（岩小屋）という地名がある。

D 010　**DOSTI**（P）
「友情」の意。ワハン谷の Koh-i-Dosti（6380 m）は「友情の山」。Dost は「友人」である。

D 011　**DUDAIRI**（Kho）
「遠い」の意。スワートとヤシンを結ぶ Dadariri An（5030 m）は「遠い峠」。チトラル、ヤシン、スワートの接合部の Dadarboh（5904 m）は「遠くへ行く」の意であろう。Boh はシーナ語では「行く」を意味する。Bo と表記される場合もある。イシュコマン西の5478 m の山にも同じ名がある。なおシーナ語では「遠い」ことを Dur という。

F 001　**FRAKH**（P）
「大きい」の意。スワートの名峰 Falak Sar（5918 m）の原義は恐らく、この「大きい山」の意であろう。

G 001　**GAH**（S）
「川、谷」の意。ヤシン地域では殆どすべての谷、川がこう呼ばれている。

G 002　**GALI**（S）
ヤシン地域、特にグピス周辺には多い地名。「峠」の意である。

G 003　**GANGUROO**（Kho）
「牛糞」の意。カフィリスタンの Rumbur 谷の上流を Ganguroo wat Gol と呼び、その源頭にアフガン側へ越える Ganguroo wat An（4666 m）がある。

G 004　**GANJA**（H）
「大麻」の意。グピスの北東に Ganja An がある。1956年に深田久弥さんが越えたネパールのランタン・ヒマールの Ganja La も同じく「大麻の峠」の意であろう。大麻はインド北西辺境に極めて多い植物で、スワートやチトラル一帯では、どこを歩いても道端に生えているくらいで、茎を折り取ってかぐと特有の臭いがある。この草の樹脂を固形化したものが、Haschisch である。麻酔性のある喫煙料であり、チトラルではチャラス Charas と呼ばれ、パキスタン最大の生産地である。

G 005　**GARUM**（P）
「暑い」の意。チトラルのアルカリ・ゴルの Garum Cheshm（暑い泉、即ち温泉の意）はチトラル最大というよりはパキスタン有数の温泉として有名である。

G 006　**GASHT**（Kho）
「谷の開けた所」の意。ラスプール谷の中流にある村落名。中国人の子孫が近年まで5軒存在していたと Schomberg は伝えている。

G 007　**GHALATI**（P）
「にせもの、誤った」の意。ジワール谷のウシュコ氷河源頭の Ghalati Kotal は「にせの峠」の意。峠というものの、かって交流のあったアフガン側とは氷河活動の変化ですっかり途絶えてしまったことをこのように表現した。

G 008　**GHAM BAR**（S）
Gham とは「氷」の意。従って「氷の谷」ということ。ヤシン北方の雄峰 Gham Bar Zom（氷の谷の山、主峰 6518 m）は西から東へ、6400 m、6518 m、6433 m、6400 m の諸峰が屏風のように連なる。ブルシャスキー語では Gamoo と表記する方が正確である。

G 009　**GHARBI**（P）
「西」の意。ガゼン谷に Gharbi-gali という所があるが、「西の放牧地」の意である。「西」とはトゥイ・アンの西を意味する。

G 010　**GHARI**（S., Kho）
「夏の放牧地」のこと。シャー・ジナリ・アン（4259 m）の西に

Shah Ghari（黒い放牧地）という野営地が約 3800 m 地点にある。この場合の「黒」とは木の繁茂していることを意味する。またカフィリスタンの Rumbur 谷に Asangar Ghari An がある。ジワール谷に Gramo Ghari An（放牧地の村の峠）がある。

G 011 **GHARMUSH**（Kho., S）

「あわれな、貧しい」の意。ヤシン北方のダルコット部落の北東に同名の山（6244 m）があるが、多くの地図では Garmush とあり、H の文字を表記しないことが一般的のようだ。この山名の初出は『世界山岳地図集成、第 2 集』p. 230-231 に詳述したように 1879 年のインド測量局制作の「ダルディスタン概念図」(Sketch Map of Dardistan, including Kafiristan and Neighbouring Countries) による。この地域の情報を一手に集めていた G. W. Leitner 博士が収集した資料が集成されている貴重なものである。O'Brien のコワール語彙集では ghalámoos と表記されている。

G 012 **GHOCHAR**（Kho）

「泡立った」の意。ヒンズー・ラージ山脈のブニ山群の南部にある Ghochhar Sar（6249 m）の原義は、「泡立つ頂き」の意で、この山の豊かな氷雪におおわれた姿を表現した命名法による。Schomberg がチトラールの一山岳に Gohkir とあるのを村人に質したあとで、土地の者はその意味を全く知らぬと決めつけたのは早とちりである。

G 013 **GAZIKISTAN**（Kho）

ティリチ・ミール山群中のグール・ラシュト・ゾムの西の地名。「草の多く生えている土地」の意。同名の氷河が二つ存在する。Gaz とは「草」のことであり、ブルシャスキー語、シーナ語では Ghos となる。

G 014 **GILIM**（P）

「巾の狭い細長い敷物」の意。チトラールに散見する Gilim Lasht とはそのような形をした平原をいう。

G 015 **GOLOGH**（Kho）

「川、小川」の意。トゥリコー河源流に Shah Gologh（黒い川）谷があり、その付近に同名の山（Shah Gologh Muku, 5444 m）がある。またサラ・リッチ（6225 m）の北面の氷河にも Shahgologh と命名されているが、これは同氷河を源とする小谷の名からとられた。いずれも、氷河生れのどす黒い荒々しい流れにちなむものである。

G 016 **GRAM**（Kho）

「村、集落」の意。特にルトコー流域の村落名の末尾に付される例が多い。ジワール谷源頭の Gram Shal は Schomberg によれば何世代か前はバダフシャンとの主要ルートのひとつであったという。いまはその高原は灌漑水路と狩人の小屋が残存するのみである。

G 017 **GUJAR**

「移牧者」の意。転じて「移牧の小集落及び小屋」をも意味する。ロワライ・アン（3118 m）の南やヤシンのチャトル・カンドの北に Gujar Shal（これは文字通り、移牧者の小屋の意）があり、フンザ河の上流にも同名の地名がある。北西辺境一帯にはワハンから移住した人々が半定住の生活をしており、この地名が散見する理由ともなっている。Gujur とも表記。筆者は、「岩と雪」誌にこのことを詳しく記しておいた。

G 018 **GUMBAT**（P）

「円頂（ドーム）、円頂の墓、館」などの意。東部ヒンズー・クシュの Gumbat - i - Safed（6880 m）は、「白いドームまたは館」を意味する。ルンコー山群の南の Wakhikhan Gumbat は「ワヒ人の墓」の意である。また Gumbat-i-Yakhi は「氷のドーム」をいう。

G 019 **GUMUK**（S）

「氷」の意。フンザのバール谷の源頭、バツーラ主稜線の南側には、この名をかぶせた山が多いが、ガムックと発音する。

H 001 **HARAI**（S）

「村、部落」の意。ギルギット河南岸のガクチ周辺にはこの名をかぶせた地名が多い。

H 002　HARAM （P）

「ピラミッド」の意。ヒンズー・ラージ山脈の南部にあるタロー谷源頭に Haram Bit (6031 m)、Haramboi (5821 m) の二つの峰があるが、いずれもピラミッドの名に背かぬ立派な山容である。

H 003　HIM （Kho）

「雪」の意。サラ・リッチ (6250 m) 北方の 6442 m 峰は、かって JAC 山陰支部隊が初登し、Him Zom と命名したが、その後この山に登頂していないことが判明した。同隊の初登したのは、もっと南の 5900 m 峰と見られる。現在の地図では Chhutidum Zom となっている。西側に同名の氷河があるのを転用したものである。

H 004　HUSHKO （Kho）

「真直な」の意。ジワール谷源頭の Hushko 氷河はその名の如く、西へ直進し、アフガン国境の手前でインゼル状の前衛峰で二分され、それぞれが、国境稜線の鞍部へと突き上げている。Hosko も Horski とも同義。

I 001　ISHPEL （Kho）

「白、灰色」の意。チトラールの雪の山でこう呼ばれ、命名された山は新旧を問わず数多い。日本で言えば白峰、白根、白山の類であり、古くからごく自然な形でそう呼ばれて来たものも多い。コヨ・ゾム東の Ishpel Dom (6200 m) は 1968 年に筆者が登頂して命名。シャー・ジナリ・アンの東の Ishpel Dok（白い岩、5204 m）は古くからそう呼ばれて来た。ブニ・ゾム南の Ishpel Zom (5923 m) も近年の呼称であろう。Ishper も、Ishperoo も同義。

I 002　ISHTIKE （Kho）

「平たくなる」の意。ヤルフーン中流のバング近く及びジワール谷の Istoch は恐らく「平たい所」の意であろう。1935 年に Schomberg がジワール谷からチカール氷河へ抜けた折に通った峠、Ishkokht-o-An もこの意味であろう。

I 003　ISTOR （Kho）

「馬」の意。チトラールの名峰 Istor-o-Nal (7403 m) は「馬の蹄」という意。Nal は厳密には「蹄鉄」のことである。1928 年にインド測量局の M. Burn が命名した。上部イストル・オ・ナール氷河をこの山塊の多くの 7000 m 峰が馬蹄形にとり囲んでいる形状を表現した。

I 004　ISTAR （Kho）

「星」の意。カゴ・レシト高原を北上して、その北端でトゥリコー河へ下り切った所にある村落名。絶壁に取り囲まれた谷底から、夜には頭上に切り取られた星空だけしか眼に入らぬような所である。

J 001　JANGAL （H）

「森」の意。ヤシン、チトラールといわず、ヒマラヤでは「森」或いは、ごくささやかな木立ちとなっている場合もかく称する例を散見する。

J 002　JANALI （Kho）

「ポロのグランド」の称。この地名で最も代表的な例が、ヤルフーンとトゥリコーを結ぶ要衝 Shah Jinali An (4259 m) である。意味は「黒いポロ・グランド」。黒は、この場合は草木の繁茂していることを表現したのである。

J 003　JERAB （P）

「谷」の意。ヤシンのチャトル・カンド東に Kushroi Jerab、同じく Kushroi-Jerab-Dest (5774 m) がある。元来は古代ペルシャ語の Zheraf に発する語である。

J 004　JIARAT （P）

「テント、聖廟」の意。回教の聖人の墓のある地にこうした地名がよく存在する。Ziarat とも表記する。

J 005　JILGA （K・T）

「谷、小川」の意。キルギス語である。従ってワハン谷に非常に多い。コーラボルト・アン (4630 m) の北に Lupsuk Jilga あり。キルギス人の移動集落（テント）にはよく Jilga の呼称が用いられる。Djelga とも表記する。

K 001　KABUL （Kho）

「墓」の意。シャー（シャーハン）・ドク峰（黒い岩、または岩の王、6320 m）の東面の Kabilistan Khora は「墓地の水車場」という意味である。ここはかって京大隊（本多勝一ら）がシャーハン・ドク

峰への BC を設営した地。

K 002　**KACH**（Kho）

「野生のねぎ」の意。チトラールに散見する地名。最も有名なものは、トゥリコー河最北の Kach An だが、その東面の Kach 氷河の北岸の Kach（3733 m）が本来の地名であろう。スワートの Kach Khani An、ギザール河周辺の Kachi、Kachi Bar（野ネギの谷）も同じ類いである。野生のネギ類はチトラール北方の高原で多く群生しており、シャー・ジナリ・アンはその宝庫である。古来の葱嶺の語との関連が考えられる。

K 003　**KAGH**（Kho）

「カラス」の意。トゥリコー河とマスツージ河の合流点の北の Kagh Lasht（カラスのいる平原）は南北 20 Km にわたる大高原で、殆んど一木も生えず、水場もない所で北方へ入る時の難所であった。今ではジープの通行も可能。チトラール有数の大展望台である。

K 004　**KALAMDAR**（Kho）

「乞食」の意。これは時に「聖者」を意味することもある。この地名のある所は大抵の場合、宗教的な伝説が残っている。Qalandar とも表記する。トゥイ・アン（4499 m）北東の Galandar Gum 氷河は、地図製作者の誤記がそのまま流布されてしまったものである。

K 005　**KAMBOKH**（Kho）

「支流（枝）」の意。この地名も散見する。Phoor も同じ意。Phur Nishini An（5425 m）の Phur がこれに相当する。

K 006　**KANDAO**（K）

「峠」の意。ディール周辺の峠はみなこの呼び方である。Sundraui Kandao（3867 m）、Keshuri Kandao（4156 m）等々。

K 007　**KASHKAR**（T）

チトラールの古称。Kash は「玉」の意。軟玉である。17〜18 世紀の西欧古地図ではむしろ Kashkar とする方が一般的であり、従ってチトラール河（カーブル河）も Kashkar 河と表記している例が多い。かって、チトラールという言葉は Kashkar の首邑のみを意味していたようだ。古代中国の文献類に出てくる「羯師」はその音訳。

K 008　**KHOSHT**（Kho）

「隠れた、陰の」の意。トゥリコー河下部の村名。果物の豊富な村で、特にアプリコットの大生産地である。トゥリコー、ヤルフーン合流点に出て初めて見える。

K 009　**KISHMAN**（Kho）

「耕す」の意。ヤルフーン上流の Kishmanja の地名もこれに由来する。Kishini は「耕作」。アフガン側の Kishini Khan（6755 m）は「作男」という意。

K 010　**KILA**

「城塞、砦」の意。かって城塞のあったチトラールの町や村には、この名を冠せていることが多い。Kila Drasan、Kila Mustuj、Kila Drosh など。Qala、Kala などとも表記される。Qala-i-Panja の例を想起されよ。

K 011　**KOH**（P）

「山」の意。Kuh と表わす場合も多い。どちらも牧挙にいとまない。

K 012　**KOTAL**（P）

「峠」の意。Galati Kotal などの例がある。恐らくヤルフーン上流の Kotalkash 氷河の場合も「峠」に由来する地名であろう。

K 013　**KOYO**（Kho）

「帽子」の意。Koyo Zom（6889 m）は「帽子の山」の意で、日本でいう「烏帽子山」である。Koi ともいい、Curzon の書では Koi Zom となっている。

K 014　**KOZ**

「断崖」の意。カンピレ・ディオールの北西の Koz Sar（6677 m）は「断崖の頭、頂き」の意。この山の南面はすさまじい岩壁である。Schomberg は「陰多き山」の意としている。

K 015　**KUCHIK**（P）

「小さい」の意。即ちルンコー山群東端の Lunkho - i - Kuchik（or

Kucek、6354 m) は little Lunkho の意。ジワール谷源頭、グラム・シャール高原の北の Kucher (or Kuchar、5791 m) も同じ意味を持つ。前者はどっしりとした山であり、後者は余り知られていないが完全な針峰。

K 016　**KUH**（Kho）

「低い土地、国」の意。ドロシュ東の Shishi Kuh もその一例である。ギルギット・サイドに Kuh と呼ばれる地方があり、その主邑がグピスである。低地の対語「高地」が Sar-had で、その代表的地名は、ワハンの Sarhad である。

K 017　**KUHANHA**（P）

「ラクダのコブ」の意。シャー・ジナリ・アンの 6309 m 峰を以前は Qala-i-Ust と称していたが、近年では Kuhanha と称する。名の如く、ふたコブのラクダの背を思わせる山容で、ワハン谷からもチトラール側からも望見できる。後者の場合、イスタルからウェルカプに至る途上、全山純白の山姿が北の空に大きく浮かぶ。その西のルンコー・イ・アワール（6895 m）と殆んど遜色のない立派な双頭の山である。東のコブを Kuhane Sharqi、西のコブ（6309 m）を Kuhane Gharbi と呼ぶ。

K 018　**KURUI**（Kho）

「赤色」の意。チトラールのクラー周辺からブニ村にかけては、赤色の土が多く、雨の後など、小谷、沢などすさまじい色の泥流と化す。ブニとアウィの間に Kurui Jinali（赤い色のポロ・グランド）村がある。その他 Kurui を冠せた地名が多い。

K 019　**KUSHRAO**

多分、宗教指導者か地方首長の人名。Lorimer のブルシャスキー語辞典にはフンザの現 Mir の Muhammad Nazim Khan の 4 代前の祖を Khisrau と言ったとある（同書 3 巻 p. 431）。これを冠せた地名がヤシンに散見する。バジガズ谷右岸に Kushrao Jarab、Kushrao Dest（5774 m）などがあり、ババ・タンギ（6513 m）南面に Kushrao 氷河がある。

L 001　**LAKHSH**

「スロープ」の意。Schomberg は「丘陵地の下のスロープ」としている。ザニ・アンの北の Lakhsh Deh（斜面にある村落）という所がある。またワハン谷にも Koh-e-Lakhsh（5786 or 6110 m）があるが、これはその南面の村 Lakhsh による転用。同名の谷もある。

L 002　**LANGAR**（T）

「かまど、暖炉、台所」の意から転じ、「休泊所」を意味する。Langar Zom（7070 m）はワハン側の村落名から転用。シャンドール・アンの東やシャーグラムの近くにもこの地名がある。Robat、Rabat も同じく宿駅の意。

L 003　**LASHT**（Kho）

「平たい土地、平野」の意。チトラールには実に多くの Lasht がある。チトラール人がいかに耕作の出来る平地を欲したかがうかがえる一つの証明となる。

L 004　**LENZOO**（Kho）

「ほえ声」の意。ブニ・ゾム山群の南にある Lenzbo Zom（6100 m）は「ほえ声の山」の意。雪崩の音などからの命名であろうか。

L 005　**LUT**（Kho）

「大きい」の意。アルカリ河から西へ分かれる Lutkho 河は本来 Lutkuh（大きい谷）と表わされるべきである。チトラールの川では珍しい清流。Injigan 河ともいう。Bidulph は Ludkuh と表記している。

M 001　**MAGREB**（P）

「西」の意。Koh-i-Magreb（6450 m）がハンドゥド谷の西にある。

M 002　**MAZAR**（P）

「墓（特に聖者の）」の意。回教国に多い地名。

M 003　**MIR**（P）

「山」の意。「王者」も意味する。代表的なものが Tirich Mir（7707 m）や Pamir の例。Mer とも表わされる。アフガンの Mir Samir（5809 m）の例もあり、中馬敏隆氏に「スメル考」がある。Curzon にも説が

あるが、Rickmers は明快に「山」の意としている。この語義をめぐる大論争が18〜9世紀に行なわれた。

M 004　MOGH LANG (Kho)

Linsbaur によれば「much long」の意という。トゥリコー河北奥の地名に Moghlang がある。これは村落ではなく、キャンプ・サイトの名である。

M 005　MULI (Kho)

「低い」の意。チトラルの地方名の一つに、Muli-kho (低い土地) がある。村落名の場合には、Muli (低い、つまり下方、下手) と Turi (高い、つまり上方、上手) が一対となって存在することが多い。我が国の上村、下村や上市、下市などの例と同じ発想法である。具体例をいくつか挙げておくとマスツージの西に Muri Parnak、Turi Parnak、同じく北には Muri Khuz、Turi Khuz がある。ヤシンの南にも Turi Mashar、Muri Mashar がある。峠や氷河にも命名されていることもある。

M 006　MUNKIR

回教徒が死を迎える時に Nakir と共に見守ってくれる天使の名である。スワートの Mankir 峰もこれに由来するものであろう。地図では Mankial (5715 m) と表記。

N 001　NAL (Kho)

「蹄鉄」の意。Istor-o-Nal (7403 m) の例は有名。Istor の項 (p. 312) を参照のこと。

N 002　NISHIKO (Kho)

「東」の意。恐らく「日の登る方」が原義か。Nishik となると「登る」の意。Nishik An やトゥリコー右岸の村名に Nishku がある。

N 003　NOGHOR (Kho)

「砦」の意。チトラル諸方に Noghor Zom の山名があるが、登山の対象となるような山はコトガズ氷河南の 5939 m 峰くらいである。

N 004　NUKUSAN (Kho)

「事故の多い、困難な」の意。Nukusan An は、かって、宗教指導者 Dewana Shah がここを越えた時、ひどい凍傷にかかったのが命名の起こりである。

N 005　NUROGHI (Kho)

「曲った」の意。ジワール谷源頭の Niroghi 氷河は「曲がった氷河」の意。またルンコー東南面の Noroghikun 氷河は、本来は Niroghi Kuh (曲がった谷、土地) と表わされるべきものである。

O 001　OGHIL (T)

「羊がこい」の意。代表的な例では Baroghil An がある。Aghil も Ghil も同じ意となる。各地にその使用例がある。

O 002　OOTULL

「高い」の意。チトラルのドラサンの西方、上手の村落 Uthul はこの例である。ザニ・アン (3886 m) への登り口である。

P 001　PACHAN (Kho)

「隠れた」の意。ヤルフーン上流の Pachan Zom (6126 m) は「隠れ山」の意。

P 002　PARI (Kho)

「崖」の意。ガクチの近くに Hoopar Pari がある。

P 003　PARIYAN (Kho)

「妖精」の意。Pariyan Zom (妖精の山) と呼ばれるものがいくつかある。チトラールには妖精の話が実に多い。ティリチ・ミール峰は妖精のすみかとして有名であり、カラシュ族はこの山を型どったものを祠堂に奉献する習慣がある。

P 004　PECH (Kho)

「熱い」の意。ヤルフーン上流の集落 Pechuts は、「熱い泉」の意。集落の東端に小さな温泉が現存する。

P 005　POORGURAM (Kho)

「雪雲から降る雨」つまり「氷雨 (ひさめ)」の意。トゥリコー北奥の村名。

Q 001　QALANDAR

「乞食」の意。Kalandar の項参照のこと。

Q 002 **QULACHI**（Kho）

　小指と親指を張った長さをいう。ティリチ・ミール南面の Sut Qulachi An は、峠の上にその長さの有名な石があるのが命名の由来となっている。Sut は七つの意。Sad（ペルシャ語で百の意）とする説もある。

R 001 **RAH**（P）

　「道」の意。コトガズ氷河北の Wakhikan Lah（5681m）は「ワヒ人の道」の意。

R 002 **ROBAT**（T）

　「宿駅」の意。アルカリ流域に Robat Gol、Robat Deh、Robat Mukhi などの例がある。Rabat、Ribat、Rawat も同じ意で使用例が多い。要塞化された村をいうこともあり、A、T、P など諸語共通である。

R 003 **ROGH**（Kho）

　「円」の意。ゴーレン・ゴルの Rogh Jinali は、「円形のポロ・グランド」の意を持つ村名。

R 004 **ROUSHAN**（P）

　「明るい」の意。グピス近くの地名がある。Roshan Gali は「明るい峠」の意。

S 001 **SAD**（P）

　「百」の意。Sad Qulachi An については Qulachi の項を参照のこと。「百」という単位の数をベースにした「群県」の意があると白鳥庫吉は述べている。

S 002 **SAFED**（P）

　「白い」の意。Koh-i-Safed は「白い峰」。チトラリーでは Ishpel という。I 001 の項参照のこと。

S 003 **SAKHT**（P）

　「厄介な」の意。Koh-e-Sakht は「厄介な山」。

S 004 **SAR**（P）

　「頭」の意。Sararich（6255m）は「Rich 地方の頭」の意。Sor とも表記する。Sor Laspur は「ラスプール河の源頭」の村である。Saraghrar（7349m）の Sar もこの意。多分、谷の頭か山稜の頭ということであろう。

S 005 **SARHAD**

　「高地」の意。ワハンの Sarhad はその代表的存在。K 016 参照のこと。

S 006 **SHA**（Kho）

　「黒色」の意。トゥリコーの大村 Shagram（黒い村）の場合は樹木が沢山茂っていることを意味する。チトラリーでは氷河を Sha-yoz（黒い氷）と呼ぶが、この場合の黒は土砂に覆われていることを示している。ジワール谷に Koh-i-Syayoz（6855m）がある。またトゥリコーの北の Shagologh は「黒い小川」。これについては G 015 の項を参照。

S 007 **SAHRQI**（P）

　「東」の意。Bandakho-Sahrqi は「バンダガー東峰」の意か。Sha-khe となると「角」を意味する。

S 008 **SHOGHOR**（Kho）

　「砂」の意。アルカリ河流域の主邑を Shoghor というが、ここは Shah Faramurz の時代は首府となった程の要地で、四つの谷の出合う所にある。ジワール源頭の Shoghor Dok 氷河は「砂の岩」の氷河の意。Koh-i-Shoghor Dok（6828m）は氷河からの転用。諸方に Shoghor Dok（砂岩）という名の山がある。

S 009 **SHOSI**（Kho）

　「交叉する」の意。Shoi とも表記。Shoi An（5716m）の例がある。また Sochi Gali（4329m）と記されているのもこの意。

S 010 **SHOST**（Kho）

　語義未詳。Schomberg は本来は Shuyist とする。ヤルフーン中流の村落名。8 世紀には中国によるチトラール支配の拠点となり、その頃の遺構も残存する。

S 001 **SHOTAR**（Kho）

　「砂の土手」の意。トゥイⅡ（6523m）北面に Shetor 氷河があるが、本来は Shotar である。モレーン丘を意味するのである。

T 001 **TANGI**（W）

　「谷」の意。ワハンの Baba

Tangi（6513 m）は北麓の村落名の転用。

T 002　**TAROO**（Kho）
「活発な、早い」の意。各種の地図では Thalo と表記している。ラスプール源頭に Thalo Gol（暴れ谷）があり、Thalo Zom（6050 m）、Thalo An（4322 m）は谷名からの転用。

T 003　**TAUS**
「孔雀」の意。ヤシン南部の Dasht-i-Taus は「孔雀のいる砂礫地」の意。同じ地域の Taus Tik（4071 m）の丘陵上から、1956年の京大隊はガムバール・ゾム（6518 m）を中心とするヒンズー・ラージ山脈の大パノラマ写真を撮影。

T 004　**TEZ**（P）
「鋭い」の意。ジワール源頭の Koh-i-Tez（6995 m）はその名の如く、三角錐の「鋭峰」である。

T 005　**TONUSHOO**（Kho）
「アイベックス」の意。ブニ山群南部の Tonyush Zom（6023 m）がある。名の如く、アイベックスの角のような未踏の鋭峰である。

T 006　**TURI**（Kho）
「上方の」の意。Turi-Kho は「上方の国、高地」の意。Muri「低い」と対になった地名が多いことはすでに述べた。M 004 参照のこと。

T 007　**TUTIRAZ-NO-KUH**（Kho）
「Snow cock＝ライチョウのいる谷」の意。サラグラール峰南面、ロッシュ・ゴルの地名。岩壁登攀（南面の）の際のベースになる。

U 001　**UTS**（Kho）
「泉」の意。ジワール谷入口の Ziwar Uts は大量の湯が噴出する温泉である。Kurui Uts は「赤い泉」。

W 001　**WAKHI**（Kho）
「ワハン人」の意。Uznu Gol の Wakhikan Gumbat は「ワハン人の墓」という意の地名。墓は現存しない。

Y 001　**YAKH**（P）
「氷」の意。Yakh kotal（氷の峠）がウルゲント峰西のコル名となっている。Yakhchal（ペルシャ語）は「氷河」。

Y 002　**YAILAK**（T）
「夏の放牧地」の意。Ailak ともいう。放牧に関する地名が多いのもこの辺りの風土的特徴を表わすものとして興味深い。

Y 003　**YANGI**（T）
「新しい、若い」の意。Yangi Hissar は「新しい砦」の意。チトラール語では Nokh という。

Z 001　**ZARD**（P）
「黄色」の意。Koh-e-Zard は「黄色の山」。

Z 002　**ZHAGHAR**（Kho）
「小鳥の群」の意。Shahan Dok 峰の南に Zaghar An、Zaghar Gol がある。日本人として初めて足跡を残した松下進は「険しい」意としている。

Z 003　**ZHULI**（Kho）
「杏」の意。杏はチトラール全土で広く食される代表的な果実。生食よし、乾果よし、杏仁を乾燥させたものは携帯食とする。Zhuli Lasht は「杏の木の生えた平地」の意。

Z 004　**ZIARAT**
「聖地、墓、杜」の意。ロワライ峠の北麓にこの地名が使われている。J 004 参照のこと。

Z 005　**ZOM**（Kho）
「丘、山」の意。チトラール全土の殆んどすべての山に「Zom」という語を付す。

―後記にかえて―

本稿を執筆するにあたって、各種の言語学的文献のうち、特に次の5種に負うところが多い。先学に感謝する次第である。現地ではチトラール王家の Burhan ud-din 氏に多く教えられた。

T. Graham Bailey "Grammer of the Shina Language", RAS, 1924.

D. L. R. Lorimer "The Burushaski Language", Oslo, 1938.（特に第3巻 Vocabularies & Index.）

G. Morgenstierne "Indo-Iranian Frontier Languages". Oslo, 1938. のうち、第2巻《Irania Pamir Languages》に Wakhi 語が入っている。

D. T. O'brien "Grammar and Vocabulary of the Khowar Dialect", Lahore, 1895.

J. Biddulph "Tribs of Hindoo Koosh", Graz, 1971（新版）.

4 On Hindu-Kush Place-names and Mountain names

Sadao KARIBE
Translated by Nobuo YOSHIDA

A 001 ACHAR (Kho)
Meaning: 'At the back of, behind.'
To the west of Tirich Mir there's a mountain named Achar Zom (6230 m), which means the mountain at the back of Tirich Mir or the mountain behind Tirich Mir. Pronounced [əfa :]

A 002 ~ABAD (P)
A suffix meaning 'to be inhabited'. This is added to the name of places, making a community name, which can be seen in the northwest part of frontier regions.

A 003 AGHIL (T)   See 'OGHIL' (O 001)

A 004 AGHOST (S)
Meaning: 'a mountain pass' or 'a way by which one may go through or over a range of mountains'. 'Aghost' is used to tell of almost all the mountain passes in the mountains along the north and south sides of the Ghizar River. 'An' is used in Chitral. In the east side of the Thui Pass is the Aghost Bar Glacier, which means 'the glacier in the valley of the mountain pass.' This word is frequently used to mean mountain passes, for example, Ishkuman Aghost (4589 m) and so on.

A 005 AKHER KHIOH
This refers to the mountain with 7020 m peak, situated in the north side of the Ziwar Valley, to the north of Chitral. Old Diemberger calls it the 'last fatty'. The scouts who explored the mountain are most likely reponsible for this name. It has a pyramidal peak, with Koh-i-Tez on the west. You can enjoy the wonderful mountain which is covered with snow, especially from the Kotgaz Glacier on the north side.
H. Shell and his party made a swift attack on it successfully in summer in 1966.

A 006 AMBEZH (Kho., S)
Meaning: 'meeting of two rivers or two roads, etc.' or 'junction'. There are a lot of places with this name in the north side of Dadariri An.

A 007 ANI KUCHO (S)
Meaning: 'the entrance to an ugly or evil valley'. It is in the south side of the Batura Mountains, at the source of the Bartar Glacier.

A 008 ANO (Kho)
This is a compound word of 'An-o', which means 'of the mountain pass', or 'of the mountain'.
At the southern foot of Naz-Bar-An on the north bank of the Ghizar River is Ano Gol (The valley of the mountain pass). Bordering the Wakhan Valley at the far north of the Turikho River is Ano Shah An.
'Shah' means 'black' and accordingly means 'no snow'.

Ano Gol Zom (5993 m) in the Tirich Mountains means 'the mountain with a valley and a pass.'

A 009 **ASP** (P)
Meaning: 'horse', so Asp-i-safed (6607 m) in the Noshaq Mountains turns out to be a wonderful name meaning 'white horse'. Furthermore, it is 'Istor' in the Khowar language, and 'Ashpo' in the Shina language.

A 010 **ASHRET** (T)
Meaning: 'a fief' or 'a feud', which is an area of land that belonged to lord in former times. It's the name of a village near Drosh, a town in the south of Chitral. There live a variety of tribes in this area, where even newcomers have been given a piece of land for housing. Accordingly there are many of languages. There also remains the Dangalik language, which seems to be a kind of the Shina language used by the Gilgit people.

A 011 **AWAL** (P)
Meaning: 'the first'
In the Noshaq Mountains is Mt. Awal (6200 m), which was probably named such, because the Poland party climbed it 'for the first time' while in activity around there.
Mt. Awal (5523 m) in the middle Hindu Kush is the mountain climbed by T. Trübswetter for the first time in 1963, and Mt. Lunkho-i-Awal (6872 m) in the Lunkho Mountains was first climbed by Masataka Suzuki in 1967.

B 001 **BANG** (Kho)
Meaning: 'color or hue'.
The name of a village along the middle part of the Yarkhun River. In the neighborhood is Mt. Shah Bang (5550 m), which means 'a black mountain'. 'Black' in this context also means that snow does not fall.

B 002 **BAR** (S)
Meaning: 'valley'. 'Bar' is used in the Yasin area and 'Gol' in Chitral. 'Baroghil An' is a compound word of Bar-o-ghil, which means 'a mountain pass on a valley with fences for sheep'.
In the case of Baroghil-i-Payin, Payin means 'below'. This area is famous for a lot of meadows, so the names above have been known since olden times.

B 003 **BARF** (P)
Meaning: 'snow'.
Languta Barfi (6827 m) has two peaks covered with snow. The Shakaur Valley begins there.

B 004 **BIRMOGH** (Kho)
Meaning: 'A walnut'. Pronounced [birəmɔfə].
There's a villa owned by the Mehtars on the hill in the northwest of Chitral town. This area is called Birmogh Lasht, which means a flat land with walnut trees. This villa was designed and built by artisan in Hunza.
This villa enjoys a panoramic view of the Buni Mountains from east to south. You can see walnut trees everywhere in Chitral, and

especially tall ones in Kafiristan.

B 005 **BLASTE** (Kho)
Meaning : ' Gather '
' Blaste Shayoz ' means a gathering point for glaciers.
It is the name of the mountains along the Gazin Valley.

B 006 **BHURT** (Kho)
The same word as ' Bort ' which means ' a rock '.
Krui Bhurt is a ' red rock '. There's a pass named Khora-Bhurt An (4630 m), and there's a village named ' Bhurt ', too.

B 007 **BOOMBRET** (Kaf, kho)
Originally ' Boomburush ', which means ' thunder '. This name refers to Boomboret, one of the three Kafiristan Valleys. From here to the border of Dir you can see many luxuriant coniferous forests. However, these foliated areas are sometimes struck by lightning in summer evenings.

B 008 **BURI** (W)
Meaning : ' Silver '. Buri Zom means a ' silver mountain '. It corresponds to ' Boori ' in the Burshaski language.

B 009 **BULAK** (T)
This place-name, which you can see anywhere from the H. K district, has Turkish origin and means ' a spring or fountain '.
Though this area is a dreadful dry land, there are a lot of famous springs for travellers to relieve their thirst.

C 001 **CHAKHORI** (Kho)
Mt. Chakhori Zom (6,000 m) in the south of the Buni Mountains means a mountain as sharp as cutlery. Sometimes spelled ' Chaquli ' or ' Churkulli '.
There seems to be no special difference between R-sound and L-sound in the languages spoken in the northwest frontier regions.

C 002 **CHAPAIR** (S)
Original Meaning : ' enclose '.
This place names is found in abundance in Yasin. Mostly is refers to a ' summer cottage ', which is surrounded by stones and whose crevices are often filled with twigs or sticks.
The nomadic tribes make the summer cottages their temporary houses to take care of their grazing sheep and goats during summers. Mostly they choose the pastures at the height of about 3500-4500 meters.

C 003 **CHAPARI** (Kho)
The name of a village on the mid-stream of the Yarkhun River.
It means a ' cliff '. There are a lot of large alluvial cones around there, on whose cliff can be seen such a village, so this name was given.

C 004 **CHATI** (Kho)
Up the Yarkhun River and the Karambar River is the Chatiboi Glacier.
Chati means a ' flood ' (which rises in a glacier lake). According to N. Curzon, it means ' white land ' or ' to form a lake ', which comes

from Sanskrit. 'Chat' is a lake and is spelled 'chhat' at present. The largest lake in Chitral, Bashkargolo Chhat, is at the height of 3,650 m up the Laspur River.

C 005 **CHESMEH** (P)
Meaning: 'spring' or 'fountain'. Up the Arkari River is a famous district called Gram Chasmeh, which literally means 'a hot spring'. In the Chitral language a spring is 'Uts' and a hot spring is 'Pech Uts'.
It can sometimes make a name of a place. One of the examples is a village called Pechus, which is up the Yarkhun River and from which the north-side ascent of Koyo Zom (6872 m) is made.

C 006 **CHUMAR** (T., W)
Meaning: 'iron'. On the mountain passes from Chapari up the middle part of the Yarkhun River to the western extremity of Yasin is Chumarkhan An (4344 m), which means an 'pass of iron man', namely Timur Khan (1369-1405).
Timur, Whose ancestors were the Seljuk Turks, had several different names, for example, Kurakan (one of the official names) Emir, Sahib Qiran, El-Kbir Surtan. He was also nicknamed Timur-Yaligu (an iron bow).
He was injured when young and was also nicknnamed Lenk (a lame person).
There is a famous story that Europeans called him 'Tamerlane' mispronouncing Timur-Lenk.

D 001 **DHAAR** (Kho)
Meaning: 'Mountains and hills, Rugged mountain ranges'.
Shah Dhaar (6500 m), which is at the northwest extremity of the Ushko Glacier up the Ziwar Gol, means a 'black mountain line'. At the Phalgam Gol is a place named Dhar Shal, and Dharshal Gol is near Wassam. In these cases 'Shal' literally means a kind of hut. This word is generally used to mean a summer cottage or a small village designed for grazing cattle.

D 002 **DARBAND** (P)
Meaning: 'Gate'. It often refers to the place where sheer cliffs rise from both banks of a river. Such places have often been of strategic importance since olden times in Chitral. These place names can be seen in and around Gazin or Darkot. Darban Zom (7219 m) or the Darban Glacier should be correctly written like 'Darband' Zom or the 'Darband' Glacier.

D 003 **DARRAH** (P)
Meaning: 'a valley'. 'Gol' in the Kohwar (Chitrali) language. In Afganistan 'Dargaw' is used and the same word is used in the Wakhi language.

D 004 **DARWAZA** (P)
The same meaning as Darband (See, D002). To the east of Baroghil An is Darwazo An (3880 m).

D 005 **DAS** (S)
Meaning: 'bare, wild, uncultivated'. In the west of Darkot in the

Yasin area are the mountain ranges called Das-Bar-Zom (main peak 6518 m), whose name comes from Das-Bar (meaning a 'wild valley') at the southwestern foot of the mountains. This name appeared on the Hayward map as early as 1860's.
'Das pur' is also used.

D 006 **DASHT** (P)
Meaning: 'plain, desert, meadow'. Baroghil An and its neighborhood up the Yarkhun River are famous as meadows from olden times and are called Dasht-i-Baroghil (grassland in Baroghil). It is a name of a kind of Steppe region and equivalent to 'Lasht' in the Khowar language.

D 007 **DEH** (P)
Meaning: 'a village, a community'. This word is mostly used in Kafiristan. It is 'Gram' in the Khowar language, and Deor in the Burshaski.
Kampire-deor (7143 m) meaning an ald waman's house is a famous example.

D 008 **DIST**
Meaning: 'The end of level land' or 'Flat land adjacent to a valley' On such land shepherds often make the fences for sheep. These fences are made of stones piled in a circle and form shelters from hillsides. This word was associated with Disteghil Sar (7885 m), a famous mountain in Hispar, about which R. Schomberg made a detailed explanation.
It is also written 'Dest'.

D 009 **DOK** (Kho)
Meaning: 'heap, rock'.
There are place names called Dok Shal (a rock hut) in the Ziwar Valley to the north-east of Saraghrar (7403 m) and at the foot of Zagar An (5008 m) to the west of Yasin.

D 010 **DOSTI** (P)
Meaning: 'friendship'.
Koh-i-Dosti (6380 m) on the Wahan Valley means the 'mountain of friendship'.
Dost means a 'friend'.

D 011 **DUDAIRI** (Kho)
Meaning: 'distant, far'.
Dadariri An (5030 m) that joins Swat with Yasin Means a 'distant mountain pass'. At the junction of chitral, Yasin and Swat is Dadarboh (5904 m), which means 'to go far'. 'Boh' means 'to go' in the Shina language. It is also written 'Bo'. There is a mountain with the same name (5478 m) in the west of Ishkoman. In addition, the Shina word for 'far' is 'Dur'.

F 001 **FRAKH** (P)
Meaning: 'large, big'. Probably Falak Sar (5918 m), a famous mountain in Swat, originally means a 'big mountain'.

G 001 **GAH** (S)
Meaning: 'river, valley'.
Almost all the valleys and rivers are called 'Gah' in the Yasin area.

G 002 **GALI** (S)

This place name is often heard in the Yasin area, especially in and around Gupis. It means a 'mountain pass'.

G 003 **GANGUROO** (Kho)

Meaning: 'the excrement from cattle'. The upper stream of the Rumbur Valley in Kafiristan is called Ganguroowat Gol, on which is Ganguroowat An (4666 m), over which you can go to Afghanistan.

G 004 **GANJA** (H)

Meaning: 'hemp'. In the northeast of Gupis is Ganja An.
Ganja La in Langtang Himal in Napal, which Mr. Kyuya Fukata passed over in 1956, also seems to mean 'the mountain pass of hemp'.
Hemp is a plant that can be often seen in the northwest borderland of India, and in Chitral or Swat you can see the plant wherever you go. If you break off a branch and smell it, you can smell an odor peculiar to one of Pakistan.
'Haschisch', which is obtained by solidifying the resin of this plant, makes a smoking material with narcotic influence. It is called 'Charas' in Chitaral, which is the largest producer of it.

G 005 **GARUM** (P)

Meaning: 'hot'. Garum Cheshm, which means a hot spring, is famous as the largest hot spring in Pakistan rather than in Chitral.

G 006 **GASHT** (Kho)

Meaning: 'the open area in a valley'. The name of a village in the middle part of the Laspur Valley. Schomberg says that five families of Chinese descendants lived in the village until recent years.

G 007 **GHALATI** (P)

Meaning: 'a fake, false'. 'Ghalati Kotal' up the Ushco Glacier in the Ziwar Valley means a 'faked mountain pass', through which people used to use as a passage to and from Afghanistan. However it was absolutely deserted now, because the glacier had changed its activity completely.
It is for this reason that they called it a faked mountain pass.

G 008 **GHAM BAR** (S)

'Gham' means 'ice', so Gham Bar is an 'icy valley'.
To the north of Yasin is Gham Bar Zom, which means the mountains with icy valleys. Their peaks range from 6400 m, 6518 m and 6433 m as precipitously as walls. It is spelled 'Gamoo' in the Burshaski language.

G 009 **GHARBI** (P)

Meaning: 'west'. In the Gazin Valley there is a place called Gharbi-gali, which means 'west pasture'.
West means 'the west of Thui An.'

G 010 **GHARI** (S., kho)

Meaning: 'the pasture in summer'.
There is a camping ground named 'Shah Ghari' (a black pasture) at a high land of about 3800 m to the west of Shah-Jinali An (4259 m). In this case 'black' means that trees are luxuriant. And in the

Rumbur Valley of Kafiristan is Asangar Ghari An, and in the Ziwar Valley is Gramo Ghari An (a mountain pass in a village with a grazing land).

G 011 **GHARMUSH** (Kho., S)
Meaning : 'pitiful, poor'.
In the northeast of Darkot in the north part of Yasin is a mountain bearing the same name (6244 m), but on many maps it is written 'Garmush', namely it is generally spelled without the 'h'.
The name of this mountain first appeared in 1879 in 'Sketch Map of Dardistan, including Kafiristan and Neighboring Countries' compiled by the survey department of India, as a detailed explanation is given in the page 230-231 of 'World Mountain Map Collections, Vol. 2', which is a very valuable collection made by Dr. G. W. Leitner who alone collected all the information of this area.
It is spelled 'ghalamoos' in the Khowar Glossary by O'Brien.

G 012 **GHOCHAR** (Kho)
Meaning : 'bubble, foam'.
Ghochhar Sar (6249 m), which is in the south of the Buni Mountains in the Hindu Raj Mountain Range, originally means 'foamy top' This name was used to express the mountain covered with much ice and snow.
After Schomberg asked the villagers why a mountain in Chitral was named 'Gohkir', he decided the villagers never knew its meaning at all. However, that's his hasty deduction.

G 013 **GAZIKISTAN** (Kho)
The name of the area to the west of Ghul-Lasht-Zom in the Tirich Mir Mountains. Meaning : 'grassy land'. There are two glaciers with that name. 'Gaz' means 'grass', which is 'Ghos' in the Burshaski language and the Shina language.

G 014 **GIRIM** (P)
Meaning : 'a narrow and long carpet'. 'Gilim Lasht' refers to such a carpet-shaped plain which is found here and there in Chitral.

G 015 **GOLOGH** (Kho)
Meaning : 'a river, a brook'. At the riverhead of the Turikho River is the Shah Gologh (a black river) Valley, and in the neighboring area is a mountain with the same name, Shah Gologh Muke (5444 m). In addition, the glacier on the north side of Sararich (6225 m) is called 'Shahgologh', which comes from the name of the small valley rising in the glacier. In any case they were named after the black torrent from the glacier.

G 016 **GRAM** (Kho)
Meaning : 'a village, community'. This word is often added to the end of village names, especially along the basin of the Lutkuh River. Schomberg says Gram Shal up the Ziwar Valley was one of the main routes to Badahushan some generations ago. However, now only some waterways used for irrigation and some huts of hunters are still in existence on the highlands.

G 017 **GUJAR**

Meaning: 'people who move about to find grass for their cattle'. Later it came to mean 'the villages and huts of such people' rather than the original meaning. To the south of Lowarai An (3118 m) and just to the north of Chator-khand in Yasin are the places called Gujar Shal.

Gujar Shal literally means the hut for nomadic people.

There is also a place with the same name up the Hunza River.

In the northwest part of the frontier regions of Pakistan, the people who moved from Wakhan settled down for part of the year.

For this reason this place name is often encountered in the region. It is also written 'Gujur'. The auther gave a detailed description of it in the magazine 'Rock and Snow'.

G 018 **GUMBAT** (P)

Meaning: 'a dome, a dome-shaped tomb, a manor house'.

Gumbat-i-Safed (6880 m) in the eastern Hindu Kush means 'a white dome or a white mansion'. Wakhikhan Gumbat in the south of the Lunkho Mountains means 'The grave for the Wakhi people'. Gumbat-i-Yakhi is 'the dome of ice'.

G 019 **GUMUK** (S)

Meaning: 'ice'. In the south sides of the Batura Mountains up the Bar valley in Hunza are many mountains with this word as part of its name. Pronounced [gamuk].

H 001 **HARAI** (S)

Meaning: 'a village, community'. In Gakuch on the south bank of the Gilgit River and in the neighboring area of this region there are many places with this word used as part of a name.

H 002 **HARAM** (P)

Meaning: 'pyramid'. Up the Taro Valley in the south of the Hindu Raj Mountain ranges are two mountains named Haram Bit (6031 m) and Haram Boi (5821 m), either of which is a magnificent mountain worthy of the name of 'pyramid'.

H 003 **HIM** (Kho)

Meaning: 'snow'. JAC San-in Branch Party climbed the mountain (6442 m) to the north of Sararich (6250 m) and named it Him Zom. Later it turned out that they did not climb it. They seemed to have climbed the mountain (5900 m) to the south of it. Today Chhutidum Zom, not Him Zom, is used for maps. To the west is a glacier named Chhutidum and the same name was used for that mountain.

H 004 **HUSHUKO** (Kho)

Meaning: 'straight'. The Hushko Glacier up the Ziwar Valley go straight to the west just like its name and is divided in two by the mountains standing like Insel (island) just in front of the Afghan border. Then each rises onto the saddle of the mountainous borderline.

'Hosko' and 'Horski' have the same meaning as this word.

I 001 **ISHPEL** (Kho)

Meaning: 'white, grey'. This word is used for snowy mountains in Chitral. A lot of mountains have had this word in their names regardless of any age. Like the names as Shiramine (white peak), Shirane (white peak) and Hakusan (white mountain) in Japan, a lot of mountains have been almost naturally called such from olden times.

Ishpel Dom (c. 6200 m), to the east Koyo Zom, was given its name in 1968 by S. Karibe (summiter). Ishpel Dok (white rock, 5204 m) to the east of Shah-Jinali An also bears an ancient name. However Ishpel Zom (5923 m) to the south of Buni Zom was given the name in recent years. 'Ishper' and 'Ishperoo' also have the same meaning.

I 002 ISHTIKE (Kho)

Meaning: 'become flat'. Near Bang along the middle part of the Yarkhun River and in the Ziwar Valley are two places named 'Istoch', which probably means 'a flat land'. In 1935 when Schomberg went to the Chikar Glacier through the Ziwar Valley, he passed the mountain pass named Ishkokht-o-An, which has the same meaning.

I 003 ISTOR (Kho)

Meaning: 'horse'. Istor-o-Nal (7403 m), a famous mountain in Chitral, means 'a horseshoe'. Strictly 'Nal' means 'a piece of iron nailed under a horse's foot'. M. Burn from the survey department in India gave the name to it in 1928, because this rugged 7000-meter peak surrounded the Istor-o-Nal Glacier in the horseshoe-shape.

I 004 ISTAR (Kho)

Meaning: 'star'. When travel north through the Kagh Lasht Heights and south as far as the Turikho River, there is a village named Istar. From the bottom of the valley you can see only a piece of starry sky cut by the cliffs all round.

J 001 JANGAL

Meaning: 'forest'. In the Himalayas, to say nothing of Yasin and Chitral, this word is often used to describe a forset or even a small thicket.

J 002 JANALI (Kho)

Meaning: 'polo ground'. The most typical example in which this word was used for a place name is Shah Jinali An (4259 m), an important point which links Yarkhun river with Turikho river. This means a 'black polo ground'. In this case 'black' means that trees are luxuriant.

J 003 JERAB (P)

Meaning: 'valley'. To the east of Chator kand in Yasin are Kushroi Jerab and Kushroi-Jerab-Dest (5774 m).
Originally this word comes from 'Zheraf' in the ancient Persian.

J 004 JIARAT (P)

Meaning: 'a tent, a sacred mausoleum'. This place name can be often found where Islamic sages are buried. It is also written 'Ziarat'.

J 005 JILGA (K)

Meaning: 'a valley, a brook'. This is the Kilgis word, so there are many places with this word as part of its name in the Wakhan Valley.

To the north of Khorabort An (4630 m) is Lupsuk Jilga.

The traveling community of the Kilgis people is often called Jilga. It is also spelled 'Djelga'.

K 001　KABUL (Kho)

Meaning : 'a grave, a tomb'. On the east side of Shah (Shahan) Dok (which means a 'black rock' or 'the king of rocks') is Kabilistan Khora which means 'a water mill in the graveyard'. This is where once the Kyoto University Party (Mr. Katsuichi Honda and others) set up their base camp to climb Shahan Dok (6320 m).

K 002　KACH (Kho)

Meaning : 'a wild stone-leek'.

This is a place name which is found in abundance throughout Chitral. The most famous one is Kach An in the far north of the Turikho River. However, the original one is Kach (3733 m) found to the north bank of the Kach Glacier in the east side of Kach An.

Kach Khani An in Swat, and Kachi and Kachi Bar on the Ghizar or the neighboring area are of the same kind.

Wild leeks grow in large groups on the heights in the north of Chitral, especially on Shah-Jinali An.

Therefore this word appears to have some connection with the Chinese word '葱嶺 Sorei (or Tsun Lin)' (literally the peak of leek, Chinese name for the Pamirs and the neighboring area in Central Asia).

K 003　KAGH (Kho)

Meaning : 'a crow'.

To the north of the junction of the Turikho and the Mastuj river there is a large height called Kagh Lasht (a plain which attracts many crows). This area extends over 20 kilometers from south to north. Such a region was very hard to travel due to the lack of trees and water at that time. But now you can travel by jeep. It became the greatest spot for people to enjoy a panoramic view of Chitral nowadays.

K 004　KALANDAR (Kho)

Meaning : 'a beggar'. In some cases it means 'a sage'.

Mostly there remain some religious legends in places that use this word as part of their names. It can be also written 'Qalandar'. On the northeast of Thui An (4499 m) is the Galander Gum Glacier. The map makers mistook the Kalandar Gum Glacier for the Galander Gum Glacier and therefore the wrong name was put in circulation.

K 005　KAMBOKH (Kho)

Meaning : 'a branch'. The places with this name are found in abundance. The word 'Phoor' has the same meaning. 'Phur' in Phur Nishini An (5425 m) is equivalent to this word.

K 006　KANDAO (K)

Meaning : 'a mountain pass'. The mountain passes in and around Dir are called such, for example, Sundraui Kandao (3867 m), Keshurl Kandao (4156 m), etc.

K 007　KASHKAR (T)

The old name of Chitral. 'Kash' means 'a ball'. It is a soft ball. On

the 17-18 century maps in Europe 'Kashkar' was generally used rather than 'Chitral', so it was common to describe the Chitral River (the Kabur River) as the Kashkar River. It seems that Chitral was only one of the main villages in Kashkar long time ago.
羯師 (kashi) seen in ancient Chinese records is the transliteration of 'kash'.

K 008 **KHOSHT** (Kho)
Meaning : 'hidden, behind'. The name of a village along the lower Turikho River. This village abounds with fruits, and is especially a great producer of apricots. You cannot see the village until you come to the junction of the Turikho and the Yarkhun River.

K 009 **KISHMAN** (Kho)
Meaning : 'to cultivate'. 'Kishmanja' up the Yarkhun River comes from this word. 'Kishini' is 'cultivation'. Kishini Khan (6755 m) on the Afghan side means 'a farm worker or a famer's man'.

K 010 **KILA**
Meaning : 'a fortress'. The villages or towns in Chitral which once had fortresses include this word in their names. For example, Kila Drasan, Kila Mustuj, Kila Drosh, etc. It is also spelled ; 'Qala or Kala'.
Remember 'Qala-Panja'.

K 011 **KOH** (P)
Meaning : 'a mountain'. It is also spelled 'Kuh'. Both are of often seen.

K 012 **KOTAL** (P)
Meaning : 'a mountain pass'. There is an example like 'Galati Kotal'. The Kotalkash Glacier up the Yarkhun River is most likely also a place name which came from 'a mountain pass'.

K 013 **KOYO** (Kho)
Meaning : 'a hat, a cap'. Koyo Zom means 'a hat mountain' like Eboshiyama (headgear worn by nobles in court) in Japan. 'Koi' is another word.
'Koi Zom (6889 m)' is used in the book by Curzon.

K 014 **KOZ**
Meaning : 'a cliff'. Koz Sar (6677 m) to the northwest of Kampire Dior means 'the head or top of the cliff'. The south side of this mountain is a terribly steep cliff. Schomberg says it means 'a shady mountain'.

K 015 **KUCHIK** (P)
Meaning : 'small, little'. Lunkho-i-Kuchik (or Kucek, 6354 m) in the eastend of the Lunkho Mountains means 'a little Lunkho'.
Kucher (or Kuchar, 5791 m) to the north of the Gram Shar Heights up the Ziwar Valley has the same meaning. The former is a bulky and heavy mountain, and the latter is little known and has a peak like a needle.

K 016 **KUH** (Kho)
Meaning : 'a low land or country'. There is an area called Kuh in Gilgit, where the main village is Gupis. The antonym of 'Kuh' is '

Sar-had' (heights). Sarhad in Wakhan is typical place name.

K 017 **KUHANHA** (P)

Meaning: 'the hump of a camel'. The 6309-peak in Shah-Jinali An was once called Qala-i-Ust, but it is now called Kuhanha. As the name shows, the mountain is associated with two humps of a camel. You can enjoy the view both from the Wakhan Valley and from Chitral. In Chitral you can see the whole mountain covered with white snow floating in the northern sky on the way from Istar to Werkup. The wonderful double-headed mountain is by no means inferior to Lunkho-i-Awar (6895 m) to the west of it. The hump in the east is called Kuhane Sharqi, and the hump in the west Kuhane Gharbi.

K 018 **KURUI** (Kho)

Meaning: 'red'. From Kuragh and its outskirts to Buni in Chitral is much red soil. This soil makes a terribly muddy stream in a valley or swamp just after the rain. Between Buni and Awi there is a village named Kurui Jinali, which means a red polo ground. There are some other places with this word included in their names.

K 019 **KUSHRAO**

This is probably the name of a religious leader or a local chief. According to the Burshaski-dictionary by Lorimer, Muhammad Nazim Khan, the Mir in Hunza, had an ancestor named Khisrau for four generations ago (Vol. 3, P. 431). The places with this word in their names can be found throughout Yasin. On the right banks of the Bazighas Valley are Kushrau Jarab and Kushrao Dest (5774 m), and in the south side of Baba Tangi (6513 m) is the Kusaro Glacier.

L 001 **LAKHSH**

Meaning: 'a slope'. Schomberg says it means 'a slope down the long stretch of hills'. To the north of Zani An is Lakhsh Deh, which means 'a village on a slope'. Also up the Wakhan Valley is Koh-e-Lakhsh (5786 m or 6110 m), which was named after a village on the southern side, Lakhsh. There is a valley with the same name.

L 002 **LANGAR** (T)

Meaning: 'a house for temporary rest or lodging'. Originally it meant 'a furnace, a fireplace, a kitchen'.
Langar Zom (7070 m) is named after a village name in Wakhan. There are many places with the name in the east of Shandor An and near Shagram. 'Robat' or 'Rabat' also has the same meaning.

L 003 **LASHT** (Kho)

Meaning: 'a flat land, a plain'. In fact there are a lot of places with 'lasht' in their names. This proves how the people there wanted to own the flat land where they can engage in farm work.

L 004 **LENZOO** (Kho)

Meaning: 'to howl'. In the south of the Buni Zom Mountains is Lenzoo Zom (6100 m), which means 'a howling mountain'. Probably it comes from the sound of a snowslide.

L 005 **LUT** (Kho)

Meaning: 'big, large'. The Lutkho River flows to the west from the

Arkhari River. However it should be spelled 'Lutkuh' (a large valley). It is a clear stream unlike most of the rivers in Chitral. It is also called the Injigan River. Bidulph wrote it as 'Ludkuh'.

M 001 MAGREB (P)
Meaning : 'west'. Koh-i-Magreb (6450 m) is to the west of the Khandud Valley.

M 002 MAZAR (P)
Meaning : 'a tomb (especially of saints)'.
This is a place name which can be found in the Mohammedan land.

M 003 MIR (P)
Meaning : 'a mountain'. It sometimes means 'a king'. Tirich Mir (7707 m) and Pamir are typical examples. It is also spelled 'Mer'. In the Afghan side is Mir Samir (5809 m), on which Mr. Toshitaka Chuma wrote a article. Richmers clearly says that it means 'a mountain', though Curzon has a different point of view. There arose a big dispute on the meaning of this word in the 18-19th century.

M 004 MOGH LANC (Kho)
Linsbaur says that this means 'much longer'.
There is a place named Moghlang at the back north of the Turikho River. This is not the name of a village but that of a camping ground.

M 005 MULI (Kho)
Meaning : 'low'. There is a place named Mulikho (a low land) in Chitral. When it comes to a village name, Muli (meaning' low, downward, the lower part) and Turi (meaning' high, upward, the upper part) are used in pairs. It is equivalent to some Japanese expressions, 'Kami-mura' (an upper village), 'Shimo-mura' (a lower village), 'Kami-ichi' (an upper bazzar), 'Shimo-ichi' (a lower bazzar), etc. in Japan.
Some examples are these : to the west of Mastuj are 'Muri Parnak' and 'Turi Parnak', to the north 'Muri Khuz' and 'Turi Khuz' and in the south of Yasin 'Muri Mashar' and 'Turi Mashar'.
It is sometimes used as the names of mountain passes and glaciers.

M 006 MUNKIR
The name of an angel who watches a Muslem whth Nakir beside sickbed when he is going to die. Mt. Mankir in Swat comes from this word. On the map it is described as 'Mankial' (5715 m).

N 001 NAL (Kho)
Meaning : 'a horseshoe'.
Istor-o-Nal (7403 m) is a famous example.
See 'ISTOR (I 003)'.

N 002 NISHIKO (Kho)
Meaning : 'east'. Probably it originally means 'the direction in which the sun rises'. 'Nishik' means 'to climb'.
There is a mountain named Nishik An and on the right bank of the Turikho River is a village named Nishku.

N 003 **NOGHOR** (Kho)

Meaning : 'a fortress'. There are some mountains named Noghor Zom in some parts of Chitral. However the mountain which interests climbers is only the one (5939 m) to the south of the Kotgaz Glacier.

N 004 **NUKUSAN** (Kho)

Meaning : 'of frequent accidents, very difficult'. There is a pass named Nukusan An. Dewana Shah, a religious leader, suffered from severe frostbite when he passed over the mountain. This is how the pass got its name.

N 005 **NUROGHI** (Kho)

Meaning : 'bent, curved'. Up the Ziwar Valley is the Niroghi Glacier, which means 'a bent glacier'. The Noroghikun Glacier in the southeast of Lunkho should be basically written as 'Niroghi Kuh' (a bent valley and land).

O 001 **OGHIL** (T)

Meaning : 'the fence for sheep'. The typical example is Baroghil An. 'Aghil' and 'Ghil' are the same meaning. There are many places that have adopted this word as their name.

O 002 **OOTULL**

Meaning : 'high'. This example is a village named Uthul, which is to the west of Dorasan in Chitral. It is the place from which they make the ascent to Zani An (3886 m).

P 001 **PACHAN** (Kho)

Meaning : 'hidden'. Pachan Zom (6126 m) up the Yarkhun River means 'a hidden mountain'.

P 002 **PARI** (Kho)

Meaning : 'a cliff'. There is a village named Hoopar Pari near Gakuch.

P 003 **PARIYAN** (Kho)

Meaning : 'a fairy'. There are several mountains named Pariyan Zom, meaning 'the mountains of fairies'. Actually, many stories involving fairies have been passed down in Chitral. Tirich Mir is famous as the home of fairies. The Karash tribe has the custom of offering something in the shape of this mountain to their shrine.

P 004 **PECH** (Kho)

Meaning : 'hot'. Pechuts, a village up the Yarkhun River, means 'a hot spring'. In the east end of this village is a small hot spring.

P 005 **POORGURAM** (Kho)

Meaning : 'rain falling from a snowy cloud'. In other words, 'raining with a mingling of snow'. This is the name of a village in the back north of the Turikho.

Q 001 **QALANDAR**

Meaning : 'a beggar'. See 'KALANDAR' (p. 326).

Q 002 **QULACHI** (Kho)

Meaning : ' the length from a thumb to a small finger when extending a hand '. ' Sut Qulachi An ' in the south side of Tirich Mir was named after the famous stone with the same length which is on the mountain pass.

' Sut ' means ' seven '. Some say it means ' a hundred ' in the Persian Language.

R 001 **RAH** (P)

Meaning : ' road '. Wakhikan Lah (5681 m) up the north of the Kotgaz Glacier means ' the road of the Wakhi people '.

R 002 **ROBAT** (T)

Meaning : ' an inn or a tavern '. Along the Arkari River there are places named Robat Gol, Robat Deh, Rrobat Mukhi, etc. Rabat, Ribat and Rawat are of the same meaning and are often used for place names. Sometimes it means ' a fortified village '. It has the same meaning in the khowar-language, Turkish language and Persian language.

R 003 **ROGH** (Kho)

Meaning : ' a circle '. Rogh Jinali in Golen Gol means ' a village with a circled polo ground '.

R 004 **ROUSHAN** (P)

Meaning : ' light, bright '. Near Gupis is a place with this word in its name. ' Roshan Gali ' means ' a bright mountain pass '.

S 001 **SAD** (P)

Meaning : ' a hundred ', See ' QULACHI ' about Sad Qulachi An. Dr. Kurakichi Shiratori says that it can be used when they refers to the countries and prefectures in groups of hundreds.

S 002 **SAFED** (P)

Meaning : ' white '. Koh-i-Safed maens ' White Peak '. This word is ' Ishpel ' in the Chitrali language. See ' I 001 '.

S 003 **SAKHT** (P)

Meaning : ' troublesome, annoying '. Koh-e-Sakht means a ' troublesome mountain '.

S 004 **SAR** (P)

Meaning : ' head '. Sararich (6255 m) means ' the head of the Rich district '. It is also spelled ' Sor '. Sor Laspur is a village far up the Laspur River. ' Sar ' in Saraghrar (7349 m) is of the same meaning. Probably it means where a valley begins or a mountain edge rises to its highest point.

S 005 **SARHAD**

Meaning : ' high land, heights '. Sarhad in Wakhan is well known. See ' K 016 '.

S 006 **SHA** (Kho)

Meaning : ' black '. Shagram, a large village in Turikho, means a black village. In this case ' black ' means ' luxuriant '. In the Chitrali language they call a glacier ' Sha-yoz (black ice), which means a glacier is covered with earth and sand. In the Ziwar Valley is Koh-i-Shayoz (6855 m). And to the north of the Turikho is Shagologh meaning a black river. See 'G 015'.

S 007 **SAHRQI** (P)

Meaning : 'east'. Bandakho-Sahrqi might be 'the eastern peak of Bandakho', while 'Shakhe' means 'a horn'.

S 008 **SHOGHOR** (Kho)

Meaning : 'sand'. The main village along the Arkari River is Shoghor. It was so important a place that it became the capital duing the age of Shah Faramurz. Geographically it is where the four valleys meet. The Shoghor Dok Glacier up the Ziwar means 'a glacier with sandy rock'. Koh-i-Shoghor Dok (6828 m) was named after the glacier.

There are mountains called Shoghor Dok (sandstone) in many districts.

S 009 **SHOSI** (Kho)

Meaning : 'to cross'. It is also written like 'Shoi'. There is a mountain named Shoi An (5716 m), Shoi Gali (4329 m) also has the same meaning.

S 010 **SHOST** (Kho)

The meaning of this word is unknown. Schomberg says this word was originally 'Shuyist'. Shost is the name of a village along the middle part of the Yarkhun River. In the 8th century when China ruled Chitral, the Village played an important role, and there remain the relics of its importance even today.

S 011 **SHOTAR** (Kho)

Meaning : 'the bank of sand'. On the north side of Thui II (6523 m) is the Shetor Glacier, in which Shetor is originally Shotar. It means the hill of moraine.

T 001 **TANGI** (W)

Meaning : 'a valley'. Baba Tangi (6513 m) in Wakhan was named after the village at the northern foot of it.

T 002 **TAROO** (Kho)

Meaning : 'active, swift'. It is written as 'Thalo' on various maps. Far up the Laspur River is the Thalo Valley (violent valley), whose name was changed from Thalo Zom (6050 m) to Thalo An (4322 m).

T 003 **TAUS**

Meaning : 'a peacock'. Dasht-i-Taus in the south of Yasin means 'a gravel land with peacocks on it'. From Taus Tik (4071 m) on the same area the Kyoto University party took the magnificent panoramic picture of Ghambar Zom (6518 m) and other Hindu Raj mountains in 1957.

T 004 **TEZ** (P)

Meaning : 'sharp'. Koh-i-Tez (6995 m) up the Ziwar Valley has a triangular pyramid-peak, as the name indicates.

T 005 **TONUSHOO** (Kho)
Meaning: 'ibex'. Tonyush Zom (6023 m) on the south of the Buni Mountains is an untrodden mountain whose peak looks very sharp like a horn of an ibex.

T 006 **TURI** (Kho)
Meaning: 'upper, above'. Turi-Kho means 'an upper land, heights' 'highland'.
It has been already written that it is often used as village names with its antonym 'Muri' (low). See 'M 005'.

T 007 **TUTIRAZ-NO-KUH** (Kho)
Meaning: 'a valley where snow cocks (or snow grouses) live'. It is the name of the place in Rosh Gol on the south side of Mt. Saraghrar. Cimbers make a base camp there when they climb the rock of the south side.

U 001 **UTS** (Kho)
Meaning: 'a spring'. Ziwar Utz, which is the gateway to the Ziwar Valley, is a hot spring that emits much hot water.
Kurui Uts means 'red spring'.

W 001 **WAKHI**
Meaning: 'the Wakhan people'. Wakhikan Gumbat in Uznu Gol is the place name meaning the graveyard of the Wakhan people. No graveyard can be seen today.

Y 001 **YAKH** (P)
Meaning: 'ice'. Yakh Kotal (an icy mountain pass) is the name of col to the west of Mt. Urgent. Yakhchal means 'a glacier' in the Persian language.

Y 002 **YAILAK** (T)
Meaning: 'a pasture in summer'. 'Ailak' is another way to say. It is interesting that there are many place names concerning pasturage or grazing, thereby reflecting the natural features of this region.

Y 003 **YANGI** (T)
Meaning: 'new, young'. Yangi Hissar means 'a new fortress'. It is 'Nokh' in the Chitrali Language.

Z 001 **ZARD** (P)
Meaning: 'yellow'. Koh-e-Zard means 'a yellow mountain'.

Z 002 **ZHAGHAR** (Kho)
Meaning: 'a flock of birds'. To the south of Mt. Shahan Dok are Zaghar An and Zaghar Gol. Susumu Matsushita, a Japanese person, who was the first to set foot on them, says it means 'steep'.

Z 003 **ZHURI** (Kho)
Meaning: 'a apricot'. The apricot is a very important fruit which is eaten throughout Chitral. It tastes good, whether it is green or dry. People often dry apricot stones and bring them as their lunch. Zhuli Lasht means 'a flat land with apricot tress grown there'.

Z 004 **ZIARAT**

Meaning : 'a sacred ground, a tomb, a shrine'. This word is used as place names at the north foot of the Lowarai Pass.
See 'J 004' (p. 308).

Z 005 **ZOM** (Kho)

Meaning : 'a hill, a mountain'. This word is added to the names of almost all the mountains all over Chitral.

※ The language code of the head-word.
1) B → The Burushaski (Hunza) language
2) kho → The Khowar (Chitrali) language
3) P → The Persian language
4) S → The Shina (Gilgit) language
5) T → The Turkish language
6) W → The Wakhi language
7) Kaf → The Kafir language
8) H → The Hindi language

※ A postscript by the writer

I referred to various kinds of linguistic texts in writing this manuscript.
I especially owe much to the following five books.

T. Graham-Bailey "Grammar of the Shina Language", RAS, 1924.

D. L. R. Lorimer "The Burushaski Language', Oslo, 1938.
(Vol. 3, Vocabularies & Index.)

G. Morgenstierne "Indo-Iranian Frontier Language".
(Vol. 2, 'Irania Pamir Languages', in which the Wakhi language is included.)

D. T. O'brien "Grammar and Vocabulary of the Khowar Dialect", Lahore, 1895.

J. Biddulph "Tribes of Hindoo Koosh", Graz, 1971 (Reprint).

I must thank my predecessors very much.

I learned a lot from Shahzada (prince) Burhan ud-din on the scene.

〔掲載写真一覧〕　　　（掲載順にページ数を示す）

HINDŪ KŪSH　　　1　HINDŪ RAJ

1-1　「Būni Zom」Chakholi Zom より（東京農業大学隊） … 3
1-2　「Shishi Kuh 山群」Tirich Mīr より（JAC 石川支部隊） … 4
1-3　「Manali-Ān 周辺」チトラール側より（竹上邦子） … 5
1-4　「Thalō Zom 山群と、Gochohār Sār 山群」Tirich Mīr より
　　　（JAC 石川支部隊） … 6
1-5　「誤認登頂△印の似た峰の例」Chakholi Zom 付近より（東京農大隊） … 6
1-6　「Būni Zom 山群」Tirich Mīr より（JAC 石川支部隊） … 7
1-7　「Būni Zom」Chakholi Zom より（東京農業大学隊） … 8
1-8　「Panorama Peak」G. グルーバーの観測点、Chakholi Zom
　　　付近より（宮森常雄） … 8
1-9　「Gazen GL 周辺」Gōlash Zom より（贄田統亜） … 12
1-10　「Koyo Zom 東面」Pechus GL 源頭より（雁部貞夫） … 14
1-11　「Darkot を囲む峰々」Garmush より（松村隆広） … 17
1-12　「Asambār 山群」Garmush 付近より（松村隆広） … 19
1-13　「Chiantār 山群」Purian Sār より（内田嘉弘） … 20
1-14　「Chiantār 山群東面」Chillinji Ān より（仙台一高山の会隊） … 21

2　HINDU KŪSH

2-1　「Hindū Kūsh の最高峰、Tirich Mīr」南西面より（津田文夫） … 25
2-2　「Targūr Group」（福岡登高隊） … 26
2-3　「Tirich Mīr 南面」チトラールの町から遠望（津田文夫） … 28
2-4　「Ghul Lasht Zom」Tirich Mīr より（福岡登高会隊） … 30
2-5　「Noshaq 山群」Tirich Mīr より（福岡登高会隊） … 32
2-6　「Istōr-o-Nāl 南面」Tirich Mīr より（福岡登高会隊） … 36
2-7　「Istōr-o-Nāl 北面」Udren Zom 南稜より（平井廣二） … 37
2-8　「Udren Zom 西面」南稜線上より（茨城大学隊） … 39
2-9　「Udren Zom 東面」Rosh Gol GL より（平井廣二） … 39
2-10　「パノラマ、Noshaq から Kho-i-Nadīr Shah まで」Udren Zom
　　　南稜より（茨城大学隊） … 40
2-11　「Saraghrār 西壁」Udren Zom 南稜より（船山修） … 43
2-12　「Saraghrār 周辺」Saraghrār 北東峰より（横山史郎） … 44
2-13　「Langār Zom 周辺」Saraghrār より（横山史郎） … 45
2-14　「Langār Zom 西壁」Udlen Zom 南稜より（茨城大学隊） … 46
2-15　「Saraghrār 南面」Buni GL より（雁部貞夫） … 47
2-16　「Urgent 山群」Shayāz より（平位剛） … 48
2-17　「Urgent 山群」Saraghrār NE より（横山史郎） … 49
2-18　「Lunkho 山群」Shayāz より（広島大学医学部山岳会隊） … 50
2-19　「Lunkho 山群」Noghor Zom より（横浜三稜会隊） … 51
2-20　「Lunkho-i-Hevād」Shayāz より（広島大学医学部山岳会隊） … 52
2-21　「Shir Koh 6392 m よりのパノラマ(1)」（平位剛） … 53
2-22　「Shir Koh 6392 m よりのパノラマ(2)」（平位剛） … 54
2-23　「Yarkhun 山群」Golash Zom より（学習院大学隊） … 57
2-24　「Baba Tangi 山群」Shayāz より（広島大学医学部山岳会隊） … 58
2-25　「Anoshah Ān 周辺」Shayāz より（広島大学医学部山岳会隊） … 59
2-26　「Kuhunha 周辺」Shayāz より（広島大学医学部山岳会隊） … 60
2-27　「Karambār Ān より東方を望む」（石井修一） … 61

KARAKORUM　　　3　GREAT KARAKORUM

3-1　「Karakorum の最高峰、K 2」東面より（広島三朗） … 65
3-2　「Naltār 周辺」Purian Sār より（内田嘉弘） … 66
3-3　「Purian Sār」バドスワート氷河上部のプラトーより（内田嘉弘） … 67
3-4　「Koz Sār 北面」Chillinji Ān より（仙台一高山の会隊） … 68
3-5　「Koz Sār 周辺」Purian Sār より（内田嘉弘） … 68
3-6　「Yash Kuk 山群」Karambār Sār 北東稜より（原田達也） … 69
3-7　「Kampire Diōr」Karambār Sār 北東稜より（原田達也） … 71
3-8　「Kampire Diōr 周辺北面」Sakar Sār より（横須賀山岳会隊） … 72
3-9　「Kuk 山群」Patundus より（斎藤修一） … 73
3-10　「Batūra 山群」Chogo Lungma Suddle より（小野寺正英） … 74
3-11　「Batūra 主峰周辺」Yash Pirt より（鈴木茂） … 75
3-12　「Sani Pokkūsh 周辺」Purian Sār より（内田嘉弘） … 76
3-13　「Baltār 氷河源頭の未登峰」Batokusu Col より（東京都庁登山隊） … 77

3-14	「Shispāre 周辺」Patundus より（斎藤修一）	78
3-15	「Ultār 南面」Bojohaghūr Duanasīr 主峰と南峰のコルより（広島山の会隊）	80
3-16	「Ultār 北面」Patundus より（関英男）	80
3-17	「Atabād 山群」Borūt 付近より（大須賀廉）	81
3-18	「Momhil Sār 山群」Laila より（碧稜山岳隊）	85
3-19	「Momhil Sār 周辺」PIA より空撮（吉沢一郎）	86
3-20	「Lupghar Sār 西面」Patundus より（斎藤修一）	87
3-21	「Disteghil、Yazghil、Kanjut 山峰」Laila より（碧稜山岳会隊）	90
3-22	「Yazghil 山群」PIA より空撮（小山貢）	92
3-23	「Kanjut Sār 東面」Tahu Rutam より（大阪登攀倶楽部隊）	94
3-24	「Kanjut Sār II 東面」Tahu Rutum より（桑原信夫）	95
3-25	「Kanjut Sār 東面」Tahu Rutum より（桑原信夫）	95
3-26	「Snow Lake 周辺」Hispār Pass 下部より（土森譲）	97
3-27	「Virjerāb 山群」Tahu Rutam より（大阪登攀倶楽部隊）	98
3-28	「Chot Pert 周辺」PIA より空撮（井上重治）	100
3-29	「Bobisghir 周辺」（亀井正）	102
3-30	「Choktoi、Latok 山群」Skamri 付近より（横浜山岳会隊）	103
3-31	「Choktoi 山群東部の未登、無名峰群」Nobande Sobande 氷河付近より（亀井正）	103
3-32	「Choktoi Group と遠くに Shuijerab Group」PIA より空撮（井上重治）	104
3-33	「Sim Gang」Hispār Pass 下部より（土森譲）	105
3-34	「Latok 東面」Mango Gusōr より（須藤建志）	106
3-35	「Skamri」（亀井正）	107
3-36	「Karakorum パノラマ」Chiring 南峰より（横浜山岳会隊）	108〜109
3-37	「Chiring 山群」Skamri より（横浜山岳会隊）	110
3-38	「Wesm 山群パノラマ」Skamri より（横浜山岳会隊）	111
3-39	「Crown」Insgaiti 氷河より（中込清次郎）	113
3-40	「Crown 山群」Skil Brum より（広島三朗）	114
3-41	「Uli Biaho Tower」Baltoro 氷河上より（宮森常雄）	120
3-42	「Trango 山群」Baltoro 氷河上より（吉沢一郎）	122
3-43	「Cathedral 周辺」Baltoro 氷河上より（日本 K 2 登山隊）	124
3-44	「Muztāgh Tower 北壁」Skil Brum より（古関正雄）	125
3-45	「Thyōr 北面」Skil Brum より（古関正雄）	125
3-46	「K 2 北東面」Skyang Kangri より（学習院大学隊）	127
3-47	「New Cristal Peak と、Cristal Peak」（武蔵大学山岳部・どんぐり山の会隊）	128
3-48	「K 2 西面」PIA より空撮（広島三朗）	128
3-49	「Skyang Kangri 西壁」Godwin Austin 氷河より（日本 K 2 登山隊）	129
3-50	「Praqpa Ri と Skil Brum」（尾上弘司）	130
3-51	「Angel、Praqpari 付近」K 2 の C 3 付近より（渡辺優）	132
3-52	「Broad Peak と、Gasherbrum」Skyang Kangri より（学習院大学隊）	134
3-53	「Broad 山群」K 2 南東稜より（日本 K 2 登山隊）	135
3-54	「Chongtār 山群」Skil Brum より（広島三朗）	137
3-55	「Chongtār 山群パノラマ」Skyang Kangri I より（学習院大学隊）	138
3-56	「K 2 西正面」Latok III 峰より（寺西洋治）	139
3-57	「Gasherbrum 山群」Masherbrum より（須藤建志）	140
3-58	「Gasherbrum、Urdok 周辺」Baltoro Kangri III 峰より（芝浦工業大学隊）	141
3-59	「Gasherbrum 山群」Baltoro 氷河上より（宮森常雄）	142
3-60	「Gasherbrum 山群」Conway Suddle 付近より（林原隆二）	143
3-61	「Sia Kangri 周辺」Baltoro Kangri III 峰より（芝浦工業大学隊）	145
3-62	「Singhi Kangri 南面」Teram Kangri II 峰の下部より（太田欽也）	147
3-63	「Sia La、Tukistān La 周辺」Shinghi Kangri より（東北大学隊）	148
3-64	「Teram Kangri 周辺」Singhi Kangri より（東北大学隊）	149
3-65	「Apsarasas I、東峰」Teram Kangri より（太田欽也）	149
3-66	「Apsarasas II、III〜東東峰」Apsarasas I 峰より（大阪大学隊）	150
3-67	「Kyagār 山群」Apsarasas I 峰より（大阪大学隊）	152
3-68	「Teram Shehr 山群」Apnarasas I 峰より（大阪大学隊）	153
3-69	「North Terong 山群」RimoI 峰より西望（日本ヒマラヤ山岳協会）	156
3-70	「North Terong 山群」RimoI 峰より南望（日本ヒマラヤ山岳協会）	157
3-71	「North Terong 山群北部」Teram Kangri II 峰の下部より（太田欽也）	161
3-72	「Chong Kumdan Kangri I」Mamostong Kangri 付近より（尾形好雄）	164
3-73	「Aq Tash（Mamostong Kangri III）」（尾形好雄）	167

4　LESSER KARAKORUM

4-1	「Rakaposhi」より（玉川岩雄）	179
4-2	「Rakaposhi 周辺」Batūra 下部より（東京都庁登山隊）	180
4-3	「Phuparash 東面」Chogo Lungma Suddle より（小野寺正英）	181
4-4	「Malubiting 東、中央、北峰」（小野寺正英）	182
4-5	「Malubiting 山頂周辺」上部プラトーより（JAC 岩手支部隊）	183
4-6	「Haramosh 北面、Laila 周辺」Malubiting MD より（JAC 岩手支部隊）	185
4-7	「Haramosh 山群」Latok III 峰より（寺西洋治）	186
4-8	「Paraber 山群」Laila より空撮（碧稜山岳会隊）	188
4-9	「Spantik 周辺」Batūra 下部より（東京都庁登山隊）	192
4-10	「Gandes Chhish 周辺」Laila より空撮（碧稜山岳会隊）	193
4-11	「Makrong Chhish 周辺」Chogo Lungma 氷河より（小野寺正英）	193
4-12	「Hispār Wall 周辺」Hispar GL 右岸より（原田達也）	195
4-13	「Ganchen と Hikmul」Susbun GL より（仙台一高山の会隊）	196
4-14	「Ganchen」Hoh Lungma 氷河より（仙台一高山の会隊）	196
4-15	「パノラマ、Biafo 氷河」左岸(北東側)Ho Brakk 付近より（高橋正治）	198～199
	「パノラマ、Biafo 氷河」右岸(南西側)Biafo 氷河中央部より（高橋正治）	198～199
4-16	「Baltoro 氷河左岸の山群」Skil Brum より（古関正雄）	200
4-17	「Khoser Gunge 山群の無名峰」南 Braldu 川より（宮森常雄）	201
4-18	「Mango Gusōr と Bakhor Das 西壁」Biaho GL 舌端付近より（宮森常雄）	201
4-19	「Masherbrum 西面」Mango Gusōr より（須藤建志）	202
4-20	「Masherbrum 山群東部」Baltoro GL より（松尾良彦）	203
4-21	「Masherbrum 北東面」Skilbrum より（古関正雄）	204
4-22	「Biarchedi I 峰」Baltoro 氷河より（塚本珪一）	205
4-23	「Mitre Peak」Baltoro GL より（宮森常雄）	206
4-24	「Chogolisa 周辺の北西部」Masherbrum より（須藤建志）	207
4-25	「Chogolisa 東面」Baltoro Kangri より（芝浦工業大学隊）	208
4-26	「Baltoro Kangri 南面」Kondus 氷河より（東北大学踏査隊）	209
4-27	「Chogolisa、Prupoo Brakka 南西面」Chogolisa GL より（鉄道同人隊）	210
4-28	「Ghondogoro La」（Nazir Sabir）	210
4-29	「Sia La のパノラマ」Sia La より（東北大学隊）	212～213
4-30	「Ghent I、II 峰と Hawk 峰」Siachen 氷河より（林原隆二）	214
4-31	「Saltoro Kangri 周辺」Teram Kangri より（静岡大学隊）	215
4-32	「Chumik 山群、K 12 周辺」Teram Kangri 付近より（静岡大学隊）	218
4-33	「Pastan Group 遠望」Rimo I 峰より（尾形好雄）	221
4-34	「Group East of Thalle Valley 山群」Masherbrum 中腹より（重廣恒夫）	224
4-35	「K 6 周辺」Baltoro Kangr III 峰より（芝浦工業大学隊）	225
4-36	「Link Sār 周辺」Kondus 氷河より（片山正文）	226
4-37	「Lupghar 山群」Sakar Sār より（横須賀山岳会隊）	227
4-38	「Lupghar 山群」Patondus より（大須賀廉）	228
4-39	「Kuk Sel」Khunjerāb Pass 付近より（上野泰司）	229
4-40	「Khunjerāb 峠」カラコルム・ハイウェーより（上野泰司）	229
4-41	「Khunjerāb 峠」（上野泰司）	229
4-42	「Kārūn Kho 遠望」Pasu 付近より（斎藤修一）	231

《付》

付-1	「Nanga Parbat」Darbh 付近より（大須賀廉）	241
付-2	「Sakār Sār」（仙台一高山の会隊）	244
付-3	「Dheli Sang-i-Sār」Sakar Sār より（横須賀山岳会隊）	245
付-4	「Nanga Parbat 山塊」PIA より空撮（宮森常雄）	248
付-5	「Nanga Parbat 山頂部」PIA より空撮（小山貢）	249
付-6	「Nanga Parbat 北面」Darbh 付近より（弓田忠男）	250
付-7	「Prian Sār 山群」Muno Chhock 下部／Ca 5100 m より（横田明信）	252～253
付-8	「Thalo Zom 山群東部パノラマ」Piars／Ca 5500 m より（都竹勝）	252～253
付-9	「Gochohar Sār 山群東部パノラマ」Sohnyoan Zom／5625 m より（佐藤忠司）	254

〔**参考文献**〕

＊「山岳」○○年は通巻（年報）の年数を示す

1　高木泰夫編　「ヒンズー・クシュ、カラコルム登山探検誌」（田中栄蔵古希記念文集Ⅱ）　1980年
2　馬場勝嘉　「ヒンズー・クシュ登山年表」（岩と雪」43、44、45号）　1975年
3　馬場勝嘉　「カラコルム登山史」（「岩と雪」38号）　1974年
4　本多勝一　「知られざるヒマラヤ」　角川書店　1958年
5　松本徍夫　「西パキスタン・ティリチ・ミール周辺の地形と地質」（長崎大学教養学部紀要）「自然科学」No 12　1971年
6　日本ヒンズー・クシュ、カラコルム会議編　「カラコルム」（吉沢一郎古希記念文集）　茗溪堂　1973年
7　田中栄蔵　「イストル・オ・ナールの山座同定」（「山岳」64年）　1969年
8　田中栄蔵　「バルトロカンリについて」（日本ヒンズー・クシュ、カラコルム会議編）〈第4回報告書〉
9　深田久弥　「ヒマラヤの高峰」　岳人、雪華社、白水社、朝日新聞社
10　鈴木　茂　「バトゥラ氷河踏査行」（「岩と雪」40号）
11　小松義夫　「K2に挑む」写真集　新潮社　1983年
12　白川義員　「Himalayas」写真集　小学館　1971年
13　白川義員　「中国大陸」写真集　行人社　1984年
14　薬師義美・雁部貞夫編　藤田弘基写真　「ヒマラヤ名峰事典」　平凡社　1996年
15　白簱史朗　「The Karakoram : Mountain of Pakistan」　写真集　山と溪谷社　1990年
16　藤田弘基　「The Karakorum―パキスタンの高峰―」写真集　ぎょうせい　1990年
17　岳人編集部編　「岳人事典」　東京新聞出版局　1983年
18　静岡登攀クラブ隊　「サラグラール峰西壁完登記」（「アサヒグラフ」11月12日号）　1971年
19　高橋善数　「ヒンズー・ラジ遠征記」（「岩と雪」11号）　1967年
20　広島三朗　「ガレサ氷河踏査」（「岩と雪」42号）1975年
21　宮森常雄　「サラグラール周辺の山座同定」（「山岳」66年）　1971年
22　宮森常雄　「ヒスパー氷河周辺」（「岩と雪」44号）　1975年
23　小笠原重篤　「ヒンズー・ラジ山脈コーヨー・ゾム登頂」（「山岳」69年）　1970年
24　小畑和人　「Tah Rutum 6651 m」（「岩と雪」58号）　1977年
25　贄田統亜　「スキャン・カンリ登頂」（「山岳」71、72年）　1976～77年
26　岩坪五郎編　「K 12 遠征記」　中央公論社　1976年
27　市川山岳会K 12登山隊　「カラコルム1975　K 12登山報告書」　1976年
28　平井一正編　「コンダスの女王、シェルピ・カンリ」　神戸新聞出版センター　1978年
29　地形図研究グループ　「カラコルム　1/250,000 シリーズ」（「岳人」SHEET　NO 1「239号」NO 2「240号」NO 3「242号」NO 4「243号」）　1967年
30　吉沢一郎監修「世界山岳地図集成」（カラコルム・ヒンズークシュ編）学習研究社　1978年
31　宮森常雄　「Hindu Kush」地図（「岩と雪」30、31、32、33、34号）　1973年
32　宮森常雄　「Karakorum」地図（「岩と雪」51、52、53、54号）　1976～1977年
33　宮森常雄　「The Baltoro Glacier」1：100000（山岳年鑑'88）　山と溪谷社　1988年
34　芝浦工業大学カラコルム委員会　「バルトロ・カンリ'76」　1976年
35　東京大学カラコルム遠征隊編　「バルトロ・カンリ」　日本放送出版協会

1964年
36 東京大学カラコルム遠征隊編 「キンヤン・キッシュ1965」 茗渓堂 1968年
37 京都大学学士山岳会 「ノシャック登頂」 朝日新聞社 1961年
38 京都大学学士山岳会 「チョゴリザ」 朝日新聞社 1959年
39 東京北稜山岳会登山隊 「1975・サルトロカンリ 7742 m」 1976年
40 鉄道同人カラコルム登山隊 「プルポーブラッカ初登」(「岳人」365号) 1977年
41 スビダーニエ同人 「未知なる頂へ——ヒマラヤ17 ビンドゥゴルゾム登頂」 1980年
42 東京農業大学 「Hindu・Kush 学術調査報告書」 農友会探険部 1968年
43 松商学園短大 「ノシャック1971」 1973年
44 広島大学医学部山岳会 「ワハン・イスムルグ谷左股」(「山岳」65年) 1970年
45 学習院大学カラコルム登山隊1976 「スキャン・カンリ」(「岩と雪」52号) 1976年
46 岐阜大学学術調査隊 「ペギッシュ谷の山」(「岳人」281号) 1970年
47 東北大学カラコルム遠征実行委員会 「シンギ・カンリ 1976」 1977年
48 大阪大学山岳会 「アプサラサス初登頂」 1977年
49 立教大学理岳会遠征隊 「Biafo Glacier」(「岩と雪」25号) 1972年
50 静岡大学カラコルム遠征隊編 「テラム・カンリ 1975」 1978年
51 日本山岳会石川支部 「ティリチ・ミール1971 ディル・ゴルからの記録」 1972年
52 愛媛カラコルム遠征隊 「ひそやかな峰・ビアーレ初登」(「岳人」366号) 1977年
53 雲表倶楽部 「ヒンズー・ラージ登山隊報告」(13回海外登山技術研究会資料) 1975年
54 宮城県山岳連盟 「シャクスガムの遥かなる峰」(Gasherbrum I (8,068 m) East Ridge in CHINA, 1989) 1989年
55 埼玉山岳県連盟 「HARAMOSH 1974 報告書」 1975年
56 広島山の会 「カンピレ・ディオール登山報告書」 1976年
57 広島山の会 「ラトック III」 1979年
58 日本山岳会東海支部 「The Crown」 日中友好皇冠峰登山隊 1993年
59 神奈川ヒマラヤ登山隊 「スパンティーク全員登頂」 1994年
60 横浜山岳会 「CHIRING 7090」 1986年
61 横浜山岳会 「CHIRING WEST」 1988年
62 日本ヒマラヤ協会 「千人の悪魔の峰」 1984年
63 日本ヒマラヤ協会・沖允人訳 「サセル・カンリ 東カラコルム 1946」(「ヒマラヤ」83号) 1978年
64 鶴城山岳会 「カラコルム遠征報告書―はるかなりシアチエン」 1979年
65 飯田山岳会カラコルム登山隊 「GHARKUN 6620 m」(「岩と雪」52号) 1976年
66 関西学生山岳連盟OBの会カラコルム遠征隊 「ゲントII峰」 1979年
67 Fantin, Mario : I Quattordici " 8000 ". Testi e documenti sulle 14piu alte montagne della terra. (Bologna, 1964)
牧野文子訳 「ヒマラヤ巨峰初登頂記―8000メートル峰14座―」 あかね書房 1969年
68 H. W. ティルマン著、薬師義美訳 「カラコルムからパミールへ」 白水社 1975年
Tilman, H. W. : Two Mountains and a River. Cambridge University Press, 1949
69 Conway, W. M. : Climbing and Exploration in the Karakoram Himalayas. London, T. E. Unwin, 1894
吉沢一郎訳 「カラコルムの夜明け」 あかね書房 1968年
70 Curzon, G. N. : The Pamirs and the Sourse of the Oxus. London 1896
吉沢一郎訳 「シルクロードの山と谷」 あかね書房 1967年
71 Naess, A. : Tirich Mir. London 1952
吉沢一郎訳 「ティリチ・ミール登頂」 あかね書房 1967年
72 Shipton, E. : Blank on the Map. London, Hodder & Stoughton, 1938

諏訪多栄蔵訳 「地図の空白部」 あかね書房 1967年

73 Dainelli, G : Esploratori e Alpinisti nel Caracorum UTET, 1959
河島英昭訳 「カラコルム登山史」 あかね書房 1970年

74 Schomberg, R. C. F : Kafirs and Glaciers. London, M. Hopkinson 1938
雁部貞夫訳 「異教徒と氷河──チトラール紀行──」 白水社 1976年

75 Linsbauer, A : A visit to the Chiantar Glacier region, Eastern Hindukush, 1967.
吉沢一郎訳 「ヒンズー・ラジの東端」(「岩と雪」15号) 1968年

76 Schomberg, R. C. F : Unknown Karakoram. London, M. Hopkinson, 1936
志摩礫郎訳 「未知のカラコルム」 生活社 1942年

77 Spender, M. : The Shaksgam Expedition 1937 (HJ, Vol. 13)

78 Fillipo de Filippi (ed.) : The Travels of An Account of Tibet.・Ippolito Desideri. London, The Broadway Travellers, 1932

79 Dyhrenfurth, G. O. : Baltoro, ein Himalaya-Buch, Basel 1939

80 Maraini, F. : Karakorm──The Asent of Gasherbrum IV. Hutchinson London, 1961

81 Maraini, F : Where four worlds meet, Hindu Kush, 1959 Hamish Hamilton, London

82 Hillary, P : Rimo Mountain on the Silk Road. Hodder & Stoughton, London 1988

83 Workman, F. B. : The Exploration of the Siachen or Rose Glacier Eastern Karakorum. Spottiswoode, 1914

84 Workman, W. H. & F. B. : Two Summers in the Ice-wilds of Eastern Karakoram. Fisher Unwin, 1917

85 Ahmad Khan, P. : KARAKORUM Mit einer Einfuhrung von Reinhold Messner. Herbig 1987

86 Naseer Ullah Awan. : The Unique Mountains. 1990. Alpine Club of Pakistan.

87 Messner, R. : K2, Mountain of Mountains. Kaye & Ward. London 1981

88 Mason, K. : The Shaksgam Valley and Aghil Range. (GJ, 69-4) 1927

89 Jerzy Wala. : Hindu Kush Hendukuse Agram. Klub Wysokogorski-Krakow 1977

90 Jerzy Wala. : Hindu Kush Hendukuse Zebak. Klub Wysokogorski-Krakow 1976

91 Jerzy Wala. : Hindu Kush The regional division, Wysokogorski-Krakow 1973

92 Organ Klubu Wysokogorskiego : Taternik. Warszawa, 1965

93 Shipton, E. : The six mountain-travel Books Diadem Books, London 1985

94 Shipton E. E. : Hispar-Biafo Glacial Regions (Karakoram Himaraya 1939). The Geogeographical Journal, 1950

95 Survey of India. : No38M, 37P, 43A, 42D, 43E, 42H, 43I, 42L, 43M, 42P, 52A, 52F, Quarter Inch or 1 : 253, 440.

96 Survey of Pakistan : NJ-42/SE, NI-42/NE, NJ-43/SW, NJ-43/SE, NI-43/NW, 1 : 500000

97 Jerzy Wala. : KARAKORAM Sheet 1, 2 Orographical Sketch Map 1 : 250000 Swiss Fowndation Alpine Research 1990

98 Spender, M. : Part of The Karakoram and of The Aghil Mountains 1 : 250000 Shaksgam Expedition 1937

99 Servei General d' informacio de muntanya : KARAKORUM 1 : 600000 F. E. D. Monmontana y Escalada 1996
HUNZA-KARAKORUM 1 : 100000 Topographische Ergebnisse der Deutsch-Österreichischen Himalaya-Karakorum-Expedition 1954 und der Deutschen Karakorum-Expedition 1959
Herausgegeben im Rahmen der Alpenvereinskartographie vom DEUTSCHEN ALPENVEREIN, München 1995.

100 Vogt, J. : Allein auf dem Nordostgipfel der Chogolisa (7640 m)

Alpen vereins. Jahrbuch, D-OAV, 1977, Bd. 102

101 Visser, P. C. : Naar Himalaya en Karakorum.　Nijgh & Van Ditmar, 1923

102 Visser, P. C. : The Karakoram and Turkistan Expedition 1929-30 GJ84, 1934

103 Bechtold, F. : Nanga Parbat Adventure.　Butler & Tanner, London 1935
　　小池新二訳　「ヒマラヤに挑戦して」　河出書房　1937

104 J. Wala　吉沢一郎訳　「ヒスパー山塊の研究」（「岩と雪」44号）　1975年

105 A. Bolinder　「カラコルムの話題二つ」（「岩と雪」52号）　1976年

106 AJ. 1965, 1969, 1970, 1975.

107 AAJ. 1972, 1974, 1975, 1976, 1977.

108 HJ. Vol. 25, 30, 31.

109 山岳年鑑　1977、78、79、80、81、82、83、84、85、86、87、88、89、90、91、92、93、94　山と渓谷社

110 山岳　65、66、67、73、74、75、76、85　日本山岳会

〔協力者一覧〕

本書の刊行にあたり、情報、写真、資料、制作などで下記の方々のご協力を得ました。ここに芳名を記して厚く御礼申しあげます。(順不同・敬称略)

青木　正樹	片山　正文	高塚　武由	中込清次郎
西村精一郎	勝見　幸雄	塚本　珪一	永田　秀樹
秋山　友也	亀井　正	寺西　洋治	中本　憲一
秋山　礼祐	雁部　貞夫	土森　譲	木内　敏則
有本　朋子	川名　茂	高見　和成	贄田　統亜
有岡　達郎	桑原　信夫	津田　文夫	西田　憲一
秋山　宏明	向後　元彦	都竹　勝	柳島　緑
池田　常道	小山　貢	原田　達也	山内　敦人
池辺　勝利	小松　義夫	林原　隆二	山下　潔
石原　敏雄	関　英男	広島　三朗	山下　貞美
石川　富康	井上　重治	斎藤　修一	平岡誠一郎
山本　良彦	須藤　建志	佐藤　敏彦	平井　廣二
山森　欣一	海老原　博	佐々木和夫	平位　剛
薬師　義美	遠藤　京子	佐伯　裕孝	深田　久弥
湯浅　道男	内田　嘉弘	新貝　勲	深田　泰三
横田　明信	尾上　弘司	副島　勝人	藤井信一郎
横山　史郎	小笠原重篤	佐藤　忠司	藤井　洋
吉沢　一郎	尾形　好雄	鈴木　茂	馬場口隆一
渡辺　優	沖　允人	諏訪多栄蔵	松本　征夫
小西　正継	奥山　啓一	重廣　恒夫	松尾　良彦
山野井泰史	落合　守和	高橋　定昌	松村　隆広
弓田　忠男	尾上　政弘	高橋　正治	増田　圭次
丹羽　敏憲	小野寺正英	高橋　善数	丸山　純
竹上　邦子	上野　泰司	高田　直樹	三瓶　清朝
名越　実	Mr Nazir Sabir	Mr Qamar Jyon	Mr Gohar Shah
Mr Abdul Karil	Mr Hajma Deen	Mr Josep Paytubi	Mr T. Nansnanon
Ms Yukho Chand	Mr siri Chand	山内　源二	圓田　慶爾
船山　修	古関　正雄	大須賀　廉	太田　欽也
玉川　岩雄			

「隊名	隊長名」	「隊名	隊長名」
東京岳人クラブ隊	小笠原重篤	静岡大学隊	片山　一
市川山岳会隊	山本　良彦	大阪大学隊	三沢日出雄
広島山の会隊	三好　忠行	学習院大学隊	三井　源蔵
横浜山岳会隊	亀井　正	一ツ橋大学隊	山本健一郎
横浜三稜会隊	柳島　三樹	芝浦工業大学隊	秋山　友也
東京都庁登山隊	海老原　博	早稲田大学隊	大谷　映芳
泉州山岳会隊	紀伊埜本節雄	広島大学医学部山岳会隊	
第II次 RCC 隊	高橋　善数		平位　剛
碧稜山岳会隊	石川　富康	札幌医科大学隊	松浦　正司
福岡 GCC 同人隊	成末　洋介	山口大学隊	秋山　利之
福岡登高会隊	新貝　勲	千葉工業大学隊	狩山　謙
スビダーニエ同人隊	坂原　忠清	茨城大学隊	平井　廣二
鉄道同人隊	秋山　宏明	慶応大学山の会隊	船木　威志
大阪登攀倶楽部隊	桑原　信夫	武蔵大学山岳部・	
山岳巡礼クラブ隊	高橋　定昌	どんぐり山の会隊	宮下　宏明
京都カラコルムクラブ隊		日本ヒマラヤ山岳協会隊	西郡　光昭
	堀田　真一	JAC石川支部隊	増江　峻三
下関山岳会隊	山下　貞美	JAC岩手支部隊	笠原潤二郎
京都岳人クラブ隊	須藤　建志	JAC山陰支部隊	藤井信一郎
日本K2登山隊	新貝　勲	京都府山岳連盟隊	小谷　隆一
日本山岳協会隊	小西　正継	埼玉県山岳連盟隊	田山　勝
仙台一高山の会	佐々木和夫	秋田県山岳連盟隊	福田　文二
東神戸高校OB隊	山内　敦人	岐阜県山岳連盟隊	都竹　勝
同志社大学隊	松村　隆広	東京農業大学隊	山下　康成
東北大学隊	佐藤　春郎	東京農業大学山岳部	加藤　和夫

〔山名索引〕　　　　　（数字はページ数、〈　　〉内は別刷地図の掲載箇所を示す）

ア

山名	Romaji	地図	ページ
アイカチェ・チョック	Aikache Chhok (Thaime Chhish)	〈Ⅴ－Ｂ－３〉	77
アイス・ドーム	Ice Dome	〈Ⅹ－Ｃ－２〉	209
アウィ・ゾム	Awi Zom	〈Ⅲ－Ｂ－４〉	8
アク・タシュ	Aq Tash (Mamostong Kangri III)	〈ⅩⅠ－Ｃ－３〉	167
アケール・キオー	Akher Chioh	〈Ⅲ－Ａ－２〉	48
アスプ・イ・サフェド	Asp-i-Safed (Asp-i-Sofeid)	〈Ⅰ－Ｄ－２〉	34
アスプ・イ・サフェド・Ⅱ峰	Asp-i-Safed (II)	〈Ⅰ－Ｄ－２〉	34
アスプ・イ・サフェド・Ⅲ峰	Asp-i-Safed (III)	〈Ⅰ－Ｄ－２〉	34
アスプ・イ・サフェド・Ⅳ峰	Asp-i-Safed (IV)	〈Ⅰ－Ｄ－２〉	34
アスプ・イ・サフェド・南峰	Asp-i-Safed (S)	〈Ⅰ－Ｄ－２〉	34
アッハー・ゾム	Achar Zom	〈Ⅰ－Ｄ－２〉	31
アニ・クチョ・チョック	Ani Kucho Chhok	〈Ⅴ－Ｂ－２〉	76
アプサラサス・Ⅰ峰	Apsarasas (I) (Siachen No 27)	〈ⅩⅠ－Ａ－１〉	150
アプサラサス・Ⅱ峰	Apsarasas (II)	〈ⅩⅠ－Ａ－１〉	150
アプサラサス・Ⅲ峰	Apsarasas (III)	〈ⅩⅠ－Ａ－１〉	150
アプサラサス・西峰	Apsarasas (W)	〈ⅩⅠ－Ａ－１〉	150
アプサラサス・中央峰	Apsarasas (MD)	〈ⅩⅠ－Ａ－１〉	150
アプサラサス・東東峰	Apsarasas (EE)	〈ⅩⅠ－Ａ－１〉	151
アプサラサス・東峰	Apsarasas (E)	〈ⅩⅠ－Ａ－１〉	150
アプサラサス・南峰	Apsarasas (S)	〈ⅩⅠ－Ａ－１〉	151
アポロ・ⅩⅠ峰	Apollo XI	〈Ⅰ－Ｄ－２〉	31
アンバリン・サール	Ambarin Sār	〈Ⅶ－Ａ－３〉	91

イ

山名	Romaji	地図	ページ
イシュカパル・ブルキ	Ishkapal Burqi	〈Ⅵ－Ｄ－１〉	187
イシュペル・ドーム	Ishpel Dome	〈Ⅳ－Ｂ－２〉	15
イストール・オ・ナール・主峰	Istōr-o-Nāl (M)	〈Ⅰ－Ｄ－２〉	37
イストール・オ・ナール・西Ⅰ峰	Istōr-o-Nāl (W-I)	〈Ⅰ－Ｄ－２〉	38
イストール・オ・ナール・西Ⅱ峰	Istōr-o-Nāl (W-II)	〈Ⅰ－Ｄ－２〉	38
イストール・オ・ナール・東峰	Istōr-o-Nāl (E)	〈Ⅰ－Ｄ－２〉	38
イストール・オ・ナール・南東峰	Istōr-o-Nāl (SE)	〈Ⅰ－Ｄ－２〉	37
イストール・オ・ナール・南峰	Istōr-o-Nāl (S)	〈Ⅰ－Ｄ－２〉	37
イストール・オ・ナール・北Ⅰ峰	Istōr-o-Nāl (N-I)	〈Ⅰ－Ｄ－２〉	37
イストール・オ・ナール・北Ⅱ峰	Istōr-o-Nāl (N-II)	〈Ⅰ－Ｄ－２〉	37
イストール・オ・ナール・北Ⅲ峰	Istōr-o-Nāl (N-III)	〈Ⅰ－Ｄ－２〉	38
イストール・オ・ナール・北東峰	Istōr-o-Nāl (NE)	〈Ⅰ－Ｄ－２〉	38
イスピンダール・サール	Ispindār Sār	〈Ⅲ－Ａ－３〉	47

ウ

山名	Romaji	地図	ページ
ウズン・ブラック	Uzun Brakk	〈Ⅷ－Ｃ－１〉	106
ウドレン・ゾム・中央峰	Udren Zom (MD)	〈Ⅰ－Ｄ－１〉	40
ウドレン・ゾム・南峰	Udren Zom (S)	〈Ⅲ－Ａ－２〉	41
ウドレン・ゾム・北峰	Udren Zom (N)	〈Ⅰ－Ｄ－１〉	40
ウドレン・ダルバン・ゾム	Udren Darban Zom	〈Ⅲ－Ｄ－１〉	42
ウパリシナ・西峰	Uparisina (W)	〈Ⅲ－Ｃ－１〉	56
ウリ・ビアホー・タワー	Uli Biaho Tower	〈Ⅹ－Ａ－２〉	121
ウリ・ビアホー・Ⅰの南西峰	Uli Biaho (I-SW)	〈Ⅹ－Ａ－２〉	121
ウリ・ビアホー・Ⅰの北東峰	Uli Biaho (I-NE)	〈Ⅹ－Ａ－２〉	121

日本語	English	区分	頁
ウリ・ビアホー・II峰	Uli Biaho (II)	〈X−A−2〉	121
ウルゲント	Urgent	〈III−A−2〉	48
ウルタール・I峰	Ultār (I) (Ultār N)	〈V−C−3〉	81
ウルタール・II峰	Ultār (II) (Bojohagur Duanasīr II, Hunza Kunji V) 〈V−C−3〉		81
ウルドカス・ピーク・I峰	Urdukas Peak (I)	〈X−B−2〉	205
ウルドカス・ピーク・II峰	Urdukas Peak (II)	〈X−B−2〉	205
ウルドカス・ピーク・III峰	Urdukas Peak (III)	〈X−B−2〉	206
ウルドック・I峰	Urdok (I)	〈X−C−2〉	142
ウルドック・II峰	Urdok (II)	〈X−C−2〉	142
ウルドック・III峰	Urdok (III)	〈X−D−2〉	143

エ

日本語	English	区分	頁
S型・グレッシャー・ピーク	S-Glacier Peak	〈I−D−3〉	29
エム・3	M 3	〈III−D−1〉	42
エム・4b	M 4b	〈III−A−3〉	41
エム・5	M 5	〈III−D−1〉	42
エム・6	M 6	〈III−D−1〉	42
エム・7	M 7	〈III−D−1〉	42
エム・8a	M 8a	〈III−D−1〉	42
エム・9	M 9	〈III−D−1〉	42
エルマネンド・カンリ	Yermanend Kangri	〈X−B−2〉	204
エンゼル	Angel	〈X−B−1〉	131

カ

日本語	English	区分	頁
ガインタール・チッシュ	Ghaintār Chhish	〈IV−B−2〉	15
ガッシャーブルム・トゥインズ	Gasherbrum Twins	〈X−C−2〉	143
ガッシャーブルム・I峰	Gasherbrum (I) (Hidden Peak, K5) 〈X−C−2〉		141
ガッシャーブルム・II峰	Gasherbrum (II) (K4)	〈X−C−1〉	141
ガッシャーブルム・III峰	Gasherbrum (III) (K3a)	〈X−C−1〉	141
ガッシャーブルム・IV峰	Gasherbrum (IV) (K3)	〈X−C−1〉	141
ガッシャーブルム・V峰	Gasherbrum (V)	〈X−C−2〉	142
ガッシャーブルム・V-中央峰	Gasherbrum (V-MD)	〈X−C−2〉	142
ガッシャーブルム・V-東峰	Gasherbrum (V-E)	〈X−C−2〉	144
ガッシャーブルム・V-北西峰	Gasherbrum (V-NW)	〈X−C−2〉	143
ガッシャーブルム・V-北峰	Gasherbrum (V-N)	〈X−C−2〉	143
ガッシャーブルム・VI峰	Gasherbrum (VI)	〈X−C−2〉	142
ガッシャーブルム・東峰	Gasherbrum (E)	〈X−C−1〉	141
ガッシャーブルム・南西ピーク	Gasherbrum SW Peak	〈X−C−2〉	142
ガッシャーブルム・北峰	Gasherbrum (N)	〈X−C−1〉	142
ガナロ・ピーク	Ganalo Peak	〈VI−C−3〉	250
ガナロ・西峰	Ganalo West Peak	〈VI−B−4〉	251
カニ・バサ	Khani Basa	〈VII−B−4〉	96
カベリ・ピーク	Kaberi Peak	〈X−C−2〉	209
ガマ・ソカ・ルーンブ	Gama Soka Lūmbu	〈VIII−D−1〉	197
カマルス	Kamalsu	〈V−D−1〉	246
カマロー・ゾム	Kamarō Zom	〈IV−A−2〉	13
ガモバール・ゾム・I峰	Ghamobār Zom (I) (Ghamubār Zom, Ghamogūl Zom, Gamgāl Zom) 〈IV−B−2〉		17
ガモバール・ゾム・II峰	Ghamobār Zom (II)	〈IV−B−2〉	17
ガモバール・ゾム・III峰	Ghamobār Zom (III)	〈IV−B−2〉	18
ガモバール・ゾム・IV峰	Ghamobār Zom (IV)	〈IV−B−2〉	18
ガモバール・ゾム・V峰	Ghamobār Zom (V)	〈IV−B−2〉	18
ガモバール・東峰	Ghamobār Zom (E)	〈IV−B−2〉	18
カラムバール・サール	Karambār Sār	〈V−A−2〉	67
ガルクン・南峰	Gharkun (S)	〈X−D−4〉	220
ガルクン・主峰	Gharkun (M) (K19)	〈X−D−4〉	220
ガルムシュ・主峰	Garmush (M)	〈IV−C−2〉	20
ガルムシュ・南峰	Garmush (S)	〈IV−C−2〉	21
ガルムシュ・北峰	Garmush (N)	〈IV−C−2〉	21
カールーン・コー	Kārūn Kho (Kārūn Kuh, Kārūn Koh)	〈VII−A−2〉	232

カロール・ゾム	Karōl Zom (Thūi I)	〈IV—A—2〉	15
カンジュト・サール	Kanjut Sār (Kanjut No 1)	〈VII—B—4〉	94
カンジュト・サール・II峰	Kanjut Sār (II)	〈VII—B—4〉	95
ガンチェン	Ganchen	〈VIII—B—1〉	196
ガンデス・チッシュ	Ghandes Chhish	〈VII—A—4〉	194
カンピレ・ディオール・主峰	Kampire Diōr (M)	〈V—B—2〉	71
カンピレ・ディオール・II峰	Kampire Diōr (II) (Kampire Diōr N)	〈V—B—2〉	72

キ

キチック・クムダン・カンリ	Kichik Kumdan Kangri	〈XI—C—3〉	165
キャガール・I峰	Kyagār (I)	〈XI—A—1〉	152
キャガール・II峰	Kyagār (II) (Kyagār 1)	〈XI—A—1〉	152
キャガール・III峰	Kyagār (III) (Kyagār 2)	〈XI—A—1〉	152
キャガール・IV峰	Kyagār (IV)	〈XI—A—1〉	153
キャガール・V峰	Kyagār (V)	〈XI—A—1〉	153
キャン・カンリ・I峰	Skyang Kangri (I)	〈X—C—1〉	129
キャン・カンリ・II峰	Skyang Kangri (II) (Staircase)	〈X—C—1〉	129
キャンポ・チェ	Skyangpo Che	〈X—C—1〉	136

ク

クーアンハ・ガルビ	Kuhunha Garbi (Qala-i-Ust M)	〈III—C—1〉	59
クーアンハ・サキ	Kuhunha Sakhi (Qala-i-Ust E)	〈III—D—1〉	59
クシュ・クリン・サール	Kush Kulin Sār	〈V—A—2〉	70
クック・サール・I峰	Kuk Sār (I)	〈V—B—2〉	73
クック・サール・II峰	Kuk Sār (II)	〈V—B—2〉	73
クック・サール・III峰	Kuk Sār (III)	〈V—B—2〉	73
クック・サール・IV峰	Kuk Sār (IV)	〈V—B—2〉	73
クック・サール・V峰	Kuk Sār (V)	〈V—B—2〉	73
クプルタン・クン	Kupultan Kung (Kapaltang Kung)	〈II—D—1〉	188
クムダン・テロン	Kumdan Terong	〈XI—C—3〉	165
クムール・グリ I峰	Khumūl Gri (I) (Vigne Peak)	〈X—C—2〉	210
クムール・グリ II峰	Khumūl Gri (II)	〈X—C—2〉	210
クムール・グリ・III峰	Khumūl Gri (III)	〈X—C—2〉	211
クムール・グリ・IV峰	Khumūl Gri (IV)	〈X—C—2〉	211
クムール・グリ・V峰	Khumūl Gri (V)	〈X—C—2〉	211
クラウン(皇冠峰)	Crown	〈IX—A—2〉	114
クラン・ピーク	Crane Peak	〈XI—A—3〉	220
クーリ・カンリ	Kury Kangri	〈X—D—2〉	214
クリスタル・ピーク	Cristal Peak	〈X—B—1〉	133
クルクスム・東峰	Kruksum (E)	〈X—A—1〉	123
クルクスム・南峰	Kruksum (S)	〈X—A—1〉	122
クルクスム・北峰	Kruksum (N)	〈X—A—1〉	122
グール・ラシュト・ゾム・主峰	Ghul Lasht Zom (M)	〈I—C—2〉	29
グール・ラシュト・ゾム・東峰	Ghul Lasht Zom (E)	〈I—D—2〉	29
グール・ラシュト・ゾム・南東峰	Ghul Lasht Zom (SE)	〈I—D—2〉	31
グール・ラシュト・ゾム・南峰	Ghul Lasht Zom (S)	〈I—D—2〉	30
グール・ラシュト・ゾム・北東峰	Ghul Lasht Zom (NE)	〈I—D—2〉	30
グレート・トランゴ・I峰	Great Trango (I)	〈X—A—1〉	123
グレート・トランゴ・II峰	Great Trango (II)	〈X—A—2〉	123
グレート・トランゴ・III峰	Great Trango (III)	〈X—A—1〉	123
クンジ	Kunji (Q 6)	〈III—D—1〉	43
グンバズ・イ・サフェド	Gumbaz-i-Safed	〈I—D—2〉	34
クンヤン・チッシュ・主峰	Kunyang Chhish (M) (Kinyang Kish)	〈VII—A—4〉	92
クンヤン・チッシュ・西峰	Kunyang Chhish (W)	〈VII—A—4〉	93
クンヤン・チッシュ・東峰	Kunyang Chhish (E)	〈VII—A—4〉	93
クンヤン・チッシュ・南峰	Kunyang Chhish (S)	〈VII—A—4〉	92
クンヤン・チッシュ・北峰	Kunyang Chhish (N)	〈VII—A—3〉	93

ケ

ケー・12	K12	〈XI―A―2〉	218
ケー・25	K25	〈XI―A―4〉	222
ケー・6	K6	〈X―C―3〉	225
ケー・6・西峰	K6 (W)	〈X―C―3〉	225
ケー・6・中央峰	K6 (MD)	〈X―C―3〉	225
ケー・7	K7	〈X―C―3〉	225
ケー・ツー	K2 (Chogo Ri, Godwin Austin)	〈X―C―1〉	128
ゲンタ・ピーク	Ghenta Peak	〈V―C―3〉	79
ゲントⅠ峰	Ghent (I) (Siachen No 8, SW)	〈X―D―2〉	213
ゲントⅡ峰	Ghent (II) (Siachen No 9, NE)	〈X―D―2〉	213
ゲントⅢ峰	Ghent (III)	〈X―D―2〉	213

コ

コー・イ・チアンタール	Koh-i-Chiantār	〈IV―D―2〉	20
コー・イ・アルシ・エ・ナレ	Koh-i-Arusi-e-Nale	〈III―B―1〉	55
コー・イ・アワール	Koh-i-Auar (Koh-i-Hawar)	〈III―D―1〉	42
コー・イ・ウパリシナ	Koh-i-Uparisina	〈III―C―1〉	54
コー・イ・カラ・イ・パンジャ	Koh-i-Qala-i-Panja	〈III―C―1〉	59
コー・イ・カルカムズ・Ⅰ峰	Koh-i-Karkamuzh (I)	〈IV―D―2〉	20
コー・イ・カルカムズ・Ⅱ峰	Koh-i-Karkamuzh (II)	〈IV―D―2〉	20
コー・イ・カルカムズ・Ⅲ峰	Koh-i-Karkamuzh (III)	〈IV―D―2〉	20
コー・イ・クチェック（カチェック）	Koh-i-Kuchek	〈III―B―1〉	53
コー・イ・ケシュニ・ハーン	Koh-i-Keshni Khan	〈I―D―1〉	41
コー・イ・シャー	Koh-i-Shah	〈III―A―2〉	48
コー・イ・シャヨーズ	Koh-i-Shayōz	〈III―A―2〉	48
コー・イ・ジュルム・Ⅰ峰	Koh-i-Jurm (I)	〈III―A―2〉	56
コー・イ・ショゴール・ドク	Koh-i-Shoghōr Dok	〈III―A―2〉	49
コー・イ・セタラ	Koh-i-Setara	〈III―C―1〉	60
コー・イ・チャティボイ	Koh-i-Chhateboi	〈IV―D―1〉	21
コー・イ・テズ	Koh-i-Tez	〈III―A―2〉	48
コー・イ・ドゥスティ	Koh-i-Dusti	〈III―B―1〉	52
コー・イ・ドゥスティ・北東峰	Koh-i-Dusti (NE)	〈III―B―1〉	53
コー・イ・ナセール・コスラウ	Kho-i-Nasēr Khosraw (M2) 〈I―D―1〉		41
コー・イ・ナディール・シャー	Koh-i-Nadīr Shah	〈I―D―1〉	41
コー・イ・ハイズ	Koh-i-Haiz (Peahin Peak)	〈IV―D―2〉	21
コー・イ・ババタンギ	Koh-i-Baba Tangi	〈III―D―1〉	59
コー・イ・バルフィ	Koh-i-Balfi	〈III―C―1〉	60
コー・イ・ファルザンド・Ⅰ峰	Koh-i-Farzand (I)	〈III―B―1〉	54
コー・イ・ファルザンド・Ⅱ峰	Koh-i-Farzand (II)	〈III―B―1〉	55
コー・イ・ペギッシュ・ジュルム	Koh-i-Pegish Jurm	〈III―A―1〉	55
コー・イ・マグレブ	Koh-i-Magreb	〈III―B―1〉	52
コー・イ・マグレブ・北東峰	Koh-i-Magreb (NE)	〈III―B―1〉	53
コー・イ・マンダラス	Koh-i-Mandaras (M8)	〈I―D―1〉	41
コー・イ・ヤーメス	Koh-i-James	〈III―C―1〉	59
コー・イ・ラリッサ	Koh-i-Larissa	〈III―B―1〉	55
コー・イ・ワルク・ジュヌビ	Koh-i-Wark Junubi	〈III―D―1〉	42
コー・イ・ワルグート	Koh-i-Warghūt	〈IV―D―2〉	21
コズ・サール・Ⅰ峰	Koz Sār (I)	〈V―A―2〉	68
コズ・サール・Ⅱ峰	Koz Sār (II)	〈V―A―2〉	69
コズ・サール・Ⅲ峰	Koz Sār (III)	〈V―A―2〉	69
ゴスフーン・サール	Goskhun Sār (Ghoskun Sar)	〈VII―D―3〉	234
コーセル・グンゲ	Khoser Gunge (Koser Gunge, Khoser Gang) 〈VIII―C―2〉		201
ゴチョハール・サール	Gochohār Sār	〈II―D―1〉	6
ゴチョハール・サール・南峰	Gochohār Sār (S)	〈II―D―1〉	7
コトガズ・ゾム	Kotogaz Zom	〈III―A―2〉	49
コヨ・ゾム	Koyo Zom	〈IV―A―2〉	14
ゴーラッシュ・ゾム	Gōlash Zom	〈IV―A―2〉	13
コルコンダス・ピーク	Khorkondus Peak	〈X―C―3〉	216

山名	欧文	区分	頁
ゴールドガーン・ゾムⅠ峰	Gōrdghan Zom (I) (Gōrdkhan Zom) 〈Ⅲ－D－4〉		9
ゴールドガーン・ゾム・Ⅱ峰	Gōrdghan Zom (II)	〈Ⅲ－D－4〉	9
コンダス・ピーク	Kondus Peak	〈Ⅹ－C－2〉	210

サ

山名	欧文	区分	頁
サカール・サール	Sakār Sār (Shikār Sār)	〈Ⅴ－AB－1〉	244
サカール・サールⅡ峰	Sakār Sār (II)	〈Ⅴ－B－1〉	244
サカール・サールⅢ峰	Sakār Sār (III)	〈Ⅴ－B－1〉	245
サカン・ピーク	Sakang Peak	〈Ⅺ－D－4〉	171
サセール・カンリ・Ⅰ峰	Sasēr Kangri (I) (K22, Chanlung) 〈Ⅺ－D－4〉		170
サセール・カンリ・Ⅱ東峰	Sasēr Kangri (II-E) (K23, Shukpa Kunchan) 〈Ⅺ－D－4〉		170
サセール・カンリ・Ⅱ西峰	Sasēr Kangri (II-W)	〈Ⅺ－D－4〉	170
サセール・カンリ・Ⅲ峰	Sasēr Kangri (III) (K24)	〈Ⅺ－D－4〉	170
サセール・カンリ・Ⅳ峰	Sasēr Kangri (IV) (Cloud Peak) 〈Ⅺ－C－4〉		171
サセール・カンリ・Ⅴ峰	Sasēr Kangri (V)	〈Ⅺ－C－4〉	171
サセール・カンリ・Ⅵ峰	Sasēr Kangri (VI)	〈Ⅺ－D－4〉	171
サニ・パククシュ（サニ・ポククシュ）	Sani Pākkūsh	〈Ⅴ－B－2〉	75
サラグラール・主峰	Saraghrār (M) (Sad Istragh, Sad Ishtragh) 〈Ⅲ－A－2〉		44
サラグラール・西西峰	Saraghrār (WW)	〈Ⅲ－A－2〉	45
サラグラール・中央峰	Saraghrār (MD)	〈Ⅲ－A－2〉	44
サラグラール・南西峰	Saraghrār (SW)	〈Ⅲ－A－2〉	44
サラグラール・南東峰	Saraghrār (SE)	〈Ⅲ－A－2〉	44
サラグラール・南峰	Saraghrār (S)	〈Ⅲ－A－2〉	44
サラグラール・北西Ⅰ峰	Saraghrār (NW-I)	〈Ⅲ－A－2〉	44
サラグラール・北西Ⅱ峰	Saraghrār (NW-II)	〈Ⅲ－A－2〉	45
サラグラール・北東峰	Saraghrār (NE) (Niigata Zom) 〈Ⅲ－A－2〉		47
サラグラール・北峰	Saraghrār (N)	〈Ⅲ－A－2〉	45
サラ・リッチ	Sara Rich	〈Ⅲ－B－2〉	54
サリ・スマリ	Sari Sumari	〈Ⅵ－D－1〉	187
サルチット・サール	Saruchit Sār	〈Ⅴ－D－3〉	82
サルトロ・カンリ・Ⅰ峰（主峰）	Saltoro Kangri (I)	〈Ⅹ－D－3〉	215
サルトロ・カンリ・Ⅱ峰（北峰）	Saltoro Kangri (II)	〈Ⅹ－D－3〉	216
サンゲ・マルマール	Sange Marmār	〈Ⅴ－C－3〉	79
ザン・テク・Ⅰ峰	Zhang Tek (I) (Zhang-i-Tek)	〈Ⅳ－A－2〉	13

シ

山名	欧文	区分	頁
シア・カンリ・主峰	Sia Kangri (M)	〈Ⅹ－D－2〉	145
シア・カンリ・Ⅱ峰	Sia Kangri (II)	〈Ⅹ－D－2〉	146
シア・カンリ・Ⅲ峰	Sia Kangri (III)	〈Ⅹ－C－2〉	146
シア・カンリ・Ⅳ峰	Sia Kangri (IV)	〈Ⅹ－C－2〉	146
シェルピ・カンリ・東峰	Sherpi Kangri (E)	〈Ⅹ－D－3〉	216
シェルピ・カンリ・南峰	Sherpi Kangri (S)	〈Ⅹ－D－3〉	216
シェルピ・カンリ・北峰	Sherpi Kangri (N)	〈Ⅹ－D－3〉	216
シスパーレ	Shispāre (Hunza Kunji III, Shispar) 〈Ⅴ－C－3〉		78
シャカウル	Shakawr (Shachaur)	〈Ⅰ－D－1〉	40
シャー・ダール	Shah Dhar	〈Ⅲ－A－2〉	49
シャチオ・クー・ゾム	Shachio Kuh Zom	〈Ⅱ－D－1〉	7
シャーハーン・ドク	Shahan Dok (Shah Dok)	〈Ⅲ－D－3〉	11
シャヤーズⅠ峰	Shayāz (I) (Parwer Zom, Unacho Zom, Unawich Zom) 〈Ⅲ－D－2〉		57
シャヤーズⅡ峰	Shayāz (II)	〈Ⅲ－D－2〉	57
ジュト・サール	Jut Sār	〈Ⅴ－D－4〉	184
ジュルジュル・コーナ・サール	Jurjur Khona Sār	〈Ⅴ－D－2〉	233
ショルダー・ピーク	Sholder Peak (Nanga Parbat NW) 〈Ⅵ－C－4〉		249
ショルタリ・ゾム	Sholtali Zom (Thūi III)	〈Ⅳ－A－2〉	16

シール・コー	Shir Koh (Shir Kuh)	〈Ⅲ−B−1〉	53
シール・コー・Ⅱ峰	Shir Koh (Ⅱ) (Shir Kuh Ⅱ)	〈Ⅲ−B−1〉	53
シール・コー・Ⅲ峰	Shir Koh (Ⅲ)	〈Ⅲ−B−1〉	55
シルバー・スローン	Silver Throne (Siachen No 13)	〈Ⅹ−D−2〉	214
ジルバー・ツァッケン	Silver Zacken (Silver Craq=Pakistan)	〈Ⅵ−C−3〉	249
シンギ・カンリ	Singhi Kangri	〈Ⅹ−D−2〉	147
シンゲイク・ゾム・主峰	Shingeik Zom (M)	〈Ⅰ−D−2〉	33
シンゲイク・ゾム・Ⅱ峰	Shingeik Zom (Ⅱ)	〈Ⅰ−D−2〉	33
シンゲイク・ゾム・Ⅲ峰	Shingeik Zom (Ⅲ)	〈Ⅰ−D−2〉	33
シンゲイク・ゾム・東東峰	Shingeik Zom (EE)	〈Ⅰ−D−2〉	35
シンゲイク・ゾム・東峰	Shingeik Zom (E) (Dingo Zom)	〈Ⅰ−D−2〉	34

ス

スカムリ・主峰	Skamri (M) (Fangs)	〈Ⅸ−A−2〉	107
スカムリ・西峰	Skamri (W)	〈Ⅸ−A−2〉	107
スカムリ・中央峰	Skamri (MD)	〈Ⅸ−A−2〉	107
スキリッシュ・サール	Skirish Sār	〈Ⅶ−B−3〉	95
スキル・ブルム	Skil Brum	〈Ⅹ−B−1〉	129
スージ・サール・南西峰	Sūj Sār (SW)	〈Ⅳ−C−2〉	21
スージ・サール・北東峰	Sūj Sār (NE)	〈Ⅳ−C−2〉	21
ススブン・ブラック	Susbun Brakk (Sosbun Brakk)	〈Ⅷ−C−1〉	196
ステステ・ピーク	Steste Peak	〈Ⅹ−B−1〉	133
ストス	Stos	〈Ⅺ−C−3〉	166
ストングステット	Stongstet	〈Ⅺ−B−3〉	163
スパンティク	Spantik (Yengutz Hār, Ghenish Chhish, Golden Parri, Pyramid Peak)	〈Ⅴ−D−4〉	193
スンマ・リ	Summa Ri (Savoia Kangri)	〈Ⅹ−B−1〉	129

セ

| セイリ・ドルクシュ | Seiri Dorkūsh | 〈Ⅴ−B−2〉 | 76 |
| セラック・ピーク | Serac Peak | 〈Ⅹ−B−2〉 | 204 |

タ

タウィツ	Tawitz	〈Ⅹ−D−3〉	216
ダウラ・シャー・ヨンダラム・チッシュ	Daula Shah Yondalam Chhish	〈Ⅴ−D−1〉	246
タウ・ルタム	Tahu Rutum	〈Ⅶ−C−4〉	96
タサ・ブラッカ	Tasa Brakka (Trinity Peak)	〈Ⅹ−B−2〉	210
タサ・ブラッカ・西峰	Tasa Brakka (W)	〈Ⅹ−B−2〉	211
ダスバール・ゾム	Dasbār Zom	〈Ⅳ−B−2〉	16
ダッティ・ゾム	Dutti Zom	〈Ⅲ−A−2〉	47
タパダン	Tapadan	〈Ⅶ−A−2〉	233
ダルバン・ゾム	Darban Zom	〈Ⅰ−D−2〉	33
ダルムヤニ	Darmyani	〈Ⅴ−C−3〉	79
タロー・ゾム	Thalō Zom	〈Ⅱ−D−1〉	5
タングィ・トゥック	Tang-i-Tuk (Tong-i-Tuk)	〈Ⅴ−C−1〉	245
ダンサム	Dansam (K13)	〈Ⅹ−D−4〉	217

チ

チカール・ゾム	Chikār Zom	〈Ⅳ−B−2〉	16
チッコリン・サール	Chikkorin Sār	〈Ⅶ−A−4〉	89
チャコーリ・ゾム・Ⅰ峰	Chakholi Zom (Ⅰ)	〈Ⅲ−D−4〉	9
チャプチンガル・サール	Chapchingal Sār	〈Ⅶ−B−1〉	230
チャンギ	Changi	〈Ⅹ−C−3〉	226
チャン・トク	Chang Tok	〈Ⅹ−A−1〉	109
チュティダム・ゾム	Chhutidum Zom	〈Ⅲ−B−2〉	52

日本語	英語	区分	頁
チュティダム・ゾム・西峰	Chhutidum Zom (W)	〈III-B-1〉	53
チューミック	Chūmik	〈X-D-4〉	219
チョガム	Chogam	〈XI-C-3〉	165
チョクトイ	Choktoi	〈VII-D-1〉	103
チョグロン・カンリ	Chogron Kangri	〈X-D-2〉	213
チョゴリザ・南西峰	Chogolisa (SW) (Chogolinsa, II, W)	〈X-C-2〉	208
チョゴリザ・北東峰	Chogolisa (NE) (Bride Peak, I, E)	〈X-C-2〉	208
チョト・ペルト	Chot Pert	〈VII-C-3〉	99
チョリチョ・主峰	Choricho (M)	〈X-A-2〉	120
チョリチョ・II峰	Choricho (II)	〈X-A-2〉	120
チョリチョ・III峰	Choricho (III)	〈X-A-2〉	120
チョリチョ・IV峰	Choricho (IV)	〈X-A-2〉	121
チョルタ・カンリ	Chorta Kangri	〈X-D-3〉	216
チョン・クムダン・カンリ・I峰	Chong Kumdan Kangri (I) (Mamostong Kangri II)	〈XI-C-3〉	164
チョン・クムダン・カンリ・II峰	Chong Kumdan Kangri (II)	〈XI-C-3〉	164
チョン・クムダン・カンリ・III峰	Chong Kumdan Kangri (III)	〈XI-C-3〉	164
チョン・クムダン・カンリ・IV峰	Chong Kumdan Kangri (IV)	〈XI-C-3〉	165
チョン・クムダン・カンリ・V峰	Chong Kumdan Kangri (V)	〈XI-C-3〉	166
チョンタール・カンリ・主峰	Chongtār Kangri (M)	〈X-B-1〉	138
チョンタール・カンリ・西峰	Chongtār Kangri (W)	〈X-B-1〉	138
チョンタール・カンリ・東峰	Chongtār Kangri (E)	〈X-B-1〉	138
チョンタール・カンリ・南峰	Chongtār Kangri (S)	〈X-B-1〉	138
チョンタール・カンリ・北峰	Chongtār Kangri (N)	〈X-B-1〉	138
チョンラ・ピーク	Chongra Peak	〈VI-C-3〉	250
チョンラ・西峰	Chongra West Peak (West Chongra)	〈VI-C-3〉	250
チョンラ・中央峰	Chongra Middle Peak	〈VI-C-3〉	250
チョンラ・南峰	Chongra South Peak	〈VI-C-3〉	251
チョンラ・北峰	Chongra North Peak	〈VI-C-3〉	250
チリン（麒麟峰）	Chiring (Karpo Go)	〈X-A-1〉	109
チリン・西峰	Chiring (W)	〈X-A-1〉	109

ツ

日本語	英語	区分	頁
ツグモ・ザルポ	Tughmo Zarpo	〈XI-D-4〉	174

テ

日本語	英語	区分	頁
デー・52	D52	〈XI-A-3〉	221
ティオール	Thyōr	〈X-B-2〉	125
ディスティギール・サール・主峰	Disteghil Sār (M) (Distaghil Sār, Dastoghil Sār)	〈VII-A-3〉	89
ディスティギール・サール・中央峰	Disteghil Sār (MD)	〈VII-A-3〉	90
ディスティギール・サール・東峰	Disteghil Sār (E)	〈VII-A-3〉	90
ディラン	Diran (Minapin Peak)	〈V-C-4〉	181
ティリチ・ミール・主峰	Tirich Mīr (M)	〈I-D-2〉	28
ティリチ・ミール・西I峰	Tirich Mīr (W-I)	〈I-D-2〉	28
ティリチ・ミール・西II峰	Tirich Mīr (W-II)	〈I-D-2〉	28
ティリチ・ミール・西III峰	Tirich Mīr (W-III)	〈I-D-2〉	28
ティリチ・ミール・西IV峰	Tirich Mīr (W-IV)	〈I-D-2〉	28
ティリチ・ミール・東峰	Tirich Mīr (E)	〈I-D-2〉	28
ティリチ・ミール・北峰	Tirich Mīr (N)	〈I-D-2〉	29
ディル・ゴル・ゾム	Dir Gol Zom	〈I-D-2〉	29
デパック	Depak	〈X-D-2〉	213
テラム・カンリ・I峰	Teram Kangri (I)	〈IX-A-1〉	149
テラム・カンリ・II峰	Teram Kangri (II) (Siachen No 25)	〈XI-A-1〉	149

テラム・カンリ・III峰	Teram Kangri (III)	⟨XI—A—1⟩	149
テラム・カンリ・III-西峰	Teram Kangri (III-W)	⟨XI—A—1⟩	149
デーリ・サンギ・サール	Dheli Sang-i-Sār	⟨V—B—1⟩	244

ト

トゥイ・ゾム	Thūi Zom	⟨IV—A—2⟩	13
トゥイ・ゾム・西峰	Thūi Zom (W)	⟨IV—A—2⟩	13
トゥイ・ゾム・東峰	Thūi Zom (E)	⟨IV—A—2⟩	13
トゥイ・II峰	Thūi (II)	⟨IV—A—2⟩	15
トーシェ	Toshe	⟨VI—B—4⟩	251
トシャイン	Toshain	⟨VI—B—4⟩	251
トシャイン・東峰	Toshain (E) (Toshain II)	⟨VI—B—4⟩	251
トシャイン・南峰	Toshain (S)	⟨VI—B—4⟩	251
ドット・サール	Dut Sār	⟨VII—A—3⟩	88
ドット・サール・東峰	Dut Sār (E)	⟨VII—A—3⟩	88
トニューシュ・ゾム	Tonyūsh Zom	⟨II—C—1⟩	7
トポップダン	Topopdan	⟨V—D—2⟩	232
トポップダン・南峰	Topopdan (S)	⟨V—D—2⟩	233
ドラフェイ・カール	Drafey Khar	⟨X—C—3⟩	226
トランゴ・リ・I峰	Trango Ri (I)	⟨X—A—1⟩	123
トランゴ・リ・II峰	Trango Ri (II)	⟨X—A—1⟩	122
トランゴ・リ・III峰	Trango Ri (III)	⟨X—A—1⟩	123
トランゴ・リ・IV峰	Trango Ri (IV)	⟨X—A—1⟩	123
トリヴォル	Trivor	⟨VII—A—3⟩	86
ドルビン・ピーク	Durbin Peak	⟨IX—C—2⟩	137
ドンドン・ピーク	Dong Dong Peak	⟨X—D—3⟩	216
ドンバール・主峰	Dongbār (M)	⟨VIII—D—1⟩	106
ドンバール・南峰	Dongbār (S)	⟨VIII—D—1⟩	106

ナ

ナガボン・テロン	Nagabon Terong	⟨XI—B—3⟩	163
ナミカ・ピーク	Namika Peak	⟨X—B—3⟩	226
ナンガ・パルバット	Nanga Parbat (Diamīr)	⟨VI—C—4⟩	248
ナンガ・パルバット・前峰	Nanga Parbat (F) (NE Summit＝Pakistan)	⟨VI—C—3⟩	249
ナンガ・パルバット・東峰	Nanga Parbat (E)	⟨VI—C—3⟩	249
ナンガ・パルバット・南峰	Nanga Parbat (S) (Lower Summit＝Pakistan)	⟨VI—C—3⟩	249
ナンガ・パルバット・北I峰	Nanga Parbat (N-I) (Little Nanga Parbat＝Pakistan)	⟨VI—C—3⟩	249
ナンガ・パルバット・北II峰	Nanga Parbat (N-II)	⟨VI—C—3⟩	249

ニ

ニュー・クリスタル・ピーク	New Cristal Peak (Cristal Peak)	⟨X—B—1⟩	133
ニロギ・イスピンダール・サール	Niroghi Ispindār Sār	⟨III—A—3⟩	47
ニロギ・ゾム	Niroghi Zom	⟨III—A—2⟩	47

ネ

ネームレス・タワー	Nameless Tower (Trango Tower)	⟨X—A—1⟩	123
ネラ・ピーク	Nela Peak	⟨X—C—1⟩	131
ネラ・ピーク	Nera Peak	⟨X—A—1⟩	110

ノ

ノウ・カルシチ	Nou Karsich	〈V−C−3〉	79
ノシャック	Noshaq	〈I−D−2〉	33
ノシャック・西峰	Noshaq (W)	〈I−D−2〉	33
ノシャック・中央峰	Noshaq (MD)	〈I−D−2〉	33
ノシャック・東峰	Noshaq (E)	〈I−D−2〉	33
ノーバイズノン・ゾム	Nohbaiznon Zom	〈III−A−3〉	41
ノバイズム・ゾム	Nobaism Zom	〈I−D−2〉	38

ハ

パイオニア・ピーク	Pioneer Peak	〈X−C−2〉	211
ハイナ・ブラック・タワー	Haina Blak Tower (Haina Blak) 〈X−A−1〉		121
バイパッシュ・ゾム・I峰	Baipash Zom (I)	〈I−D−2〉	29
バイパッシュ・ゾム・II峰	Baipash Zom (II)	〈I−D−2〉	30
バインター・ブラック・主峰	Baintha Brakk (M) (The Ogre, Bentha Brakk) 〈VIII−D−1〉		104
バインター・ブラック・II峰	Baintha Brakk (II)	〈VIII−C−1〉	105
バインター・ブラック・III峰	Baintha Brakk (III)	〈VIII−C−1〉	106
バインター・ブラック・南東峰	Baintha Brakk (SE)	〈VIII−D−1〉	105
パスー・主峰	Pasū (M)	〈V−C−3〉	78
パスー・東東峰	Pasū (EE)	〈V−C−3〉	79
パスー・東峰	Pasū (E)	〈V−C−3〉	79
パスー・北峰	Pasū (N)	〈V−C−3〉	79
パチャーン・ゾム	Pachan Zom	〈IV−A−2〉	16
ハチンダール・チッシュ・主峰	Hachindār Chhish (M) (East Peak) 〈V−B−3〉		76
ハチンダール・チッシュ・北峰	Hachindār Chhish (N) (West Peak) 〈V−B−3〉		76
バトゥーラ・I峰	Batūra (I) (Hunza Kunji I)	〈V−C−2〉	74
バトゥーラ・II峰	Batūra (II) (Batūra MD)	〈V−C−2〉	74
バトゥーラ・III峰	Batūra (III) (Batūra II, Hunza Kunji II) 〈V−C−2〉		75
バトゥーラ・IV峰	Batūra (IV)	〈V−B−2〉	75
バトゥーラ・V峰	Batūra (V)	〈V−C−2〉	75
バトゥーラ・VI峰	Batūra (VI)	〈V−C−2〉	75
バベリアン・タワー	Baverian Tower	〈III−A−2〉	47
パムリ・サール	Pamri Sār	〈V−B−2〉	72
パイユー	Payū (Paiju, Poiu, Paiu)	〈X−A−2〉	120
パラベル	Paraber	〈VIII−A−1〉	188
バラム・グル・ゾム	Baram Gul Zom	〈I−D−2〉	31
バラム・グル・ゾム・北峰	Baram Gul Zom (N)	〈I−D−2〉	31
ハラムビット・ゾム	Harambit Zom	〈II−D−1〉	5
ハラモシュ	Haramosh	〈VI−D−1〉	186
パールガム・ゾム・I峰	Phargām Zom (I)	〈III−D−4〉	9
パールガム・ゾム・II峰	Phargām Zom (II)	〈III−D−4〉	10
バルトロ・カンリ・I峰	Baltoro Kangri (I)	〈X−C−2〉	208
バルトロ・カンリ・II峰	Baltoro Kangri (II)	〈X−C−2〉	209
バルトロ・カンリ・III峰	Baltoro Kangri (III)	〈X−C−2〉	208
バルトロ・カンリ・IV峰	Baltoro Kangri (IV)	〈X−C−2〉	209
バルトロ・カンリ・V峰	Baltoro Kangri (V)	〈X−C−2〉	208
ハンチ・バック	Hunch Back	〈X−A−2〉	205

ヒ

ビアルチェディ・I峰	Biarchedi (I)	〈X−B−2〉	204
ビアルチェディ・II峰	Biarchedi (II)	〈X−B−2〉	204
ビアルチェディ・III峰	Biarchedi (III)	〈X−B−2〉	204
ビアルチェディ・IV峰	Biarchedi (IV)	〈X−B−2〉	204
ビアルチェディ・V峰	Biarchedi (V)	〈X−B−2〉	205
ビアルチェディ・VI峰	Biarchedi (VI)	〈X−B−2〉	205

日本語	英語	区分	頁
ビアルチェディ・VII峰	Biarchedi (VII)	〈X—B—2〉	206
ビアレ	Biale	〈X—A—1〉	126
ビアンゲ	Biange	〈X—B—1〉	126
ビアンゲ・ピーク	Biange Peak	〈X—B—1〉	126
ピーク・35	Peak 35	〈XI—B—2〉	154
ピーク・36	Peak 36	〈XI—B—2〉	154
ヒクムル	Hikmul	〈VIII—B—1〉	196
ピラミッド・ピーク	Pyramid Peak	〈X—D—3〉	216
ビリール・ガイ・チョック	Biril Gai Chhok (Dariyo Sār)	〈V—B—2〉	77
ビルチャール・ドバニ	Bilchhār Dobani	〈VI—C—1〉	182
ビンドゥ・グル・ゾム・I峰	Bindu Gul Zom (I)	〈I—D—2〉	30
ビンドゥ・グル・ゾム・II峰	Bindu Gul Zom (II)	〈I—D—2〉	31

フ

日本語	英語	区分	頁
ファロリン・チッシュ・南峰	Faroling Chhish (S)	〈VII—A—4〉	89
ファロリン・チッシュ・北峰	Faroling Chhish (N)	〈VII—A—4〉	89
ファロール・ピーク	Farol Peak	〈X—C—2〉	211
ブニ・ゾム・II峰	Būni Zom (II)	〈III—D—4〉	9
ブニ・ゾム・III峰	Būni Zom (III)	〈III—D—4〉	9
ブニ・ゾム・IV峰	Būni Zom (IV)	〈III—D—4〉	9
ブニ・ゾム・主峰	Būni Zom (M)	〈III—D—4〉	8
ブニ・ゾム・南南峰	Būni Zom (SS)	〈III—D—4〉	9
ブニ・ゾム・南峰	Būni Zom (S)	〈III—D—4〉	9
ブニ・ゾム・北峰	Būni Zom (N)	〈III—D—4〉	9
プマリ・チッシュ・主峰	Pumari Chhish (M) (Kanjut No 2)	〈VII—B—4〉	92
プマリ・チッシュ・南峰	Pumari Chhish (S)	〈VII—B—4〉	93
ブラック・トゥース	Black Tooth	〈X—B—1〉	126
ブラッツ・ヨーズ・I峰	Blatts Yāz (I)	〈IV—A—2〉	13
ブラッツ・ヨーズ・II峰	Blatts Yāz (II)	〈IV—A—2〉	13
ブラルド・ブラック	Braldu Brakk	〈VII—D—4〉	101
ブラルン・サール	Bularung Sār	〈VII—A—3〉	87
プリアン・サール・主峰	Purian Sār (M)	〈V—A—3〉	67
プリアン・サール・II峰	Purian Sār (II)	〈V—A—3〉	67
プリアン・サール・III峰	Purian Sār (III)	〈V—A—3〉	67
ブリシャモ・ゾム	Brishamo Zom (Bakhtum Bakht M)	〈III—A—3〉	41
プルズィン	Purzin	〈VII—A—2〉	232
フルゼン・ペルト	Hurzen Pert	〈VII—C—3〉	99
ブルチェ・I峰	Bulche (I)	〈V—C—4〉	181
ブルチェ・II峰	Bulche (II)	〈V—C—4〉	181
プルポー・ブラッカ・西峰	Prupoo Brakka (W)	〈X—C—2〉	209
プルポー・ブラッカ・東峰	Prupoo Brakka (E)	〈X—C—2〉	210
プレガール	Pregar	〈VII—A—2〉	232
ブロード・ピーク・主峰	Broad Peak (M)	〈X—C—1〉	134
ブロード・ピーク・前峰	Broad Peak Front	〈X—C—1〉	134
ブロード・ピーク・中央峰	Broad Peak (MD)	〈X—C—1〉	135
ブロード・ピーク・北峰	Broad Peak (N)	〈X—C—1〉	135
フンザ・ピーク	Hunza Peak	〈V—C—3〉	82

ヘ

日本語	英語	区分	頁
ベカ・ブラカイ・チョック	Beka Brakai Chhok	〈V—B—2〉	75
ベカ・ブラカイ・チョック・東峰	Beka Brakai Chhok (E)	〈V—B—2〉	76
ペギッシュ・ゾム・I峰	Pegish Zom (I)	〈III—A—1〉	54
ペギッシュ・ゾム・II峰	Pegish Zom (II)	〈III—B—2〉	55
ペギッシュ・ゾム・III峰	Pegish Zom (III)	〈III—B—2〉	56
ペギッシュ・ゾム・IV峰	Pegish Zom (IV)	〈III—B—1〉	55
ペチュス・ゾム	Pechus Zom	〈IV—A—2〉	15

ホ

ホーク	Hawk	〈Ⅹ－D－2〉	214
ボビスギール・主峰	Bobisghir (M)	〈Ⅶ－D－4〉	102
ボビスギール・北峰	Bobisghir (N)	〈Ⅶ－D－4〉	102
ボョハグル・ドアナシール・主峰	Bojohaghur Duanasīr (M) (Bojohaghul Duanasīr I)	〈Ⅴ－C－3〉	81
ボョハグル・ドアナシール・南峰	Bojohaghur Duanasīr (S)	〈Ⅴ－C－3〉	82
ボラー	Bullah	〈Ⅷ－D－2〉	106
ホンボロ	Honboro	〈Ⅹ－A－3〉	224

マ

マクロン・チッシュ	Makrong Chhish (Makorum)	〈Ⅶ－A－4〉	193
マザーリ・シット・サール	Mazār-i-Sit Sār	〈Ⅶ－B－2〉	232
マゼノ・ピーク	Mazeno Peak	〈Ⅵ－C－4〉	249
マッシャーブルム・西峰	Masherbrum (W) (K1-W, SW, S)	〈Ⅹ－B－2〉	203
マッシャーブルム・東峰	Masherbrum (E) (K1-E, NE, N)	〈Ⅹ－B－2〉	203
マトカシュ	Matkash	〈Ⅳ－A－2〉	12
マニ・ピーク	Mani Peak	〈Ⅵ－D－1〉	187
マーブル・ピーク	Marble Peak	〈Ⅹ－B－1〉	133
マモストン・カンリ	Mamostong Kangri (Murughistang)	〈Ⅺ－C－3〉	167
マモストン・カンリ・西峰	Mamostong Kangri (W)	〈Ⅺ－C－3〉	167
マラングッティ・サール	Malangutti Sār	〈Ⅶ－A－3〉	91
マルビティン・西西峰	Malubiting (WW)	〈Ⅴ－D－4〉	183
マルビティン・西峰	Malubiting (W)	〈Ⅴ－D－4〉	182
マルビティン・中央峰	Malubiting (MD)	〈Ⅴ－D－4〉	183
マルビティン・東峰	Malubiting (E)	〈Ⅵ－D－1〉	183
マルビティン・北峰	Malubiting (N)	〈Ⅴ－D－4〉	184
マンゴ・グソール	Mango Gusōr	〈Ⅷ－D－2〉	202
マンドウ・ピーク・西峰	Mandu Peak (W)	〈Ⅹ－B－2〉	204
マンドウ・ピーク・東峰	Mandu Peak (E)	〈Ⅹ－B－2〉	204

ミ

ミアール・ピーク・Ⅰ峰	Miār Peak (I) (Phuparash I, Emerald Peak)	〈Ⅵ－D－4〉	184
ミアール・ピーク・Ⅱ峰	Miār Peak (II) (Phuparash II)	〈Ⅴ－D－4〉	184
ミアール・ピーク・Ⅲ峰	Miār Peak (III) (Phuparash III)	〈Ⅴ－D－4〉	184
ミアール・ピーク・Ⅳ峰	Miār Peak (IV) (Phuparash IV)	〈Ⅴ－D－4〉	184
ミートル・ピーク(ミトラ)	Mitre Peak	〈Ⅹ－C－2〉	207
南アトラック・ゾム・Ⅰ峰	South Atrak Zom (I)	〈Ⅰ－D－2〉	38
南アトラック・ゾム・Ⅱ峰	South Atrak Zom (II) (South Atrak Zom E)	〈Ⅰ－D－2〉	38

ム

ムズターグ・タワー	Muztāgh Tower	〈Ⅹ－B－1〉	125
ムズターグ・タワー・西峰	Muztāgh Tower (W)	〈Ⅹ－B－1〉	125
ムチュ・チッシュ・主峰	Muchu Chhish (M)	〈Ⅴ－C－2〉	75
ムチュ・チッシュ・東峰	Muchu Chhish (E)	〈Ⅴ－C－3〉	75
ムトリ・チリ・ゾム	Mutri Chili Zom	〈Ⅲ－A－3〉	41
ムンク	Munk	〈Ⅹ－A－1〉	123

メ

メン・チッシュ・南峰	Men Chhish (S)	〈Ⅶ−A−4〉	194

モ

モニ・ピーク	Moni Peak	〈X−B−1〉	133
モムヒル・サール	Momhil Sār	〈Ⅶ−A−3〉	86
モンクス・ヘッド	Monks Head	〈V−B−4〉	182

ヤ

ヤシュ・クック	Yash Kuk	〈V−A−2〉	70
ヤシュ・クック・東峰	Yash Kuk (E)	〈V−A−2〉	70
ヤズギール・ドーム・主峰	Yazghil Dome (M)	〈Ⅶ−A−3〉	90
ヤズギール・ドーム・北峰	Yazghil Dome (N)	〈Ⅶ−A−3〉	91

ユ

ユクシン・ガルダン・サール	Yukshin Gardan Sār	〈Ⅶ−B−3〉	94
ユトマル・サール・南峰	Yutmaru Sār (S) (Jutmaru Sār)	〈Ⅶ−B−4〉	95
ユトマル・サール・北峰	Yutmaru Sār (N)	〈Ⅶ−B−4〉	95

ラ

ライラ	Laila	〈X−B−2〉	211
ライラ・Ⅰ峰	Laila (I)	〈Ⅵ−D−1〉	183
ライラ・Ⅱ峰	Laila (II)	〈Ⅵ−D−1〉	184
ラカポシ	Rakaposhi (Dubani)	〈V−B−4〉	180
ラカポシ・東峰	Rakaposhi (E)	〈V−C−4〉	181
ラキオト・ピーク	Rakhiot Peak	〈Ⅵ−C−3〉	249
ラグ・シュール	Ragh Shur	〈Ⅲ−A−3〉	39
ラクニス	Laknis	〈Ⅺ−C−3〉	166
ラクパ・リ・主峰	Praqpa Ri (M)	〈X−B−1〉	131
ラクパ・リ・南峰	Praqpa Ri (S)	〈X−B−1〉	131
ラクパ・リ・北峰	Praqpa Ri (N)	〈X−B−1〉	131
ラシ・ピーク	Lashi Peak	〈Ⅺ−C−4〉	172
ラテニ・ゾム	Lateni Zom	〈Ⅰ−D−2〉	31
ラトック・Ⅰ峰	Latok (I)	〈Ⅷ−D−1〉	105
ラトック・Ⅰ-西峰	Latok (I-W)	〈Ⅷ−D−1〉	105
ラトック・Ⅱ峰	Latok (II)	〈Ⅷ−D−1〉	105
ラトック・Ⅲ峰	Latok (III)	〈Ⅷ−D−1〉	105
ラトック・Ⅳ峰	Latok (IV)	〈Ⅷ−D−1〉	106
ラトック・Ⅳ・南東峰	Latok (IV-SE)	〈Ⅷ−D−1〉	106
ラホ・ゾム・南南峰	Raho Zom (SS)	〈Ⅲ−C−1〉	59
ラホ・ゾム・南峰	Raho Zom (S)	〈Ⅲ−C−1〉	58
ラホ・ゾム北峰	Raho Zom (N)	〈Ⅲ−C−1〉	59
ラーマン・ゾム	Rahman Zom	〈Ⅲ−B−4〉	8
ランガール・ゾム・主峰	Langār Zom (M)	〈Ⅲ−A−2〉	45
ランガール・ゾム・西西峰	Langār Zom (WW)	〈Ⅲ−A−2〉	47
ランガール・ゾム・中央峰	Langār Zom (MD)	〈Ⅲ−A−2〉	45
ランガール・ゾム・南東峰	Langār Zom (SE) (Hushko Zom, Langar Zom)	〈Ⅲ−A−2〉	45
ランガール・ゾム・南南峰	Langār Zom (SS)	〈Ⅲ−A−2〉	46
ランガール・ゾム・南峰	Langār Zom (S)	〈Ⅲ−A−2〉	46
ランガール・ゾム・北峰	Langār Zom (N)	〈Ⅲ−A−2〉	46
ラングータ・イ・バルフィ・南峰	Langhta-i-Balfi (S)	〈Ⅲ−A−2〉	46
ラングータ・イ・バルフィ・北峰	Langhta-i-Balfi (N)	〈Ⅲ−A−2〉	46
ランダイ	Landay	〈Ⅺ−C−3〉	169

リ

リスニ・チョテイ	Risni Choti (Rishi Choti)	〈V－C－3〉	79
リトル・ティリチ・ミール	Little Tirich Mīr	〈I－D－3〉	30
リトル・ディルゴル・ゾム	Little Dir Gol Zom	〈I－D－2〉	29
リモ・I峰	Rimo (I)	〈XI－B－2〉	156
リモ・II峰	Rimo (II)	〈XI－B－2〉	157
リモ・III峰	Rimo (III)	〈XI－B－2〉	157
リモ・IV峰	Rimo (IV)	〈XI－B－2〉	157
リンク・サール	Link Sār (Berliner, Berlina)	〈X－C－3〉	225
リンク・サール・北峰	Link Sār (N) (Shoulder)	〈X－C－3〉	225
リンゾー・ゾム・主峰	Rinzho Zom (M)	〈III－B－4〉	7
リンゾー・ゾム・西峰	Rinzho Zom (W)	〈III－B－4〉	7
リンゾー・ゾム・中央峰	Rinzho Zom (MD)	〈III－B－4〉	7
リンゾー・ゾム・東峰	Rinzho Zom (E)	〈III－B－4〉	7

ル

ルゥンカ・リ	Lhungka Ri	〈X－B－1〉	126
ルクペ・ブラック	Lukpe Brakk	〈VII－D－4〉	103
ルクペ・ラオ・ブラック	Lukpe Lawo Brakk	〈VII－C－4〉	97
ルプガール・サール・西峰	Lupghar Sār (W)	〈VII－A－3〉	86
ルプガール・サール・中央峰	Lupghar Sār (M)	〈VII－A－3〉	87
ルプガール・サール・東峰	Lupghar Sār (E)	〈VII－A－3〉	87
ルプジョイ・サール	Lupjoi Sār	〈VII－C－3〉	235
ルンコー・イ・ドサレ・西峰	Lunkho-i-Dosare (W)	〈III－B－1〉	50
ルンコー・イ・ドサレ・東峰	Lunkho-i-Dosare (E)	〈III－B－1〉	52
ルンコー・イ・ハワール	Lunkho-i-Hawār	〈III－B－1〉	51
ルンコー・イー・ハワール・西峰	Lunkho-i-Hawār (W)	〈III－B－1〉	51
ルンコー・イ・ハワール・中央峰	Lunkho-i-Hawār (MD)	〈III－B－1〉	51
ルンコー・イ・ヘヴァード	Lunkho-i-Hevād	〈III－B－1〉	52

ロ

ロノ・ゾム・I峰	Lono Zom (I)	〈I－D－2〉	31
ロパール・ゾム	Lopār Zom	〈I－D－2〉	38
ロブサン	Lobsang	〈X－B－1〉	126
ロワー・シルバー・スローン	Lower Silver Throne (Siachen No 14) 〈X－D－2〉		214

ワ

ワッサム・ゾム	Wasam Zom	〈III－D－3〉	11

INDEX
(Mountains Group & Mountain Names)

(Numerals indicate page numbers. Letters inside ⟨ ⟩ indicate area on the map where each mountain names is printed.)

A

Achar Zom	⟨I—D—2⟩	31
Aikache Chhok (Thaime Chhish)	⟨V—B—3⟩	77
Akher Chioh	⟨III—A—2⟩	48
Ambarin Sār	⟨VII—A—3⟩	91
ANGARBAN GROUP	(No. 2)	4
Angel	⟨X—B—1⟩	131
Ani Kucho Chhok	⟨V—B—2⟩	76
Apollo XI	⟨I—D—2⟩	31
Apsarasas (I) (Siachen No 27)	⟨XI—A—1⟩	150
Apsarasas (II)	⟨XI—A—1⟩	150
Apsarasas (III)	⟨XI—A—1⟩	150
Apsarasas (E)	⟨XI—A—1⟩	150
Apsarasas (EE)	⟨XI—A—1⟩	151
Apsarasas (MD)	⟨XI—A—1⟩	150
Apsarasas (S)	⟨XI—A—1⟩	151
Apsarasas (W)	⟨XI—A—1⟩	150
Aq Tash (Mamostong Kangri III)	⟨XI—C—3⟩	167
ARGANGLAS GROUP	(No. 12)	175
ASAMBĀR GROUP	(No. 4)	19
Asp-i-Safed (Asp-i-Sofeid)	⟨I—D—2⟩	34
Asp-i-Safed (S)	⟨I—D—2⟩	34
Asp-i-Safed (II)	⟨I—D—2⟩	34
Asp-i-Safed (III)	⟨I—D—2⟩	34
Asp-i-Safed (IV)	⟨I—D—2⟩	34
ATABĀD GROUP	(No. 5)	80
Awi Zom	⟨III—B—4⟩	8

B

BABA TANGI GROUP	(No. 3·4)	58
Baintha Brakk (II)	⟨VIII—C—1⟩	105
Baintha Brakk (III)	⟨VIII—C—1⟩	106
Baintha Brakk (M) (The Ogre, Bentha Brakk)	⟨VIII—D—1⟩	104
Baintha Brakk (SE)	⟨VIII—D—1⟩	105
Baipash Zom (I)	⟨I—D—2⟩	29
Baipash Zom (II)	⟨I—D—2⟩	30
Baltoro Kangri (I)	⟨X—C—2⟩	208
Baltoro Kangri (II)	⟨X—C—2⟩	209
Baltoro Kangri (III)	⟨X—C—2⟩	208
Baltoro Kangri (IV)	⟨X—C—2⟩	209
Baltoro Kangri (V)	⟨X—C—2⟩	208
BALTORO MUZTĀGH		119
BARA KHUN GROUP	(No. 7)	247
Baram Gul Zom	⟨I—D—2⟩	31
Baram Gul Zom (N)	⟨I—D—2⟩	31
BATELI GROUP	(No. 4)	11
BATŪRA GROUP	(No. 5)	74
Batūra (I) (Hunza Kunji I)	⟨V—C—2⟩	74
Batūra (II) (Batūra MD)	⟨V—C—2⟩	74
Batūra (III) (Batūra II, Hunza Kunji II)	⟨V—C—2⟩	75
Batūra (IV)	⟨V—B—2⟩	75
Batūra (V)	⟨V—C—2⟩	75
Batūra (VI)	⟨V—C—2⟩	75
BATŪRA MUZTĀGH		66
Baverian Tower	⟨III—A—2⟩	47
Beka Brakai Chhok	⟨V—B—2⟩	75
Beka Brakai Chhok (E)	⟨V—B—2⟩	76
Biale	⟨X—A—1⟩	126
Biange	⟨X—B—1⟩	126
Biange Peak	⟨X—B—1⟩	126
Biarchedi (I)	⟨X—B—2⟩	204
Biarchedi (II)	⟨X—B—2⟩	204
Biarchedi (III)	⟨X—B—2⟩	204
Biarchedi (IV)	⟨X—B—2⟩	204
Biarchedi (V)	⟨X—B—2⟩	205
Biarchedi (VI)	⟨X—B—2⟩	205
Biarchedi (VII)	⟨X—B—2⟩	206
Bilchhār Dobani	⟨VI—C—1⟩	182
Bindu Gul Zom (I)	⟨I—D—2⟩	30
Bindu Gul Zom (II)	⟨I—D—2⟩	31
Biril Gai Chhok (Dariyo Sār)	⟨V—B—2⟩	77
Black Tooth	⟨X—B—1⟩	126
Blatts Yāz (I)	⟨IV—A—2⟩	13
Blatts Yāz (II)	⟨IV—A—2⟩	13
Bobisghir (M)	⟨VII—D—4⟩	102
Bobisghir (N)	⟨VII—D—4⟩	102

Name	Ref	Page
Bojohaghur Duanasīr (M) (Bojohaghul Duanasīr I)	⟨V—C—3⟩	81
Bojohaghur Duanasīr (S)	⟨V—C—3⟩	82
Braldu Brakk	⟨VII—D—4⟩	101
BRALDU GROUP (New Proposal)	(No. 7)	100
Brishamo Zom (Bakhtum Bakht M)	⟨III—A—3⟩	41
BROAD GROUP	(No. 10)	134
Broad Peak Front	⟨X—C—1⟩	134
Broad Peak (M)	⟨X—C—1⟩	134
Broad Peak (MD)	⟨X—C—1⟩	135
Broad Peak (N)	⟨X—C—1⟩	135
Bularung Sār	⟨VII—A—3⟩	87
Bulche (I)	⟨V—C—4⟩	181
Bulche (II)	⟨V—C—4⟩	181
Bullah	⟨VIII—D—2⟩	106
BŪNI ZOM GROUP	(No. 3)	7
Būni Zom (II)	⟨III—D—4⟩	9
Būni Zom (III)	⟨III—D—4⟩	9
Būni Zom (IV)	⟨III—D—4⟩	9
Būni Zom (M)	⟨III—B—4⟩	8
Būni Zom (N)	⟨III—B—4⟩	9
Būni Zom (S)	⟨III—D—4⟩	9
Būni Zom (SS)	⟨III—D—4⟩	9

C

Name	Ref	Page
CENTRAL HINDŪ RAJ		11
Chakholi Zom (I)	⟨III—D—4⟩	9
Changi	⟨X—C—3⟩	226
Chang Tok	⟨X—A—1⟩	109
Chapchingal Sār	⟨VII—B—1⟩	230
CHHUSHUKU GROUP	(No. 11)	173
Chhutidum Zom	⟨III—B—2⟩	52
Chhutidum Zom (W)	⟨III—B—1⟩	53
CHIANTĀR GROUP	(No. 4)	19
Chikār Zom	⟨IV—B—2⟩	16
Chikkorin Sār	⟨VII—A—4⟩	89
CHIRING GROUP	(No. 9・10)	108
Chiring (Karpo Go)	⟨X—A—1⟩	109
Chiring (W)	⟨X—A—1⟩	109
Chogam	⟨IX—C—3⟩	165
CHOGOLISA GROUP	(No. 10)	207
Chogolisa (NE) (Bride Peak, I, E)	⟨X—C—2⟩	208
Chogolisa (SW) (Chogolinsa, II, W)	⟨X—C—2⟩	208
CHOGO LUNGMA GROUP	(No. 5・7・8)	192
Chogron Kangri	⟨X—D—2⟩	213
Choktoi	⟨VII—D—1⟩	103
CHOKTOI GROUP	(No. 8)	103
Chong Kumdan Kangri (I) (Mamostong KangriII)	⟨XI—C—3⟩	164
Chong Kumdan Kangri (II)	⟨XI—C—3⟩	164
Chong Kumdan Kangri (III)	⟨XI—C—3⟩	164
Chong Kumdan Kangri (IV)	⟨XI—C—3⟩	165
Chong Kumdan Kangri (V)	⟨XI—C—3⟩	166
Chongra (MD)	⟨VI—C—3⟩	250
Chongra (N)	⟨VI—C—3⟩	250
Chongra (S)	⟨VI—C—3⟩	251
Chongra (W) (West Chongra)	⟨VI—C—3⟩	251
Chongra Peak	⟨VI—C—3⟩	250
CHONGTĀR GROUP	(No. 9・10)	137
Chongtār Kangri (E)	⟨X—B—1⟩	138
Chongtār Kangri (M)	⟨X—B—1⟩	138
Chongtār Kangri (N)	⟨X—B—1⟩	138
Chongtār Kangri (S)	⟨X—B—1⟩	138
Chongtār Kangri (W)	⟨X—B—1⟩	138
Choricho (II)	⟨X—A—2⟩	120
Choricho (III)	⟨X—A—2⟩	120
Choricho (IV)	⟨X—A—2⟩	121
Choricho (M)	⟨X—A—2⟩	120
Chorta Kangri	⟨X—D—3⟩	216
Chot Pert	⟨VII—C—3⟩	99
CHOT PERT GROUP (New Proposal)	(No. 7)	99
CHULUNG GROUP	(No. 10・11)	220
Chūmik	⟨X—D—4⟩	219
CHUMIK GROUP	(No. 11)	218
Crane Peak	⟨XI—A—3⟩	220
Cristal Peak	⟨X—B—1⟩	133
Crown	⟨IX—A—2⟩	114
CROWN GROUP	(No. 9)	113

D

Name	Ref	Page
D52	⟨XI—A—3⟩	221
DANSAM GROUP	(No. 10)	217
Dansam (K13)	⟨X—D—4⟩	217
Darban Zom	⟨I—D—2⟩	33
Darmyani	⟨V—C—3⟩	79
Dasbār Zom	⟨IV—B—2⟩	16
Daula Shah Yondalam Chhish	⟨V—D—1⟩	246
Depak	⟨X—D—2⟩	213
DERDI GROUP	(No. 5)	244
Dheli Sang-i-Sār	⟨V—B—1⟩	244
Diran (Minapin Peak)	⟨V—C—4⟩	181

Dir Gol Zom	⟨I–D–2⟩	29	Ganchen	⟨VIII–B–1⟩	196	Gharkun (M) (K19)	⟨X–D–4⟩	220
DISTEGHIL GROUP	(No. 7)	89	Garmush (M)	⟨IV–C–2⟩	20	Gharkun (S)	⟨X–D–4⟩	220
Disteghil Sār (E)	⟨VII–A–3⟩	90	Garmush (N)	⟨IV–C–2⟩	21	Ghenta Peak	⟨V–C–3⟩	79
Disteghil Sār (M) (Distaghil Sār, Dastoghil Sār)	⟨VII–A–3⟩	89	Garmush (S)	⟨IV–C–2⟩	21	Ghent (I) (Siachen No 8, SW)	⟨X–D–2⟩	213
			GASHERBRUM GROUP	(No. 10)	140	Ghent (II) (Siachen No 9, NE)	⟨X–D–2⟩	213
Disteghil Sār (MD)	⟨VII–A–3⟩	90	Gasherbrum (I) (Hidden Peak, K5)	⟨X–C–2⟩	141	Ghent (III)	⟨X–D–2⟩	213
Dongbār (M)	⟨VIII–D–1⟩	106	Gasherbrum (II) (K4)	⟨X–C–1⟩	141	**GHUJERĀB MOUNTAINS**		229
Dongbār (S)	⟨VIII–D–1⟩	106	Gasherbrum (III) (K3a)	⟨X–C–1⟩	141	Ghul Lasht Zom (E)	⟨I–D–2⟩	29
Dong Dong Peak	⟨X–D–3⟩	216	Gasherbrum (IV) (K3)	⟨X–C–1⟩	141	Ghul Lasht Zom (M)	⟨I–C–2⟩	29
Drafey Khar	⟨X–C–3⟩	226	Gasherbrum (V)	⟨X–C–2⟩	142	Ghul Lasht Zom (NE)	⟨I–D–2⟩	30
DRENMANG GROUP	(No. 9·10)	107	Gasherbrum (V-E)	⟨X–C–2⟩	144	Ghul Lasht Zom (S)	⟨I–D–2⟩	30
Durbin Peak	⟨IX–C–2⟩	137	Gasherbrum (V-MD)	⟨X–C–2⟩	142	Ghul Lasht Zom (SE)	⟨I–D–2⟩	31
Dut Sār	⟨VII–A–3⟩	88	Gasherbrum (V-N)	⟨X–C–2⟩	143	Gochohār Sār	⟨II–D–1⟩	6
Dut Sār (E)	⟨VII–A–3⟩	88	Gasherbrum (V-NW)	⟨X–C–2⟩	143	GOCHOHĀR SĀR GROUP	(No. 2·3)	6
Dutti Zom	⟨III–A–2⟩	47	Gasherbrum (VI)	⟨X–C–2⟩	142	Gochohār Sār (S)	⟨II–D–1⟩	7
			Gasherbrum (E)	⟨X–C–1⟩	141	Gōlash Zom	⟨IV–A–2⟩	13
			Gasherbrum (N)	⟨X–C–1⟩	142	Gōrdghan Zom (I) (Gōrdkhan Zom)	⟨III–D–4⟩	9
E			Gasherbrum SW Peak	⟨X–C–2⟩	142			
EASTERN HINDŪ KŪSH		26	Gasherbrum Twins	⟨X–C–2⟩	143	Gōrdghan Zom (II)	⟨III–D–4⟩	9
EASTERN HINDŪ RAJ		14	GAZEN GROUP	(No. 4)	12	Goskhun Sār (Ghoskun Sar)	⟨VII–D–3⟩	234
			Ghaintār Chhish	⟨IV–B–2⟩	15	**GREAT KARAKORUM**		65
F			Ghamobār Zom (E)	⟨IV–B–2⟩	18	Great Trango (I)	⟨X–A–1⟩	123
Faroling Chhish (N)	⟨VII–A–4⟩	89	GHAMOBĀR ZOM GROUP	(No. 4)	17	Great Trango (II)	⟨X–A–2⟩	123
Faroling Chhish (S)	⟨VII–A–4⟩	89	Ghamobār Zom (I) (Ghamubār Zom, Ghamogūl Zom, Gamgāl Zom)	⟨IV–B–2⟩	17	Great Trango (III)	⟨X–A–1⟩	123
Farol Peak	⟨X–C–2⟩	211				GROUP EAST OF HUSHE VALLEY	(No. 10)	225
						GROUP EAST OF THALLE VALLEY	(No. 10)	223
G			Ghamobār Zom (II)	⟨IV–B–2⟩	17	GROUP WEST OF THALLE VALLEY	(No. 8·10)	223
			Ghamobār Zom (III)	⟨IV–B–2⟩	18	GUL KAWAJA GROUP	(No. 5)	246
Gama Soka Lūmbu	⟨VIII–D–1⟩	197	Ghamobār Zom (IV)	⟨IV–B–2⟩	18	Gumbaz-i-Safed	⟨I–D–2⟩	34
Ganalo Peak	⟨VI–C–3⟩	250	Ghamobār Zom (V)	⟨IV–B–2⟩	18			
Ganalo (W)	⟨VI–B–4⟩	251	Ghandes Chhish	⟨VII–A–4⟩	194			

H

Hachindār Chhish (M) (East Peak)	⟨V−B−3⟩	76
Hachindār Chhish (N) (West Peak)	⟨V−B−3⟩	76
Haina Blak Tower (Haina Blak)	⟨X−A−1⟩	121
Harambit Zom	⟨II−D−1⟩	5
Haramosh	⟨VI−D−1⟩	186
HARAMOSH GROUP	(No. 6·8)	185
HARAMOSH RANGE		185
Hawk	⟨X−D−2⟩	214
Hikmul	⟨VIII−B−1⟩	196
HINDŪ KŪSH		1・25
HINDŪ RAJ		3
HISPĀR MUZTĀGH		85
HISPĀR WALL	(No. 7)	195
Honboro	⟨X−A−3⟩	224
Hunch Back	⟨X−A−2⟩	205
Hunza Peak	⟨V−C−3⟩	82
Hurzen Pert	⟨VII−C−3⟩	99

I

Ice Dome	⟨X−C−2⟩	209
INSGAITI MOUNTAINS		111
Ishkapal Burqi	⟨VI−D−1⟩	187
Ishpel Dome	⟨IV−B−2⟩	15
Ispindār Sār	⟨III−A−3⟩	47
Istōr-o-Nāl (E)	⟨I−D−2⟩	38
ISTŌR-O-NĀL GROUP	(No. 1)	36
Istōr-o-Nāl (M)	⟨I−D−2⟩	37
Istōr-o-Nāl (NE)	⟨I−D−2⟩	38
Istōr-o-Nāl (N-I)	⟨I−D−2⟩	37
Istōr-o-Nāl (N-II)	⟨I−D−2⟩	37
Istōr-o-Nāl (N-III)	⟨I−D−2⟩	38
Istōr-o-Nāl (S)	⟨I−D−2⟩	37
Istōr-o-Nāl (SE)	⟨I−D−2⟩	37
Istōr-o-Nāl (W-I)	⟨I−D−2⟩	38
Istōr-o-Nāl (W-II)	⟨I−D−2⟩	38

J

Jurjur Khona Sār	⟨V−D−2⟩	233
Jut Sār	⟨V−D−4⟩	184

K

K12	⟨XI−A−2⟩	218
K25	⟨XI−A−4⟩	222
K 2 (Chogo Ri, Godwin Austin)	⟨X−C−1⟩	128
K 2 GROUP	(No. 10)	127
K 6	⟨X−C−3⟩	225
K 6 (MD)	⟨X−C−3⟩	225
K 6 (W)	⟨X−C−3⟩	225
K 7	⟨X−C−3⟩	225
Kaberi Peak	⟨X−C−2⟩	209
Kamalsu	⟨V−D−1⟩	246
Kamarō Zom	⟨IV−A−2⟩	13
KAMPIRE DIŌR GROUP	(No. 5)	71
Kampire Diōr (M)	⟨V−B−2⟩	71
Kampire Diōr (II) (Kampire Diōr N)	⟨V−B−2⟩	72
KANJUT GROUP	(No. 7)	94
Kanjut Sār (II)	⟨VII−B−4⟩	95
Kanjut Sār (Kanjut No1)	⟨VII−B−4⟩	94
KARAKORUM		63
KARAMBĀR GROUP	(No. 4)	61
Karambār Sār	⟨V−A−2⟩	67
Karōl Zom (Thūi I)	⟨IV−A−2⟩	15
KĀRŪN KHO GROUP	(No. 5・7)	231
Kārūn Kho (Kārūn Kuh, Kārūn Koh)	⟨VII−A−2⟩	232
Khani Basa	⟨VII−B−4⟩	96
Kho-i-Nasēr Khosraw (M2)	⟨I−D−1⟩	41
Khorkondus Peak	⟨X−C−3⟩	216
KHOSER GUNGE GROUP	(No. 8)	200
Khoser Gunge (Koser Gunge, Khoser Gang)	⟨VIII−C−2⟩	201
Khumūl Gri (I) (Vigne Peak)	⟨X−C−2⟩	210
Khumūl Gri (II)	⟨X−C−2⟩	210
Khumūl Gri (III)	⟨X−C−2⟩	211
Khumūl Gri (IV)	⟨X−C−2⟩	211
Khumūl Gri (V)	⟨X−C−2⟩	211
KHUNJERĀB GROUP	(No. 7)	229
KHURDOPIN GROUP	(No. 7)	96
Kichik Kumdan Kangri	⟨XI−C−3⟩	165
Koh-i-Arusi-e-Nale	⟨III−B−1⟩	55
Koh-i-Auar (Koh-i-Hawar)	⟨III−D−1⟩	42
Koh-i-Baba Tangi	⟨III−D−1⟩	59
Koh-i-Balfi	⟨III−C−1⟩	60
Koh-i-Chhateboi	⟨IV−D−1⟩	21
Koh-i-Chiantār	⟨IV−D−2⟩	20

Koh-i-Dusti	⟨III—B—1⟩	52	Koz Sār (I)	⟨V—A—2⟩	68	Kyagār (I)	⟨XI—A—1⟩	152
Koh-i-Dusti (NE)	⟨III—B—1⟩	53	Koz Sār (II)	⟨V—A—2⟩	69	Kyagār (II) (Kyagār 1)	⟨XI—A—1⟩	152
Koh-i-Farzand (I)	⟨III—B—1⟩	54	Koz Sār (III)	⟨V—A—2⟩	69	Kyagār (III) (Kyagār 2)	⟨XI—A—1⟩	152
Koh-i-Farzand (II)	⟨III—B—1⟩	55	Kruksum (E)	⟨X—A—1⟩	123	Kyagār (IV)	⟨XI—A—1⟩	153
Koh-i-Haiz (Peahin Peak)	⟨IV—D—2⟩	21	Kruksum (N)	⟨X—A—1⟩	122	Kyagār (V)	⟨XI—A—1⟩	153
Koh-i-James	⟨III—C—1⟩	59	Kruksum (S)	⟨X—A—1⟩	122			
Koh-i-Jurm (I)	⟨III—A—2⟩	56	KUBET GROUP	(No. 11·12)	223	**L**		
Koh-i-Karkamuzh (I)	⟨IV—D—2⟩	20	Kuhunha Garbi (Qala-i-Ust M)					
Koh-i-Karkamuzh (II)	⟨IV—D—2⟩	20		⟨III—C—1⟩	59	Laila	⟨X—B—2⟩	211
Koh-i-Karkamuzh (III)	⟨IV—D—2⟩	20	Kuhunha Sakhi (Qala-i-Ust E)			Laila (I)	⟨VI—D—1⟩	183
Koh-i-Keshni Khan	⟨I—D—1⟩	41		⟨III—D—1⟩	59	Laila (II)	⟨VI—D—1⟩	184
Koh-i-Kuchek	⟨III—C—1⟩	53	KUK GROUP	(No. 5)	73	Laknis	⟨XI—C—3⟩	166
Koh-i-Larissa	⟨III—B—1⟩	55	Kuk Sār (I)	⟨V—B—2⟩	73	Landay	⟨XI—C—3⟩	169
Koh-i-Magreb	⟨III—B—1⟩	52	Kuk Sār (II)	⟨V—B—2⟩	73	Langār Zom (M)	⟨III—A—2⟩	45
Koh-i-Magreb (NE)	⟨III—B—1⟩	53	Kuk Sār (III)	⟨V—B—2⟩	73	Langār Zom (MD)	⟨III—A—2⟩	45
Koh-i-Mandaras (M 8)	⟨I—D—1⟩	41	Kuk Sār (IV)	⟨V—B—2⟩	73	Langār Zom (N)	⟨III—A—2⟩	46
Koh-i-Nadīr Shah	⟨I—D—1⟩	41	Kuk Sār (V)	⟨V—B—2⟩	73	Langār Zom (S)	⟨III—A—2⟩	46
Koh-i-Pegish Jurm	⟨III—A—1⟩	55	KUMDAN GROUP	(No. 11)	164	Langār Zom (SE) (Hushko Zom, Langar Zom)		
Koh-i-Qala-i-Panja	⟨III—C—1⟩	59	Kumdan Terong	⟨XI—C—3⟩	165		⟨III—A—2⟩	45
Koh-i-Setara	⟨III—C—1⟩	60	KUNGZANG GROUP	(No. 12)	176	Langār Zom (SS)	⟨III—A—2⟩	46
Koh-i-Shah	⟨III—A—2⟩	48	Kunji (Q 6)	⟨III—D—1⟩	43	Langār Zom (WW)	⟨III—A—2⟩	47
Koh-i-Shayōz	⟨III—A—2⟩	48	Kunyang Chhish (E)	⟨VII—A—4⟩	93	Langhta-i-Balfi (N)	⟨III—A—2⟩	46
Koh-i-Shoghōr Dok	⟨III—A—2⟩	49	Kunyang Chhish (M) (Kinyang Kish)			Langhta-i-Balfi (S)	⟨III—A—2⟩	46
Koh-i-Tez	⟨III—A—2⟩	48		⟨VII—A—4⟩	92	Lashi Peak	⟨XI—C—4⟩	172
Koh-i-Uparisina	⟨III—C—1⟩	54	Kunyang Chhish (N)	⟨VII—A—3⟩	93	Lateni Zom	⟨I—D—2⟩	31
Koh-i-Warghūt	⟨IV—D—2⟩	21	Kunyang Chhish (S)	⟨VII—A—4⟩	92	LATOK GROUP	(No. 8)	104
Koh-i-Wark Junubi	⟨III—D—1⟩	42	Kunyang Chhish (W)	⟨VII—A—4⟩	93	Latok (I)	⟨VIII—D—1⟩	105
KONDUS GROUP	(No. 10)	212	Kupultan Kung (Kapaltang Kung)			Latok (I-W)	⟨VIII—D—1⟩	105
Kondus Peak	⟨X—C—2⟩	210		⟨II—D—1⟩	188	Latok (II)	⟨VIII—D—1⟩	105
Kotogaz Zom	⟨III—A—2⟩	49	Kury Kangri	⟨X—D—2⟩	214	Latok (III)	⟨VIII—D—1⟩	105
Koyo Zom	⟨IV—A—2⟩	14	Kush Kulin Sār	⟨V—A—2⟩	70	Latok (IV)	⟨VIII—D—1⟩	106
KOZ GROUP	(No. 5)	68	KYAGĀR GROUP	(No. 11)	152	Latok (IV-SE)	⟨VIII—D—1⟩	106

Name	Ref	Page
LESSER KARAKORUM		179
Lhungka Ri	⟨X—B—1⟩	126
Link Sār (Berliner, Berlina)	⟨X—C—3⟩	225
Link Sār (N) (Shoulder)	⟨X—C—3⟩	225
Little Dir Gol Zom	⟨I—D—2⟩	29
Little Tirich Mīr	⟨I—D—3⟩	30
Lobsang	⟨X—B—1⟩	126
LOBSANG GROUP	(No. 10)	124
Lono Zom (I)	⟨I—D—2⟩	31
Lopār Zom	⟨I—D—2⟩	38
Lower Silver Throne (Siachen No 14)	⟨X—D—2⟩	214
Lukpe Brakk	⟨VII—D—4⟩	103
Lukpe Lawo Brakk	⟨VII—C—4⟩	97
LUNKHO GROUP	(No. 3)	50
Lunkho-i-Dosare (E)	⟨III—B—1⟩	52
Lunkho-i-Dosare (W)	⟨III—B—1⟩	50
Lunkho-i-Hawār	⟨III—B—1⟩	51
Lunkho-i-Hawār (MD)	⟨III—B—1⟩	51
Lunkho-i-Hawār (W)	⟨III—B—1⟩	51
Lunkho-i-Hevād	⟨III—B—1⟩	52
LUPGHAR GROUP	(No. 5)	227
Lupghar Sār (E)	⟨VII—A—3⟩	87
Lupghar Sār (M)	⟨VII—A—3⟩	87
Lupghar Sār (W)	⟨VII—A—3⟩	86
Lupjoi Sār	⟨VII—C—3⟩	235

M

Name	Ref	Page
M 3	⟨III—D—1⟩	42
M 4 b	⟨III—A—3⟩	41
M 5	⟨III—D—1⟩	42
M 6	⟨III—D—1⟩	42
M 7	⟨III—D—1⟩	42
M 8 a	⟨III—D—1⟩	42
M 9	⟨III—D—1⟩	42
Makrong Chhish (Makorum)	⟨VII—A—4⟩	193
Malangutti Sār	⟨VII—A—3⟩	91
Malubiting (E)	⟨VI—D—1⟩	183
Malubiting (MD)	⟨V—D—4⟩	183
Malubiting (N)	⟨V—D—4⟩	184
Malubiting (W)	⟨V—D—4⟩	182
Malubiting (WW)	⟨V—D—4⟩	183
MAMOSTONG GROUP	(No. 11)	167
Mamostong Kangri (Murughistang)	⟨XI—C—3⟩	167
Mamostong Kangri (W)	⟨XI—C—3⟩	167
Mandu Peak (E)	⟨X—B—2⟩	204
Mandu Peak (W)	⟨X—B—2⟩	204
Mango Gusōr	⟨VIII—D—2⟩	202
MANGO GUSŌR GROUP	(No. 8·10)	201
Mani Peak	⟨VI—D—1⟩	187
Marble Peak	⟨X—B—1⟩	133
MARSHĀKĀLA GROUP	(No. 8)	189
Masherbrum (E) (K1-E, NE, N)	⟨X—B—2⟩	203
Masherbrum (W) (K1-W, SW, S)	⟨X—B—2⟩	203
MASHERBRUM GROUP	(No. 10)	202
MASHERBRUM RANGE		200
MATIK GROUP	(No. 1)	26
Matkash	⟨IV—A—2⟩	12
Mazār-i-Sit Sār	⟨VII—B—2⟩	232
Mazeno Peak	⟨VI—C—4⟩	249

Name	Ref	Page
Men Chhish (S)	⟨VII—A—4⟩	194
Miār Peak (I) (Phuparash I, Emerald Peak)	⟨V—D—4⟩	184
Miār Peak (II) (Phuparash II)	⟨V—D—4⟩	184
Miār Peak (III) (Phuparash III)	⟨V—D—4⟩	184
Miār Peak (IV) (Phuparash IV)	⟨V—D—4⟩	184
Mitre Peak	⟨X—C—2⟩	207
Momhil Sār	⟨VII—A—3⟩	86
MOMHIL SĀR GROUP	(No. 5·7)	85
Moni Peak	⟨X—B—1⟩	133
Monks Head	⟨V—B—4⟩	182
Muchu Chhish (E)	⟨V—C—3⟩	75
Muchu Chhish (M)	⟨V—C—2⟩	75
Munk	⟨X—A—1⟩	123
Mutri Chili Zom	⟨III—A—3⟩	41
Muztāgh Tower	⟨X—B—1⟩	125
Muztāgh Tower (W)	⟨X—B—1⟩	125

N

Name	Ref	Page
Nagabon Terong	⟨XI—B—3⟩	163
NALTĀR GROUP	(No. 5)	66
Nameless Tower (Trango Tower)	⟨X—A—1⟩	123
Namika Peak	⟨X—B—3⟩	226
Nanga Parbat (Diamīr)	⟨VI—C—4⟩	248
Nanga Parbat (E)	⟨VI—C—3⟩	249
Nanga Parbat (F) (NE Summit=Pakistan)	⟨VI—C—3⟩	249

Name	Ref	Page
Nanga Parbat (N-I) (Little Nanga Parbat =Pakistan)	⟨VI—C—3⟩	249
Nanga Parbat (N-II)	⟨VI—C—3⟩	249
Nanga Parbat (S) (Lower Summit=Pakistan)	⟨VI—C—3⟩	249
Nela Peak	⟨X—C—1⟩	131
Nera Peak	⟨X—A—1⟩	110
New Cristal Peak (Cristal Peak)	⟨X—B—1⟩	133
Niroghi Ispindār Sār	⟨III—A—3⟩	47
Niroghi Zom	⟨III—A—2⟩	47
Nobaism Zom	⟨I—D—2⟩	38
NOBANDE SOBANDE GROUP	(No. 8)	102
Nohbaiznon Zom	⟨III—A—3⟩	41
NORTH EAST RIMO MOUNTAINS	(No. 11)	242
NORTH OF HARAMOSH RANGE		192
NORTH OF HUNZA MOUNTAINS		227
NORTH TERONG GROUP	(No. 11)	161
Noshaq	⟨I—D—2⟩	33
Noshaq (E)	⟨I—D—2⟩	33
NOSHAQ GROUP	(No. 1)	32
Noshaq (MD)	⟨I—D—2⟩	33
Noshaq (W)	⟨I—D—2⟩	33
Nou Karsich	⟨V—C—3⟩	79

P

Name	Ref	Page
Pachan Zom	⟨IV—A—2⟩	16
Pamri Sār	⟨V—B—2⟩	72
Pamri Sār (N)	⟨V—B—2⟩	72
PANJAB HIMALAYA NANGA		
PARBAT RANGE	(No. 6)	248
PANMAH MUZTĀGH		102
Paraber	⟨VIII—A—1⟩	188
PARABER GROUP	(No. 8)	188
PARON GROUP	(No. 10)	222
PASTAN GROUP	(No. 11)	221
Pasū (E)	⟨V—C—3⟩	79
Pasū (EE)	⟨V—C—3⟩	79
PASŪ GROUP	(No. 5)	78
Pasū (M)	⟨V—C—3⟩	78
Pasū (N)	⟨V—C—3⟩	79
PAYŪ GROUP	(No. 10)	119
Payū (Paiju, Poiu, Paiu)	⟨X—A—2⟩	120
Peak 35	⟨XI—B—2⟩	154
Peak 36	⟨XI—B—2⟩	154
Pechus Zom	⟨IV—A—2⟩	15
Pegish Zom (I)	⟨III—A—1⟩	54
Pegish Zom (II)	⟨III—B—2⟩	55
Pegish Zom (III)	⟨III—B—2⟩	56
Pegish Zom (IV)	⟨III—B—1⟩	55
Phargām Zom (I)	⟨III—D—4⟩	9
Phargām Zom (II)	⟨III—D—4⟩	10
PHUPARASH & MALUBITING GROUP	(No. 5·6)	182
Pioneer Peak	⟨X—C—2⟩	211
Praqpa Ri (M)	⟨X—B—1⟩	131
Praqpa Ri (N)	⟨X—B—1⟩	131
Praqpa Ri (S)	⟨X—B—1⟩	131
Pregar	⟨VII—A—2⟩	232
Prupoo Brakka (E)	⟨X—C—2⟩	210
Prupoo Brakka (W)	⟨X—C—2⟩	209
Pumari Chhish (M) (Kanjut No 2)	⟨VII—B—4⟩	92
Pumari Chhish (S)	⟨VII—B—4⟩	93
PURIAN SĀR GROUP	(No. 5)	67
Purian Sār (M)	⟨V—A—3⟩	67
Purian Sār (II)	⟨V—A—3⟩	67
Purian Sār (III)	⟨V—A—3⟩	67
Purzin	⟨VII—A—2⟩	232
Pyramid Peak	⟨X—D—3⟩	216

R

Name	Ref	Page
Ragh Shur	⟨III—A—3⟩	39
Rahman Zom	⟨III—B—4⟩	8
Raho Zom (N)	⟨III—C—1⟩	59
Raho Zom (S)	⟨III—C—1⟩	58
Raho Zom (SS)	⟨III—C—1⟩	59
RAKAPOSHI & BAGROT GROUP	(No. 5)	180
Rakaposhi (Dumani)	⟨V—B—4⟩	180
Rakaposhi (E)	⟨V—C—4⟩	181
RAKAPOSHI RANGE		180
Rakhiot Peak	⟨VI—C—3⟩	249
RIMO & SOUTH RIMO GROUP	(No. 11)	156
Rimo (I)	⟨XI—B—2⟩	156
Rimo (II)	⟨XI—B—2⟩	157
Rimo (III)	⟨XI—B—2⟩	157
Rimo (IV)	⟨XI—B—2⟩	157
RIMO MUZTĀGH		156
Rinzho Zom (E)	⟨III—B—4⟩	7
Rinzho Zom (M)	⟨III—B—4⟩	7
Rinzho Zom (MD)	⟨III—B—4⟩	7
Rinzho Zom (W)	⟨III—B—4⟩	7
Risni Choti (Rishi Choti)	⟨V—C—3⟩	79

S

Name	Ref	Page
Sakang Peak	⟨XI—D—4⟩	171
Sakār Sār (Shikār Sār)	⟨V—AB—1⟩	244
Sakār Sār (II)	⟨V—B—1⟩	244
Sakār Sār (III)	⟨V—B—1⟩	245
SALTORO GROUP	(No. 10)	215
Saltoro Kangri (I)	⟨X—D—3⟩	215
Saltoro Kangri (II)	⟨X—D—3⟩	216
SALTORO RANGE		212
Sange Marmār	⟨V—C—3⟩	79
Sani Pākkūsh	⟨V—B—2⟩	75
SARAGHRĀR GROUP	(No. 3)	43
Saraghrār (MD)	⟨III—A—2⟩	44
Saraghrār (M) (Sad Istragh, Sad Ishtragh)	⟨III—A—2⟩	44
Saraghrār (N)	⟨III—A—2⟩	45
Saraghrār (NE) (Niigata Zom)	⟨III—A—2⟩	47
Saraghrār (NW-I)	⟨III—A—2⟩	44
Saraghrār (NW-II)	⟨III—A—2⟩	45
Saraghrār (S)	⟨III—A—2⟩	44
Saraghrār (SE)	⟨III—A—2⟩	44
Saraghrār (SW)	⟨III—A—2⟩	44
Saraghrār (WW)	⟨III—A—2⟩	45
Sara Rich	⟨III—B—2⟩	54
Sari Sumari	⟨VI—D—1⟩	187
Saruchit Sār	⟨V—D—3⟩	82
SASĒR & SHUKPA KUNCHANG GROUP	(No. 11·12)	170
Sasēr Kangri (I) (K22, Chanlung)	⟨XI—D—4⟩	170
Sasēr Kangri (II-E) (K23, Shukpa Kunchan)	⟨XI—D—4⟩	170
Sasēr Kangri (II-W)	⟨XI—D—4⟩	170
Sasēr Kangri (III) (K24)	⟨XI—D—4⟩	170
Sasēr Kangri (IV) (Cloud Peak)	⟨XI—C—4⟩	171
Sasēr Kangri (V)	⟨XI—C—4⟩	171
Sasēr Kangri (VI)	⟨XI—D—4⟩	171
SASĒR MUZTĀGH		170
Seiri Dorkūsh	⟨V—B—2⟩	76
Serac Peak	⟨X—B—2⟩	204
S-Glacier Peak	⟨I—D—3⟩	29
Shachio Kuh Zom	⟨II—D—1⟩	7
SHAHAN DOK GROUP	(No. 3)	11
Shahan Dok (Shah Dok)	⟨III—D—3⟩	11
Shah Dhar	⟨III—A—2⟩	49
Shakawr (Shachaur)	⟨I—D—1⟩	40
Shayāz (I) (Parwer Zom, Unacho Zom, Unawich Zom)	⟨III—D—2⟩	57
Shayāz (II)	⟨III—D—2⟩	57
Sherpi Kangri (E)	⟨X—D—3⟩	216
Sherpi Kangri (N)	⟨X—D—3⟩	216
Sherpi Kangri (S)	⟨X—D—3⟩	216
Shingeik Zom (M)	⟨I—D—2⟩	33
Shingeik Zom (E) (Dingo Zom)	⟨I—D—2⟩	34
Shingeik Zom (EE)	⟨I—D—2⟩	35
Shingeik Zom (II)	⟨I—D—2⟩	33
Shingeik Zom (III)	⟨I—D—2⟩	33
Shir Koh (II) (Shir Kuh II)	⟨III—B—1⟩	53
Shir Koh (III)	⟨III—B—1⟩	55
Shir Koh (Shir Kuh)	⟨III—B—1⟩	53
SHISHI KUH GROUP	(No. 2)	4
Shispāre (Hunza Kunji III, Shispar)	⟨V—C—3⟩	78
Sholder Peak (Nanga Parbat NW)	⟨VI—C—4⟩	249
Sholtali Zom (Thūi III)	⟨IV—A—2⟩	16
SHUIJERĀB GROUP	(No. 7)	233
SHYOK GROUP	(No. 12)	177
SIACHEN MUZTĀGH		145
SIA GROUP	(No. 10)	145
Sia Kangri (M)	⟨X—D—2⟩	145
Sia Kangri (II)	⟨X—D—2⟩	146
Sia Kangri (III)	⟨X—C—2⟩	146
Sia Kangri (IV)	⟨X—C—2⟩	146
Silver Throne (Siachen No 13)	⟨X—D—2⟩	214
Silver Zacken (Silver Craq=Pakistan)	⟨VI—C—3⟩	249
Singhi Kangri	⟨X—D—2⟩	147
Skamri (M) (Fangs)	⟨IX—A—2⟩	107
Skamri (MD)	⟨IX—A—2⟩	107
Skamri (W)	⟨IX—A—2⟩	107
Skil Brum	⟨X—B—1⟩	129
Skirish Sār	⟨VII—B—3⟩	95
Skyang Kangri (I)	⟨X—C—1⟩	129
Skyang Kangri (II) (Staircase)	⟨X—C—1⟩	129
SKYANG LUNGPA GROUP	(No. 9·10)	136
Skyangpo Che	⟨X—C—1⟩	136
South Atrak Zom (I)	⟨I—D—2⟩	38
South Atrak Zom (II) (South Atrak Zom E)	⟨I—D—2⟩	38

SOUTHERN HINDŪ RAJ		4		(No. 11)	154			
SOUTH OF TAGHDUMBASH PAMIR		244	Thalō Zom	⟨II—D—1⟩	5	**U**		
SOUTH TERONG GROUP	(No. 11)	163	THALŌ ZOM GROUP	(No. 2)	5			
Spantik (Yengutz Hār, Ghenish Chhish,			THUI GROUP	(No. 4)	14	Udren Darban Zom	⟨III—D—1⟩	42
Golden Parri, Pyramid Peak)	⟨V—D—4⟩	193	Thūi (II)	⟨IV—A—2⟩	15	UDREN ZOM GROUP	(No. 1)	39
STAGHAR & SINGHI GROUP	(No. 10)	147	Thūi Zom	⟨IV—A—2⟩	13	Udren Zom (MD)	⟨I—D—1⟩	40
Steste Peak	⟨X—B—1⟩	133	Thūi Zom (E)	⟨IV—A—2⟩	13	Udren Zom (N)	⟨I—D—1⟩	40
Stongstet	⟨XI—B—3⟩	163	Thūi Zom (W)	⟨IV—A—2⟩	13	Udren Zom (S)	⟨III—A—2⟩	41
Stos	⟨XI—C—3⟩	166	Thyōr	⟨X—B—2⟩	125	Uli Biaho (I-NE)	⟨X—A—2⟩	121
Sūj Sār (NE)	⟨IV—C—2⟩	21	Tirich Mīr (E)	⟨I—D—2⟩	28	Uli Biaho (I-SW)	⟨X—A—2⟩	121
Sūj Sār (SW)	⟨IV—C—2⟩	21	Tirich Mīr (M)	⟨I—D—2⟩	28	Uli Biaho (II)	⟨X—A—2⟩	121
Summa Ri (Savoia Kangri)	⟨X—B—1⟩	129	Tirich Mīr (N)	⟨I—D—2⟩	29	Uli Biaho Tower	⟨X—A—2⟩	121
Susbun Brakk (Sosbun Brakk)			Tirich Mīr (W-I)	⟨I—D—2⟩	28	Ultār (I) (Ultār N)	⟨V—C—3⟩	81
	⟨VIII—C—1⟩	196	Tirich Mīr (W-II)	⟨I—D—2⟩	28	Ultār (II) (Bojohagur Duanasīr II, Hunza		
SUSBUN GROUP	(No. 8)	196	Tirich Mīr (W-III)	⟨I—D—2⟩	28	Kunji V)	⟨V—C—3⟩	81
			Tirich Mīr (W-IV)	⟨I—D—2⟩	28	Uparisina (W)	⟨III—C—1⟩	56
T			TIRICH MĪR GROUP	(No. 1)	27	Urdok (I)	⟨X—C—2⟩	142
			Tonyūsh Zom	⟨II—C—1⟩	7	Urdok (II)	⟨X—C—2⟩	142
Tahu Rutum	⟨VII—C—4⟩	96	Topopdan	⟨V—D—2⟩	232	Urdok (III)	⟨X—D—2⟩	143
Tang-i-Tuk (Tong-i-Tuk)	⟨V—C—1⟩	245	Topopdan (S)	⟨V—D—2⟩	233	Urdukas Peak (I)	⟨X—B—2⟩	205
Tapadan	⟨VII—A—2⟩	233	Toshain	⟨VI—B—4⟩	251	Urdukas Peak (II)	⟨X—B—2⟩	205
TARGŪR GROUP	(No. 1)	27	Toshain (E) (Toshain II)	⟨VI—B—4⟩	251	Urdukas Peak (III)	⟨X—B—2⟩	206
Tasa Brakka (Trinity Peak)	⟨X—B—2⟩	210	Toshain (S)	⟨VI—B—4⟩	251	Urgent	⟨III—A—2⟩	48
Tasa Brakka (W)	⟨X—B—2⟩	211	Toshe	⟨VI—B—4⟩	251	URGENT GROUP	(No. 3)	48
Tawitz	⟨X—D—3⟩	216	TRANGO GROUP	(No. 10)	122	Uzun Brakk	⟨VIII—C—1⟩	106
TERAM KANGRI GROUP	(No. 11)	149	Trango Ri (I)	⟨X—A—1⟩	123			
Teram Kangri (I)	⟨IX—A—1⟩	149	Trango Ri (II)	⟨X—A—1⟩	122	**V**		
Teram Kangri (II) (Siachen No 25)			Trango Ri (III)	⟨X—A—1⟩	123			
	⟨XI—A—1⟩	149	Trango Ri (IV)	⟨X—A—1⟩	123	VIRJERĀB GROUP	(No. 7)	98
Teram Kangri (III)	⟨XI—A—1⟩	149	Trivor	⟨VII—A—3⟩	86			
Teram Kangri (III-W)	⟨XI—A—1⟩	149	Tughmo Zarpo	⟨XI—D—4⟩	174			
TERAM SHEHR • NORTH RIMO GROUP								

W

Wasam Zom	⟨III—D—3⟩	11
WESM GROUP	(No. 7)	111

Y

YARKHUN GROUP	(No. 3)	57
Yash Kuk	⟨V—A—2⟩	70
Yash Kuk (E)	⟨V—A—2⟩	70
YASH KUK GROUP	(No. 5)	69
Yazghil Dome (M)	⟨VII—A—3⟩	90
Yazghil Dome (N)	⟨VII—A—3⟩	91
YAZGHIL GROUP	(No. 7)	91
Yermanend Kangri	⟨X—B—2⟩	204
Yukshin Gardan Sār	⟨VII—B—3⟩	94
Yutmaru Sār (N)	⟨VII—B—4⟩	95
Yutmaru Sār (S) (Jutmaru Sār)	⟨VII—B—4⟩	95

Z

ZEBAK GROUP	(No. 1)	27
Zhang Tek (I) (Zhang-i-Tek)	⟨IV—A—2⟩	13

［著者紹介］

宮森常雄（みやもり　つねお）

1932年福島県生まれ。1967年、東京農業大学ヒンズー・クシュ学術調査隊長として地図作成、付近の3峰に初登頂。77年日本K2登山隊の学術隊員としてバルトロ氷河の測量、68年から98年にかけて、20数回の現地調査を行なっている。「東部ヒンズー・クシュ3色地図」、「カラコルム3色地図」、「バルトロ氷河地図」、『世界山岳地図集成（ヒンズー・クシュ、カラコルム編）』（共著）、『コンサイス外国山名辞典』（共著）、『ヒマラヤ名峰事典』（共著）など。

雁部貞夫（かりべ　さだお）

1938年東京都生まれ。1966年夏、東部ヒンズークシュにチトラール地方から入山。68年コヨ・ゾム試登。その他現地踏査多数。
編著に『ヒマラヤの高峰』（深田久弥）、『ヒマラヤ山河誌』（諏訪多栄蔵）、『ヒマラヤ名峰事典』など。訳書に『異教徒と氷河』（ショーンバーグ）、『カラコルム探検史』（ヘディン）など。歌集に『崑崙行』、『辺境の星』など。新アララギ編集委員。

別冊・カラコルム・ヒンズークシュ山岳研究　　（分売不可）

2001年5月15日　　初版第1刷発行

編著者	宮　森　常　雄　ⓒ	印　刷	創栄図書印刷株式会社
	雁　部　貞　夫	製　本	株式会社兼文堂
発行者	中　西　健　夫	製　函	石田紙工株式会社
発行所	株式会社 ナカニシヤ出版	装　丁	竹　内　康　之

〒606-8316　京都市左京区吉田二本松町2
電　話　（075）751-1211
ファクス　（075）751-2665
振　替　01030-0-13128
URL http://www.nakanishiya.co.jp/
E-mail iihon-ippai@nakanishiya.co.jp　　　ISBN4-88848-647-6-C2625

落丁本・乱丁本はお取り替えします。

Mountaineering Maps of the KARAKORUM & HINDU-KUSH
■Outline (34°～37°N, 71°～78°E)

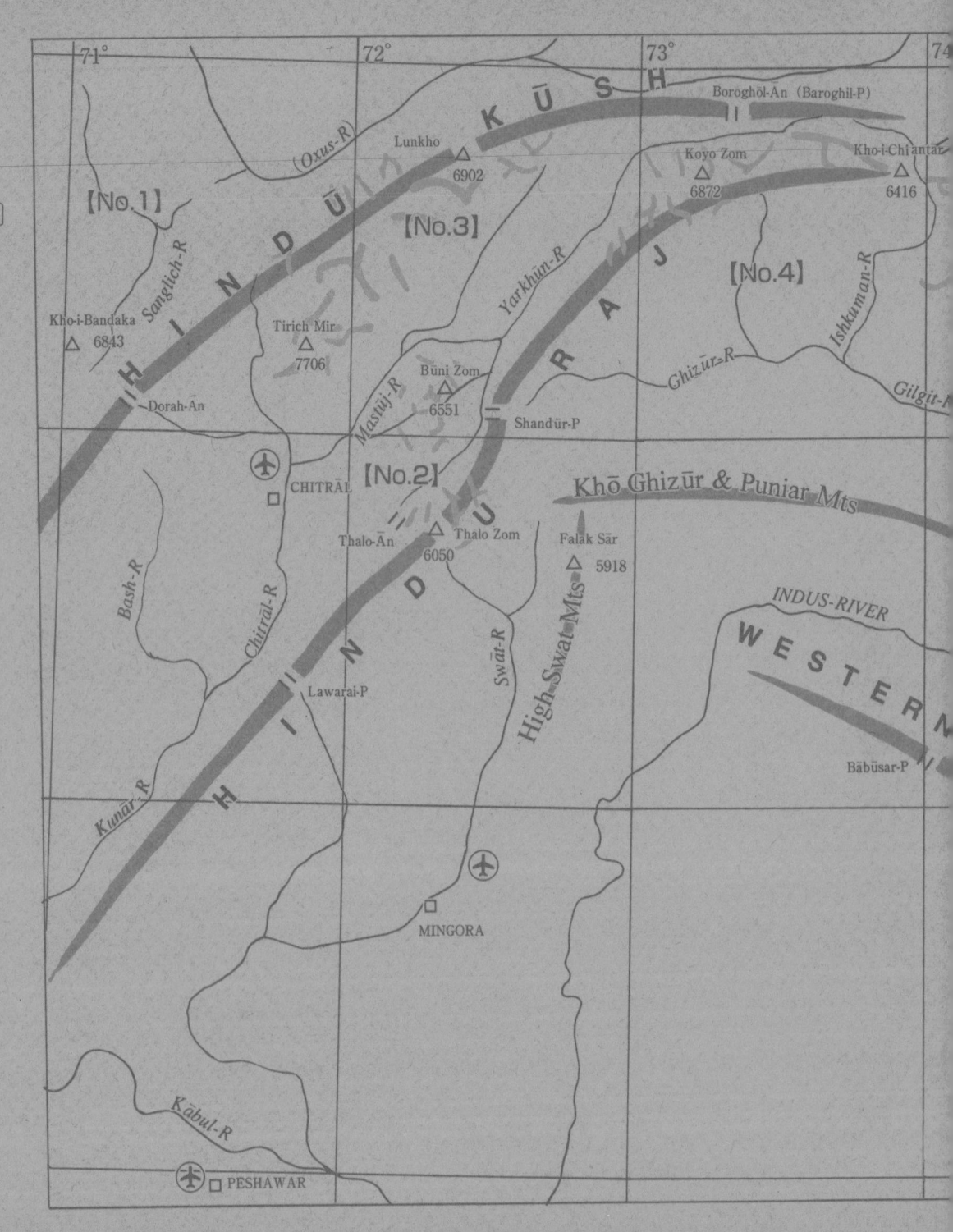